四川大學中國俗文化研究所
四川大學漢語史研究所

漢語史研究集刊

第十九輯

巴蜀書社
中國·成都

主　編　俞理明

副主編　雷漢卿（常務）

學術委員會

丁邦新（香港科技大學）
高田時雄（日本京都大學）
何莫邪（Christoph Harbsmeier，挪威奧斯陸大學）
江藍生（中國社會科學院）
蔣紹愚（北京大學）
柯蔚南（W. South Coblin，美國依荷華大學）
魯國堯（南京大學）
梅維恒（Victor H. Mair，美國賓夕法尼亞大學）
梅祖麟（美國康乃爾大學）
裘錫圭（復旦大學）
王邦維（北京大學）
王　寧（北京師範大學）
項　楚（四川大學）
向　熹（四川大學）
辛島靜志（日本創價大學）
徐文堪（漢語大詞典出版社）
薛鳳生（美國俄亥俄州立大學）
衣川賢次（日本花園大學）
游汝杰（復旦大學）
張永言（四川大學）
趙振鐸（四川大學）
佐藤晴彥（日本神户外國語大學）

編輯委員會

曹廣順（中國社會科學院）
董志翹（南京師範大學）
馮勝利（美國堪薩斯大學）
管錫華（四川師範大學）
何寶璋（美國聖十字學院）
洪　波（首都師範大學）
蔣冀騁（湖南師範大學）
蔣宗福（四川大學）
雷漢卿（四川大學）
劉　利（北京師範大學）
譚　偉（四川大學）
汪啟明（西南交通大學）
汪維輝（浙江大學）
伍宗文（四川大學）
楊　琳（南開大學）
楊宗義（巴蜀書社）
俞理明（四川大學）
張顯成（西南大學）
張涌泉（浙江大學）
朱慶之（北京大學）

本期執行編委　俞理明　雷漢卿　王彤偉
本期編務主持　王彤偉

《姜元澤家藏契約文書》釋讀指瑕 …………………… 盧慶全（291）
慧琳音義與《道地經》校讀劄記 …………………… 顧滿林（299）
《真誥》中"三君"信劄輯釋 …………………………… 周作明（317）
周密《浩然齋意鈔》箋疏三則 …………… 楊 觀 王 斌（333）
新蔡簡紀日簡"曎"聲字考 ……………………………… 俞紹宏（341）
金文句讀疑義釋例 ……………………………………… 寇占民（354）
"方"字形義考辨 ………………………………………… 劉益明（367）
"陰出陽收"考辨 ………………………………………… 陳 寧（387）
論《俗務要名林》音注所反映的濁音清化現象 …… 高天霞（412）
20世紀以來魏晉南北朝方言研究的回顧與前瞻
　　…………………………… 汪啟明 史維生 鄭 源（422）

近代漢語"總結"類語用標記及其演變[*]

李宗江

内容摘要:"總結"類語用標記是指引出對上文進行歸納概括語句的篇章連接成分,簡稱為"總結語標記",如"總之、一言以蔽之"等。近代漢語中有很多總結標記,根據總結語的語言形式,近代漢語的總結標記主要有以下三類:散句類、詩化類和熟語類。這三類中衹有散句類總結語標記在現代漢語中繼承下來,衹是詞彙形式發生了部分替換,而詩化類和熟語類總結語標記是近代漢語時期特定文體,如話本、戲劇、小說等文學作品的產物,是一種程式化的表達方式,在現代漢語中已經消失。

關鍵詞:近代漢語　總結語標記　歷史演變

一　引　言

"總結"類語用標記,下文簡稱為"總結語標記",相當於廖秋忠(1986)所説的"總結連接成分",廖先生指出:"總結連接成分就是把前面已説過的話加以歸納,用簡單的一句話或幾句話把要點概括出來。這種歸納主要是幫助讀者/聽者掌握作者/説者的意圖。總結連接成分的上文可長可短,但一般不少於三句話。"他提到的現代漢語書面語中的總結連接成分有:總(而言)之、

---

[*] 本文得到作者主持的國家社會科學基金項目"近代漢語的語用標記及其演變研究"(13BYY112)的資助。

徐中赛（2009）談到了"一言以蔽之"的作用。李宗江、王慧蘭（2011）收列了現代漢語一般詞書所沒有收過的總結語標記，如："說了歸齊、歸裡包堆、總的說、說來說去、一句話、可以這麼說、說了半天、總起來說、總的來說"等。

對近代漢語中的"總結"類語用標記，尚未見到有人做過專門的研究，有關詞書有所收列，但祇對散句總結語標記有所涉及，而且所列不多，如許少峰（2008）收了"總而言之"，白維國（2011）收了"一言抄百語""一言抄百總"。而對詩化總結語標記和熟語性總結語標記尚未見到有人專門討論過。

下文將對三類如下近代漢語的總結語標記进行描寫：

類別	詞　例	總計
散句類	總而言之、總之、要而言之、統而言之、略而言之、約而言之、舉要而言、一句話、一言以蔽之、概而論之、總說了吧、這麼說吧、總說一句、說到歸根兒、歸根到底、一言抄百語、一言抄百總	17
詩化類	真個是、端的是、正是、正是那、這的是、這正是、這真是、這纔是、真是那、這真真的是、有詩為證	11
熟語類	可謂是、真可謂、正所謂、真所謂、所謂是、這叫做、正叫做、這正叫做、真叫做（作）、這可叫作、這纔叫做、可道是、正喚做	13

二　散句總結語標記

散句總結語標記的詞彙形式是表示"概括歸納"意義的詞加上表示言說動詞構成的。其中"言說"類動詞包括"言、說、論"等，或者隱含一個言說動詞。主要的有：總而言之、總之、要而言之、統而言之、略而言之、約而言之、舉要而言、一句話、一言以蔽之、一言抄百語、一言抄百總、概而論之、說到歸根兒、總説了吧,這麽説吧、總説一句、説到歸根兒、歸根到底。

2.1 總而言之、總之

對這兩個詞語,呂叔湘(1996)以"總之(總而言之)"的寫法來表明二者之間的關係、廖秋忠(1986)將"總而言之"寫作"總(而言)之",這樣寫似乎説明二位先生是將"總而言之"和"總之"看作一個成分,祇不過後者是前者的省縮形式。從歷時的角度看,情況並不是這樣。

"總而言之"最早見於六朝,最初並非用於標記總結語,祇是表示"籠統地説"的意思。如:

(6) 是以四方述作,來世志士,莫不仰高軌以諮詠,憲洪猷而儀則;擅名八區,為世師表矣。故《耆舊》之篇,較美《史》《漢》。而今志,州部區別,未可總而言之。(《華陽國志校補圖注》卷十上)

到唐代可見到用於標記總結語的用例,如:

(7) 凡九千二百五十二言,斷為五十篇。篇無定句,句無定字,系於意,不系于文。首句標其目,卒章顯其志,《詩》三百之義也。其辭質而徑,欲見之者易諭也。其言直而切,欲聞之者深誡也。其事核而實,使采之者傳信也。其體順而肆,可以播于樂章歌曲也。總而言之,為君、為臣、為民、為物、為事而作,不為文而作也。(白居易《新樂府序》)

在清代還與"一句話"連用,説成"總而言之一句話",其連同總結語一起放在被總結語之後,如:

(8) 妹子,你可記得《漢書》有兩句話道的最好,道是:"可為知者道,難為俗人言"。你我雖是傾蓋之交,你也算得我一個知己了。但是作姐姐的心事更自不同,祇可為自己道,難為知者言。總而言之一句話:慢説跟前這樣的美滿

辱已及之。不避其禍,豈智者哉!為臣不易,豈將一途,要而言之,決在擇主。(《抱朴子·知止》)

(17)……於深摩舍那處,有死人衣,若有掌人不應輒取;得窣吐羅,若賊盜財不能持去。所遺棄物不可輒收。若言隨意者,取成非犯賊偷豬肉及甘蔗多羅果等,嫌不將去,對眾應取。要而言之,取糞掃衣,應須詳審,方可收拾。(義靜譯經《根本薩婆多部律攝》卷第二)

(18)"性者,道之形體。"此語甚好。道祇是懸空說。統而言之謂道。(《朱子語類》卷一百)

(19)熱毒風服五百丸,瘟癉服一百丸,天行飲下十丸,蟲毒准上,心忪二十丸,每食後只可二三丸,不可多服,壘至如前,功能不可具載。略而言之,餘依本草。(《雲笈七籤》卷七十一)

(20)須平日多讀書,講明道理,以涵養灌培,使此心常與理相入,久後自熟,方見得力處。且如讀書,便今日看得一二段,來日看得三五段,殊未有緊要。須是磨以歲月,讀得多,自然有用處。且約而言之:《論》《孟》固當讀,《六經》亦當讀,史書又不可不讀。(《朱子語類》卷一百一十八)

(21)公又問:"云何不生?云何不滅?如何得解脫?"師曰:"見境心不起,名不生。不生即不滅,既無生滅,即不被前塵所縛,當處解脫。不生名無念,無念即無滅,無念即無縛,無念即無脫。舉要而言,識心即離念,見性即解脫。"(《五燈會元》卷二)

2.3 一言以蔽之、一句話、一言抄百語、一言抄百總

"一言以蔽之"表示用一句話來概括,在先秦就出現了,但開始不是用於標記總結語,如:

(22)《詩》三百,一言以蔽之,曰:"思無邪。"(《論

語·為政》）

至宋代可見標記總結語的用例，如：

（23）四月初六日，壽皇論問，朕近頗悟佛法無多子。一言以蔽之，但無妄念而已。（《古尊宿語錄》卷四十八）

（24）我這話雖似說得少偏，祇是教幼學之法，慢不得，急不得，松不得，緊不得，一言以蔽之曰難而已。（《歧路燈》三回）

"一句話"最早見於清代，如：

（25）說著，他倒站起來向安老爺拜了一拜，說道："就是這麼著了。祇求你老人家把這話好好兒的替我託付託付我們老玉罷。我也不會花說柳說的，一句話，我就保他不撒謊、出苦力這兩條兒。要講本事呵，不是我過獎，他可'掛拉棗兒——有線（限）'。"（《兒女英雄傳》四十回）

除了上文所說和"總而言之"連用外，還可以見到與"抄總兒"連用的情況，都屬於同義連用，如：

（26）一種是"渾頭沒腦的吃醋"。自己祇管其醜如鬼，那怕丈夫弄個比鬼醜的他也不容；自家祇管其笨如牛，那怕丈夫弄個比牛笨的他還不肯。抄總兒一句話，要我的天靈蓋，著悶棍敲；要我的心頭血，用尖刀刺；要講給丈夫納妾，我寧可這一生一世看著他沒兒子都使得，想納妾？不能！（《兒女英雄傳》二十一回）

"一言抄百語"和"一言抄百總"都是只在清代的《兒女英雄傳》中各見1例，如：

（27）白日裡不妨，就讓有歹人，他也沒有大清白晝下手的，黑夜須要小心。就便下了店，你切記不可胡行亂走，這銀子不可露出來。等閒的人也不必叫他進屋門，為的是有一等人往往的就辦作討吃的花子，串店的妓女，喬妝打扮的來給強盜作眼線看道兒，不可不防。一言抄百語，你"逢人

誰不敬重此人。個此人朝經暮史,晝覽夜習,口不絕吟,手不停披。正是:煉藥爐中無宿火,讀書窗下有殘燈。(《張協狀元》第一出)

(38)試看那漢陵唐寢埋荒草,楚殿吳宮起暮煙。倒不如淡飯粗茶茅屋下,和風冷露一蒲團。科頭跣足剜野菜,醉臥狂歌號酒仙。正是那:日上三竿眠不起,算來名利不如閑。(明·賈鳧西《木皮散人鼓詞》)

(39)那師父也似信不信,祇得又跨剗著馬,隨著行者,徑投大路,奔西而去。這正是:廣大真如登彼岸,誠心了性上靈山。(《西遊記》十五回)

(40)狄周回去說了。大家敬那姑子就是活佛一般。公道說來,這時節的光景叫狄希陳也實是難過。他還有些不信,自己走到他家,方知是實。過了一晚,跟了母親回去。姑子也暫且回家,約在十月初四日差人來接他。這真真的是:有緣千里能相會,無緣對面不相逢。(醒世姻緣傳》四十回)

(41)可成將假錠偷換之事,對渾家敘了一遍。渾家平昔間為者公務外,諫勸不從,氣得有病在身。今日哀苦之中,又聞了這個消息,如何不惱!登時手足俱冷。扶回房中,上了床,不穀數日,也死了。這真是:從前做過事,沒興一齊來。(《警世通言》三十一卷)

(42)大聖道:"如來哄了我,把我壓在此山,五百餘年了,不能展掙,萬望菩薩方便一二,救我老孫一救!"菩薩道;"你這廝罪業彌深,救你出來,恐你又生禍害。反為不美。"大聖道:"我已知悔了,但願大慈悲指條門路,情願修行。"這纔是:人心生一念,天地盡皆知。善惡若無報,乾坤必有私。(《西遊記》八回)

(43)這長老咬定牙關,聲也不透。欲待不去,恐他生心害命，祇得戰兢兢，跟著他步入香房，卻如癡如啞，那裡抬頭舉目，更不曾看他房裡是甚床鋪幔帳，也不知有甚箱籠梳妝，那女怪說出的雨意雲情，亦漠然無聽。好和尚，真是那：目不視惡色，耳不聽淫聲。(《西遊記》五十五回)

(44) 劉大娘子當日往法場上看決了靜山大王，又取其頭，去祭獻亡夫、並小娘子及崔寧，大哭一場。將這一半家私舍入尼姑庵中，自己朝夕看經念佛，追薦亡魂，盡老百年而終。有詩為證：善惡無分總喪軀，祇因戲語釀災危。勸君出語須誠實，口舌從來是禍基。(宋話本《錯斬崔寧》)

四 熟語性總結語標記

熟語性總結語標記是指其引出的總結語並非作者自擬的，而是用的現成的俗語、格言或名人詩句、名言、警句等，這類總結語標記主要由表示稱謂的動詞加上相關成分構成，稱謂動詞主要有：謂、叫、道、喚。其構成的這類總結語標記主要有：可謂是、真可謂、正所謂、真所謂、所謂是、這叫做、正叫做、這正叫做、真叫做(作)、這可叫作、這纔叫做、可道是、正喚做。如：

(45) 頻瞻禮，喜升平，又逢元宵佳致。鼇山高聳翠，對端門珠璣交制。似嫦娥降仙宮，乍臨凡世。恩露勻施，憑禦欄聖顏垂視。撒金錢，亂拋墜，萬姓推搶沒理會。告官裡，這失儀且與免罪。是夜撒金錢後，萬姓個個遍遊市井，可謂是：燈火熒煌天不夜，笙歌嘈雜地長春。(《大宋宣和遺事》)

(46) 蓋聞人臣事君，務引其君於當道；必諫行言聽，膏澤下於民，使百姓樂業，天下安阜。未嘗有身為大臣，逢君之惡，蠱惑天子，殘虐萬民；假天子之命令，敲骨剝髓，

花小娘子招狀元為駙馬，正喚做少女少郎，情色相當。(《張協狀元》第二十七出)

以上的詩化總結語標記和熟語性總結語標記有交叉，因為有的熟語也是詩句形式，所以前者也可以是詩化的熟語，如例(30)的"端的是"，(34)的"這真真的是"都是詩化總結語標記，但其後面的總結語"屋漏更遭連夜雨，行船又撞打頭風"和"有緣千里能相會，無緣對面不相逢"，既是詩化的，也是熟語性的。同時熟語也是相對的，作者也可能將某些熟語表示的意思化在自己編寫的故事裡，用一句詩句來表達，如以下例中的總結語就化用了"智勇雙全"，"天下揚名"這類的熟語，因而說它是詩化的也行，是熟語性的也行。

(60) 自此，楊溫和那妻子歸京，上邊關立一件大大功勞，直做到安遠軍節度使，檢校少保。可謂是：能將智勇安邊境，自此揚名滿世間。(《清平山堂話本·楊溫攔路虎傳》)

五 小 結

總的來說，總結語標記從古到今的演變，主要是散句類總結語標記的演變，其主要結構形式是表示概括"歸納意義"的詞加上表示"言說"意義的動詞構成的，有的雖然詞語本身並沒有包含這兩種成分，但整個詞語中隱含有這兩個成分的意思，如"一句話"就是"用一句話來概括"的意思。至於詩化總結語標記和熟語性總結語標記兩類是特殊文體的產物，主要用於近代話本、戲劇和章回小說，隨着這些特定文體的消失或形式的改變，這些詞語也在現代漢語中隨之消失。至於散句類總結語標記現代漢語中還用的衹有"總而言之、總之、一句話、一言以蔽之、歸根到底"等5個，其他的幾個雖然產生和使用都主要在清代，距離現代並不久，但却在現代不見蹤影。現代又產生了一些新的總結語標記，除了李宗江、王慧蘭（2011）提到的以外，現代新產生的還有：概括地說、簡言之、簡而言之、概括起來、歸根結底、說到底。例如：

（61）要實現四個現代化，搞好改革和開放，在國內需要有安定團結的政治局面，在國際上需要一個和平環境，根據這個情況提出了我們的對外政策，概括地說，就是反對霸權主義和維護世界和平。（鄧小平《吸取歷史經驗，防止錯誤傾向》）

（62）再從經濟角度來說。現在世界上真正大的問題，帶全球性的戰略問題，一個是和平問題，一個是經濟問題或者說發展問題。和平問題是東西問題，發展問題是南北問題。概括起來，就是東西南北四個字。（鄧小平《和平和發展是當代世界的兩大問題》）

（63）老張平生祇洗三次澡：兩次業經執行，其餘一次至今還沒有人敢斷定是否實現，雖然他生在人人是"預言家"的中國。第一次是他生下來的第三天，由收生婆把那時候無知無識的他，像小老鼠似的在銅盆裡洗的。第二次是他結婚的前一夕，自對到清水池塘洗的。這次兩個銅元的花費，至今還在賬本上寫着。這在老張的歷史上是毫無可疑的事實。至於將來的一次呢，按着多數預言家的推測：設若執行，一定是被動的。簡言之，就是"洗屍"。（老舍《老張的哲學》）

（64）三角債是一個巨大漩渦，把龐大的國營企業淹得兩眼翻白。這件事細說起來複雜透頂，簡而言之就是賴賬。（畢淑敏《女人之約》）

（65）今天政治學會開成立會，恭請演講，他會暢論國際關係，把法西斯主義跟共產主義比較，歸根結底是中國現行的政制最好。（錢鍾書《圍城》）

中古漢語分詞不一致原因探討*

王曉玉　董志翹

内容摘要：本文探索了處於漢語詞彙質變期的中古漢語語料中的分詞不一致問題。首先選取已做好切詞標注的《撰集百緣經》、《幽明錄》①及部分《陳書》②作為實驗語料，運用數據庫進行比較統計，找出同時具有分合形式的雙音字串並鑒別歸類，然後重點分析了中古時期同語境下既可看作詞又可看作短語的不一致類別，并對切詞不一致的成因進行了深入探討。該項研究可以直接服務於中古漢語語料庫建設，提高人工分詞校對的一致性，進而一定程度上提高自動分詞效率。此外，對中古漢語詞彙的研究也會產生一定輔助作用。

關鍵詞：分詞不一致　中古漢語　雙音詞　數據庫統計

一　引　言

石民等（2010）③ 提出：''中文自動分詞是中文信息處理的前提，這項技術在現代漢語領域已取得比較豐碩的成果，但在古

---

* 國家社科基金重大招標項目"漢語史研究語料庫建設研究"（10&ZD117）；江蘇省普通高校研究生科研創新項目資助.
① （南朝宋）劉義慶. 文化藝術出版社，1988.
② （唐）姚思廉. 中華書局，1972.
③ 石民，陳小荷，于麗麗，李斌. 基于CRF的先秦漢語分詞標注一體化研究. 中文信息學報，2010（2）.

代漢語領域尚有待探索"。王雲路（2003）①認為，"古代漢語與現代漢語差別很大，而中古是古代漢語的質變期"，它前接上古漢語，下連近代漢語，這一時期的詞彙總體上正處於以單音節為主轉變為以雙音節為主的歷史過渡期，存在很多亦詞亦語的組合，這必然會造成中古漢語相關語料庫建設中詞語切分的困難。

孫茂松提出，衡量語料庫質量的重要標準之一是分詞後的語料庫是否具有比較高的一致性[3]。孫茂松定義的一致性有兩種含義，第一種是在保持語義同一性的前提下，結構體在語料庫中的分合是否始終一致，如"猪肉"是否始終保持為一個整體，或者始終分開；第二種是相同結構的組合在語料庫中的分合是否始終一致，如"猪肉、羊肉、鹿肉……"這樣的結構體在語料庫中的分合是否統一。

分詞一致性的問題被提出以後，相關研究並不多見，在古代漢語分詞領域尤甚，而它是檢驗語料庫質量高低的一項基礎性工作，在語料庫建設中不可或缺。本文基於中古漢語的特點，選取"中古漢語研究型語料庫"中已經人工做好分詞標注的《撰集百緣經》（8.06萬字）、《幽明錄》（3.67萬字）及部分《陳書》（2.93萬字），運用數據庫技術進行比較統計，找出其中所有"同時存在分和合形式的雙字詞及雙音字串"（本文統一簡稱為"不一致字串"），對其進行鑒別歸類，揭示這種不一致字串出現的原因，並給出相關處理建議。該研究成果可以直接服務於中古漢語語料庫的建設，提高人工切詞和校對的一致性，對中古漢語分詞標準的制定給出可供參考的意見，並在一定程度上提高中古漢語自動分詞的正確率。此外，對中古漢語詞彙的研究也會有一定的輔助作用。

---

① 王雲路. 中古漢語詞彙研究綜述. 古漢語研究，2003（2）.

也。(三國吳支謙譯《撰集百緣經》卷一，T04—251c)

(6) 汝但慎前，莫憂後事，辟支佛食，我自當與。(三國吳支謙譯《撰集百緣經》卷一，T04—223c)

例（1）中"告言"義為"告諭告知、對……說"，"告"與"言"之間屬同義連用情況，可拆分開來單獨使用，即例（3）、(4)；而例（2）中"告言"義為"揭露、告發"，明顯發生了轉義，形成了結合緊密的一個詞。據此，例（1）和例（2）中的"告言"應該歸為"組合性歧義"。

例（5）和例（6）中"自當"意義完全相同，句法作用也一樣，但在語料庫中前者作為兩個分詞單位，後者作為一個分詞單位。此處"自當"在《漢語大詞典》中的釋義為"自然應當"，可見語義上"自"＋"當"＝"自當"，語義未發生轉義；分開或者合併均能講得通，這種情況下的分合不一致字串正是本文所要重點研究的對象。

三　統計結果及分析

3.1　統計結果

本文先對所選三種語料中的雙音詞情況進行了統計，統計結果如下表：

表1　雙音詞統計

類別	書名	《撰集百緣經》	《幽明錄》	《陳書》	總量
雙音詞	詞形	2073	2941	3237	7451
	詞例	13147	4557	5781	23485
	詞形比例	0.60	0.59	0.61	0.68
	詞例比例	0.27	0.19	0.33	0.26
所有詞	詞形	3456	3974	5270	10915
	詞例	47927	23868	17777	89572

從該表可以看出來，中古時期雙音詞詞形①所佔比率已經達到了 60% 左右，但是使用頻率總體還不是很高，這三本語料中雙音詞的詞例②祇有總量的 25% 左右，但較之上古時期以單音詞為主已經有了很大改觀。本文針對這三本語料中人工切分出來的雙音節詞語，在數據庫中統計出其中所有分合不一致字串，採用上述分類規則可得下表：

表 2 不一致字串分類結果

類別	分合狀態	形	例	形/UW（%）	例/UE（%）		形/總字串形（‰）	例/總字串例（‰）
切分錯誤	分	53	100	21.99	3.19	3.19	48.56	11.16	11.16
	合	15	20	6.22	0.64	0.64	13.74	2.23	2.23
組合型歧義	分	85	582	35.27	18.56	29.79	77.87	64.98	114.00
	合		352		11.23			49.03	
個例不一致	分	92	908	38.17	28.96	66.60	84.29	101.37	233.11
	合		1180		37.64			131.74	

UW：不一致字串形總數　　UE：不一致字串例總數

從表 2 可以看出三種類型的詞形數目相差不是很大，但其詞例數目差別却比較大，其中切分錯誤的字串形佔不一致字串詞形總數的 28.21%，但字串例却祇佔不一致字串總詞例的 3.83%，佔整個詞料庫分詞單位總例的 13.39‰，這說明語料整體質量還是比較高的；組合型歧義的字串形和字串例比率相差不大，比較均衡；個例不一致的字串形佔不一致字串字串形總數的 38.17%，但字串例却達不一致字串總字串例的 66.6%，佔整個詞料庫分詞單位總例的 2.33%，這說明中古漢語語料庫中個例不一致所佔比例最多，且發生個例不一致的字串平均頻率相對較高。

---

① 詞形：詞形指分詞單位的書寫形式，本文中分合不一致的同樣書寫形式的單位算作一個詞形，如上文中提及的"告言"和"告/言"屬同一個詞形。

② 詞例：具有該詞形的分詞單位在語料庫中實際出現的用例次數。

俯仰，曲得節解。（三國吳支謙譯《撰集百緣經》卷一，T04—240a）

（12）照彼諸黑閒，皆悉普使明。（三國吳支謙譯《撰集百緣經》卷一，T04—229c）

這兩個例子中"皆悉備""皆悉普"均為因佛經的四字格韻律形式而產生的三字并列結構，可前面兩個或者後面兩個結合成詞，也可單用。中古漢語佛經文獻中此類三音節同義語素並列現象很豐富①[6]183，這種可以自由分合的字串很容易造成個例分詞不一致現象。

2. 是否帶賓語

【得脫】

（13）汝今若能為我設供，施佛及僧，為我懺悔，我必當得脫餓鬼身。（三國吳支謙譯《撰集百緣經》卷一，T04—224c）

（14）遭值如是種種厄難，蒙佛威光，得脫諸難，又值世尊，出家得道？（三國吳支謙譯《撰集百緣經》卷一，T04—244c）

（15）作是語已，自戮命終，墮地獄中，受大苦惱，今始得脫，故在胎中，受是苦惱。（三國吳支謙譯《撰集百緣經》卷一，T04—250c）

（16）墮在地獄……設復得脫，或作龍蛇羅剎鬼神，心常含毒，更相殘害。（三國吳支謙譯《撰集百緣經》卷一，T04—250a）

以上四例中，"得脫"的意義完全一樣，均為"得以脫身。"，例（13）（14）中"得脫"後面有賓語，動詞"脫"與賓語的關係更近一點，處理者傾向於把它處理成一個短語，而（15）（16）

---

① 丁喜霞. 漢語相似語言學. 語文出版社，2010.

由於賓詞在前文中已經出現過，"得脫"後面不再帶賓語，處理者傾向於把它處理成一個詞。

3. 前後詞語是否切分

【歌舞】

（17）時彼南城，有乾闥婆王，名曰善愛，亦巧彈琴，作樂歌舞，于彼土中，更無酬對，憍慢自大，更無有比。（三國吳支謙譯《撰集百緣經》卷一，T04—211a）

（18）時彼國王，將諸群臣數千萬衆，出城游戲，作倡伎樂，歌舞戲笑。（三國吳支謙譯《撰集百緣經》卷一，T04—211a）

"歌舞"是一個并列結構，在本時代尚未完全詞彙化，可拆分開來單獨使用。例（17）由於其前"作樂"是兩個分詞單位，分詞處理人傾向於把"歌舞"也拆分開來。而例（18）中"歌舞"則受到"戲笑"作為一個分詞單位的影響，而作為一個分詞單位處理。

以上幾種情況產生的根源依然是中古漢語處於由單音節向雙音節的詞彙化關鍵時期。不受以上因素影響的完全自由分合情況更多：

【共同】

（19）即共同時，頂戴天冠，著衆瓔珞，莊嚴其身，衆香塗身，賫持香花，來詣佛所，供養世尊。（三國吳支謙譯《撰集百緣經》卷一，T04—234a）

（20）大用歡慶，與共同載羽寶之車，將詣佛所。（三國吳支謙譯《撰集百緣經》卷一，T04—207b）

【化作】

（21）時彼龍王，聞是哭聲，化作人形，來問之言："汝今何以涕泣乃爾？"（三國吳支謙譯《撰集百緣經》卷一，T04—233b）

"以"的賓語為"種"（人名）；有時"以"的賓語甚至相隔較遠，在本句中找不到，如例（26）；因此"以為"結合越來越緊密，例（27）中的"以為"已經完全是一個詞了。而例（28）中的"以為"即可解釋為詞"認為"，也可解釋為語"以之為"，"之"省略。這樣可以自由分合的詞正是中古漢語分詞的難點。

3.3 建議對策

中古漢語詞彙面貌總體而言比較複雜，在分詞方面也面臨着與現代漢語不同的困難。基於本文的統計研究，提出以下三點建議對策：

1. 由於這幾本語料分詞的依據很大一部分是參照《漢語大詞典》，我們在查閱《漢語大詞典》時，發現其中收了很多短語甚至結構，固定用法的語句，《漢語大詞典》是一本語彙性質的工具書。基於此，本文認為中古漢語分詞單位的設定也應該從寬，向語彙上靠攏。如上文"得脫"例，"得脫"實質上最初是一個述賓短語，由於其賓語在前文出現過，經常省略，後發生詞彙化，而這裏尚未完全發生詞彙化，但仍不妨把它作為一個分詞單位，在不影響其意義理解的基礎上又不致於語料切分過於瑣碎，與之類似的還有上文出現過的"以為"、"為作"以及部分"所"字結構等等。

2. 有針對性的對統計出來的高頻字串制定切分規則，下圖圖 1 是個例不一致詞語的詞頻詞例關係圖，從圖中可以看出低頻詞數目較多，而高頻詞數目較少，本文統計出了個例不一致中 13 個頻次大於 20 的詞，除了頻次為 23 的有"不聽""持鉢"外，其次均祇有一個詞形，這 13 個高頻詞佔到個例不一致總數的 67.4%．毋庸置疑，處理好高頻個例不一致將會對語料庫整體一致性提高有很大幫助。

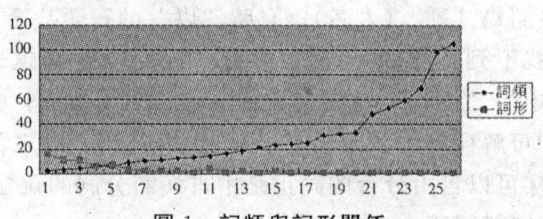
圖1 詞頻與詞形關係

3. 針對詞彙化以及三音字串問題，本文認爲應當從實際語料出發，匯總更多已做好切詞的中古漢語語料，選取其中個例不一致的字串并參閱相關義項庫釋義，無論是詞是語還是結構，制定相關規則，如果義項庫中有確切解釋，那麼傾向於從合，否則就制定從分的詞表采用機器檢閱的方法以實現這部分詞語的切分一致。

四 結 語

本文在中古漢語分詞領域進行了新的探索，抽檢了中古漢語語料中已做好人工切分標注的部分語料中雙音詞的分詞不一致字串，並作了分類統計，基於中古詞彙的特點深入探究了其成因，發現中古詞彙中分詞不一致現象除了少部分是由於"心理詞庫不一致"原因引起的，主要的原因在於中古時期詞彙面貌的複雜性上，詞彙化現象和漢語韻律共同作用，其中部分高頻雙音節詞對分詞不一致的比率影響較大。針對這幾點文中都給出了相應的建議對策以提高分詞一致性，爲中古漢語相關語料庫建設打好基礎。

我們將來需要進一步做以下工作：（1）考慮到中古時期語料最多的是史書，而本文選取史書較少，後續工作將擴大語料範圍，針對雙音及多音分詞不致現象進行統計研究。（2）根據統計結果匯總出幾種典型的中古時期分詞不一致現象以及高頻詞的分詞不一致現象，設計相關規則及詞表，并參照字串所出現的上下文，進行實驗驗證。

〔主要參考文獻〕

石民，陳小荷，于麗麗，李斌. 基於 CRF 的先秦漢語分詞標注一體化研究. 中文信息學報，2010（2）.

王雲路. 中古漢語詞彙研究綜述. 古漢語研究，2003（2）.

孫茂松. 談談漢語分詞語料庫的一致性問題. 語言文字應用，1999（2）.

董宇，陳小荷. 基於詞庫與詞法的分詞不一致研究. 浙江教育學院學報，2008（3）.

馮勝利. 論漢語的"自然音步". 中國語文，1998（1）.

丁喜霞. 漢語相似語言學. 北京：語文出版社，2010.

The Investigation of Middle Ancient Chinese Word Segmentation Inconsistency

Wang Xiaoyu, Dong Zhiqiao

(Department of Chinese, Nanjing Normal University, Nanjing, 210024)

Abstract: This paper explores the cross field between Word Segmentation' inconsistency and Middle Ancient Chinese. Firstly, we choose Middle Ancient Chinese literature *zhuanjibaiyuanjing*, *youminglu*, *chenshu* which is already segmented as experimental data, then classify them and focus on the classification which can considered as both word and phrase, and then we studied the reason of the Inconsistency and made some guidance. This research can serve the build of Middle Ancient Chinese Corpus, increase the efficiency of automatic Word Segmentation. Moreover, It can also help the study of Middle Ancient Chinese Vocabulary.

Key words: inconsistency of word segmentation; Middle Ancient Chinese; bisyllable; database statistics

（王曉玉、董志翹，南京師範大學文學院，郵編210024）

再論動量詞"頓"的產生時代及其來源[*]
——兼論動量詞"餐"的形成

胡麗珍　雷冬平

內容摘要：稱量食物的名量詞"頓"與"餐"都產生於南北朝時期，稱量進食的動量詞"頓"與"餐"都產生于唐代。動量詞功能是名量詞功能擴展的結果，且二者稱量責打的動量詞功能也都來源於稱量食物的名量詞或稱量進食的動量詞。特別強調的是，稱量責打的動量詞"頓"不可能是從表"一次性地"義的副詞"頓"演變而來，這是因為，這種演變既不符合漢語由實而虛的演變規律，又不符合同類量詞演變規律（如"餐"），同時也得不到文獻用例的支持。

關鍵詞："頓"　"餐"　動量詞　來源　路徑

近讀王力先生《漢語語法史》（商務印書館，2005），第39頁談及動量詞"頓"產生於隋代，例舉隋侯白《啟顏錄》："未到日中，已打兩頓。"未解其義。旋又見動量詞"頓"研究的最新成果，王毅力（2011）認為動量詞產生於晉代，李建平（2013）則認為動量詞"頓"產生於隋代，李文的觀點雖然和王力先生的

---

[*] 感謝汪維輝先生為本文修改提出的寶貴意見！相關內容在四川大學和重慶師範大學講座中報告過，感謝與會者提出的寶貴意見！本文研究還得到國家社會科學基金青年項目"漢語常用構式的詞彙化和語法化研究"（項目號 11CYY040）和湖南省教育廳人文社科青年項目"漢語構式演變研究及認知分析"（項目號：12B130）的資助。

觀點一致，但所用隋代文例不同。另外，王毅力與李建平二位學者所認為的動量詞的來源也很不相同。因此，動量詞"頓"的產生年代及其來源有必要做進一步的研究來厘清。未妥之處，敬祈方家指正。

一 動量詞"頓"的成詞年代

劉世儒（1965：160—161）較早就對動量詞進行了研究，關於動量詞"頓"的產生年代沒有具體說明，祇是認為"在南北朝這種用法還沒有產生"。潘允中（1982：122）認為"頓"由名量詞發展為動量詞，見於唐人著作。王力（2005：39）認為："'頓'字也是集體單位詞，表示數量之多。一般指打罵，但也指吃飯。'頓'字作為行為單位詞，大約是隋唐以後的事情。"王紹新（2000：183—184）雖認為動量詞產生於隋唐五代，但稱量"進餐"次數的最早用例出自《祖堂集》與《敦煌變文》，稱量"打"次數的最早用例則出自《朝野僉載》與《敦煌變文》，故其主張沒有隋代用例支持，祇能說是"唐五代"而非"隋唐五代"。金桂桃（2007：280）從王紹新之"隋唐五代"說亦未加細察，故不確。王毅力（2011）認為動量詞"頓"始見於晉代，而李建平（2013）則對動量詞"頓"產生於晉代提出了質疑，認為王毅力文中所用的晉代醫書《肘後備急方》的三個例子是唐代的語料，且王文中例（4）（5）（6）中"一頓美食"、"一頓食"及"一頓飽食"中的"頓"應是名量詞而非動量詞，例（7）《齊民要術》中"一頓飽食之"的"一頓"也不是數量結構，而是一個副詞，表示"一次性地"之義。因此，根據李建平（2013）的考察，王毅力文中隋代以前的關於動量詞"頓"的例子均不成立。我們認為李建平的質疑是有道理的，目前所能見到的隋代及其前代的例子難以成為動量詞"頓"的文獻支持，但李建平（2013）

據一孤例而認為動量詞始見於隋代亦不可靠。如：

(1) 爾等著其風俗，乃為東夷之人，度越禮義，於爾等可乎？然著述之體，又無次序，各賜杖一頓。(《全隋文》卷五引隋煬帝《敕責竇威崔祖濬》，筆者按：李文"濬"作"睿"，當誤。)

李文將此例中的"頓"分析成動量詞，應非是。劉世儒(1965：161)認為"賜杖一頓"中的"頓"還不是動量詞，因為"'杖'在這裏是名詞用法，並非動詞用法"。汪維輝先生(2007：140)則認為"'一頓'是用來稱量'賜杖'這個動賓短語的，而不是量'杖'的，所以這個'頓'其實已經可以看作是一個'准動量詞'。"汪先生稱此例之"頓"為"准動量詞"而不是"動量詞"，這說明汪先生認為此例之"頓"還不完全是個動量詞，換言之，即該例之"頓"還可理解成名量詞，這毫無疑問是非常謹慎和科學的。事實確實如此，僅就該例來看，"頓"毫無疑問可以看成是一個"准動量詞"，但是如果將該例置於同類例句的系統中，根據"杖"是一種刑罰來看，"賜杖一頓"則應可理解成"[賜[杖一頓]]"，那麼，其"頓"依然可以是名量詞。這從宋元時期著名學者馬端臨的重要著作《文獻通考》的記載中可以看出來。如：

(2) 魏晉以下，笞數皆多，笞法皆重，至唐而後，<u>復有重杖、痛杖之律，祇曰一頓</u>，而不為之數，行罰之人得以輕重其手，欲活則活之，欲斃則斃之。(《文獻通考·刑考五》卷一百六十六)

從例(2)看，例(1)中的"杖"是指"重杖"、"痛杖"一類的刑罰，可以稱為"一頓重杖"或"一頓痛杖"。再看唐代杜佑在《通典》中的記載：

(3) 寶應元年九月，刑部、大理奏："准式，制敕處分<u>與一頓杖者</u>，決四十；至到<u>與一頓及重杖一頓</u>，並決六十。

無文至死者，謂准式處分。又制飭或有令決痛杖一頓者，式文既不載杖數，請准至到與一頓決六十，並不至死。"（《通典・刑法三》卷一百六十五）

所以，例（3）中有"一頓杖"的說法，根據皇帝的詔令，判"與一頓杖者"要打四十杖；所以，例中"決痛杖一頓者"即"決一頓痛杖者"，表示"判決一頓痛杖刑罰的人"之義。甚至"杖"都可以省略，"一頓杖"直接表示為"一頓"，如例中"與一頓及重杖一頓"即為"與杖一頓及重杖一頓"。故從例（2）（3）來反觀例（1）中的"賜杖一頓"，即可知其義為"賜一頓杖刑"之義，隋唐文獻中的"V 一頓杖"或"V 杖一頓"不是泛指，而是特指實施特定次數杖刑，所以，順序顛倒不影響句法關係。

其實，這種表示實施刑罰的"V 一頓（杖）"或"V （杖）一頓"的說法在唐代常見，這兩種表述順序的句法分析都應該是"[V [一頓（杖）]]"和"[V [（杖）一頓]]"的動賓結構，其中的"一頓"都是指向表示刑罰的"杖"，而不是指向動詞 V，所以，這樣句式中的"頓"都應該是名量詞而非動量詞。如：

（4）思存大猷，務設寬典，宜<u>決杖一頓</u>，移貫藤州為百姓。（《全唐文》卷三十四）

（5）門家告御史，先覺進狀，奏請合宮尉劉緬專當屠，不覺察，<u>決一頓杖</u>，肉付南衙官人食。（《朝野僉載》卷六）

（6）中宗之時，有見鬼師彭君卿被御史所辱。他日，對百官總集，詐宣孝和敕曰："御史不檢校，去卻巾帶。"即去之。曰："有敕<u>與一頓杖</u>。"大使曰："御史不奉正敕，不合決杖。"君卿曰："若不合，有敕且放卻。"御史裹頭，仍舞蹈拜謝而去。觀者駭之。（《朝野僉載》卷三）

（7）至到<u>與一頓</u>、<u>與重杖一頓</u>、<u>與一頓痛杖</u>、決杖若干，宜處流、依法配流、依法配流若干裏，宜處徒、依法配

徒、與徒罪，依法處徒若干年，與杖罪、與除名罪、與免官罪、與免所居官罪，皆刑部奉而行之。(《唐六典・尚書刑部》卷六)

例(4)中的"決杖一頓"與例(1)中的"賜杖一頓"在句法和語義上是一致的，但其中的"頓"不能分析成動量詞，這從例(5)中的"決一頓杖"和例(6)中的"與一頓杖"可以看得出來，這些例子中的"頓"均為名量詞。所以，例(7)中，既可以說成"與重杖一頓"，也可以說成"與一頓痛杖"，甚至省略了"杖"表述為"與一頓"。故前賢在研究時容易將"與重杖一頓"和"與一頓"中的"頓"分析成動量詞。省略了"杖"的"V一頓"的表述文例在唐代亦常見。如：

(8) 奉敕，輒到者官人解見任，凡人決一頓，乃止。(《朝野僉載》卷三)

(9) 雜斷罪死者，決一頓，免死配流遠處。雜犯流移者，各減一等。杖罪已下並免。(《全唐文》卷二十二)

(10) 相為黨與，朝夕談議，既涉非違。宜各決一頓，長流寶州。(《全唐文》卷三十)

(11) 六品已下並白身者，便決一頓，仍准法科繩。(《全唐文》卷三十三)

(12) 流罪情狀重者決六十，輕者決一頓，決訖並放。(《全唐文》卷三十五)

從這些看出，"決一頓"之"頓"亦非動量詞，因為"決"為"判決"義，不能對犯罪者進行"判決一頓"，而祇能理解成"判決一頓杖(的刑罰)"，從例(3)我們可以知道，"一頓(杖)"就是"四十(杖)"。所以，例(12)中"重者決六十，輕者決一頓"即表達"犯流罪情節重的判決六十杖，情節輕的判決四十杖"之義，"決一頓"對應"決六十"，可見"頓"非動量詞。

如果在"決重杖一頓"後連接 VP"處死",則其中的"頓"仍然為名量詞,其語義仍然指向"重杖"。如:

(13) 如限滿後有違犯者,白身人等,宜付所司,<u>決痛杖一頓處死</u>。(《舊唐書·食貨志第二八》)

(14) 崇遠流外授官,監中守職,雖官不請於俸祿,而職見請於依糧,贓罪既彰,死刑難貸。宜<u>決重杖一頓處死</u>。(《全唐文》卷一百十)

因為結構中的動詞"決"不是必須的,它可以不出現。如:

(15) 今王饒所告,李商並招實罪,宜奪歷任官,<u>重杖一頓處死</u>。(《全唐文》卷一百九)

這說明,"一頓"的語義指向"重杖/痛杖",因此"頓"仍是名量詞。從例(1)—例(15)中我們發現,動詞"賜"、"與"、"決"是"賜給"、"判給"、"判決"之義,這些動詞不能持續,不能在一段時間內不停的發生或者重複,不能說"判決他一頓"祇能說"判決他重杖一頓"。在以上的例子中,動詞所表示的不是表示直接支配"杖"的動作。因此,在"賜/與/決+杖一頓"這個事件框架中,其實包含了兩個動作,一個是顯性的發出"判決"命令的動作,一個是隱性的執行"杖"刑的動作,如果句中祇顯現判決類的動作,如例(1)—例(15),則"頓"分析為名量詞。而當句中顯現執行"杖"刑類的動作(如"打"、"笞"等),則"頓"可分析為動量詞。如:

(16) 刑部尚書李日知自為纖赤,不曾打杖行罰,其事亦濟。及為刑部尚書,有令史受敕三日,忘不行者。尚書索杖剝衣,喚令史總集,欲決之。責曰:"我欲<u>笞汝一頓</u>,恐天下人稱你雲撩得李日知嗔,吃李日知杖。你亦不是人,妻子亦不禮汝。"(《朝野僉載》卷五)

(17) 往呼驛長,責曰:"判官與納言何別,不與供給索杖來。"驛長惶怖拜伏,納言曰:"我欲<u>打汝一頓</u>,大使打驛

將,細碎事,徒浣卻名聲。若向你州縣道,你即不存生命。且放卻。"(《朝野僉載》卷五)

例(16)中,從文義看還是實施杖刑,因為前文説"打杖行罰",但是動作"笞"中已經隱含了"杖"一類的工具,所以,"笞汝一頓"中無法將"杖"添加於"一頓"前或後而變成"笞汝一頓杖"或"笞汝杖一頓",更重要的是,"笞打"類動詞不具有前文論及的"賜/與/決"類雙及物動詞可以帶雙賓語的功能,例(16)(17)如果説成"賜/與/決+汝一頓杖"或"賜/與/決+汝杖一頓"都没有問題,"一頓"的語義都是指向"杖",這與現代漢語中"給你一本書"和"給你書一本"是一樣的。而"打汝一頓"中的"頓"更多的應理解成動量詞,雖然例(16)有"打杖"的説法,但"打杖"之"杖"不是受事,而是旁格論元,表示工具,義為"用杖打",且"打"與"笞"不是能帶雙賓語的動詞,因此它就不能擴展為雙及物結構"打汝一頓杖"這樣的結構,故"打汝一頓"之"頓"就祇能分析成動量詞了。

至此,我們可以説,凡隋唐時期所出現的"V+杖一頓"或"V+一頓杖"結構中,動詞V是隱含有"給與"義的"賜/與/決"等動詞時,"頓"還是名量詞,祇有當動詞V後的成分出現了間接賓語,動詞又不具有雙及物特徵(如"笞/打"等)時,"頓"纔能分析成動量詞。所以,動量詞"頓"到唐代纔真正形成。

因此,李建平(2013)動量詞"頓"的隋代用例是不成立的。接下來我們要來看王力先生(2005:39)關於動量詞"頓"的隋代用例是否成立[例(18)轉引自《漢語語法史》]:

(18)未到日中,已打兩頓。(隋·侯白《啟顔錄》)

僅看例中這兩句,例(18)似乎和例(17)没有什麽區別,"頓"定為動量詞無疑了。可是如果我們仔細來看這個例子的上下文的話,會發現情況完全不同。如:

(19)（楊）素又謂（侯）白曰："僕為君作一謎，君射之，不得遲，便須罰酒。"素曰："頭長一分，眉長一寸。未到日中，已打兩頓。"白應聲曰："此是道人。"素曰："君須作謎，亦不得遲。"白即曰："頭長一分，眉長一寸，未到日中，已打兩頓。"素曰："君因何學吾作道人謎？"白曰："此是阿曆。"素大笑。（隋·侯白《啟顏錄》）

從"未到日中，已打兩頓"所處的上下文來看，該句是謎面的一部分，該謎面四句，具有兩種理解，謎底既可作"道人"，也可作"阿曆"。雖然"阿曆"不好解，但"道人"好理解，即"僧人"。則"頭長一分，眉長一寸"定是"道人"的外貌描寫，則"未到日中，已打兩頓"之"頓"定不是動量詞，因為"打兩頓"與道人無甚聯繫。

雖然《啟顏錄》是託名於隋代侯白的一部笑話集，但却是出自眾人之手，是集體創作的結晶，成書時間大約在《隋書》修成之年即唐太宗貞觀十五年（641年）之後到唐玄宗開元十一年（723年）之間（馬培潔，2010），而且《啟顏錄》題材豐富多樣，各類兼備，既有出自成書的古代笑談，也有采自當時流傳的民間創作，有些故事，曾見於邯鄲淳的《笑林》、劉義慶的《世說新語》、陽松玠的《談籔》等（程毅中，1990：73），因此，從語言的角度說，《啟顏錄》中的許多內容應該是包含了隋代及以前的語言成分，我們認為，涉及侯白自身故事或者是侯白語言描寫的，可以定為是隋代的語言。因此例（19）可以看成是隋代的文獻用例，但根據曹林娣、李泉（1990：55）的注解：

"頓"通"盹"，"打盹"指"坐禪"；"道人"指當時對僧人的別稱；"頭長一分，眉長一寸"是形容僧人打坐時低著頭，不見其面，祇見其眉；"阿曆"是梵語"阿黎耶"的異譯，義譯是"聖者"，侯白拿佛教聖者開玩笑，所以楊素大笑。

曹林娣與李泉的注釋可為一說，相同的謎面得出相同的謎底

"僧人",祇是用不同的稱呼來指稱而已。如：

(20) 我今亦有貪欲之病，願阿梨耶憐湣我故。(隋・闍那崛多譯《佛本行集經》卷五十九)

(21) 一切法無住滅，一切阿梨耶故；一切法無求，離此彼親愛故。(唐・菩提流志譯《大寶積經》卷二十八)

例(20)表達"希望得到高僧的憐憫"之義；而例(21)表達的是"一切法不生不滅"主要是因為聖者之識的緣故，"聖者之識"即為"阿梨耶識"，它是三界六道、凡俗衆生及一切事物賴以產生和變化的最終依據，也就是衆生和世界的本體。可見，二例之"阿梨耶"之義即為"聖者"、"高僧"。"聖者"、"高僧"在梵語中還可以稱為"阿闍梨"、"阿梨"或"阿黎"、"闍梨"或"闍黎"。無論是"阿梨"或"阿黎"，還是"闍梨"或"闍黎"，都是"阿闍梨"的省稱。《漢語大詞典》對這些詞皆有收錄，釋之為"聖者；高僧"之義，亦指出可以泛指僧人。那麼例(19)中的"阿厤"即是"阿梨/阿黎"，因為都是音譯，所以都是指稱僧人。

據上所論，"頭長一分，眉長一寸。未到日中，已打兩頓。"其中的"頓"如果理解"打盹"之"盹"，謎面似乎可以解釋得通，但却找不到確鑿的證據，故曹林娣與李泉之說也令人生疑。但至少我們可以認為，將其中的"頓"解釋成動量詞，則該謎面更加不好解釋。故王力先生(2005：39)關於動量詞"頓"的隋代用例亦值得商榷。所以，我們目前所能見到的隋代的兩個所謂動量詞"頓"的例子恐皆非，所以我們主張動量詞"頓"是在唐代產生，並有一定的發展，除了上文所舉動量詞"頓"的兩個唐代例子〔例(16)(17)〕外，唐五代還能見到關於表示飲食的動量詞"頓"。如：

(22) 辰時以粥充饑，仲時更餐一頓。今日任運騰騰，明日騰騰任運。(《全唐詩補編・全唐詩續拾》卷七)

(23) 大海闊三千，巨深五六萬。餘特七尺軀，入裏飲一頓。(《全唐詩補編·全唐詩續拾》卷二十)

(24) 雖然不飽我一頓，且得噇饑。(《敦煌變文·降魔變文》)

(25) 汝欲得活，時得瓜食之一頓，即活君也。而不得瓜食之，不經旬日，終須死矣。(《敦煌變文·行孝第一》)

總的來說，動量詞"頓"在唐代產生後，總體使用頻率不高，特別是關於表示"進食"動作以外的其他動作量的用例不多，僅有有限的幾個用例。宋代以降，"頓"表動量修飾進食動詞、"責打"義類動詞的用例不斷增多，甚至擴張到稱量言說義動詞(如"罵"、"說"等)。如：

(26) 如吃物事相似：將甚麼雜物事，不是時節，一頓都吃了，便被他撐腸挂肚，沒奈何他。(《朱子語類》卷十一)

(27) 這漢來這裏納敗闕，脫下衲衣痛打一頓。(《古尊宿語錄》卷四十八)

(28) 好將臨濟棒一日打三頓，什麼人下得手？雖然罪過彌天，新赦鹹放。(《古尊宿語錄》卷二十)

(29) 然夫子亦不叫來罵一頓，教便省悟。(《朱子語類》卷三十三)

(30) 如釋氏則今夜痛說一頓，有利根者當下便悟，只是個無星之稱耳！(《朱子語類》卷一百一十五)

二 動量詞"頓"的來源

對於動量詞"頓"的來源，我們先從最新的研究成果來看。王毅力(2011)對動量詞"頓"的語法化過程進行了總結：

叩頭→停頓→軍隊駐紮休息→進食一次(軍隊駐紮休息一

次)→稱量進食的動量詞"頓"→稱量責打的動量詞"頓"

這個語法化的過程的一個最大的特點就是動量詞"頓"的形成沒有經歷名量詞的階段,直接由"軍隊駐紮休息吃飯一次"引申出動量詞"頓",從理論上來說是沒有問題的,但是這不符合歷史文獻語料所呈現出來的事實,造成這種誤判是因為王毅力(2011)將諸如下文例(31)—(33)這樣的例子中的"頓"分析成了動量詞,所以將"頓"發展的名量詞階段給忽略了。

李建平(2013)在指出王毅力文中錯誤並吸收王紹新(2000:183)研究成果的基礎上,總結了動量詞"頓"的兩條語法化路徑:

住宿→宿處→宿處的一餐飯→任一餐飯→名量詞→稱量進食次數的動量詞
叩首→停頓
　　　　　一次性地→稱量責打行為的動量詞

李文的這兩條演變路徑中,"停頓"義是節點,沿"住宿"義演變的路徑是王紹新(2000:183)的研究成果,而沿"一次性地"義的演變路徑是李文的發明。我們認為,第一條演變路徑是正確的,第二條演變路徑却值得商榷。李文建立動量詞"頓"的第二條語法化路徑的理由有二:一是依據產生年代,"與稱量進食次數相較而言,稱量責打行為的用法產生的年代並不晚,甚至略早,因此可能別有來源。"這一依據從我們上文的研究來看,稱量進食與稱量責打的動量詞"頓"都在唐代產生,而且稱量責打的動量詞"頓"未必要來自表稱量進食的動量詞"頓",從我們前文的研究看,它可以來自於表示稱量責打的名量詞"頓",因此,產生年代的依據可以加以否定。二是依據劉世儒(1965:160)註脚的說法。我們先看劉世儒關於量詞"頓"形成研究的正文部分:

"頓"作為量詞可能是由"停頓"義轉來;南北朝人把旅途中的休息、飲食叫做"出頓"(《洛陽伽藍記》卷二:"崇儀裏東有七裏橋,以石為之,中朝杜預之荆州出頓之處也"),因而把

"吃飯一次"就叫"一頓"(《世說新語·任誕篇》注引宋明帝《文章志》:"忱嗜酒,醉輒經日,自號上頓;世嗙以大飲為上頓,起自忱也",也可為證)。歷史文獻證明,"頓"之作為量詞就正是從稱量"吃飯"開始的。如〔以下例(33)—(36)皆轉引自劉世儒(1965:160)〕:

(31) 卿可豫檄光公,令作<u>一頓</u>美食。(王珣文,見《全晉文》卷20)

(32) 聞卿祠,欲乞<u>一頓</u>食耳。(《世說新語·任誕篇》)

(33) 今日有一頓飽食,便欲殘害我兒子!(《宋書·徐湛之傳》)

後來由此擴展,纔廣用到其他方面,但已進入這個時代的末期了:

(34) 爾等著其風俗,乃為東夷之人……各賜杖一頓。(隋煬帝《敕責竇威崔祖濬》)

更由此發展,就可以為動量詞(如"打一頓"、"罵一頓"),但在南北朝這種用法還沒有產生(如上"賜杖一頓",就隱含了"打"意在內,動量詞用法已經呼之欲出,但它當然也還不是動量,因為"杖"在這裏是名詞用法,並非動詞用法)。

劉世儒以上關於動量詞"頓"形成的論述可簡化如下:

停頓→出頓→稱量飲食的名量詞"頓"→稱量責打義的名量詞"頓"→稱量責打義的動量詞"頓"

我們全文列出劉世儒(1965)關於"頓"的研究,正是因為我們認為其論述比較可信。從我們第一節的內容可以看出,劉世儒對例(34)(即第一節中的例1)的看法是正確的,該例中的"頓"正是從稱量飲食名量詞擴展而來的表示稱量責打的名量詞,從產生時間上看非常合理,即魏晉南北朝時期出現稱量飲食的名量詞"頓",由於"一頓N"結構的擴展,在隋唐時期出現了表示稱量責打義的名量詞"頓",然後在唐代產生"打汝一頓"這樣的動量詞用法。正因為劉說關於從稱量飲食的名量詞"頓"到稱量責打的名量詞"頓"再到稱量責打的動量詞"頓"的論述比較簡單，因而其關於動量詞"頓"的演變路徑被忽略，我們結合本文第一節內容，可看出這一演變路徑的合理性。

然而，在闡述以上演變路徑的同時，劉世儒對動量詞"頓"來源於"出頓"做了註腳，認為動量詞"頓"可能有另外一種來源。以下是註腳內容：

但也可能是直接來源於停頓義（停一次就叫一頓），不一定要經過"出頓"的媒介。看下邊的用法可知：

受之者四十年傳一人，無其人，八十年可頓授二人。（《漢武帝內傳》，猶云"一次授給兩個人"。）

人……可頓啖數十枚瓜"（《博物志》卷十；猶云"一次吃十個瓜"。）

這種用法若在"頓"前加上數詞："一頓授二人""一頓啖二瓜"，這不就發展成了量詞嗎？

劉世儒將"頓授二人"與"頓啖數十枚瓜"之"頓"理解成"一次"，不確，且"頓"前無添加數詞"一"的動因，而且得不到文獻用例的佐證，因此其註腳中所認為在"頓"前添加數詞"一"的演變路徑衹是一種推測，我們認為這種推測是沒有根據的。李建平（2013）認為這種"頓"應該是副詞，為"同時"、"一下子"之義，李建平對此類"頓"的意義理解更合理些。據此，他認為，"一"和"頓"都有"一次性"之義，故在晉代及後代文獻中皆可見二詞同義連用，"一頓"義同副詞"頓"，表"一次性"義。如［例(35)轉引自李建平（2013）］：

(35) 或舉所賢，因及所念，<u>一頓而至</u>，人數猥多，各言所舉者賢。（《晉書·劉寔傳》）

李建平的論述似乎為劉世儒的推測找到了副詞"頓"前添加"一"的一種方式，李建平（2013）進一步闡發道："這裏'一'

和'頓'是副詞同義連用,指一次性地,但正是在這種語法化環境中,'一頓'由'副詞＋副詞'構式被'重新分析'(reanalysis)為'數詞＋量詞'構式,從而開始了其語法化。當'頓'擺脫了'一次性'這一語義滯留,'頓'就正式語法化為動量詞。"

李建平這段論述似乎證明了劉世儒在其論著註腳中推測動量詞"頓"的演變路徑是存在的。然而,李建平之說比劉世儒的推測更不合理,因為李建平關於"一(副詞)＋頓(副詞)"構式向"一(數詞)＋頓(量詞)"構式演變的模式是很難成立的,因為:首先這一演變模式違反了語法化路徑由實而虛的單向性原則(至少目前還沒有發現漢語中有虛詞向實詞語法化的模式),因為數詞、量詞比副詞更實在;其次,在漢語中,數詞"一"演變成副詞是常見模式,而相反的演變則未見;第三,這一演變路徑沒有可靠的文獻用例來佐證,劉世儒是推測,李建平同樣僅僅是概述性地進行了勾勒,而沒有舉例論證。另外,副詞"一頓"作為一個詞,要演變成數量詞短語結構的"一頓",還要經歷一個反辭彙化的過程,這同樣也是比較困難的(雖然存在極少這樣的現象,參李宗江2006)。而且副詞"一頓"不具有演變成數量短語"一頓"的語義基礎,據李文,副詞"一頓"為"同時"、"一下子"、"一次性地"之義,則該義隱含有"小"義的特徵,而量詞"頓"或數量短語"一頓"都隱含有"大"義的特徵,王力先生(2005:39)就指出,"'頓'字也是集體單位詞,表示數量之多。"因此,動量詞"頓"表示動量含有大量義,"V一頓"不是"V一次"之義,而是表示動作V反復發生的積累。而"頓"表"一次性地"的副詞用法不具備這個語義特徵,它更多的是向時間副詞引申,表示"忽然"、"立刻"義,如"頓然"、"頓時"、"頓悟"等之"頓"都是此類用法。

所以,副詞到量詞的語法化路徑是不可靠的。我們認為劉世儒（1965：160—161）正文中所闡述的動量詞的演變路徑是比較可靠的，但還不夠詳細，我們結合第一節的研究和王紹新（2000：183）名量詞"頓"的形成研究成果，結合歷史文獻，將動量詞"頓"的形成路徑圖示如下：

叩首→停頓→住宿→宿處→宿處的一餐飯→任一餐飯→稱量飲食名量詞

　　　　　　　　　　　　　　　稱量責打的名量詞　　稱量進食的動量詞

　　　　　　　　　　　　　　　稱量責打的動量詞

　　　　　　　　　　　　　　　稱量言說等的動量詞

需要說明的是，"頓"從表稱量飲食的名量詞到表稱量責打的名量詞，主要是通過刑罰"一頓杖"來擴展的，即"一頓食"擴張為"一頓杖"，而"賜/與/決＋一頓杖"又可以表達為"賜/與/決＋杖一頓"，當"賜/與/決＋杖一頓"結構的動詞擴展為二價動詞的時候，於是形成了"打/笞＋汝＋一頓（杖）"這樣的結構，而且這種結構中，"杖"一般不出現，因此，就有了"打汝一頓"的結構。

另外，我們發現在文獻語料中，稱量責打的動量詞功能來源於稱量責打的名量詞功能，並沒有語料顯示這種動量詞功能來源於稱量進食的動量詞功能。但是，從詞類功能擴展的理論來講，這種演變是存在的，而且兩種動量詞功能又同時代產生並共存，更顯示了這種演變的可能性，更重要的是，這種演變路徑在動量詞"餐"的形成過程中得到了體現（詳見下文），因此我們在稱量進食的動量詞功能和稱量責打的動量詞功能之間用虛箭頭來表示。

三　動量詞"餐"的形成

　　研究一個詞的語法化路徑，不能孤立來看問題，需放置於某個範疇系統中去考察，因為具有相同語義的詞類範疇往往具有相同的演變路徑，這樣歸納的演變路徑應該更具有廣泛性和普適性。在漢語中，與量詞"頓"具有相同用法的是量詞"餐"。量詞研究的相關成果基本上都沒有關注"餐"這一量詞，但是在現代漢語方言詞典中，我們能夠發現大量這樣的用法。《漢語方言大詞典》(1999：7229) 將量詞"餐"解釋如下：

　　　　❶湘語。湖南長沙 [ts'an^{33}] 罵一餐。❷贛語。江西南昌 [ts'an^{42}] 路不好走，來一餐不容易。❸粵語。廣東廣州 [tʃ'an^{53}] 哭一餐罵一頓。廣東陽江 [tʃ'an^{33}] 打了一餐。

　　確實，在這三個方言區，量詞"餐"的使用頻率很高，我們再來看各地的方言記載。《長沙方言詞典》(1998：235) 認為"餐"[ts'an˦]同"頓❶"，而在第 204 頁釋"頓❶"為"用於吃飯、斥責、打罵等行為的次數：喫咖一～飽的｜打他一～再説。"這説明在長沙方言中，量詞"頓"和"餐"在稱量飲食和責打時的用法是一致的。而婁底方言只用"餐"來表示，"頓"無量詞的用法，《婁底方言詞典》(1994：194) 釋"餐 [ts'ā˦]"為量詞，❶用於吃飯，一頓飯謂之"一餐飯"；❷用於打、罵、訓斥等，"一餐"即"一頓"：一～打（罵□ts'un˧訓斥）｜（打、罵、□ts'un˧、肏卵辱罵）一～。

　　在贛方言中，《漢語方言大詞典》並沒有記錄"餐"稱量吃飯、打罵等行為的量詞用法，其所記錄的"路不好走，來一餐不容易"中的"餐"雖是一個量詞，但祇相當於量詞"趟"，應是我們所探討的量詞"餐"用法的進一步引申，我們不探討。我們且看《南昌方言詞典》(1995：150) 中的"餐 [ts'an˧]"，釋

"餐"為量詞,如"一餐飯";《南昌方言詞典》(1995:189)還收錄了量詞"頓［tin˦］",釋之為"用於吃飯、打罵等行為的次數:一～飯｜罵渠一～｜打渠一～｜𩙁一～｜打。"南昌話既用量詞"餐",又用量詞"頓"來稱量飯食及打罵,萍鄉方言與之相同,既用"餐"又用"頓",如《萍鄉方言詞典》(1998:271)"餐［tsʻā˦］量詞,一頓飯叫一餐:一～飯｜一日三～｜◇打一～｜◇罵一～",同樣在《萍鄉方言詞典》(1998:363)中收錄了量詞"頓［tʻəŋ˩］",釋之為"用於斥責、打罵等行為的次數:打一～｜罵一～｜粉_{訓斥}一～｜發嘎～脾氣"。但在贛方言中,也有祇用量詞"餐"而不用量詞"頓"的,如《黎川方言詞典》(1995:128)"餐［tsʻan˩］"量詞,一餐飯就是一頓飯:一日三～。在筆者的家鄉方言江西安福話中,也祇用"餐"而不用"頓",說"一餐飯"、"吃一餐"、"罵一餐"、"打一餐"、"發一餐牢騷"等。

在粵方言區,一般都用量詞"餐"而不用量詞"頓"。《廣州方言詞典》(1998:314)收錄了量詞"餐",並釋之為"❶頓,用於飲食:一～飯｜兩～粥｜三～番薯｜食咗～飽嘅_{吃了個夠};❷頓,用於打、罵等:打佢一～｜鬧佢一～。"《東莞方言詞典》(1997:192)釋"餐［tsʻɛŋ˩］"為量詞,用於吃飯、斥責、勸說、打罵等行為的次數,相當於"頓":一～飯｜一～𫧃｜畀佢鬧_罵敲一大～｜畀人打～死｜畀大家批一～。二詞典都沒有記錄"頓",說明在粵方言中,稱量飲食和責打等動詞都是用"餐"來表達。

除了以上三大方言區,其他一些南方方言也用"餐"來稱量飲食和責打。如《南寧平話詞典》(1997:226)釋"餐［tsʻan˥］"為"量詞,用於吃飯,打罵的次數:一～飯｜渠揑老子_{父親}打一～"。《梅縣方言詞典》(1995:190)釋"餐［tsʻon˦］"為"量詞,一頓飯叫一餐:一日三～飯都在食堂食_吃｜食了幾多～?"

《金華方言詞典》（1996：55）釋"餐 [tsʻɑ˧]"為"量詞，用於吃飯的次數：一～飯｜喫一～"。

因此，從現代漢語方言的使用來看，北方方言和官話區一般是用量詞"頓"，而南方方言大部分都是用"餐"（吳方言大部分都用"頓"），二者在稱量食物、飲食以及打罵、斥責時所充當名量詞、動量詞的功能是一致的，因此，可以推測它們從稱量飲食到稱量責打的演變路徑大概也是一致的。那麼在歷史文獻資料中，量詞"餐"是如何形成的呢？

量詞"餐"的來源比較清楚，因為從其字形的義符"食"就能夠知道其語源與"吃飯"有關。《說文·食部》："餐，吞也。"如：

(36) 維子之故，使我不能<u>餐</u>兮。（《詩經·鄭風·狡童》）

(37) 此甘<u>餐</u>毒藥，戲猛獸之爪牙也。（漢·枚乘《七發》）

(38) 願將軍強<u>餐</u>食，近醫藥，專精神，以輔天年。（《漢書·張安世列傳》）

故"餐"開始是一個動詞，表示進食之義。從漢代始，動詞的"餐"亦可引申為指"吞食之物"，具有"飯食"義，為名詞。如：

(39) 賓婚未得盡相勞，<u>餐</u>未及下嚥，<u>酒</u>未及濡唇，楚兵已屠關中。（《史記·秦始皇本紀》）

(40) 列侯幸得賜<u>餐</u>錢奉邑。（《漢書·高后紀》）

同時，從漢代開始，作為名詞的"餐"常與數詞"一"共現，形成"一餐"這樣的高頻組合，表達"一餐飯"之義。如：

(41) 於是奏之太后，太后乃說，為帝加<u>一餐</u>。（《史記·梁孝王世家》）

(42) 賓客從者，皆祗其志行，<u>一餐</u>不受於人。（《後漢

書·桓榮曄列傳》)

(43) 及至其敝，睚眥之怨必仇，一餐之惠必報。(《後漢書·孔融列傳》)

(44) 昔韓信不忍一餐之遇，而棄三分之業，利劍已揣其喉，方發悔毒之歎者，機失而謀乖也。(《後漢書·皇甫嵩列傳》)

(45) 一餐之德，睚眥之怨，無不報復，擅殺毀傷己者數人。(《三國志·蜀書·法正列傳》)

(46) 乞食揚州市上，一老母姓沈字光姜，惠臣一餐。(《全晉文》卷二十七)

(47) 至於宣孟滑釁桑之饑，漂母哀淮陰之憊，並以一餐，拯其懸餒。(《全晉文》卷六十二)

(48) 然或以片言微感，一餐小惠，參國士之眄，同布素之遊耳。(《南齊書》卷四十七)

(49) 其略所至，一餐一宿之處，無不沾賞。(《魏書》卷十九下)

(50) 蒸民未闋一餐，陛下輟膳三日，臣庶惶惶，無複情地。(《魏書》卷六十三)

在表示某個概念量的量詞產生之前，漢語一般是直接在名詞前面加數詞來表達，這在上古漢語中多見。以上"一餐"之"餐"還不能理解成量詞，祇能是理解成數詞和名詞的組合，而名詞所表示的量的概念是蘊含在名詞概念的物性結構中，因此，"餐"的外顯意義是"飯食"，概念量祇是其隱含意義，祇有當這種隱含的概念量意義凸顯的時候，"餐"纔能從名詞演變成量詞。也就是說，祇有當"餐"所承載的"飯食"意義弱化，其概念量意義纔能凸顯。如：

(51) 時善見王忽然命終，猶如壯士美飯一餐。(後秦·佛陀耶舍、竺佛念譯《長阿含經》卷四)

(52) 複以往昔在長者家為使女時，因施彼尊辟支佛食一餐飯故，而發願言：願我所生。(隋・闍那崛多譯《佛本行集經》卷四十七)

(53) 見已佈施一餐食，故生豪貴釋種姓。(隋・闍那崛多譯《佛本行集經》卷六十)

(54) 富者無三年之糧，貧者無一餐之飯，田宅不可複售，舟車無從而得，舍安樂之國，適習亂之鄉，出必安之地，就累卵之危，將頓僕道塗，飄溺江川，僅有達者。(《晉書》卷五十六)

(55) 自今以後，每放寺觀行香，及有期集，宜令依廊下料，各與飯一餐，仍令所由與京兆府計會。(《唐會要》卷六十七)

(56) 粗飯一餐終不惜，願君且住莫匆忙。(《敦煌變文・伍子胥變文》)

從南北朝開始，"一餐"概念中所蘊含的"飯食"義直接由"飯/食"等詞語表達，形成例(51)—(56)中的"一餐飯/食"或者"飯一餐"這樣的語言形式，在這樣的結構中，"餐"的"飯食"義就完全弱化了，由於長期處於數詞之前，加上名詞義的弱化，則"餐"已經演變成一個表示事物量的名量詞，這與名量詞的"頓"的產生幾乎是同步的。而一個名詞的詞義可以包含有論元結構（argument structure）、物性結構（qualia structure）、事件結構（event structure）和辭彙承繼結構（lexical inheritance structure）等四個層面（Pustejovsky, 1991），所以一個名詞所表達的概念不僅僅包含物性結構中構成（constitutive）角色，如事物的材料、數量、重量、部分及構件等，而且還聯繫着與這個名詞所表達事物的事件結構，即動詞可與該名詞形成句法語義組合所形成的事件框架。這也就是說量詞不僅可以稱量事物構成角色中的數量，還可以稱量與名詞發生關係的動詞所表達的動作量。如：

(57) 為君下箸一餐飽，醉著金鞍上馬歸。(李白《酬中都小吏攜斗酒雙魚於逆旅見贈》，《全唐詩》卷一百七十八)

例 (57) 中，既可理解成"[[為君 [下箸一餐]] 飽]"，又可以理解成"[為君 [下箸 [一餐飽]]]"，詩句中，"下箸"是"用筷子取食"之義，其實就相當於"吃"，因此，無論"餐"的語義是指向"下箸"還是指向"飽"，它都是用來稱量動量的，是一個動量詞。此用法與"頓"的動量詞用法產生時期也大致是相同步的，在唐代，"餐"的動量詞用法與"頓"一樣不多見。唐以降均有用例。如：

(58) 事一餐邀一客，必水陸俱備，雖王侯之家不得相仿焉。(宋·孫光憲《北夢瑣言·逸文》卷二)

(59) 則您那素齋食剛一餐，怎知我粗米飯也曾慣。(元·關漢卿《望江亭中秋切鱠》第一折)

(60) 還有老大半隻雞，明日好吃一餐，不要被這亡人拖了去。(明·凌濛初《二刻拍案驚奇》卷三十九)

(61) 馬二先生腹中尚飽，不好辜負了仙人的意思，又盡力的吃了一餐。(清·吳敬梓《儒林外史》第十五回)

同時，我們也要看到，從元代開始，表示動量的"餐"所稱量的動作超出了"食"或"吃"這一類詞，如：

(62) 那個是見義當為，肯憐咱這般苦楚？濕浸浸棒瘡疼痛，哽噎噎千啼萬哭。空蕩蕩那討一餐？薄怯怯衣裳藍縷。(元·李行甫《包待制智賺灰闌記》第三折)

(63) 日高時，造一餐，飽來藜杖，繞頂遙觀看。(元·雲龕子《散曲·小令·【中呂】迎仙客》)

二例雖然與"飯食"有關，但動詞"討"、"造"已經超出了"吃飯"這樣的動作。明代開始，動詞所表達的語義已經不能支配"飯食"，而需要添加動詞"吃/食"纔能完整地理解句義，這說明"餐"所稱量的動詞範疇有了進一步的擴展。如：

(64) 你看他兩個，白白裏打攪了他一餐，又拿了他的甚麼東西，忒煞欺心！（明·淩濛初《拍案驚奇》卷十二）

(65) 我輩欲君畀一月工，堆字若干，分贈親友，冀得小津潤。今先屈先生一餐，明日奉迎至某所。（清·紀昀《閱微草堂筆記》卷十二）

(66) 今亦不敢久留，只求略停片時，少勸一餐，而即聽驅車就道，亦不為遲，庶幾人情兩盡，難道兄台還不肯俯從？（清·佚名《好逑傳》第十二回）

例（64）"打攪了他一餐"是"吃一餐從而打攪了別人"之義；同樣例（65）"屈先生一餐"即"委屈先生吃一餐"之義；例（66）中的"勸一餐"亦"勸說別人吃一餐"之義。但在表述時，"吃"等動詞省略了，形成了"餐"間接稱量飲食意外的動詞。這說明動量詞"餐"在近代漢語文獻中的稱量物件進一步擴大，但還未見到直接稱量責打義的動詞用例。直到現代漢語方言中，纔有"打一餐"、"罵一餐"、"話一餐"等的用法。

《漢語大詞典》與《漢語大字典》衹收錄了"餐"的名量詞用法，沒有注意其動量詞用法，特別是沒有注意其動量詞用法功能中對"飲食"以外動作的稱量功能，而且名量詞用法的最早用例也太晚出，《漢語大詞典》用例則是《儒林外史》第一回："我老漢每日兩餐小菜飯是不少的。"《漢語大字典》的用例是魯迅《彷徨·祝福》："這樣悶悶的吃完了一餐飯。"例太晚。從我們前文的研究看，"餐"的名量詞用法早在南北朝時期就產生了。

綜上所述，動量詞"餐"從古代漢語一直到現代漢語方言中的形成路徑可以表示如下：

吞食→吞食之物→一餐飯食→稱量食物的名量詞→稱量進食義動詞的動量詞→稱量責打及言說義動詞的動量詞

四 結 語

　　本文的研究顯示，如果要論證一種逸出演變規律的演變模式，就必須有足夠的事實來證明，否則，就是空中樓閣，其結論值得懷疑。稱量責打的動量詞"頓"之所以不可能來源於副詞"頓"，是因為這不符合漢語由實而虛的語法化一般演變規律，同時也得不到文獻用例的佐證，所以結論不可靠。稱量責打的動量詞"頓"首先可是從稱量責打的名量詞"頓"演變而來，這種演變可以存在是因為稱量事物的名量詞先可以擴展為稱量責打的名量詞，即"一頓飯"的用法擴展為"一頓罵"，然後由"一頓罵"演變成"罵一頓"。前一擴展可以看成是由具體到抽象的一種擴展，或者說由範疇中心成員向邊緣成員的擴展，王力先生（1980：247）就曾說，如果"竹一個"可以逐漸演變成"一個人"，為什麼"鳥一隻"不可以逐漸演變成"一隻人"呢？（筆者家鄉江西安福話就是說"一隻人"）"一隻人"說法都可以通過擴展而來，這說明語言的擴展功能確實非常強大。那麼，在同一構式中，從名詞擴展為動詞或者形容詞也是可以的，如"吃個飯"擴展為"吃個飽"，再如"給他個蘋果"到"打他個措手不及"的擴展（雷冬平，2012），等等，這種擴展能夠進行，是因為擴展的成分具有相似性，沈家煊先生（2007、2010、2012）就提出了著名的"名動包含"的理論，認為動詞也是名詞，是名詞的一個類，名詞和動詞都具有指稱性。那麼，從"一頓飯"到"一頓罵"的擴展自然也是容易發生的。當然，稱量責打的動量詞"頓"也可能是從稱量進食的動量詞"頓"擴展而來，雖然沒有見到"頓"這種文獻用例，但是同類詞"餐"即是經歷了這樣的演變路徑，這就說明這一路徑也是存在的。

　　我們的研究同時也要強調的是，漢語中的詞語，大部分都是多義詞，這些義項構成一個共時的語義或者概念系統，系統中的各項意義是相互關聯的，往往具有衍生關係。但是這些義項如何建立起關聯，何者為先，何者為後，這從共時平面是很難看清楚的。那麼必須去尋找這個共時意義系統的歷時概念系統，也就是說，我們的研究要做的就是將共時系統歷時化，這是漢語詞彙演變研究的一項重要的工作，也是漢語詞彙構詞理據探討的主要途徑。

〔主要參考文獻〕

白宛如．廣州方言詞典．南京：江蘇教育出版社，1998．
鮑厚星，崔振華等．長沙方言詞典．南京：江蘇教育出版社，1998．
曹林娣，李泉輯注．啟顏錄．上海：上海古籍出版社，1990．
曹志耘．金華方言詞典．南京：江蘇教育出版社，1996．
程毅中．唐代小說史話．北京：文化藝術出版社，1990．
黃雪貞．梅縣方言詞典．南京：江蘇教育出版社，1995．
金桂桃．宋元明清動量詞研究．武漢：武漢大學出版社，2007．
雷冬平．"喝他個痛快"類構式的形成及其語義研究．語言科學，2012（2）．
李建平．也談動量詞"頓"產生的時代及其語源——兼與王毅力先生商榷．語言研究，2013（1）．
李宗江．去辭彙化："結婚"和"洗澡"由詞返語．語言研究，2006（4）．
劉世儒．魏晉南北朝量詞研究．北京：中華書局，1965．
馬培潔．《啟顏錄》版本流傳考述．圖書館理論與實踐，2010（11）．
潘允中．漢語語法史概要．鄭州：中州書畫社，1982．
覃遠雄．南寧平話詞典．南京：江蘇教育出版社，1997．
沈家煊．漢語裏的名詞和動詞．漢藏語學報，2007（1）．
沈家煊．英漢否定詞的分合和名動分合．中國語文，2010（5）．
沈家煊．"名動詞"的反思：問題和對策．世界漢語教學，2012（1）．
汪維輝．《齊民要術》辭彙語法研究．上海：上海教育出版社，2007．
王力．漢語史稿．北京：中華書局，1980．
王力．漢語語法史．北京：商務印書館，1989．

王紹新. 隋唐五代的動量詞//課餘叢稿. 北京：北京語言文化大學出版社，2000.
魏鋼強. 萍鄉方言詞典. 南京：江蘇教育出版社，1998.
熊正輝. 南昌方言詞典. 南京：江蘇教育出版社，1995.
許寶華，宮田一郎. 漢語方言大詞典. 北京：中華書局，1999.
顏清徽，劉麗華. 婁底方言詞典. 南京：江蘇教育出版社，1994.
顏森. 黎川方言詞典. 南京：江蘇教育出版社，1995.
詹伯慧，陳曉錦. 東莞方言詞典. 南京：江蘇教育出版社，1997.
Pustejovsky, James 1991 The Generative Lexicon. *Computational Linguistics*, Vol, 17 (4)：409—441.

Further Discussion on the Times and the Origin of the Verbal Quantifier "Dun (頓)"
——and the Formation of the Verbal Quantifier "Can (餐)"

Hu Lizhen, Lei Dong-ping
(Literature and Journalism College, Xiangtan University, Xiangtan, 411105)

Abstract："Dun (頓)" and "Can (餐)", noun quantifiers of referring food, are born in the Northern and Southern Dynasties. The two words begin to be regarded as the verbal quantifier of referring eating in Tang Dynasty. The function of the verbal quantifier results from the expansion of that of the noun quantifiers. The two verbal quantifiers' function, referring punishment by flogging, comes from the noun quantifiers of referring food or the verbal quantifier of referring eating. Special emphasis should be paid on the verbal quantifier of "Dun (頓)", referring punishment by flogging, which, by no means, evolves from the adverb "Dun (頓)", meaning "one-time". The reasons are that this kind of evolution does not conform to the process from the notional word to the function word in Chinese, nor the similar quantifiers' evolution such as "Can (餐)". Meanwhile, this kind of evolution finds no documents to support.

Key words："Dun (頓)"；"Can (餐)"；verbal quantifier；origin；path
（胡麗珍、雷冬平，湘潭大學文學與新聞學院，郵編411105）

量詞"種"源流淺探

王彤偉

内容摘要:"種"本義爲"播種得早而成熟得晚的穀物","種"本義爲"種植"。二詞音近義通,使用中"種"佔據了絕對優勢,並逐漸引申出來"類別"等意思。再由"類別"之義進一步虛化,最晚到漢代產生了量詞的用法。至於量詞"種"的稱量對象,大致經歷了"穀物—植物—動物—無生命的具體之物—抽象之物—事類"這樣一個由具體到抽象、範圍不斷擴大的發展歷程。"數十種十名"的結構形式最晚出現於漢末三國,到南北朝時期就已經比較普遍了。

關鍵詞:漢語史 詞彙史 量詞 種

在現代漢語量詞中,"種"是僅次於泛指量詞"个"的一個高頻量詞,我們有必要對它的發展演變情況進行梳理和探討。

一 關於字形

與"种"緊密相關的字形爲"種"和"穜"。《説文解字·禾部》:"種,先穜後孰也。从禾,重聲。"段注:"此謂凡穀有如此者。"可知,"種"的本義指"播種得早而成熟得晚的穀物"。《説文解字·禾部》:"穜,埶也。从禾,童聲。"可知,"穜"的本義爲動詞"種植"。在實際使用中,兩字出現了混用的情況,陸德明、段玉裁等人都曾對此作過説明。陸德明説:"禾邊作重,是種穋之字；禾邊作童，是種藝之字。今人亂之已久。"① 又説："禾旁作重是種稑之字，作童是種殖之字，今俗則反之。"② 段注曰："小篆埶爲種，種爲先種後孰，而隸書互易之，詳張氏《五經文字》。種者以穀播於土，因之名穀可種者曰種，凡物可種者皆曰種。"③ 後來，"種、種"都引申出"種類"之義。《玉篇·禾部》："種，種類也。"《廣雅·釋詁》："種，類也。"王念孫《疏證》："種，經傳皆作種。"其實，根據我們的統計，在傳世文史資料中"種"的使用頻率非常低。

"種"的量詞用法就是在"穀物、類別"的基礎上進一步引申、虛化的結果。

二　先秦兩漢時期

	尚書	毛詩	左傳	孟子	周禮	禮記	史記	漢書
種	3/0	4/0	5/0	3/0	17/0?	12/0?	83/0?	146/2?
種	0	0	0	0	3/0	0	0	0

（表中前一數字爲該書總見次，後一數字爲量詞見次，問號表示或有質疑和説明。後皆同。）

根據《十三經新索引》我們對"種"在十三經中的使用進行了統計，情況如上表。其中，《周禮》有7例"種"前面爲數詞，從外在形式上看很像量詞；但根據鄭注，《夏官司馬·職方氏》中的5例其實還不宜看作量詞：

其民二男三女，其畜宜六擾，其穀宜五種……其畜宜六擾，其穀宜四種……其畜宜四擾，其穀宜三種……其畜宜五

---

① 見《詩·豳風·七月》中"黍稷重穋"句之陸德明《釋文》。
② 見《周禮·天官·内宰》中"稑穜之種"句之陸德明《釋文》。
③ 見段注《説文解字·禾部》之"種"。

量詞"種"源流淺探

擾,其穀宜五種。"鄭注:"六擾,馬牛羊豕犬雞;五擾,馬牛羊犬豕;四擾,馬牛羊豕。五種,黍稷菽麥稻;四種,黍稷稻麥;三種,黍稷稻。

祇有2例很像量詞,但從語言的社會性時代性角度,結合同時代其他文獻的情況,我們還是把這兩例理解爲名詞"種類"。不過,"種"的量詞用法無疑是從這種用法引申出來的。

天子十有二閑,馬六種;邦國六閑,馬四種;家四閑,馬二種。(《周禮·夏官司馬·校人》)

《禮記》成書時代本身已經較晚,同時其中的"種"與前面的數詞結合後往往有專門的含義,因此這五個例子也沒有看作量詞:

冰以入,令告民,出五種。(《禮記·月令》)鄭注:"冰既入,而令田官告民,出五種,明大寒氣過,農事將起也。"孔疏:"令此典農之官,出五種之物,以擬種之。"

熬,君四種八筐,大夫三種六筐,士二種四筐,加魚腊焉。(《禮記·喪大記》)鄭注:"熬者,煎穀也,將塗,設於棺旁,所以惑蚍蜉,使不至棺也。《士喪禮》曰:'熬,黍稷各二筐。'又曰:'設熬,旁各一筐。'大夫三種,加以梁;君四種,加以稻。四筐,則手足皆一,其餘設於左右。"

祭百種,以報嗇也。(《禮記·郊特牲》)①

同樣,《史記》中的唯一的一個前爲數詞的用例也不好看作量詞②。

軒轅乃修德振兵,治五氣,藝五種,撫萬民,度四方。

---

① 錢玄《三禮辭典》解釋:"百種,一曰百穀,即各種穀物;一曰穀神。"(見該詞典368頁)

② 還有1例恐文有訛誤,也未看作量詞。即《史記·淮南衡山列傳》:"秦皇帝大說,遣振男女三千人,資之五穀種種百工而行。"《史記會注考證》:"《伍被傳》'五穀種種'作'五種'。顏師古注:五種,五穀之種也。蓋《史》文作五穀,後人誤與《漢書》混,又衍爲重文耳。"

(《史記·五帝本紀》)《集解》:"《周禮》曰:'穀宜五種'。鄭玄曰:'五種,黍、稷、菽、麥、稻也。'"《索隱》曰:"五種,即五穀也。"

在《漢書》中,我們就找到了兩個比較明確的作爲量詞的例子,劉世儒《魏晉南北朝量詞研究》也把這兩例作爲量詞的最早用例。

狐貂裘千皮,羔羊裘千石,旃席千具,它果采千種,子貸金錢千貫。(《漢書·貨殖傳》)①

莽遂崇鬼神淫祀,至其末年,自天地六宗以下至諸小鬼神,凡千七百所,用三牲鳥獸三千餘種。後不能備,乃以雞當鶩鴈,犬當麋鹿。(《漢書·郊祀志》)

《漢書》中還有14例放在數詞後的"種",形式上比較像量詞,其實還是不宜看作量詞。不過類似的這些例子正好説明了"種"的量詞用法正是從此發展出來的;或者説,東漢時期"種"的量詞用法剛剛開始萌芽。

今其技術晻昧,故論其書,以序方技為四種。(《漢書·藝文志》)

至於孝成,命任宏論次兵書為四種。(《漢書·藝文志》)

序六藝為九種。(《漢書·藝文志》)

《論衡》中也没有明確的量詞用法,衹有1例類似。

書雖文重,所論百種。(《論衡·自紀篇》)

東漢的醫學文獻中也有"種"的量詞用法,《黃帝內經》、《傷寒論》中各有1例。

伯高答曰:用淳酒二十升,蜀椒一升,乾薑一斤,桂心一

---

① 這裏有異文。《史記·貨殖列傳》:"佗果菜千鍾。"《索隱》:"果菜千種。千種者,言其多也。"《正義》:"鍾,六斛四斗。果菜謂雜果菜,於山野采取之。"《史記會注考證》:"張文虎曰:'佗字疑衍,漢書無。'愚按正義本作鍾,索隱本及漢書作種。以上敍都邑中一歲所需之數。"

斤，凡四種，皆㕮咀，漬酒中。(《靈樞經·壽夭剛柔第六》)

傷寒所致太陽痓、濕、暍三種，宜應別論，以為與傷寒相似，故此見之。(《傷寒雜病論·辨痓濕暍脈證第四》)

綜上可知，"種"在先秦時期沒有當量詞用的例子，直到東漢時期纔出現了量詞用法。"種"的量詞用法是從"穀物、種類"進一步虛化引申而來的。

三　魏晉南北朝时期

這一時期，"種"的量詞用法漸漸明晰，而且出現了"數+量+名"的結構①。

	三國志(本志)	三國志(裴注)②	世說新語	南齊書	齊民要術	魏書
種	64/4	52/5	8/0	44/4③	?/22④	101/5
稯	0	0	0	0	0	0

---

①　《神農本草經》中有5例量詞用法如下，其中後2例爲"數量名"結構，但該書的成書年代不確定。張顯成等認爲："此書今天所見到的，已是輯本，但大體上能夠反映原書面貌。此書也是託名之作，且並非出於一時一人之手筆。從馬王堆出土醫書以及《山海經》記載的藥物情況來考慮，該書出於秦漢之際不是沒有可能的。"(張顯成《先秦兩漢醫學用語匯釋》，巴蜀書社，2002年，第6頁)

上藥一百二十種為君……中藥一百二十種為臣……下藥一百二十種為君，主治病以應地，多毒，不可久服，欲除寒熱邪氣、破積聚、愈疾者。(《神農本草經》上卷)

樸消……能化七十二種石。(《神農本草經》中卷)

蛇蛻……主治小兒百二十種驚癇，瘈瘲、癲疾、寒熱、腸痔、蟲毒、蛇癇。(《神農本草經》中卷)

②　前一組數字是對本志的統計，括號內是對裴注的統計。

③　第五十九卷之《羌列傳》末尾一例爲："若夫九種之事，有□□至於此也。"因句中有闕文，意義不明，故未計入。

④　今本《齊民要術》中還有比較典型的例子，如：先下水、鹽、渾豉、擘蔥，次下豬羊牛三種肉，膘兩沸，下鮓。(卷八《脏臘煎消法》第七八) 魚醬汁三合，琢蔥白二升，薑一合，橘皮半合，和二種肉，著甕上，令調平。(卷九《炙法》第八十) 但這些篇目非賈氏原作，故未算在內。

《三國志》中有3例，並且出現了"數+量+名"的結構。

秋七月，詔曰："方今百姓不足而御府多作金銀雜物，將奚以爲？今出黃金銀物百五十種，千八百餘斤，銷冶以供軍用。"（《三國志·魏志·齊王芳紀》）

又精方藥，其療疾，合湯不過數種，心解分劑，不復稱量，煮熟便飲，語其節度，舍去輒愈。（《三國志·魏志·方技傳·華佗傳》）此例前爲不確定的約數。

季龍取十三種物，著大籨中，使輅射。云："器中藉藉有十三種物。"（《三國志·魏志·方技傳·管輅傳》）此例爲"數量名"結構。

需要注意的是，《三國志》中有不少放在數詞後的"種"是"種落、部族"之義，不宜看作量詞①。如：

又武威三種胡並寇鈔，道路斷絕。（《三國志·魏志·蘇則傳》）

韓，在帶方之南，東西以海爲限，南與倭接，方可四千里。有三種，一曰馬韓，二曰辰韓，三曰弁韓。（《三國志·魏志·東夷傳·韓》）

裴注中量詞的性質也比較明確了。

劭又著《中漢輯敍》、《漢官儀》及《禮儀故事》，凡十一種，百三十六卷。（《三國志·魏志·王粲傳附陳琳傳》裴注）

大秦多金、銀、銅、……明月珠、夜光珠、真白珠、虎珀、珊瑚、赤白黑綠黃青紺縹紅紫十種流離、璆琳、琅玕、水精、玫瑰、雄黃、雌黃、碧、五色玉、黃白黑綠紫紅絳紺金黃縹留黃十種氍毹、……薰陸、郁金、芸膠、薰草木十二種香。（《三國志·魏志·王粲傳附陳琳傳》裴注）

---

① 另可參王彤偉《〈三國志〉同義詞及其歷時演變研究》之"附論"部分。

南朝宋代的作品中"種"前數字爲不定之約數的情況變多。

獸有數種，有騰者，有走者。（謝靈運《山居賦》自注）

中有二棺，正方，兩頭無和，明器之屬，材瓦銅漆，有數十種，多異形，不可盡識。（謝惠連《祭古塚文》序）

《南齊書》中稱量的對象還比較實在，有"帽子、蔬菜、穀物、軍儀書籍"等類：

羣小又造四種帽。（《南齊書·五行志》）

清貧自業，食唯有韭葅、瀹韭、生韭雜菜，或戲之曰："誰謂庾郎貧，食鮭常有二十七種。"言三九也。（《南齊書·庾杲之傳》）

今水田雖晚，方事菽麥，菽麥二種，益是北土所宜，彼人便之，不減粳稻。（《南齊書·徐孝嗣傳》）

使求軍儀及伎雜書，詔報曰："知須軍儀等九種，並非所愛。……"（《南齊書·羌傳》）

《百喻經》中"數量名"結構已很常見，已經可用以稱量抽象的事類；同時量詞"種"在重叠後可表示"一切、每一種、各種各樣"之義①。

論門有四種：……諸外道愚癡，自以為智慧，破於四種論，作一分别論，喻如愚人分錢物，破錢為兩段。（《百喻經》卷下《二子分財喻》）

---

① 《百喻經》中"種"重叠後作狀語，表示"盡力、想盡一切辦法"之義，這種用法沒有流傳下來。如：

王聞是語，即大瞋恚，即便使人種種加害，擯令出國。（《百喻經》卷上）

見他頭陀苦行，山林曠野，塚間樹下，修四意止及不淨觀，便強將來，於其家中，種種供養，毁他善法，使道果不成。（《百喻經》卷上《破五通仙眼喻》）

時婆羅門等即便報言："我亦患此無常生老病死，種種求覓長存之處，終不能得。今我若能使汝得者，我亦應先自得，令汝亦得。"（《百喻經》卷上《治禿喻》）

昔有一婦，荒淫無度，欲情既盛，嫉惡其夫。每思方策，頻欲殘害。種種設計，不得其便。（《百喻經》卷下《五百歡喜丸喻》）

昔有一人，病患委篤。良醫占之云："須恒食一種雉肉，可得愈病。"(《百喻經》卷下《病人食雉肉喻》)

子報父言："有一種物，身毛耽毦，來毀害我。"(《百喻經》卷下《為熊所齧喻》)

以下為"種種"之例。

昔有婆羅門，自謂多知，於諸星術、種種技藝，無不明達。(《百喻經》卷上《婆羅門殺子喻》)

昔有一人，入山學道，得五通仙，天眼徹視，能見地中一切伏藏種種珍寶。(《百喻經》卷上《破五通仙眼喻》)

駝上所載，多有珍寶、細軟、上、種種雜物。(《百喻經》卷上《估客駝死喻》)

為小名利故，詐現靜默，為虛假煩惱種種惡賊之所侵略，喪其善法，墜墮三途，都不怖畏。(《百喻經》卷下《夫婦食餅共為要喻》)

不洗淨者，驅令策使種種苦役。(《百喻經》卷下《出家凡夫貪利養喻》)

聞說于道不應求處，妄生想念，起種種邪見，裸形自餓，投岩赴火，以是邪見，墮於惡道。(《百喻經》卷下《構驢乳喻》)

欲修學禪觀種種方法，應觀不淨，反觀數息。(《百喻經》卷下《倒灌喻》)

無心數法，有心數法；無種種妄想，不得法實。(《百喻經》卷下《父取兒耳璫喻》)

《齊民要術》因為是農書，量詞"種"的使用特點一是數量比較多，二是稱量對象大都是比較具體的事物。如：

此十四種，早熟、耐旱、熟早免蟲。䇓穀黃、辱稻糧二種，味美。(《齊民要術》卷一《種穀》)

按杏一種，尚可賑貧窮，救饑饉，而況五果、蓏、菜之

饒，豈直助糧而已矣？（《齊民要術》卷四《種梅杏》）

藿香、苜蓿、澤蘭香，凡四種，以新綿裹而浸之。（《齊民要術》卷五《種紅藍花、梔子》）

其麥蒸、炒、生三種齊等，與前同……預前事麥三種，合和細磨之。（卷七《造神麴並酒·又造神麴法》）

大率小麥生、炒、蒸三種等分，曝蒸者令乾，三種合和，碓䃺。（卷七《造神麴並酒·又作神麴方》）。

取石首魚、鮧魚、鯔魚三種腸、肚、胞，齊淨洗，空著白鹽，令小倚鹹，內器中，密封，置日中。（卷八《作醬等法》）

前件三種酢，例清少澱多。（《齊民要術》卷八《作酢法》）

下面兩例的稱量對象略顯抽象，尤其最後一例稱量的是"香味"就更加抽象了。

梜榆、刺榆、凡榆：三種色，別種之，勿令和雜。（《齊民要術》卷五《種榆》）

荷葉別有一種香，奇相發起香氣，又勝凡鮓。①（《齊民要術》卷八《作魚鮓》）

《魏書》中的5例也很典型，尤其最後一例稱量對象是更為抽象的"事類"。

世祖又遣賜義恭、駿等氈各一領，鹽各九種，並胡豉。（《魏書·李孝伯傳》）

赤鹽、駮鹽、臭鹽、馬齒鹽四種，並非食鹽。（《魏書·李孝伯傳》）

初階聖者，有三種人，其根業太差，謂之三乘、聲聞

---

① 繆啟愉認為這裏文有倒易，當讀為："荷葉別有一種奇香相發起，香氣又勝凡鮓。"

乘、緣覺乘、大乘，取其可乘運以至道為名。(《魏書・釋老志》)

初，釋迦於四月八日夜，從母右脅而生。既生，姿相超異者三十二種。天降嘉瑞以應之，亦三十二。(《魏書・釋老志》)

諸佛法身有二種義，一者真實，二者極應。(《魏書・釋老志》)

《入唐求法巡禮行記》中"數量名"結構已成常式，同時"種"前可以用形容詞"多"表示約數。

街店之內，百種飯食異常彌滿。(卷一)
設百種飲食，歌舞管絃以畫續夜，三個日便休。(卷二)
四十二像皆有四十二種容貌。(卷一)
凡此唐國有僧錄、僧正、監寺三種色。(卷一)
維衛佛時，香山摩利大仙造三千種七寶樂器。(卷三)
有多種語。(卷一)
時有庫司典座僧，在於衆前，讀申歲內種種用途帳，令衆聞知。(卷一)

綜上所述，"種"本義為"播種得早而成熟得晚的穀物"，"種"本義為"種植"。二詞音近義通，使用中"種"佔據了絕對優勢，並逐漸引申出來"類別"等意思。再由"類別"之義進一步虛化，最晚到漢代產生了量詞的用法。至於量詞"種"的稱量對象，大致經歷了"穀物—植物—動物—無生命的具體之物—抽象之物—事類"這樣一個由具體到抽象、範圍不斷擴大的發展歷程。"數+種+名"的結構形式最晚出現於漢末三國，到南北朝時期就已經比較普遍了。

〔主要參考文獻〕

北京語言學院語言教學研究所. 現代漢語頻率詞典. 北京：北京語言

學院出版社,1986.

劉世儒. 魏晉南北朝量詞研究. 北京:中華書局,1965.

呂叔湘. 現代漢語八百詞(增訂本). 北京:商務印書館,1999.

陳洪. 原文本《百喻經》成書時代以及傳譯諸況略考. 古籍整理研究學刊,2012(2).

王彤偉. 量詞"回"源流淺探//漢語史研究集刊. 第十七輯. 成都:巴蜀書社,2014.

The Diachronic Change of the Quantifier ZHONG(種)

Wang Tongwei

(Chinese Department, Sichuan University, Chengdu, 610064)

Abstract: The orginal mean of ZHONG(種) is a kind of grain what sowing early and mature later. ZHONG(種) means planting. During the development of language, the use of ZHONG(種) occupied the absolute advantage, and gradually came to the mean of categories. And then became a quantifier, at the late Han Dynasty. It's objects roughly experienced the process: grain-plant-animal-inanimate objects-abstract thing-kind. The structure form of Num.+種+N. appeared not later than the late Han Dynasty.

Key words: the history of Chinese; quantifier; ZHONG(種)

(王彤偉,四川大學文學與新聞學院,郵編 610064)

漢語經歷體標記"過"的演變路徑*

陳前瑞　張曼

内容摘要：本文基於類型學時體研究的概念系統，對"過"的多種用法進行了重新界定，在此基礎上建構經歷體相關用法的語法化路徑。"過"的經歷體用法實際上是類型學中完成體多種用法之一，它源於表示完全徹底結束的完結體用法。"過"的經歷體用法是在完成體的典型用法——結果性用法的基礎上發展而來的，該用法表示動作帶來的結果狀態仍然存在。"過"的經歷性用法進一步分為非特定經歷和特定經歷兩種，前者可與非特定時間狀語如"以前"共現，後者可與特定時間狀語"昨天"等共現，後者是在前者的基礎上發展而來的。方言中"過"還有表示重新進行一次的重行體和客觀敘述過去事件的完整體的用法，兩者分別是從完結體和完成體用法演變而來。漢語經歷體的"過"為我們理解類型學中完成體用法的多樣性和一致性提供了很好的案例。

關鍵詞：經歷體　完結體　完成體　演變路徑

一　引　言

　　漢語和類型學的經歷體研究相對薄弱，這是因為經歷體的研

＊ 論文曾在"漢語時間標記之歷史演變研討會"暨"第八屆海峽兩岸漢語語法史研討會"（臺灣清華大學中國文學系，2013.11.16－18）及第十六屆全國近代漢語研討會（2014年10月，江西師範大學）上報告。本文研究得到教育部重點研究基地重大項目"漢語經歷體的類型比較與二語習得研究"（項目編號：13JJD4008）的資助，謹此致謝！

究在共時系統的分佈、歷時演變的過程和詞彙來源的多樣性這三個方面都遇到諸多困難，許多重要材料不容易獲得。（詳見楊永龍 2001；林新年 2004；彭睿 2009；王繼紅、陳前瑞 2014）關於經歷體標記"過"的演變路徑也有三個問題沒有得到很好的解決：一是經歷體的體貌定位問題，特別是經歷體與完成體的關係在已有研究中沒有理清楚，本文認為經歷體祇是類型學中完成體（perfect）的若干用法之一。二是經歷體的用法從何而來？一般認為是表示完結或完畢義的完結體發展而來，而忽視了中間應有的重要環節——某種完成體的用法；三是經歷體用法的進一步發展及其類型學意義未見充分討論。本文在梳理前兩個問題的基礎上重點討論第三個問題。

二　概念框架

已有的研究把詞尾"過"分為"過$_1$"和"過$_2$"，"過$_1$"表示完結，如例（1）；"過$_2$"表示經歷，如例（2）。

(1) 語文和數學作業都已經做過$_1$了。①

(2) 我去過$_2$上海。

陳前瑞（2012）在類型學的概念框架下，把經歷體視為完成體（perfect）的一個下位用法，即經歷性用法，遵照國內的慣例，也稱為經歷體；相應的，把句尾"了"等所表示的非經歷的完成體用法統稱為已然體。這樣，經歷體和已然體都是完成體的下位的語義標簽。在此基礎上，對"過$_1$"和"過$_2$"可進行重新

---

① 呂叔湘主編（1980）所引的"過"的完結用例為"杏花和碧桃都已經開過了"。賀陽教授指出，此例中的"過"還有"超過（某個範圍和限度）"的意思。筆者認為，"過"這種用法應該是在一般的完結意義上發展而來的，增加了一種程度和評價的意義。

切分。"過$_1$"分為兩類,"過$_{11}$"為完結體,可重讀,如例(1);"過$_{12}$"為完成體中的已然體,如例(3)(4):

(3) 吃過$_{12}$飯再走。
(4) 吃過$_{12}$北京烤鴨再走。

其中的"過"並不強調"徹底地做完某事",不一定是把北京烤鴨吃完纔走,不符合 Bybee(1994:54、57)對完結體的定義"徹底地做完某事"。Bybee et al.(1994:54)還特別強調:"在參考語法中貼有'已完成的動作'標籤的語法語素並不一定就被認定為完結體,除非作者的描述和解讀含有'徹底、完全、直至完成',否則我們會把這些語法語素理解為完整體(perfective)。"雖然此處把沒有"徹底"等意味的語法語素定性為完整體並不準確,因為完結體和完整體之間還有一個完成體階段;但是,對於完結體的定義應該説具有一定的可操作性。"過$_{12}$"這種完成體的用法應該定性為完成體或已然體的先時性用法,祇表示事件之間的先後關係。"過$_{12}$"不可以重讀。語音的變化顯示完結體和完成體在語法化水準上的差距。

劉丹青(1996:23)指出,對於日常生活常規性行為以及計劃中預料的行為,蘇州話並不用常用的普通"完成體""仔",而用"過",表示"完成體"的"過"與表示經歷體的"過"不同,經歷體的"過"可重讀,但"完成體"的"過"不能重讀。劉丹青所謂的完成體相當於普通話的詞尾"了"及其典型的完整體功能,但與詞尾"了"一樣,這裏表述的典型功能並不是敘述事件的序列而是時間參照關係,故應為類型學中的完成體中的已然體,所以對劉文的這種完成體加注引號,以示區別。

楊永龍(2001:第五章)把《朱子語類》(例中簡稱《朱子》)中既有一定的趨向意義,又有一定的體意義的"過"稱為"過$_0$",並進一步區分為兩類,一類是"過$_{02}$",表示動作所涉及的物件從頭到尾 V 一遍,如例(5),本文稱之為"過$_{1102}$";一類是"過$_{01}$",它一方面表示動作的受事從眼前通過或消失,另一方面也表示動作的完畢,如例(6),本文稱之為"過$_{1101}$"。

(5) 讀書者譬如觀此屋,若在外面見有此屋,便謂見了,即無緣識得。須是入去裏面,逐一看過$_{1102}$,是幾多間架,幾多窗櫺。看了一遍,又重重看過$_{1102}$,一齊記得,方是。(《朱子》173頁)

(6) 某所集注《論語》,至於訓詁皆子細者,蓋要人字字與某着意看,字字思索到,莫要只作等閒看過$_{1101}$了。(《朱子》191頁)

顯然,根據 Bybee(1994:57)對完結體的定義"徹底地做完某事","過$_{1102}$"是最典型的完結體,例(5)的"逐一、重重"祇是對"徹底地做完某事"的進一步強化。"過$_{1101}$"是不是完結體需要略加討論,其中例(6)的"等閒"祇是對"徹底地做完某事"的進一步淡化,因為其本身具有徹底義,所以總可以加以淡化。因此,彭睿(2009)指出"過$_{02}$"與"過$_{01}$"都是一類。本文把與"逐一"等共現的"過$_{1102}$"稱為完結體的強完結用法,把與"等閒"等共現"過$_{1101}$"稱為完結體的弱完結用法,兩者都是由所在語境決定的,因此不可能是兩種獨立的規約性的用法。但是,區分這兩者仍然是有意義的,由此可以更加深入地觀察到完結體用法本身的使用特點。這兩種用法在跨語言中的分合情況還有待進一步的研究。

"過$_2$"為經歷體,學術界沒有爭議,並且已經認識到跨語言研究中漢語"過$_2$"的使用頻率最高,是一個例外(Dahl,1985:143);但對這一例外的性質沒有進行足夠深入的研究。陳前瑞(2012)在 Kim(1998)的基礎上,把經歷體的用法細分為兩種:一是經歷體的特定用法,指發生在非特定時間的經歷,如例(7),可記為"過$_{21}$";二是經歷體的特定用法,指發生在特定時間的經歷,通常限於一兩周之內,如例(8),可記為"過$_{22}$"。

該用法總是漢語經歷體的特點。日語的經歷體就不能與特定時間詞語共現。

(7) 我小時候去過$_{21}$上海。

(8) 我昨天/上周去過$_{22}$上海。

三 "過"從完結體到已然體的發展

3.1 從強完結"過$_{1102}$"到弱完結"過$_{1101}$"

"過$_{1102}$"在唐代偶爾也可以見到。(楊永龍，2001：223)

(9) 望嵩樓上忽相見，看過$_{1102}$花開花落時。(劉禹錫《送廖參謀東游》二首之一，《全唐詩》卷三六五)

"過$_{1101}$"在《朱子語類》(例句中簡稱《朱子》)以前的用例非常罕見。(楊永龍，2001：215)楊永龍在《全唐詩》《祖堂集》等多個語料的初步調查中，祇得到兩個比較典型的例子：

(10) 忍過$_{1101}$事堪喜，泰來憂勝無。治平心徑熟，不遣有窮途。(杜牧《譴興》，《全唐詩》卷五二三)

(11) 當時史官已被高祖瞞過$_{1101}$，後人又被史官瞞。(《二程集》258頁)

可見歷史語料支持從強完結"過$_{1102}$"到弱完結"過$_{1101}$"的演變，從語義泛化的過程來看，也是非常自然的。

3.2 從弱完結"過$_{1101}$"到完成體的結果性用法"過$_{1201}$"

彭睿(2009)已經指出，連續事件的首事件是他所謂的"V過$_{mq}$"(mq為隱喻性的趨向用法)向"V過$_1$"演變的臨界性或橋梁性語境，如：

(12) 若只讀過$_{1101}$便休，何必讀！(《朱子》188頁)

(13) 若只看過$_{1101}$便住，自是易得忘了。(《朱子》1633頁)

這裏的"過"由於前文有"只"來弱化"看"過程，後文有反問和"忘了"從結果印證"過"的"過程"必定沒有得到強化，說明這裏的"過"祇能是弱完結體"過$_{1101}$"。兩例"過"後的"休、住"進一步強化了"過"的弱完結義。而該文所謂的隱喻性趨向用法在我們看來就是強調從頭到尾的過程的強完結義。

彭睿（2009）進而指出，"V 過$_1$" ＞ "V 過$_2$"演變的環境應該是可以歧解為連續事件句和事理因由句的歧義性複合事件句。林新年（2006：140－141）發現在南宋之前就有這樣的用例，如例（14）；彭睿也在《朱子語類》發現了這樣的用例，如（15）（16）。

（14）村裏男女有什摩氣息？未得草草，更須勘過$_{1201}$始得。（《祖堂集·藥山和尚》）

（15）如用兵禦寇，寇雖已盡翦除了，猶恐林谷草莽間有小小隱伏者，或能間出為害，更當搜過$_{1201}$始得。（《朱子》332頁）

（16）然聖人教人，須要讀這書時，蓋為自家雖有這道理，須是經歷過$_{1201}$，方得。（《朱子》161頁）

彭睿認為這裏的"過"既可以理解為完畢義，由可以理解為經歷義。在我們看來，這裏的"完畢"義即使存在也祇能是弱完結義，並沒有任何成分強調強完結的成分。特別是在例（16）中，"經歷過"實際上難以理解為任何意義上的完畢義，祇是一般的事件發生的含義，相當於句尾"了"。這裏凸顯的意義是前後分句之間的條件關係，其中"方、始"進一步顯示這種條件關係；而條件關係是一種廣義的因果關係，因此，根據 Bybee et al.（1994：54）對完結體與完成體的區分，我們認為前一分句的"過"是完成體的結果性用法，這裏標為"過$_{1201}$"，其中第一個 1 表示傳統的"過$_1$"，2 表示我們所說的完成體用法，01 表示完成體用法中最典型的結果性用法。這些用例不是經歷性用法。因為經歷性用法通常是在過去一個不確定的時段內可以多次發生並沒有延續到現在的事件，這些用例祇體現抽象的因果關係，並不存在明顯的過去時間。因為雖然過去時間不是經歷體的必有因素，但必定是典型的經歷體的典型特徵。相應地，我們把前文討論"過"的完成體的前時性用法進一步標注為"過$_{1202}$"。

四 "過"從已然體到經歷體的發展

4.1 從結果性用法"過$_{1201}$"到非特定經歷用法"過$_{21}$"

完成體的結果性用法前後分句存在明顯的條件關係；而非特定經歷用法與情景通常存在狹義的因果關係，但並非明顯的條件關係。因此，從語義上看，非特定經歷用法與結果性用法的關係應當更加密切一些。

據楊永龍（2001：217－218），在《朱子語類》之前的北宋或南宋之交的語料中，僅發現"過$_2$"的用例2例，即：

（17）又如太史書，不知周公一一一曾與不曾看過$_2$，但甚害義理，則必去之矣。（《二程集》246頁）

（18）是日午刻，有旨召對內殿。上問勞，聖語溫厚。良臣等皆至感泣。上問過界事，皆如語錄對。（《三朝北盟彙編》，《彙編》（宋代卷）198頁）

例（17）涉及到周公，未涉及具體時間，其中又有"曾"，所以是非特定經歷，即使有"一一"，"過"也難以按照早期的強完結體的意義來理解，可見"過"的經歷用法已經規約化。例（18）含特定時間"是日午刻"應當是特定時間，但"過界"似乎連用，不能理解為"[問過][界事]"，因為《彙編》中的《三朝北盟彙編》有11例"過界"，似乎是指當時兩國交往中比較重要的"通過過界"並時常引發矛盾的事情。（史文磊（2013）有類似的看法）

楊永龍（2001）所引用的《朱子語類》"過$_2$"用例中，或帶不特定時間狀語，如（19）的"真宗時"；或兼帶經歷義副詞，如例（20）的"舊"與"曾"；未見例（21）那樣帶特定時間狀語或不帶時間狀語但可以理解為特定事件的用例。而且這些用例用的"過"所在小句與直接的上下文都存在明顯的相關性，或如例（19）的狹義因果關係，例（20）的讓步或轉折關係。進一步分析還可以發現，讓步或轉折關係實際上也包含了讓步或轉折前分句與後分句對立面之間的因果關係，讓步與轉折否定的就是這種暗含的結果意義。因此，完成體的非特定經歷用法與結果性用法關係密切。

（19）《傳燈錄》極陋，蓋真宗時一僧做上之。真宗令楊大年刪過$_{22}$，故出楊大年名，便是楊大年也曉不得。（《朱子》3028頁）

（20）看文字須子細。雖是舊曾看過$_{22}$，重溫亦須子細。每日可看三兩段。（《朱子》171頁）

4.2 從非特定經歷用法"過$_{21}$"到特定經歷用法"過$_{22}$"

在《金瓶梅詞話》中，"過"表經歷的用法有70餘例，絕大多是非特定經歷的用法，祇有零星幾例為特定經歷用法，例如：

（21）婆子道："大官人，有什麼難處之事！我前日已説過$_{22}$，幼嫁由親，後嫁由身。……"（《金瓶梅》第八回）

（22）宋禦史問道："是那個西門千兵？"蔡御史道："他如今見是本處提刑千户，昨日已參見過$_{22}$年兄了。"（《金瓶梅》第四十九回）

在《紅樓夢》《兒女英雄傳中》也祇是分別檢索到6例和3例特定經歷用法。由此可知，特定經歷用法是在非特定經歷之後發展而來。特別是在例（22）中詞尾"過"與句尾"了"共現，顯示特定經歷用法與非經歷體的完成體有相通之處。

4.3 從結果性用法（"過$_{1201}$"）到前時性用法（"過$_{1202}$"）

Anderson（1982）描繪了完成體的概念空間，即圖1。其中的 C—R sesult（具有現時相關性的結果狀態），如 He has left，儘管還可以說"他走了三次怎麼還在這裏?"之類的話語，但一般也可以表示他不在這裏。C-R anterior（具有現時相關性的先時事件），如 He has just studied the whole book．(so he can help)。這兩者相當於我們的完成體的結果性用法，而 anterior perfective（完整性完成體）表示諸如"Mary will have left by then"或"John thought Mary had left"之類的用法，只是單純表示相對於某一參照時間事件已經發生，似乎沒有明顯的現時相關性，與"吃過飯再走"非常接近，相當於我們所說的完成體的前時性用法，這種用法一般發生得比較晚，非常接近於完整體。

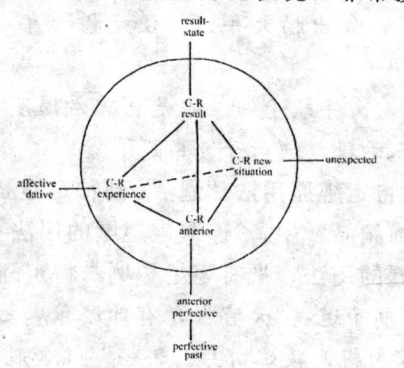

圖1　完成體的概念空間概要圖

"過$_{1202}$"的前時性用法較早的用例見於《醒世恒言》：

（23）"衆兄弟且不要忙，趁今日十五團圓之夜，待我做了親，衆弟兄吃過$_{1202}$慶喜筵席，然後自由自在均分，豈不美哉！"衆人道："也說得是。（《醒世恒言》三十六卷）

（24）劉公請進堂中，吃過$_{1202}$茶，然後引至房裏。此時老軍已是神思昏迷，一毫人事不省。（《醒世恒言》十卷）

例（23）未然的時間先後安排；例（24）是已然的程式性的先後安排，這種用法與敘述事件時間進程的完整體非常接近難以絕然分開；衹是前者更加凸顯時間前後關係，而不是單純地敘述事件的時間進程本身。

下面是《紅樓夢》中前時性用法的用例。前兩例中，"過$_{1202}$"與詞尾或句尾"了"共現，共同表示前時性用法；後兩例"過"獨立表示前時性用法。這些用例有的完全無法理解為"徹底地做完某事"，如（26）的"見過"；有的根據實際情況，不必理解為"徹底"，而應理解為一種程式，衹要發生了就行，如例（27）的"焚過"；有的雖然可以勉強還原出"徹底地做完某事"，但在實際語境中說話人完全沒有強調"徹底"的意思，如例（27）（28）的"吃過"。

(25) 賈赦等焚過$_{1202}$了天地壽星紙，方開戲飲酒。(《紅樓夢》第七十一回)

(26) 又指著眾姊妹說：這是某人某人，你先認了，太太瞧過$_{1202}$了再見禮。(《紅樓夢》第六十九回)

(27) 說著，便仰頭向窗外道："寶姐姐，吃過$_{1202}$飯叫鶯兒來，煩他打幾根絡子，可得閒兒？"(《紅樓夢》第三十五回)

(28) 說畢，便一直的出去了。吃過$_{1202}$飯，洗了手，進來拿金線與鶯兒打絡子。(《紅樓夢》第三十五回)

普通話的"過"也衹有經歷性和前時性用法，據此，有可能在這兩種用法之間建立起發展關係。但是，這也存在很大的風險，因為前時性用法與經歷性用法差距甚大，前時性用法強調前後相續，而經歷性用法具有時間上非連續性的特徵，兩者語義聯繫不密切。從前時性用法中"過"與詞尾或句尾"了"共現的現象來看，詞尾或句尾"了"在前時性用法的發展過程中起到了重要的鋪墊作用。因此，經歷性用法和前時性用法也有可能是從分別從結果性用法發展而來，《朱子語類》保存的"過"的結果性用法如"須是經歷過方得"進一步支持了這種設想。結果性用法突出因果聯繫,不強調密切的時間先後;而前時性用法強調密切的時間先後關係,但不突出兩者的因果關係。這樣從語義聯繫、形式標記的共現以及歷史發展這三個方面都能得到很好的解釋。

"過"的這種前時性用法在《紅樓夢》中出現的頻率最高,這與前文提到的吳語中的"過"的同類用法很可能有一定的聯繫,值得進一步研究。

五 "過"演變的終點與岔道

5.1 從完成體到完整體

據陳滿華(1995:115—118):湖南安仁方言的"嘎"[ka°]表示動作的結束,且動詞與"嘎"之間不能插入補語,如例(29),這表明"嘎"保留了動作完畢的用法;另一方面,"嘎"接量化賓語,如例(30)(31)。我們觀察到:在"買、請"類動詞後即使在普通話中也不能加"完",此中的"嘎"在動態敘述中可以用來敘述事件的序列,因此可以視為完整體用法。

(29) 洗嘎衣裳睏一覺。
(30) 買嘎幾張票
(31) 請嘎蠻多人。

安仁話的"過"[ko°]則衹表經歷而不表完畢。因此,陳滿華認為,動詞後的"過"在古代(包括近代)有表示完畢和經歷兩種用法,後來兩種用法分化為兩種不同的讀音。尤其有說服力的是,安仁不少地方(如安平等地)的人還將"嘎"念為[kua°]。陳滿華進而推測,不僅安仁方言的"嘎",而且整個湘、贛方言裏與"嘎"類似的"咯、咖、解"等都有可能源於表完成的"過"。

從陳滿華的論述可以看到,"過"的完結體、經歷體(完成體)和完整體用法在語音上有所區別,完結體與完整體念

[ka°]，經歷體念［ko°］，語法化過程中伴隨著語義的弱化同時也發生了語音的縮減，從而在安仁話乃至於湘贛方言中構建出"過"作為完成類語法語素完整的語法化鏈，"過"像其他的完成類語法語素一樣，在漢語中走到了該路徑體貌意義的終點——完整體。祇是，在安仁方言中另一個更接近於普通話"了"的"噠"［da°］更佔上風，使得"嘎"做完整體時僅限於更接近於口語的單音節詞，而"噠"則可以用於從普通話中借入的雙音節詞，如"改變、休息、練習、完成"等。

5.2 完結體到重行體

南方方言中不少地方的"過"可以表示前一行為無效、失效或不理想而重新進行一次，動詞前面也可以有"重新、再"一類副詞，劉丹青（1996：28）稱為補償性重複體，也有的稱之為重行體，如張雙慶主編（1996）。本文採用後一種更為簡潔的説法。劉文指出蘇州以南的吳江方言中的"過"此種用法是更單純的形態現象。

(32) 搿篇稿子伊勿稱心，我祇好寫過一遍。
(33) 茶淡脫特，泡過一杯吧。

張雙慶主編（1996）中的論文普遍把這種體貌意義歸為"貌"，相當於陳前瑞（2008）的階段體，它與涉量階段體的短時體、反覆體正好組成一個小的階段體系統。對於重行體的語法化路徑現有研究很少提及。基於楊永龍（2001）對完結體的深入研究，我們認為它與強完結體表示的"從頭到尾"有着密切的聯繫。楊永龍（2001：220）指出類似於完結體的"過"在強調周邊性的同時也強調了從頭到尾的過程，而經歷體的"過"祇能從整體上觀察在某個參照點之前早已終止的事件。在我們看來，這是意義重點從從頭到尾的過程到過程的終止點的轉移，也可以視為一種轉喻。同樣道理，從完結體的"從頭到尾"到重行體也存在類似的轉喻。例(32)的"寫過"實際上就是"從頭到尾"的重新寫，而例（33）的"泡過"由於"泡"的動作本身不強調過程，因此"過"在這裏也祇是單純的重新發生一次。

重行體的"過"在文獻中很少專門報導，林華勇（2005）是為數不多的文獻之一。該文從廉江方言"過"的重行體用法出發，不僅從楊永龍（2001）的材料中看到了強完結的"過$_{02}$"向重行體演變的痕跡，而且還在北京話材料中找到了類似的過渡現象，如：

(34) 到了學年終，系主任該從新選過……（老舍《聽來的故事》）

(35) 他的七棱八瓣的臉好像剛剛用刀從新雕刻過一回，棱角越發分明。（老舍《火葬》）

這兩例中"過"與"從新"共現，共同表示重行體的意義，說明"過"的這種用法還沒有規約化。

六　漢語經歷體相關用法的概念空間及語義地圖

6.1　漢語經歷體相關用法的概念空間

基於上述研究，我們把漢語經歷體相關用法的概念空間用圖2來表示。其中的實線橢圓或圓角矩形表示概念空間的一級節點，包括完結體、完成體、完整體這三個類型學中的基本語法語素的意義類型。虛線的橢圓為二級節點，分別為已然體和經歷體，這是根據廣義的漢語（包括通用語與漢語方言及不同時期的漢語）的概念切分特點提出的。用實線連接的是類型學研究中最基礎的用法或功能，其中已然體的具體用法僅列舉了跟經歷體相關的兩種，其他四種用法限於圖形的限制從略。經歷體的兩種用法也是根據 Kim（1998）從已有的經歷性用法中分化而來的。張敏（2010）基於漢語事實，將某些功能節點分化為兩層級的節點，本文提出的概念空間中功能的節點分為三個層次，這是張文的基礎上為適用類型學和漢語事實的一個變通，也可以說是一種創造性應用。

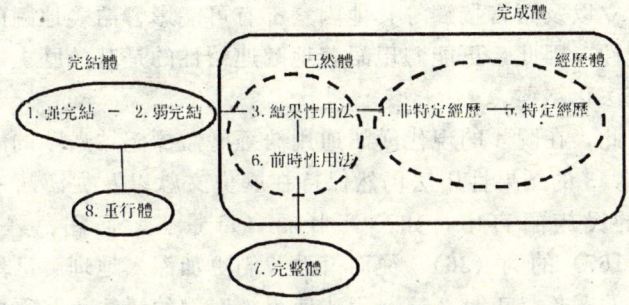

圖 2　漢語經歷體相關用法的概念空間

6.2　漢語若干經歷體標記的語義地圖和語法化路徑

現代漢語通用語經歷體標記"過"的語義地圖見圖 3。

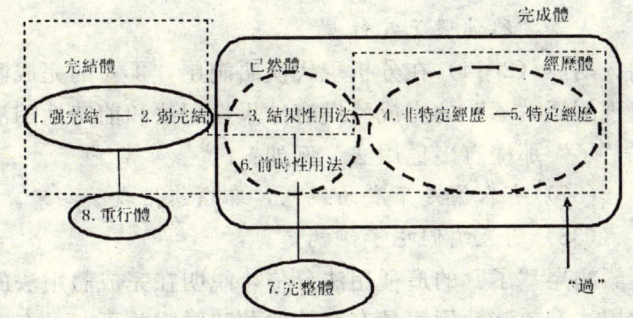

圖 3　現代漢語通用語經歷體標記"過"的語義地圖（細虛線）

在圖 3 中，現代漢語通用語的"過"（細虛線）覆蓋 1、2、4、5、6 四種用法，而且由於缺乏明顯的結果性用法（3），所以從基礎用法的角度來看，漢語通用語的"過"並沒有覆蓋其連續的空間。造成這一現象的原因是漢語通用語另有一個"了"，它擠佔了"過"的結果性用法以及未來可能的完整體的用法的空間。但是從二級節點的角度來看，"過"仍然涵蓋了由完結體、已然體、經歷體組成的連續的空間。從這個角度看，我們對語義地圖的連續性假設應該有更深的層級的理解。共時系統的語法語素的對立以及語言接觸等其他因素都有可能影響語義地圖的表面上連續性，因此，更能體現語義地圖連續性的是基於歷史語言事實的語法化路徑。

因此，在圖 4 的現代漢語通用語經歷體標記"過"的語法化路徑中，3 的結果性用法仍然保持在歷史文獻以及從漢語中借入"過"的民族語言中，如燕齊壯語（韋景雲、何霜、羅永現，2011：167）的例（36），從而幫助我們更加深入地理解已然體和經歷體的關係。正是 3 這一用法使得經歷體的語法化路徑成為一條可以理解的連續路徑。

(36) $tu^{42} mou^{24} mu\eta^{33} kwu:\eta^{24} kwa^{35} \varepsilon ou^{33} dai^{55}$.
　　　 祗　豬　　你　　喂　　　過　　就　　得
　　　"豬你喂了就行。"

陳前瑞、胡亞（2014）在分析現代漢語詞尾"了"的完成體用法時，發現詞尾"了"的完成體僅有結果性用法和前時性用法，不像句尾"了"那樣有多種用法，例如：

(37) 有人偷走了我的錢包，麻煩您借我一些錢。

(38) 明天咱們吃了飯就走。

現代漢語詞尾"了"的這種用法分佈，說明在完成體用法的內部結果性用法和前時性用法具有直接的共時聯繫並可能具有歷時的演變關係[①]。

有了漢語經歷體的概念空間，我們就可以進一步勾勒漢語方言及漢語史中各種經歷體標記的語義地圖。如果我們能夠掌握更多的跨語言的事實，就可以進一步描繪類型學中經歷體的概念空

[①] 關於語法化和語義圖之間的關係以及建構歷時概念空間的方法參見吳福祥（2014）。

間。由於漢語經歷體的最為複雜，方言和歷史的材料非常豐富，類型學中的經歷體的概念空間應當優先根據漢語的事實來描繪。

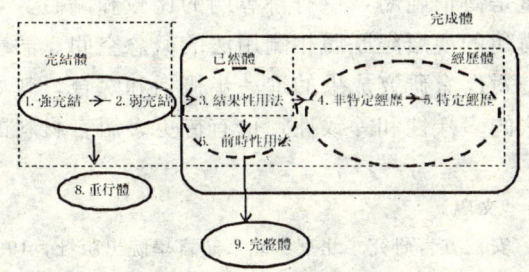

圖 4　現代漢語通用語經歷體標記 "過" 的語法化路徑

七　結　語

Chappell（2001）把漢語 "過" 類經驗標記看成傳信標記的觀點，同樣也構建了漢語方言中各種用法的演化路徑。但是該文的演化路徑祇是根據方言共時的事實構擬的，沒有從豐富的歷史文獻中發掘支持其理論的基石。陳前瑞、王繼紅（2009）就對這種看法存有疑慮，並認為即使經歷性用法有類似於傳信範疇的某些特點，也最好視為是對完成體的經歷性用法所具有的現時相關性的進一步解釋，而不能用它來完全取代經歷標記的的體貌性質。

本文從類型學的角度出發，基於 Bybee et al.（1994）提出跟完成體相關的語義的發展階段，對其中的完結體分化為強完結體和弱完結體，將完成體細化為已然體和經歷體，並對這兩種體貌範疇的用法進行了進一步的分化，還利用方言的事實把重行體納入到階段體。上述研究表明把經歷體放到體貌的範疇似乎在描述的精確性和歷史解釋的強度上都要優於把經歷體視為一種傳信範疇①。因此本文仍然遵照類型學主流的研究傳統，把經歷性用法視為完成體的一種用法。至於從理論上論述經歷標記表示的是體貌範疇還是傳信範疇，還有待專門的比較和論證。

本文構建的漢語經歷體相關用法的概念空間、語義地圖和語法化路徑是對已有研究成果的進一步概括和綜合，較好地體現了完成體用法的多樣性和一致性，也有待更多語言材料的檢驗。

〔主要參考文獻〕

陳滿華. 安仁方言研究. 北京：北京語言學院出版社，1995.

陳前瑞. 漢語體貌研究的類型學視野. 北京：商務印書館，2008.

陳前瑞. 漢語經歷體的類型學思考//第二屆類型學視野下的漢語與民族語言研究學術論壇. 北京語言大學，2012.

陳前瑞，王繼紅. 句尾"來"體貌用法的演變. 語言教學與研究，2009（4）.

林華勇. 廣東廉江方言的經歷體和重行體——兼談體貌的區分及謂詞的語義作用. 中國語文研究，2005（2）.

林新年. 《祖堂集》動態助詞研究. 上海：上海三聯書店，2006.

林新年. 試分析唐宋時期的"過"語法化進程遲緩的原因. 語言科學，2004（3）.

劉丹青. 蘇州方言的體範疇系統與半虛化體標記//漢語方言體貌論文集. 胡明揚. 南京：江蘇教育出版社，1996。

彭睿. 共時關係和歷時軌跡的對應——以動態助詞"過"的演變為例. 中國語文，2009（3）.

史文磊. "問過界事"該怎麼理解?. 中國語文，2013（4）.

王繼紅，陳前瑞. 從嘗試到經歷——"嘗"的語法化及其類型學意義.

---

① Liu（2004）已經指出把"過"視為傳信有不周之處。劉丹青在第二次"語言中的顯著性與局部性"學術討論會（2013年12月20日，北京語言大學）的討論中進一步指出，有傳信範疇的語言中，經歷體與傳信標記共現可以共現，進一步說明經歷體不應歸入傳信範疇。

語言科學，2014 (5).

韋景雲，何霜，羅永現. 燕齊壯語參考語法. 北京：中國社會科學出版社，2011.

吳福祥. 語義圖與語法化. 世界漢語教學，2014 (1).

楊永龍.《朱子語類》完成體研究. 開封：河南大學出版社，2001.

Anderson, Lloyd B. The "Perfect" as a universal and as a language-specific category. In *Tense-Aspect: Between Semantics and Pragmatics*, Paul J. Hopper (ed.), 228—264. Amsterdam: Benjamins, 1982.

Chappell, Hilary. A typology of evidential markers in Sinitic languages. In *Sinitic Grammar: Synchronic and Diachronic Perspectives*, Hilary Chappell (ed.), 56—84. Oxford, England: Oxford University Press, 2001.

Joan Bybee, Revere Perkins and William Pagliuca. *The Evolution of Grammar: Tense, aspect, and modality in the languages of the world*, Chicago: The university of Chicago Press, 1994.

Kim, Nam-Kil. On Experiential Sentences. *Studies in Language*, 22 (1), 161—204, 1998.

Liu, Danqing. Review of *Sinitic grammar: Synchronic and diachronic perspective* edited by Hilary Chappell. *Journal of Chinese Linguistics*, 32 (1), 168—177, 2004.

The Development of Experiential "guo" in Chinese
Chen Qianrui, Zhang Man
(School of Liberal Arts, Renmin University of China, Beijing, 100872;
i+1 Acquisition English, Beijing, 102600)

Abstract: Based on the concepts of aspectual typology this paper defined the uses of verb particle "guo" and reconstructed their path of grammaticalization. The experiential use of "guo" is one of several uses of perfect, which is developed from the completive. There are two more uses of "guo" in southern dialects: Re-performative and perfective. Re-performative which means doing something again comes from completive and perfective from perfect. The "guo" in Chinese is very valuable as it shows the diversity and underlining patterns of perfect in typology.

Key words: experiential; completive; perfect; path of grammaticalization

（陳前瑞，中國人民大學文學院，郵編 100872；張曼，北京愛加壹教育咨詢有限公司，郵編 102600）

"X比Y還W"構式家族及其歷史演變研究*

羅美君

內容摘要：文章從構式語法的角度對抽象表增量的"X比Y還W"構式家族及其歷史承繼關係進行了研究。從共時的層面看，增量構式"X比Y還W"有四種變式，這四種變式都有一個共同的中心意義——比較項"X"具有比比較參項"Y"的"W"量級更高的量級。源構式可以追溯到唐朝時期的"X比Y還VP$_{[+超過]}$"結構，結構經過重新分析和擴展，產生了新的構式"X比Y還W"，"還"從轉折義演變成具有[＋超過]語義特徵的焦點標記詞。增量構式"X比Y還W"在元代基本形成，明清時期繁榮發展，在現代漢語中產生變異。構式的歷史承繼關係是在構式的主觀化、認知的虛擬化和詞語的概念化促動下形成的。構式從$C_1 \rightarrow C_2 \rightarrow C_3 \rightarrow C_4$演變的過程也是抽象構式主觀化的過程，符合人類認知活動的一般規律。

關鍵詞：X比Y還W　構式語法　主觀化　歷史承繼

○　引　言

已有很多學者對"X比Y還W"進行過研究。他們的研究

---

* 本文研究得到教育部人文社會科學研究青年基金項目"漢語程度義構式的語法化研究"（14YJC740063）和湖南省普通高等學校教學改革研究項目"大學英語教學改革研究——引進EGAP（通用學術英語）課程的可行性分析"的資助；雷冬平教授為本文的修改和完善提出了諸多建設性意見，一併致謝！

主要集中在共時的語言層面,觀點可大致分為兩類:"區分"説和"統一"説。殷志平(1995)從語用預設的角度區分了比較句和比況句;于立昌、夏群(2008)提出了一些區分現代漢語比較句中的比較和比擬的語法語用標準。而强調統一説的宗守雲(2011a)認為抽象構式"X比Y還W"包含三類子構式,它們是一個構式家族,且構式義都是反預期比較(包括形式反預期和内容反預期);楊玉玲(2011)和程亞恒(2013)重點論述了構式"比N還N"的來源;馬偉忠(2014)把"S比N還N"和"S比N還A"看成是一個句式群。無論是從區分的角度還是統一的角度研究"X比Y還W"格式,都存在一些問題:"區分"説的學者强調構式之間的差異,忽視聯繫;强調"統一"説的學者認識到了構式之間的語用聯繫,也描述了構式的部分承繼關係,但並没有從整體上論證構式家族的構成系統、描述子構式的關係和推導構式語義來源。而從歷時層面研究比較句,主要集中在"X比Y W"格式的來源以及形成過程,如黄曉惠(1992)和史佩信(1993,2006),鮮有討論"X比Y還W"格式歷時演變的研究。本文的研究試圖從共時和歷時相結合的角度,引入認知構式語法,把"X比Y還W"看成一個表增量的抽象構式,描述由該構式統制的四個子構式的語義、語用特徵,釐清構式的源構式并闡釋構式之間的歷史承繼關係及演變動因。

一 "X比Y還W"構式的語義與構式構成

1.1 構式"X比Y還W"的語義

現代漢語常見如下結構運算式:

(1)這位年紀比我媽還大許多,却謙虛地把我稱做"大兄弟"。(卞慶奎《中國北漂藝人生存實録》)

(2)莊浩敏發覺蜜糖的泳術很不錯,大贊:"很好……

好極了……我真想不到你游泳那麼好,比你三哥還要好。"(岑凱倫《蜜糖兒》)

(3) 她的皮膚比馬奶還白,潤滑無比,芳香檢鬱。(李文澄《努爾哈赤》)

(4) 喜劇大師卓別林老前輩,驚聞法國舉辦"看誰更像卓別林"大賽,急趕去報名參加,結果榮獲第二名,就是說有人比卓別林還卓別林。(陸步軒《屠夫看世界》)

例(1)一例(4)劃線部分都可以碼化為"X比Y還W"格式,其中例(4)比較項Y和比較結果項"W"詞性和詞形都相同。我們認為"X比Y還W"是表達增量的抽象上位構式,包括以上四類子構式。例(1)是實際比較構式,"年紀還大許多"可以具體到"大"幾歲,在此語境中,我們把它稱作客觀性實比增量構式;例(2)"你游泳好"的程度量級由於語境提示詞"真想不到"的預設作用,更加凸顯了"你比你三哥在游泳方面熟練度要高"的語義。儘管構式量級差異得到了更多的主觀凸顯,但是我們能在客觀現實中評定"好"和"更好"的行為,因此,我們認為它是一種具有反預期語用功能的主觀性實比增量構式。而例(3)和例(4)也是描述比較項"X"比比較參項"Y"具有更高的量級,但這種增量的多少或程度的高低並不具有真值,它祇存在於認知主體的抽象思維中。因此,"X比Y還W"抽象構式的中心意義就是比較項"X"具有比比較參項"Y"的"W"量級[1]更高的量級。

1.2 "還"是表語義遞進的焦點標記

沈家煊(2001a)認為"還"具有"主觀"和"元語"的性質,表明認知主體對已知命題的態度,是主觀性的一種表現。呂

---

[1] 李宇明(2000:277)在其著作《漢語量範疇研究》中認為:"量"這個範疇不僅包括數量,還包括程度量(量級)。

叔湘（1996）也曾指出"還"表示揚的語氣，把事情往大裏、高裏、重裏説。我們認為"還"是一個表語義遞進的焦點語法標記，不僅能突出體現比較項"X"和比較參項"Y"之間的量級關係，還能凸顯比較結果項"W"作為焦點資訊的語用功能。如例（1），"還"表明"這位的年紀"和"我媽年紀"在量級上是有遞進性差別的，同時也凸顯了焦點資訊比較結果項"大"。宗守雲（2011b）指出："比"字句不用來表比較，這是不可想像的，在理論上是説不通的。因此，虛比增量構式概念之間通過副詞"還"相互聯繫，默認二者的邏輯遞進關係，隱含相比較概念。虛比增量構式表達一種邏輯上的語義差別，我們不能用具體的行為或數字標示，具有非真值義。根據焦點理論，在肯定句中，句子的強調重點往往在句末。從話語資訊傳遞的角度看，虛比增量構式傳達的資訊和特定言語社會共享預期相反，這種和預期相反的資訊，會得到更多的主觀凸顯，而這種主觀凸顯的特徵會通過句尾的焦點資訊得以表達，比如例（3），通過語義遞進標記詞"還"預設了比較項和比較參項之間在量級上存在差別，比較項"皮膚"比比較參項"馬奶"在"白"方面更勝一籌，這是一種主觀上的判斷，"皮膚"更"白"是一種主觀上的判定量，是違背客觀現實的。"還"預設了相比較事體在量上具有的遞進性差異，通過焦點比較結果項凸出具體"比較"的側重點。

1.3 "X比Y還W"構式中"W"的性質

我們窮盡式檢索文獻資料，發現能充當比較結論項"W"的有形容詞性、動詞性成分以及名詞，如例（1）和（3）是形容詞、例子（2）是情態助動詞＋形容詞、例（4）是名詞。沈家煊（1995）認為名詞、動詞和形容詞都有"有界"和"無界"之分。他認為"無界"的事物、動作或性狀都具有伸縮性，這是比較結論項"W"能描述比較事體量級差異的語義基礎，比如例（1），"大"是具有伸縮性特徵的狀態形容詞，可用於比較事體之間量級的差異。再如例（4），結論項"卓別林"不再是指稱代詞，而是通過轉喻作用，能啟動比較參項"卓別林"具有的某一（些）內涵義（幽默、滑稽）的性質名詞，而內涵義往往具有伸縮性特點。因此，在"X比Y還W"構式中，比較結論項"W"必須具備的語義特徵是［＋無界性］。

二 "X比Y還W"的構式家族

2.1 客觀性實比增量構式 C_1：客觀性真值量

（5）鳥的歷史比人類歷史還要悠久。（《中國兒童百科全書》）

（6）在澳大利亞的草原上生長着一種高聳入雲的巨樹，它們一般都高達百米以上，最高的竟達156米，比美洲的巨杉還高14米，相當於50層樓的高度。（《中國兒童百科全書》）

Goldberg（1995：4）指出："C是一個構式當且僅當C是一個形式——意義配對<F_i，S_i>，且C的形式（F_i）或意義（S_i）的某些方面不能從C的構成成分或其他先前已有的構式中得到完全的預測。"也就是說，構式的意義不能完全由其構成成分推導，構式本身也有意義。C_1是表示實際增量的實比構式，其意義不能從其組成成分的意義推導出來。在此構式中比較項"X"和比較參項"Y"具有現實的可比性。C_1表實際增量的構式義與"……比……還"框架結構形式配對，其構式義不能由其組成成分（X、Y、W、比、還）的意義推知，據此我們認為C_1是一個構式。例（5）是說寫者對比較項"X"和比較參項"Y"之間量級差異的一種客觀陳述。比較結果項"W"——"時間長短"可以具體化，具有真值義。例（6）就是用具體化的結論項"高14米"表達"巨樹"和"巨杉"之間的差異。

2.2 主觀性實比增量構式 C_2：主觀性真值量

"主觀性"是指說話人在說出一段話的同時表明自己對這段話的立場、態度和感情,從而在話語中留下自我的印記(Lyons, 1977: 739)。主觀性實比增量構式 C_2 凸顯了說話者主觀地強調比較項"X"的"W"量級更高,糾正他人(包括社會預期)或自己對比較項"X"的"W"量級資訊的預期①,表達了說話者對比較項"X"的"W"量級的主觀認識。雖然主觀認識到的增量和預期相反,但是在客觀現實中這種增量可以用具體的標準來衡量,因此,構式 C_2 表達的量級差異還是具有真值意義,比如例(7)中的"早",我們可以具體分析"早"到幾分鐘或幾個小時等。例(8)我們也可以具體化"快"的速度。

(7)"我還到車間去找你,原來你比我到的還早。""你來的也早,還不到鐘點哩。"(周而復《上海的早晨》)

(8)古人以為恒星的相對位置是不變動的。其實,恒星不但自轉,而且都以各自的速度在宇宙中飛奔,速度比太空船還快,祇是因為距離太遙遠,人們不易察覺而已。(《中國兒童百科全書》)

例(7)"原來"作為反預期資訊的提示詞,凸顯了與說話者預期相反的資訊表達,帶有主觀強調增量的意味。因為,"我"一般情況下是"比別人早",這次"你居然比我還早","早"的量級差異得到更多的主觀凸顯。例(8)反預期標記詞"其實"引出了與古人預期相反的資訊——"恒星不但自轉而且速度比太空船還快",是說話者對古人預期資訊的糾正,所糾正的資訊點"恒星的速度"是說話者主觀上強調的部分,并通過"還"的語義遞進功能凸顯了"恒星的速度比太空船更快"的語義。

---

① 吳福祥(2004)指出反預期又有三種,即與說話人預期相反、與受話人預期相反和與包括聽說雙方在內的特定言語社會共享的預期相反。

2.3 虛比增量構式 C_3：主觀性非真值量

（9）為人民利益而死，就比泰山還重！（鮑昌《芨芨草》）

（10）誰知鴨子比狗還精，無論我們怎樣躡手躡腳，仍能驚醒它們嘎嘎亂叫，成千隻鴨子的叫聲嚇得我們飛跑。（李鋼《過生日吹蠟燭》）

例（9）"死"和"泰山"本屬於不同性質事體，說寫者用這種非真實場景①的"比較"來凸顯說話者對話語資訊的主觀判斷，而且這種主觀判斷的增量在客觀世界中無真值義。例（10）雖然"鴨子"和"狗"都屬於動物範疇，但是說寫者違反社會共享的"鴨子不可能比狗'聰明'"的預期，目的是凸顯"鴨子"比"狗""更聰明"的語義，而這種增加的"聰明"程度在客觀世界無真值對應，因為一般情況下"狗是比鴨聰明機靈的動物"。虛比增量構式 $C_3$②的構式義是主觀認為比較項"X"獲得的量性特徵在說話者心理空間上超出比較參項"Y"的W量級，而超出

---

① 本文認為祇要事體之間"比較"的增量在客觀現實中無真值義，那麼構式描述的場景就是"非真實場景"。

② 宗守雲（2011a）認為的虛比型和特比型構式是按照構式與客觀世界的情形是否完全一致進行劃分。在他的文章中有這樣兩例："這肯定是我一生中最長的一個吻，比長安街還長！""吻長"是時間長，"長安街長"是空間距離長，二者不屬於同一性質。而說寫者把不同層次的性質打通，把不同事物不同層面的性質放在一起比較，據此，他認為此例是特比型構式。把"那麼多的買賣，您的小手指頭都比我的腰還粗！"看成是虛比型構式，因為其完全喪失了和客觀真實世界的對應性，是誇張的修辭用法。對比兩例，我們發現根據與客觀世界情形是否一致來劃分構式，這兩例的描述在客觀世界中其實都無對應的場景。因此，我們主張按照比較結果，也就是增量的量值在現實世界中是否具有真值來劃分構式，更符合認知語言學的核心原則"現實—認知—語言"。這兩例構式，在本文中，都屬於虛比增量構式 C_3。我們把概念事體放在一起進行比較，祇要比較的量級差異不具有真值，我們就認為句式結構表虛比義。而把"Y"="W"的情況看成是虛比增量構式"X比Y還W"的一個變異形式。

的性狀程度量違背客觀現實,用於描述比較項"X"的極性程度義,整個構式具有了誇張的語用修辭功能。

2.4 模糊性虛比增量構式 C_4:模糊性主觀非真值量

當比較參項"Y"和比較結果"W"詞性和詞形都相同時,構式 C_4 是增量構式"X 比 Y 還 W"的一個變異構式,比較結果項"W"不再局限於形容詞,還可以是名詞、動詞等。在此構式中,比較結果項"W"在句法位置上,置於"還"後,仍是焦點資訊。在語義上通常通過轉喻認知機制的作用,凸顯比較的側重點。認知語言學認為,轉喻是一種普遍認知機制,指認知主體在同一個認知域內,用事物部分代替整體或用整體代替部分的認知過程。"整體(部分)——部分"概念語義關聯框架,是概念之間經過長期穩固的關聯實現的認知模式,比如例(11):在同一文化語境下,概念語義凸顯的角度能被説話雙方都識解。

(11)特意洗了澡,打扮得比他媽的港客還港客……(馮苓植《貓膩》)

比較結果項"港客"轉喻凸顯了"港客打扮"的某一(些)特徵——時髦、前衛、誇張等,比較參項"港客"是具有"時髦、前衛、誇張、庸俗"特徵的典型代表,也就是説比較參項"港客"已經很"時髦、前衛、誇張、庸俗"了,而"他的打扮特徵"比"港客"更"時髦、前衛、誇張、庸俗",那麼"他打扮的時髦、前衛、誇張、庸俗"的程度量級更高。這種程度量級不具有真值義,也就是説,在客觀現實中,我們找不出"比'港客'還時髦、前衛、誇張、庸俗"的人,因為'港客'就是"時髦、前衛、誇張、庸俗"的典型代表。

我們可以把比較結果項"W"用具體啟動的某一特徵表示,例如(12):

(12)……打扮得比他媽的港客還時髦(前衛、誇張、庸俗)(自擬)。

如果把比較結果項改成其轉喻凸顯的特徵，句子直接描述"他的打扮"特點。在言語的交際過程中，說話者為了避免這種直白的陳述，採用構式 C_4 這樣委婉的結構運算式，更能凸出說話者的主觀態度。一般情況下，委婉間接表達的句式語義都具有模糊性，比如例（12），比較結果項（時髦、前衛、誇張、庸俗）都是"港客"能啟動的語義特徵，祇有在具體上下文語境中，受話者才能確定比較結果項"港客"所要凸顯的焦點語義概念。因此，構式 C_4 的比較結果項更具有概括性。它的構式義仍然是說話者主觀判定在由比較結果項"W"所啟動的特徵上，比較項"X"具有的量級比比較參項"Y"高，而且這種邏輯增量與客觀事實相矛盾，其實質是凸顯比較項"X"的極性程度義，也具有了誇張的修辭功能。

三 "X比Y還W"構式家族間的歷史承繼關係

從上文的分析可知"X比Y還W"構式在演化過程中產生了四種變式，這四種變式都有一個共同的中心意義——比較項"X"具有比比較參項"Y"的"W"量級更高的量級。雖然各子構式的具體語義特徵呈現出差異性，但四個構式具有承繼關係，構成了一個有理據可循的句法語義系統，是構式主觀化、認知虛擬化和詞語概念化的結果。

3.1 "X比Y還W"構式的源構式"X比Y還VP$_{[+超過]}$"

我們認為，增量構式"X比Y還W"的源構式可以追朔到唐朝，源構式是"X比Y還VP"，VP必須具有［＋超過］的語義特徵，其中"還"表轉折意義，相當於"却"。例如：

(13) 將比鷥鷥還恐屈，始思殘雪不如多。（唐·貫休《孤雲》，《全唐詩》八百三十六卷）

這句詩詞的意義是：把它比作鷥鷥却恐怕委屈了它。"比"是表

"比作"、"看成"的動詞,"恐屈"是連動式,"還"是轉折義連詞。但這個結構式不能看成是源構式,因為"恐屈"沒有[＋超過]的語義特徵。而"還"表轉折義的用法在漢代就有記載,例如:

(14) 窮武極詐,士民不附,卒隸之徒,還為敵仇。(東漢·班固《漢書·刑法志》)

例(14)"還為敵仇"意為"却為敵仇"。沈家煊(1995)指出,有內在終止點的有界動作稱作"事件";把沒有內在終止點的無界動作稱作"活動"。當VP具有了[＋超過]語義特徵,表示一個有內在終止點的有界事件時,整個源構式表達增量的意義:

(15) 比雪還勝雪,同群亦出群。(唐·齊己《水鶴》,《全唐詩》八百四十二卷)

"比雪還勝雪"的意思是"(水鶴)的外形比起雪來,却超過雪的顏色"和"同裙亦出群"的"同是一個群體卻更超出群體"意義相對應。和例(13)對比可知:構式的增量義源自動賓短語"勝雪"的[＋超過]義,"比"由具有動詞特徵的"看成"虛化成能引入比較項的介詞。

"X比Y還VP"構式的增量義凝固後,構式在元代又有了新的擴展。例如:

(16) 琴童,你哪里知道?做子弟的聲傳四海,名上青樓,比為官還有好處。(元·貫仲明《李素蘭風月玉壺春》第二折)

這句話我們可以理解成:子弟聲傳四海,名上青樓比起當官來,却有好處。"有好處"可以理解成動賓短語,"還"還是表"却"的語義,"好處"是從"無到有"的具有[＋超過]語義特徵的有界事件。整個構式可以理解成從"無到有"的增量義。這句話還可以理解成:為官是有好處的,而子弟聲傳四海,名上青樓更有好處。此時"有好處"是沒有內在終止點的無界"活動",

也就是說，"有好處"具體化成"有各種各樣的'福利'"。而"有各種各樣'福利'"沒有終結點，內部成員是"同質"的，彼此之間不存在[＋超過]的語義，誘發整個"X比Y還VP"構式發生重新分析，"還"具有了[＋超過]的語義特徵。再例如：

(17)（鐵拐雲）俺出家的藤冠衲襖，草履麻條，長生不老，比你還受用哩。（元·賈仲明《鐵拐李度金童玉女》第二折）

"受用"既可以理解成表"得到好處"的有界"事件"，也可以是"得到很多好處"的無界"活動"，和例(16)"有好處"的語義特徵相似。在這兩例中，"VP"發生重新分析，"VP"不僅可以是具有[＋超過]語義特徵的有界"事件"還可以是不具有[＋超過]義的無界"活動"。"X比Y還VP"構式中"VP"的語義兩重性特徵是源構式"X比Y還$VP_{[+超過]}$"得以向目標構式演化的臨界環境。

當"還"的[＋超過][1]語義凝固後，源構式"X比Y還$VP_{[+超過]}$"擴展成能表增量義的"X比Y還W"構式。在增量構式"X比Y還W"中，組構成分"W"也由動詞（短語）擴展到具有[＋無界性]語義特徵的原型詞類：性質形容詞。

3.2 構式的主觀化：$C_1 \rightarrow C_2$

"主觀化"指語言為表現主觀性而採用相應的結構形式或經歷相應的演變過程（沈家煊，2001b）。雖然構式C_1和C_2都是表達超出的性狀程度量具有客觀現實性的實比增量構式，但是構式C_2能表達反預期的語用功能而具有比構式C_1強的主觀性。例如：

(18)（正末云）兒也，你那叔父呵，（唱）他和我著疼，我和他著熱，你比他還疏。（元·鄭廷玉《楚昭王疏者下船》

---

[1] 我們認為"還"的[＋超過]語義特徵就是1.2中分析的"還"具有"遞進"的語義。

第三折)

(19) 莫說我的氣高,那蕊娘的氣比我還高的多哩!(元·關漢卿《杜蕊娘智賞金線池》第二折)

例 (19) "莫說"作為語境提示詞預設受話者原本持有"蕊娘的氣沒有我高"的態度,但實際上說話者糾正受話者的預期,凸顯了說話者對"蕊娘生氣程度高低"的主觀評價。例 (18) 沒有反預期的語用意義,衹是客觀陳述"你"和"他"之間的"生疏"關係,因此較之例 (19),此構式更偏重客觀陳述。

3.3 認知的虛擬化:$C_2 \rightarrow C_3$

Langacker (1999:91) 認為,一個運算式的顯性內容僅僅構成意義的一部分,這些成分通常按某一隱性的觀察佈局排列,由此構成的概念複合體又被置於一個默認的交際框架中。各層次的結構,如概念內容、觀察佈局以及交際互動,均可能涉及虛擬而非真實情景。(轉自黃蓓,2012)。據此,我們認為,"虛擬化"指認知主體基於客觀顯性概念,依靠其虛擬的想像能力、隱喻能力、轉喻能力以及概念整合能力,來認識非真實情景概念的過程。

認知語言學認為,抽象的概念和範疇都是通過隱喻認知模式,從客觀具體的始源域向主觀抽象的目標域映射,被間接認知的。對"量"的認知過程中,認知主體借助認知機制,把對客觀現實增量概念的認識投射到非真實場景中,來認知構式 C_3 的非真值量,這種認知上的"虛擬化"促成構式 C_2 向 C_3 演變。例如:

(20) 你看中間一個老禿廝,左邊一個牛鼻子,右邊一個窮秀才,攀今攬古的,比三教聖人還張智哩。(元·范康《陳季卿誤上竹葉舟》第一折)

(21) 老嬤嬤生推落井中,比虎狼更覺還兇暴。(元·武漢臣《包待制智賺生金閣》第四折)

例 (21) 認知主體把"虎狼"的"兇殘"對比"推老嬤嬤入

井中"事件,"推老嬷嬷入井中"還要"兇暴",這種程度量的增加在客觀現實中没有對應的真值。因此,認知主體首先感知真實場景中的客觀增量(言談物件比三教聖人更張智(裝模作樣))的概念,再借助某個(些)認知機制來理解例(21)這種非真實場景中比較項之間的抽象非真值量級差異。

3.4 詞語的概念化:$C_3 \rightarrow C_4$

構式 C_1、C_2 和 C_3 的用法在元代都已經形成,明清時期得以繁榮發展。構式 C_3 的極性程度義和誇張的語用功能凝固後,直到現代漢語中,"X比Y還W"構式的語用功能在詞語概念化的促動下,發展出了委婉含蓄的用法。"概念化"就是賦予某詞項以一定的語義①。這種語義一般是超出詞語的表層形式意義,而被賦予了一些內涵語義。張誼生(2000:172)指出內涵義是指說話人對所指物件的委婉含蓄的主觀認識,反映了人們對事物特徵的主觀態度和評價,具有不穩定、可增加、要在具體語境中方能顯示的特點。

(22) 行者道:"我日間與那太子誇口,說我的手段比山還高,比海還深,拿那妖精如探囊取物一般……。(明·吳承恩《西遊記》第三十八回)

(23) 孫紅雷:我生活中比女人還女人。(北京娛樂信報 2009年11月6日)

例(22)比較結果項"高"和"深"通過隱喻模式,比喻"手段很高明",但是它們並沒有內涵義,構式的極性程度義從非真實場景的"比較"而獲得。例(23)詞語的概念化使比較結果項"女人"不再是字面的語義,如"骨骼纖小、嗓音細潤"等,

---

① "概念化"不僅體現在詞義上,而且不同句式甚至詞類的選擇也是基於概念化的。我們偏向於從"詞義"的概念說來定義"概念化",某種程度上說,是一種狹義的理解。

而是具有了進一步的内涵義,如"溫柔、賢慧、優雅"等。構式 C_4 的比較結果項更具有概括性。詞語的概念化促成"X 比 Y 還 W"的語用功能得以擴展,衍生出構式 C_4 的用法。

四 結 語

增量構式"X 比 Y 還 W"的源構式是源自唐代古詩詞的"X 比 Y 還 $VP_{([+超過])}$"結構,在元代,"VP"發生重新分析,語義特徵在構式當中具有了歧解性,促使"X 比 Y 還 VP"結構擴展成了增量構式"X 比 Y 還 W",其中"W"必須具備[+無界性]的語義特徵。增量構式"X 比 Y 還 W"構式家族的歷史承繼演變過程構成了一個從 $C_1 \rightarrow C_2 \rightarrow C_3 \rightarrow C_4$ 連續統。這一連續統過程是在構式主觀化、認知虛擬化和詞語概念化促動下形成的。我們在 Yoon, Byung Dal (1993) 判斷客觀性與主觀性程度標準的基礎上,用以下四個參數來分析四類子構式的主觀性程度,如表 1 所示:

表 1:四類子構式的主觀性差異

參數 構式	是否依靠 説話人	是否具有 抽象性	是否具有 虛擬性	是否具有 概括性
C_1	−	−	−	−
C_2	+	−	−	−
C_3	+	+	+	−
C_4	+	+	+	+

從表 1 可以看出,構式 C_1 的客觀性最強,構式 C_4 的主觀性最強,構式 C_3 較構式 C_4 的主觀性弱,但強於構式 C_2。Traugott (1995:31) 指出,從歷時的角度看,主觀化是一種語義—語用

的演變,即意義變得越來越依賴於說話人對命題內容的主觀信念和態度。"X比Y還W"構式語義從"客觀真值量→主觀真值量→主觀非真值量→模糊性主觀非真值量"演變,語義的主觀性依次增強的過程也是構式主觀化的過程。這一演變過程也符合人類認知活動的一般規律:從客觀到主觀,具體到概括,現實到虛擬,簡單到複雜。

〔主要參考文獻〕

程亞恒. "比x還X"構式的衍生機制與動因. 漢語學習, 2013 (1).
黃曉惠. 現代漢語差比格式的來源及演變. 中國語文, 1992 (3).
黃蓓. 認知語言學中的虛擬性反思. 天津外國語大學學報, 2012 (1).
李宇明. 漢語量範疇研究. 武漢:華中師範大出版社, 2000.
呂叔湘. 現代漢語八百詞. 北京:商務印書館, 1996.
馬偉忠. 試析"比N還N"及相關句式的句法、語義特點. 語言教學與研究, 2014 (6).
史佩信. 比字句溯源. 中國語文, 1993 (6).
史佩信等. 試論比字句的形成及其與先秦兩漢有關句式的淵源關係. 中國語文, 2006 (2).
沈家煊. 跟副詞"還"有關的兩個句式. 中國語文, 2001a (6).
沈家煊. 語言的"主觀性"和"主觀化". 外語教學與研究, 2001b (4).
沈家煊. 有界"與"無界". 中國語文, 1995 (5).
於立昌、夏群. 比較句和比擬句試析. 語言教學與研究, 2008 (1).
殷志平. "X比Y還W"的兩種功能. 中國語文, 1995 (2).
楊玉玲. "比N還N"構式探析. 浙江學刊, 2011 (4).
吳福祥. 試說"X不比Y·Z的語用功能. 中國語文, 2004 (3).
宗守雲. 說反預期結構式"X比Y還W". 語言研究, 2011a (3).
宗守雲. "X比Y還W"的構式意義及其與"X比Y更W"的差異. 華文教學與研究, 2011b (4).
張誼生. 現代漢語副詞研究. 上海:學林出版社, 2000.

（美）Goldberg, A. *Construction: An Construction Grammar Approach to Argument Structure*. Chicago: The University of Chicago Press, 1995.

（美）Lyons, J. *Semantics*. Cambridge: Cambridge University Press, 1977.

（美）Langacker, R. W. *Virtual Reality*. Studies in the Linguistic Sciences, 1999 (2).

（美）Traugott, E. C. Subjectification in Grammaticalization. In Stein &·Wright (Eds.), *Subjectivity and Subjectivisation: Linguistic perspective*. Cambridge; New York: Cambridge University Press, 1995.

（韓）Yoon, Byung Dal. 英語的語義主觀性與句法表面形式. 語言研究, 第九卷, 1993.

The Research on the Construction Family and the Historical Evolution of "X Bi（比）Y Hai（還）W"

Luo Meijun

(College English Teaching Department, Xiangtan University, Xiangtan, 411105)

Abstract: This essay studies the construction family of abstract construction, "X Bi（比）Y Hai（還）W", meaning increased quantity, and its historical inheritance in an approach of construction grammar. Evolved into four kinds of sub-constructions in synchronic level, "X Bi（比）Y Hai（還）W" construction shares the same nuclear meaning that comparison subject "X" is superior to comparison standard "Y" in the field of "W" quantity feature. Incremental construction "X Bi（比）Y Hai（還）W" founded in Yuan Dynasty, flourishing in Ming and Qing Dynasties and varied in Modern Chinese was originated from "X Bi（比）Y Hai（還）$VP_{([+exceed])}$" construction in Tang Dynasty due to the reanalysis and extension. "Hai（還）" evolved into a focus marker, bearing semantic feature of [+exceed] from a meaning of "contrasting". The historical inheritance of construction "X Bi（比）Y Hai（還）W" was formed by the subjectivisation of a construction, virtualization of a cognition and conceptualization of a word. And the evolution process of construction "X Bi（比）Y Hai（還）W", $C_1 \to C_2 \to C_3 \to C_4$, was its process of subjectivisation, which was accordingly the general law of cognitive activities.

Key words: "X Bi（比）Y Hai（還）W"; construction grammar; subjectivisation; historical inheritance

(羅美君，湘潭大學大學英語教學部，郵編411105)

六朝佛經中一個特殊的自指和轉指標記[*]

杜曉莉

內容摘要：本文描寫了六朝佛經中一個特殊的自指和轉指標記"之者"具體的語義功能，以及它在漢語中的擴散情況，分析了它的修辭功能和形成原因。指出，"之"所具有的湊足音節數量的語用功能是它介入"者"之前的條件；而在梵漢語接觸中，譯人對漢文佛典文體上對雙數音節的要求的遵守，以及對漢語標記成分"者"語義理解的偏差，使"之"介入"者"之前成爲可能。

關鍵詞：之者　自指　轉指　語言接觸　理解偏差

一　六朝佛經中的"之者"及其語義功能

朱德熙（1983）的研究指出，在現代漢語句法平面上，謂詞性成分或名詞性成分之後的"的"字，是使該成分的語法功能名詞化、語義功能發生自指或轉指變化的標記。而在先秦漢語裏，與現代漢語中"的"字分佈環境和語法、語義功能相當的標記詞是"者"，不過，"者"字結構的所指比"的"字結構要窄一些。

在先秦之後的漢語書面語中，"者"字仍然一直是使謂詞性

---

[*] 本文承蒙俞理明教授賜教，謹致謝忱！文中尚存不足概由作者負責。本研究工作得到 2011 年四川省哲學社會科學研究規劃項目（項目號：SC11C018）"東晉佛道文獻詞彙對比研究"的資助。

成分或名詞性成分產生名詞化自指和轉指功能的最主要的標記詞。可是，在六朝佛經中，還出現了一個表示自指和轉指功能的標記："之者"，其分佈環境和語法、語義功能與中土文獻中的"者"字相當，即可以位於謂詞性成分或體詞性成分之後，使這些成分的語義功能發生名詞化的轉指或自指變化。例如：

(1) 仙人聞已，作是念言："彼兔王者，或能值見飛鳥走獸命盡之者，為我作食。"（舊題吳·支謙譯《撰集百緣經》）

(2) 佛語舍利弗："汝所聞得，如是貧者。彼佛所說，但十住事及在舉中清淨之者。汝所聞者，不足言耳。"（舊題吳·康僧會譯《舊雜譬喻經》卷下）

(3) 如是彼天，愛毒所醫，不知厭足，如火得薪，無有足時。愛心之者，則於境界，不可厭足。如是天中，無量種樂，皆不可足。（元魏·般若流支譯《正法念處經》卷四十四）

例(1)和(2)中的"之者"都用於謂詞性成分（後文用 VP 來表示）後面形成名詞性結構"VP 之者"，轉指名詞性的"命盡的（飛鳥走獸）"和"清淨的事"，其中，例(1)的"命盡之者"是"飛鳥走獸"的後置修飾成分。例(3)中的"之者"用於名詞性成分"愛心"後面，因為所指不變，還是指的是"愛心"，所以，此時的"之者"是一個自指標記。分析六朝佛經中的"之者"，它具有如下分佈特點和語義功能。

1.1 加在 VP 後面形成的名詞化形式"VP 之者"，轉指 VP 所蘊含的施事。例如：

(4) 阿難從坐起，正衣服，長跪已，讚嘆而問："面明如月，其光甚尊，其色如火中之金，今笑，願聞其緣。今欲所問：'總持尊慧，為一切悉作本，其因地之者，莫不供事。屬之所笑，會有歡者。'……"（舊題東漢·支婁迦讖譯《佛

說佛真陀羅所問如來三昧經》卷下）

（5）作是智行，斯謂菩薩行。應不起法忍之者，其等眾生已應向脫。（西晉・竺法護譯《佛說弘道廣顯三昧經》卷四）

（6）奴婢、乞人、下賤之者，皆假借衣服，食美飲食；我今衣服瓔珞財寶自足，我今何為而不自樂？（舊題東晉・失譯人譯《盧至長者因緣經》）

（7）彼國人民，壽命各等，無有中夭之者。（姚秦・竺佛念譯《菩薩瓔珞經》卷十）

例（4）中的"之者"加在 VP "因地"後面形成名詞性結構"因地之者"，轉指"因地"動作的發出者，即施事，表達"因地的人"的意思。餘皆類此。

1.2 加在 VP 後面形成的名詞化形式"VP 之者"，轉指 VP 所蘊含的受事。例如：

（8）彼四大域，其境界中，而有一樹，名蜜合成，常有華實，其味甚美，如百味饌。男子女人，若取華實當食之者，晝夜七日，飽不飢渴。（西晉・竺法護譯《佛昇忉利天為母說法經》卷三）

（9）我又能吹三千大千諸世界中一時皆成猛炎熾火，譬如劫燒將盡之時。一切眾生亦不覺知，又無燒害熱惱之者，又不生念燒剎土想。（劉宋・功德直譯《菩薩念佛三昧經》卷二）

（10）菩薩作是思維：若有能護修持戒者，世間所有可護之者皆悉能護，是名菩薩摩訶薩念戒。（元魏・菩提流支譯《佛說法集經》卷四）

例（8）中的"之者"加在 VP "當食"後面形成名詞化形式"當食之者"，轉指"當食"動作的承受者，即受事，表達"當被食的華實"的意思。其他幾例類此。

1.3 加在VP後面形成的名詞化形式"VP之者"，轉指具有VP狀態的處所。例如：

(11) 何謂從冥入冥？若有衆生，生於下賤貧窮之者，或生魁膾技巧之家，或身羸瘦，其形極黑，聾盲瘖瘂，諸根不具，為他作使，不得自在。如此之人，或身行惡業，或口作惡業，或心念不善，身壞命終，墮於地獄，是名從冥入冥。(失譯附秦錄《別譯雜阿含經》卷四)

上例中的"之者"加在VP"下賤貧窮"後面形成的名詞性結構"下賤貧窮之者"，轉指具有"下賤貧窮"狀態的處所，表達"下賤貧窮的地方"的意思。

1.4 加在體詞性成分後面，標誌其前面的體詞性成分表示自指。例如：

(12) 父有三子者，謂心、意、識也。養長子者，謂婬、怒、愚癡著於三界也。衣食之者，謂五陰、六衰、十二因緣縛也。(西晉·竺法護譯《修行道地經》卷七)

(13) 佛告大衆："三界衆生，輪回六趣，如旋火輪，或為父母兄弟宗親，三界一切，無不是汝所親之者。云何起意，生殺嫉心？"(東晉·佛陀跋陀羅譯《佛說觀佛三昧海經》卷六)

例(12)中的"之者"與其前面的體詞性成分"衣食"一起構成的"衣食之者"結構，所指與"衣食"相同；例(13)中的"之者"與其前面的"表示轉指的名詞性結構""所VP"(朱德熙，1983)一起構成"所VP+之者"結構，跟名詞性結構"所VP"所指相同，所以這兩例中的"之者"都是自指標記。

二 "之者"的擴散

六朝佛經中表示自指和轉指標記的"之者"頻頻出現在各個

譯者所翻譯的佛經中，使之成了譯經中帶有明顯的行業特色的詞語。因此，它不但被後代翻譯者所襲用，也被漢僧的著述所採用。並且，它還通過佛教對道教的影響，擴散到了晉宋及南北朝以後的道經中。

2.1 後代譯經繼續沿用"之者"作自指和轉指標記

六朝以後，不管是西域譯經僧，還是中國譯經僧，他們的譯作繼續沿用六朝譯經中的自指和轉指標記"之者"。例如：

(14) 又，舍利子，此室常有四大寶藏，衆珍盈溢，恆無有盡，給施一切貧窮鰥寡孤獨無依乞求之者，皆令稱遂，終不窮盡，是爲六未曾有殊勝之法。(唐·玄奘譯《說無垢稱經》卷四)

(15) 爾時世尊告觀世音菩薩言："善男子，若此現在諸天衆等，及未來世一切衆生，隨所在方未有塔處，能于其中建立之者——其狀高妙，出過三界，乃至至小，如庵羅果……"(唐·地婆訶羅譯《佛說造塔功德經》)

(16) 佛告億耳苾芻："汝可誦我所說經律，如我成道所說之者。"(唐·義淨譯《根本說一切有部毘奈耶皮革事》卷一)

(17) 善男子，譬如大海，諸瀑流水澍入之者，一切皆同一鹹味性。(唐·達摩流支譯《佛說寶雨經》卷六)

(18) 謂異處者，惡犬畜家，即有新生犢子之舍，破壞淨戒、墮畜生中能起嬈亂之者，若男若女，童男童女，共所嫌棄，如是等處，皆悉遠離。(宋·惟淨譯《佛說除蓋障菩薩所問經》卷十三)

例 (14) 中的"VP 之者"轉指 VP 的施事，例 (15) 中的"VP 之者"轉指 VP 的受事，例 (17) 和 (18) 中的"VP 之者"轉指 VP 發生的處所。例 (16) 中的"之者"與"所 VP"一起構成的"所 VP ＋之者"結構，所指與"所 VP"相同，所以例中的"之者"表示的是自指意義。

2.2 "之者"擴散到漢僧著述中

由於佛經漢譯者的頻頻使用,"之者"成了一個帶有明顯行業色彩的自指和轉指標記詞,所以也自然而然地被漢地僧人接受,進而擴散到歷代的漢僧著述中。例如:

(19) 於是伐木,沿流而下,其中伐人不免私竊,還至寺上,冀材已畢,餘人所私之者悉為官所取。(梁・慧皎《高僧傳》卷五)

(20) 又有人言:"平等法界,定無次位。今例難此語,真諦有分別耶?真諦無分別耶?見真之者,判七賢七聖二十七賢聖等。今實相平等,雖無次位,見實相者,判次位何咎?……"(隋・智者大師《妙法蓮華經玄義》卷五)

(21) 凡論絁絹,乃是聖開。何事強遮,徒為節目?斷之以意,欲省招繁。五天四部並皆著用,詎可棄易,求之絹絁,覓難得之細布?妨道之極,其在斯乎?非制強制,即其類也。遂使好事持律之者,增己慢而輕餘。(唐・義淨《南海寄歸內法傳》卷二)

(22) 後值異見王輕毀三寶,每云:"我之祖宗皆信佛道,陷於邪見,壽年不永,運祚亦促。且我身是佛,何更外求?善惡報應,皆因多智之者妄構其說。"(宋・道原《景德傳燈錄》卷三)

例(19)中的"之者"位于"所 VP"之後,表示自指。其他各例中的"之者"都是跟在 VP 之後形成名詞性結構"VP 之者",轉指 VP 所表示動作的施事。

2.3 "之者"擴散到受佛教影響的道教經典中

佛經漢譯,深刻地影響了中國人的創作。道教靈寶派受到的佛經影響特別明顯,其創作的經典所反映的大乘思想和用語有著深深的漢譯佛經的烙印(許理和1980),漢譯佛經特有的自指和轉指標記"之者"隨着這種影響也擴散到了靈寶經中，這在劉宋時期陸修靜編纂的《靈寶經目》所著錄的晉宋古靈寶經中已經能夠看出來了。例如：

（23）天尊告太上道君曰：諸天上聖、至真大神、諸天帝王，及已過去塵沙之輩，得道之者，莫不由施散布德，作諸善功，功滿德足，以致善報，輪轉不絕。(《太上洞真智慧上品大誡》)

（24）功德既建，則生死開泰；若各有緣對，行惡之者，死則長淪萬劫，長繫幽夜。何緣復得建此大功以自拔贖？(《太上洞玄靈寶三元品戒功德輕重經》)

（25）平育天音，眾真所崇誦之者，飛天遙唱，佩其文，三界伺迎，七祖出長夜，上昇南宮，輪轉化生，世爲王門。(《太上靈寶諸天內音自然玉字》)

上面例（23）和（24）中的"之者"都位于 VP 之後，轉指 VP 所表示的動作的施事。例（25）中的"之者"位于"所 VP"之後，表示自指。

《靈寶經目》未見著錄的六朝時期的其他靈寶經中也大量使用"之者"作自指和轉指標記。例如：

（26）出是法時，知當來運終劫末之世，兵病流行，人命短促，致開紫微上宮，延生度世，不死之法，濟厄救苦拯難之道，故說神咒經十卷，救濟眾生苦厄之者。(六朝《洞玄靈寶本相運度劫期經》)①

（27）但天下眾生，罪業深重，緣期未至，不能受化，終歸地獄。其中受化之者，悉得至道，不生三界。(六朝《洞玄靈寶諸天世界造化經》)

---

① 道教經典，多數沒有明確的創作年代和作者。這裡根據任繼愈、鍾肇鵬（1991）主編的研究成果確定該經的大致創作年代。下同。

(28) 大衆歡喜，歌讚清虛，空裏飛仙，標名祕籙，雲中引接，指視天門，悟道證真，靜居常樂，敬經<u>之者</u>，信受奉行。(六朝《太上洞玄靈寶上品戒經》)

　　(29) 是故道在廣念，德愛蒼生，恩及無外，潤及無內；應殞之人賜之更生，罪結之人聽以首悔。首悔<u>之者</u>，皆當言議送欵，竭情寫意，六齋十直，庚申甲子，八節本命，入室燒香，披陳愆犯。(六朝《太上洞玄靈寶宣戒首悔衆罪保護經》卷中)

　　(30) 告訴向臣，求乞章奏，收除里域東西南北、山泉四壟河中諸雜鬼神橫行禍祟<u>之者</u>，一切乞令收斷。(南北朝《赤松子章曆》卷四)

　　(31) 出家<u>之者</u>，若道士，若女冠，當棲息山中，以求靜念，不交常俗，引命自安，避諸可欲，去諸穢亂。(劉宋《洞玄靈寶道學科儀》)

以上諸例中的"之者"都是跟在 VP 之後，其中，例 (27) 中的名詞性結構形式"VP 之者"轉指 VP "受化"的受事，其餘幾例中的"VP 之者"都轉指 VP 所表示的動作的施事。

三 "之者"的修辭功能和使用理由

　　"者"字一直是古代漢語書面語中承擔自指和轉指功能的最主要的標記詞，可是，在六朝佛經中卻常常見到用"之者"來表示自指和轉指。究其原因，這是由它的修辭功能決定的。

　　朱慶之 (1992：11，12) 的研究表明，漢文佛典文體上的一個特點就是刻意講求節律，爲此，通常是以四字爲一頓，組成一個大節拍；每個大節拍又以二字爲一個小節拍，從而形成"四字格"文字的主要文體形式。"之者"的使用，就有滿足漢文佛典文體上對雙音節的要求的修辭功能。關於這一點，我們可以從兩個方面清楚地看出來。

3.1 在漢譯佛經裏,有的排比句既用"之者",又用傳統漢文典籍中常用的"者"字作自指或轉指標記,但是,"者"字往往是跟在單數音節後面,"之者"則是跟在雙數音節後面的。例如:

(32) 聞是法已,於三乘中,生深重欲,勤行精進。若有已發聲聞乘者,令脫煩惱,要一生在當於我所而得調伏。若有已發緣覺乘者,皆悉令得日華忍辱。若有已發大乘之者,皆得執持金剛愛護大海三昧,以三昧力故,超過四地。(北涼·曇無讖譯《悲華經》卷六)

(33) 若有眾生,飢渴所惱,令得種種,甘美飲食。盲者得視;聾者得聽;瘂者得言;裸者得衣;貧窮之者,即得寶藏,倉庫盈溢,無所乏少。(北涼·曇無讖譯《金光明經》卷一)

(34) 若到佛像塔寺,眾僧所恭敬供養,乞食之食,分作四分,一份與同梵行者,第二分與窮下乞食之者⋯⋯(梁·曼陀羅仙譯《寶雲經》卷五)

從上面所舉的三個例子中,我們可以看到,轉指標記"者"和"之者"①,誰被選用,是由它們能否滿足漢文佛典文體上對雙音節奏的要求的修辭功能決定的。像例(32),三個"若有⋯⋯"句並列排比,前兩個"若有⋯⋯"句都用"者"字作轉指標記,是因為兩個"者"字前面的 VP "已發聲聞乘"和"已發緣覺乘"都是五音節,後面用"者"字作轉指標記,加起來的音節總數是雙數音節的;而最後一個"若有⋯⋯"句用"之者"作轉指

---

① 本節所舉的例子中的"之者"都是轉指標記,無自指標記,這是因為在我們收集到的用例中,"之者"作轉指標記的特別多,而作自指標記的在上一節中已經全部列盡。儘管如此,本節所提出的觀點同樣適用於作自指標記的"之者"。

標記,是因為其前面的VP"已發大乘"是四個音節,與"之者"的兩個音節相加,總數也是雙數音節的,這樣,三個"若有……"句都實現了漢文佛典文體上講求雙音節的修辭功能要求。另兩例類此。

3.2 從那些祇用"之者"作自指或轉指標記的句子或句組中,我們也可以看到,"之者"之被使用,也是爲了滿足漢文佛典"講求雙音節奏"的要求。例如:

(35) 爾時,富者親是四願心未曾疎,然後有緣,與斯四人,從其本城,欲到異縣。自共竊議:"此人長夜是我重讎,今者在此墮吾手中,既在曠野,無有人民,此間前後所傷非一也!今斯道路,離城玄隔,去縣亦遠,前後無人,邊無厚望,亦無放牧、取薪草人、射獵之者也!今正日中,猛獸尚息,況人當行!今垂可危。"(西晉・竺法護譯《修行道地經》卷四)

(36) 若有眾生求聞論議,我當說正法論。乃至<u>有求解脫之者</u>,我當為說空無之論。(北涼・曇無讖譯《悲華經》卷七)

(37) 時不空見又以定心入此三昧,現大神通。復令三千大千世界地大震動,如摩竭國赤圓銅鉢置平石上,傾危不定。大地震動亦復如是。若有眾生聞此音聲,<u>覺悟之者</u>皆得快樂。((劉宋・功德直譯《菩薩念佛三昧經》卷二)

(38) 若有記莂,終不錯謬,一切眾生所有智慧,<u>無能出過菩薩之者</u>。善男子,具此十事,是名菩薩得力具足。(梁・曼佗羅仙譯《寶雲經》卷二)

(39) <u>其有得聞賢最如來名號之者</u>,歡喜信樂,持諷誦念,所生之處,當為一切之所敬愛,哀見信用。(舊題元魏・吉迦夜譯《佛說稱揚諸佛功德經》卷下)

以上諸例中表示轉指的"之者",從表義上說,完全可以換成

"者"字。但是，由於其前面是雙數音節，爲了滿足漢文佛典文體上"講求雙音節奏"的要求，所以用雙音節的"之者"。

四 "之者"的形成

上一節從"之者"所具有的修辭功能角度説明了它被漢譯佛經大量使用的原因。那麼，這個為中土傳統文獻所無的自指和轉指標記又是怎樣形成的呢？下文略作探討。

4.1 "之"的語用功能

馬建忠（1898/1983：253）在研究了連接實字相關義的虛字"之"的各種用法之後得出結論："'之'字之用，有時不為義，而惟以足他字之語氣者。"也就是説，連接實字相關義的虛字"之"有時不具有什麼語義功能，衹具有"足他字之語氣"、即和其他字一起湊夠一定音節數的語用功能。

從我們收集到的"之者"組合材料當中，同樣可以看到，"之者"中的"之"就是為了使所在句子湊足雙數音節而添加在"者"之前的，它在語義上其實常常是可有可無的。例如：

（40）又問："有為無為，斯諸法者，有何差別？"答曰："有為無為，<u>諸法之者</u>，以方俗事言有差別。方俗説斯是為有為，此為無為。其有為法及無為法，則無殊別，法無有異。"（西晉·竺法護譯《持心梵天所問經》卷三）

（41）何謂正念？莫著一切諸惡誹謗，應修一切無識謗法，當離於我及以非我。不見眾生壽命宰主育養士夫人及生者，莫著作者、<u>使作之者</u>……（劉宋·功德直譯《菩薩念佛三昧經》卷五）

（42）彼地獄人，如是一切迭相和集，俱走往赴無邊彼岸。大河彼岸，如是河中，熱白鑞汁，熱鉛錫汁，沫覆其上。彼地獄人，既如是走，墮在彼河。既墮彼已，其身有如

生酥塊者,有消洋者,有炎嘴烏食噉之者,有熱炎口惡魚食者,有身分散而消洋者。(元魏·瞿曇般若流支譯《正法念處經》卷六)

例(40)問句中的主語的復指成分"斯諸法者",在答句中說成"諸法之者",相較而言,答句的主語的復指成分中沒有問句主語的復指成分中的代詞"斯"字,但卻在"者"之前增加了一個"之"字,其目的就是為了彌補缺失問句主語的復指成分中的代詞"斯"字所造成的單數音節格局,以湊夠和問句主語一樣的雙數音節。例(41)"生者""作者""使作之者"相繼排列,"使作之者"中的"之"字也是為了湊足"四字格"才出現的,餘無他用。例(42)類此。

4.2 "者"的語義特點

作為標記性成分,"者"字有很強的依附性,它必須依附於謂詞性成分或者名詞性成分之後。但在語義上,它常常相當於一個偏正複合詞組中的名詞性成分。例如:

(43) 老者安之,朋友信之,少者懷之。(《論語·公冶長》)

(44) 往者不可諫,來者猶可追。(《論語·微子》)①

例(43)中的"老者"和"少者"往往被理解為偏正詞組"老年人"和"年輕人";例(44)中的"往者"和"來者"往往被理解為偏正詞組"過去的事"和"未來的事"。兩例中的"者"都相當於是偏正詞組中居於正次的名詞性成分。正因為如此,所以王力(1989:70、71)把"通常用在形容詞、動詞或動詞性詞組後面"與之"組成一個名詞性詞組"的"者"字看成是一個特殊的代詞,稱之為"被飾代詞"。在王力先生看來,上面兩例中的"者"都是名詞性詞組"形容詞/動詞+者"中被形容詞或動詞修

---

① 這兩例都轉引自王力(1989:71)。

飾的代詞。
4.3 "之"插入"者"之前的條件及其實現

4.1 論證說明，在漢譯佛經中，"之"插入"者"之前，就是為了滿足漢文佛典文體上對雙數音節的要求。而這就是"之"插入"者"字之前的條件。

又由於"者"在語義上常常相當於一個複合詞組中的名詞性成分，所以譯人經常把它看作一個名詞，把它前面的謂詞性成分或名詞性成分和它之間的關係認定為修飾和被修飾的偏正關係，在需要湊夠雙數音節的時候，就在謂詞性成分或名詞性成分和"者"之間加上在偏正關係之間起連接作用的"之"，從而導致"之者"的產生。這一點從那些"……之者"與"……之＋單音節名詞"的對仗用例中看得特別清楚：

（45）時彼粳米，即生皮檜，裹米而住；被刈之者，即更不生；未刈之處，依舊而住。（隋・達摩笈多譯《起世因本經》卷十）

例（45）中的"之者"及其後句中的"之"加單音節名詞"處"構成的組合"之處"對舉。又如1.3中的例（11），譯者把"之者"與"之"加單音節名詞"家"構成的組合"之家"等同。這兩例都顯示出，譯人是把"者"字當成偏正關係中居於正次的名詞性成分看待的。下列用例中的"者"也很容易被理解為居於正次的名詞性成分而其前面的"之"就是連接居於偏次的雙音節謂詞性成分和居於正次的單音節名詞性成分的橋梁和湊足雙數音節的補充劑：

（46）爾時，羅閱城內男女大小事佛之者，聞王阿闍世清旦當放醉象害於如來，聞已，各懷愁憂。（東晉・僧伽提婆譯《增壹阿含經》卷九）

（47）佛日出世，降注甘露，世間眼目，今者始開，有緣之者，皆悉聞知。（姚秦・鳩摩羅什譯《佛說彌勒大成佛

經》)

總之，在漢語傳統文獻裏，虛字"之"主要用於"偏次字偶而正次字奇"或"偏次字奇而正次字偶"的偏正兩次之間、狀字之後（如"頃之""久之"等）和指示代詞"此"與其修飾的名字之間（如"行此之令"）（馬建忠 1898/1983：92、244、248），卻不見使用於標記詞前後。但由於譯人對漢文佛典文體上對雙數音節的要求的遵守，以及對"者"語義理解的偏差，他們把連接實字相關義的虛字"之"放在了"者"之前，促成了"之者"的形成。

〔主要參考文獻〕

方一新，高列過．東漢疑偽佛經的語言學考辨研究．北京：人民出版社，2012．

朱德熙．自指和轉指．方言，1983（1）

（荷）Zürcher, Erik（許理和）. *Buddhist Influence on Early Taoism: A Survey of Scriptural Evidence*. T'oung Pao, 1980 Vol. LXVI.

馬建忠．馬氏文通．北京：商務印書館，1983．

任继愈，钟肇鹏主编．道藏提要．北京：中國社會科學出版社，1991．

王力．漢語語法史．北京：商務印書館，1989．

朱慶之．佛典與中古漢語詞彙研究．臺北：文津出版社，1992．

A Special Self-reference and Transferred-reference Mark in Chinese Translation of Buddhist Scripture: Zhi Zhe（之者）

Du Xiaoli

(College of Literature & Journalism, Sichuan University, Chengdu, 610064)

Abstract: This article describes the distribution and semantical function of the self-reference and transferred-reference mark, Zhi Zhe（之者）, created by Chinese foreign monks, in Chinese Translation of Buddhist Scripture, and the depth at and the extent to which they influenced the expression of self-reference and transferred-reference of Chinese language in the course of its expansion. It further points out the origin of such mark that foreign translator, in the process of contact between Sanskrit and Chinese, in order to meet the bisyllable rhythm style required in Chinese Buddhist Scripture, extended the environment of usage of the function word "之" -placing it before "者", a self-reference and transferred-reference mark innate in Chinese language, thus resulting in bisyllablization.

Key words: 之 者; Self-reference; Transferred-reference; language contact; Extension

(杜曉莉，四川大學文學與新聞學院，郵編 610064)

唐五代"V卻"結構的語義關係類型及其時制特點*

杜 軼

內容摘要：唐五代文獻中動詞後"卻"的語法化程度不同，"V卻"結構中的"卻"可能是補語，也可能是完成體標記，"V卻"結構可以表達事物消失或變化、事物功能或性質受損、動作或狀態完成等多種語義關係。唐五代"V+完成體標記'卻'"具有已然、先時的時制特點，該特點是"卻"沒有語法化為補語標記的原因之一。完成體標記"得、取、將、卻"在唐五代語言系統中時制特點不同，具有獨特的篇章價值。

關鍵詞：唐五代 卻 完成體標記

一 引 言

"卻"是由趨向動詞虛化而成為助詞的，它經歷了在連動式中充當並列動詞，到在述補結構中充當趨向補語，再到充當結果補語的虛化過程。（劉堅、江藍生、白維國、曹廣順1992：46）

---

* 本研究得到了國家社會科學基金青年項目（14CYY031）、教育部人文社會科學重點研究基地項目基金（2009JJD740014）和上海市教育委員會科研創新項目（13YS035）的資助，謹此致謝。感謝蔣紹愚先生、宋紹年先生、吳福祥先生、楊永龍先生及匿名審稿人先後為本文提出許多中肯的修改意見，文中錯謬概由作者本人負責。

在唐五代文獻中，不同語法化程度的動詞後"卻"是並存的。"卻"在"V卻"結構中可能是補語，也可能是完成體標記，"V卻"結構可以表達"某物消失或變化"、"某物功能或性質受損"、"動作完成"等不同類型的語義關係。學者們在討論唐五代完成體標記"卻"時，對"卻"的性質的判定存在一定的分歧，如：

(1) 待收陝州，斬卻此賊！(《舊唐書·史思明傳》)

(2) 一日，震趨朝，至日初出，忽然走馬入宅，汗流氣促，唯言："鎖卻大門！鎖卻大門！"一家惶駭，不測其由。(《太平廣記·無雙傳》)

(3) 漢帝不憶李將軍，楚王放卻屈大夫。(《全唐詩·李白〈悲歌行〉》)

關於上述三例中"V卻"結構中的"卻"，學者們有不同的看法。曹廣順（1995：11—12）認為它是表完成的動態助詞，吳福祥（1998）認為是動相補語，理由是唐五代時期"卻"沒有用於"VC〔〕O"句法槽的例子①，于衛平（2009）認為是結果補語。對動詞後"卻"的性質判定的差異，將直接影響到對完成體標記"卻"的範圍的認定，以及與完成體標記"卻"有關的任何結論。

與"將、取、得"不同，唐五代時期的完成體標記"卻"沒有連接謂詞性成分的補語標記用法。曹廣順（1995：83）對助詞"卻"和"將、取、得"的這一差異有這樣的看法："將"、"取"、"得"都用來表示動作的實現和獲得結果，這一語義和述補結構的語法意義相去不遠，沒有什麼特定的限制，因此就會造成外延

---

① 筆者同意吳福祥（1998）對動相補語和動態助詞的嚴格區分。考慮到唐五代的"卻、得、將、取"都沒有用於"VC〔〕O"句法槽的例子，為便於和其他相關文獻討論的內容比較，本文采用了"體標記"這一詞匯的和概念的（語義的）概念（左思明1998），把唐五代表完成的高度虛化的"卻"稱作完成體標記。

的擴大；"卻"作助詞表示完成，說明的是有限制的、一些特定狀態的結果，語義的限制會變成使用的限制，將它們用於這種限制之外的例子不會廣泛出現。曹先生對"卻"表完成在使用過程中存在語義限制這一現象的認識十分準確。不過，在唐五代時期，仍有不少語法化程度高的完成體標記"卻"的用例，其前動詞已經沒有語義上的限制，如"上卻征車再回首"(《全唐詩·新安道中玩流水》)、"把卻官道，水切(楔)不通"(《敦煌變文校注·漢將王陵變》)，等等。"卻"與"將、取、得"在唐五代語言系統內的價值對立，以及"卻"沒有虛化爲補語標記的原因，仍可作深入地探究。

本文選取敦煌變文、《祖堂集》等唐五代的典型語料，系統討論唐五代文獻中"V卻"結構的不同語義關係類型，通過語義關係的分類，確定完成體標記"卻"的範圍；在語義關係分類的基礎上，討論"V卻"結構的時制特點，并從時制的角度解釋完成體標記"卻"沒有虛化為"得"那樣的補語標記的原因。此外，本文還比較了唐五代完成體標記"得、取、將、卻"的時制特點和句法語義特徵，探討這四個完成體標記在唐五代語言系統內的獨特價值。

二　唐五代"V卻"結構的語義關係類型

(一) A類："V卻"結構表達受事的消失

根據"卻"前動詞的語義特徵差異，A類"V卻"結構又可分為以下兩個小類：

1. A1類："V卻"結構表達受事真實地被去除或消失，如：

(4) 身臥空堂內，獨坐令人怕。我今避頭去，拋卻空閑舍。(《王梵志詩·身臥空堂內》)

(5) 欲似養兒甄，回乾且就濕。前死深埋卻，後死續即入。(《王梵志詩·遙看世間人》)

(6) 傍看甚可畏，自家因求死。脫卻面頭皮，還共人相似。(《王梵志詩·天下惡官職》)

(7) 魔女三人，變卻姮娥之貌，自慚醜陋之軀，羞見天宮，求歸不得。(《敦煌變文校注·破魔變》)

(8) 取他百束將燒卻，餘者他日餧牛羊。(《敦煌變文校注·孔子項託相問書》)

(9) 師曰："水清則月現。"臥龍曰："無水清則月不現。"雪峰便放卻坑水了，云："水月在什摩處？"(《祖堂集》卷八)

(10) 有誦經師靈祐於此普賢堂內誦《法花經》，忽然大風起自院裡，吹卻其火，不燒彼堂。(《入唐求法巡禮行記》卷一)

(11) 路邊有一個樹子，石頭云："汝與我斫卻，這個樹礙我路。"對曰："某甲不將刀子來。"(《祖堂集》卷五)

上述例子中，"卻"前動詞為"拋、埋、脫、變、燒、放、吹、斫"等，本身具有［＋致使受事被去除或消失］的語義特徵，"卻"作動詞的補語，語義指向受事，表達受事被去除或消失。梁慧婧（2012）把《燕子賦》"拔卻左腿，揭卻腦蓋"中的"卻"，《祖堂集》"脫卻枷來商量"中的"卻"都看作是動態助詞，筆者認為這幾例中的"卻"不能排除"卻"是表"去除"義的結果補語，且在語義上指向受事的可能。因此筆者把這類可表具體"去除"義的"V卻"式，都歸入A1類。

梁銀峰（2008）指出，至遲從東漢起，"卻"的詞義發生引申，產生"去除"之義，這時它和"去"、"除"的意義相同，仍用作及物動詞，如《漢書·揚雄傳》："於是後宮賤玳瑁而疏珠璣，卻翡翠之飾，除雕琢之巧。"其中"卻"和"除"一樣是

"去除"義動詞。南北朝時期，當"卻"為"去除"義時，它也可以位於另一個能造成"去除"、"消失"的結果的及物動詞之後，構成"V＋卻（＋O）"結構。這種結構中的"卻"已經失去趨向意義，在很多情況下可以當"掉"講，"V"和"卻"兩個句法成分之間的語義關係和結構關係加強了，兩個動詞的位置也相對固定，"V＋卻"形式開始向述補結構過渡，正是這種述補結構為"卻"在唐代以後虛化為動態助詞奠定了基礎，如"燥曝，挼去荸餘，切卻殭根"（《齊民要術》卷三），該句中的"切卻"就和唐五代的A1類"V卻"結構性質相同，都是表達受事伴隨著動作的完成消失或被去除。

2. A2類："V卻"結構表達某物消失於說話人或施事的眼前，是相對性的消失。

（12）道由（猶）言訖，便奔床臥，繞著錦被蓋卻，摸馬攀鞍，便昇雲路，來到隋文皇帝殿前。（《敦煌變文校注·韓擒虎話本》）

（13）盛籃次，師問："籃裏底是什摩？"道者便覆卻籃子。（《祖堂集》卷十六）

（14）鄭王依語，即覓船等，送在水中。魚（漁）人撥棹長歌，乘船遊戲。其鄭王閉卻城四門，城頭遙看設何方計卻得吳軍。（《敦煌變文校注·伍子胥變文》）

（15）先師教主事鎖卻僧堂門，處分後來燒茶閣裏向某說："這個一隊子，去也然轉來。"（《祖堂集》卷八）

劉堅、江藍生、白維國、曹廣順（1992：45－46）認為，"卻"字演變成助詞的主要標誌，是其所表達的意義的變化。唐以前，"卻"帶有"去除、消失"的意思，它所跟的自然也就都是能造成"去除""消失"的結果的動詞，像"殺、了"等等，唐代的例子中，動詞不再有這種語義上的局限。

例（12）－（15）中，"卻"前的動詞不含"去除"或"使消失"義,"V卻"結構的當事或受事實際上並沒有去除或消失,祇是被遮擋或覆蓋了,仍然可看作是從某人的面前"相對消失","卻"所在的語境仍隱含抽象的"消失"義,同時"卻"又隱含動作的完成,功能相當於現代漢語中的結果補語"上"(如"蓋上、關上、鎖上、蒙上"等),"卻"也可分析為結果補語。

(二)B類:"V卻"的"卻"作補語,指向受事的範圍

(16)漢主神資通造化,殄卻殘兇總不留。(《敦煌變文校注・張議潮變文》)

(17)問:"諸餘則不問,請師盡其機。"師云:"不消汝三拜。對衆道卻。"(《祖堂集》卷十三)

(18)我緣今日齋去,是汝且與我看院。有四個水瓶與添滿,更有院中田地,並須掃卻。待我到來,一任汝去。(《敦煌變文校注・難陀出家緣起》)

(19)岩頭云:"某甲從此分襟之後,討得一個小舡子,共釣魚漢子一處座,過卻一生。"(《祖堂集》卷七)

(20)一句子活卻天下人,一句子死卻天下人。(《祖堂集》卷七)①

上述例子中的"卻"是補語,補充說明"卻"前動詞涉及的受事的範圍,語義上相當於"完"、"全部"。

雷文治等(2002:206)指出"卻"在近代漢語中可作表示總括的範圍副詞,意為"都",引用最早的例句是元代無名氏《武王伐紂平話》卷上:"復有近臣來奏曰:'臣啟陛下,泥人、泥馬卻入廟中。'"實際上,"卻"在唐五代語料中已經有表範圍

---

① 劉堅、江藍生、白維國、曹廣順(1992),曹廣順(1995),高顏顏、汪雯雯(2013)都認為該例中的"卻"是表完成的助詞,筆者認為結合其他同類型的"V+全部義'卻'"結構來看,"活、死"後的"卻"仍有可能是指向範圍的補語,所以未把它分析為完成體標記。

的"盡、完"義，用在動詞前作狀語，如：

(21) 譬如其雨，水不從無有，元是龍王於江海中，將身引此水，令一切眾生，一切草木，一切有情無情，悉皆蒙潤，諸水眾流，卻入大海，海納眾水，合為一體。(《六祖壇經》)

(22) 一旦甘為漳岸老，全家卻作杜陵人。(《全唐詩·留別田尚書》)①

例 (21) 的"卻入大海"與前文的"悉皆蒙潤"對舉，"卻"表"全部"義。"卻"在唐五代不僅可以用於動詞前作狀語，也可用於動詞後作補語。

表範圍的"卻"，可能是從 A 類"V＋'消失、去除'義'卻'＋複數名詞"格式中引申而來的。當 A 類"V 卻"式的受事是複數義時，"卻"可能隱含兩個意思：對象的消失和對象的範圍，如例 (16) 的"殄卻"，其中的"卻"有兩種分析的可能：表消失義或表範圍義，因此，例 (16) 的"殄卻殘兇"是 A 類"V 卻"式向 B 類過渡的例子。

當範圍義"卻"的語義固定下來，B 類"V 卻"格式的動詞則不再有［＋消失、去除］義的語義限制，如例 (17) － (20) 中的"道、掃、過、活"。

(三) C 類："V 卻"結構表達動作完成

根據"V 卻"的受事性質或功能是否發生了消極意義的改變，C 類"V 卻"結構又可以分為兩類。

1. C1 類："V 卻"結構表達受事性質發生消極的變化或功能受到損害。

(23) 見泥須避道，莫入汙卻鞋。若知己有罪，莫破戒

---

① 例 (21) 引自于衛平 (2009)，他認為該例中的"卻"可以理解為"都"，但隱約可見"反倒"義。

持齋。(《王梵志詩·見泥須避道》)

(24) 男女下当(堂)来，点得惠灯来照烛。破却无明烦恼黑，始知一切无坚牢。(《敦煌变文集·维摩诘经讲经文》)

(25) 於時風師使風，雨師下雨，隔(濕)卻囂塵，平治道路。(《敦煌變文校注·降魔變文》)

(26) 問："靈山會上，法法相傳。未審齊雲將何付囑於人？"云："不可為汝一個荒卻齊雲山。"(《祖堂集》卷十一)

(27) 遂至和尚所，述其意，則被師攔胸托出云："某甲自住此山，未曾瞎卻一箇師僧眼。"(《祖堂集》卷十九)

(28) 入嶺參師，舉前話。進問："為什摩故不道？"師云："若道我不道，則啞卻我口。若道我道，則禿卻我舌。"(《祖堂集》卷十九)

上述例子中，"V 卻"結構中的述語是形容詞，"汙、破、濕、啞、禿、荒、瞎"等，均隱含消極意義。"V 卻"結構中的述語還可以是隱含消極意義的動詞，如：

(29) 謂雍氏曰："斷於漢將此處，敢爲巡營。"二將聽得此事，放過楚軍，到峽路山，絆却馬脚。(《敦煌變文集·漢將王陵變》)

(30) 和尚云："這阿師！他後子孫喋卻天下人口去。"又教侍者問法。(《祖堂集》卷四)

(31) 師云："若有白納衣，一時染卻。"(《祖堂集》卷十)

(32) 二將奏曰："被漢將詐宣我王有敕，賺臣落馬受口敕之次，決鞭走過，踏後如(而)趁，雙弓背射，損卻五十餘人。"(《敦煌變文校注·漢將王陵變》)

上述例子中，"卻"前的動詞"絆、喋、染、損"都隱含使受事性質轉變或功能受損的消極義。C1 類結構中的"卻"意義已經很虛，受事祇是發生了性狀或功能方面的改變，並沒有被去除或消失，"卻"的功能祇能被分析為表完成。但是，由於和"卻"搭配的述語仍有語義特徵征方面的限制，筆者把 C1 類"卻"看作是准完成體標記。

2. C2 類："V 卻"結構表動作完成，"V 卻"結構所在的語境沒有特殊的語義限制。

(33) 陵母遂乃吃苦不禁，撲卻槍、枷如（而）倒，一手案（按）身，一手按地，仰面向天哭"大夫嬌子王陵"一聲。（《敦煌變文校注·漢將王陵變》）

(34) 左將丁腰，右將雍氏，各領馬軍百騎，把卻官道，水切（楔）不通。（《敦煌變文校注·漢將王陵變》）

(35) 若欲得作佛，汝自是佛。擔卻一個佛，傍家走颱颱。（《祖堂集》卷十七）

(36) 上卻征車再回首，了然塵土不相關。（《全唐詩·吳融〈新安道中玩流水〉》）

(37) 將軍悟卻希夷訣，贏得清名萬古流。（《全唐詩·杜光庭〈題莫公臺〉》）

上述例子中的動詞不含消極的語義特徵，動作和受事之間的"卻"不能理解為"消失"義或"全部"義，"卻"祇能分析為表完成的體標記。

(四)"V 卻"結構的語法化連續環境

不同類型的"V 卻"結構中，"卻"的語法化程度不同。總的來說，A、B 類"V 卻"結構中的"卻"是"消失、去除"義補語或"全部"義補語；C1 類"V 卻"仍不能脫離消極的語境，其中的"卻"可看做是准完成體標記；祇有 C2 類"V 卻"結構中的"卻"纔是語法化程度更高的完成體標記。

"V 卻"的語義關係類型可概括如下：

A類："卻"作補語，指向受事的消失	A1類：表受事實際的消失	脫卻面頭皮/吹卻其火
	A2類：表受事被遮擋，是相對（抽象）的消失	覆卻籃子/閉卻城四門
B類："卻"作補語，指向受事的範圍	意義相當於"完"、"全部"	對衆道卻/過卻一生/活卻天下人
C類："卻"表完成	C1類：隱含受事的功能受損	啞卻我口/絆卻馬腳
	C2類：無特殊的語境限制	撲卻槍、枷如（而）倒/上卻征車再回首

從 A1 類到 C2 類，"卻"的語法化程度越來越高，"V 卻"格式在語義關係及語境方面的限制越來越少。"V 卻"結構中，"卻"發生語法化的連續環境和條件仍可作更細緻地探究。

彭睿（2008）綜合了 Heine（2002：84—85）和 Diewald（2002：104—114）對語法化連續環境的分類，認為語法化連續環境可分為以下幾個階段：

a. 非典型環境（源義為唯一解釋）
b. 臨界環境（源義和目標義都是可能解釋）
c. 孤立環境（目標義因該環境的特定語義和句法形態而成為唯一解釋）
d. 習用化環境（目標義常態化，分佈環境擴展）

從 A1 類到 A2 類，表"消失"的語義關係發生了隱喻，由具體的消失引申為抽象的消失。臨界環境是"著錦被蓋卻"，"蓋卻"的對象可以看作是消失了，儘管受事實際上並沒有消失。A1 類的絕大多數"V 卻"結構可看作非典型環境，"卻"只能理解為消失義。A2 類"V 卻"是臨界環境，"卻"既可看作隱含抽象的消失義，也可看作表完成的結果補語"上"。

從 A 類到 B 類，條件是 A 類的"V 卻"的受事是複數意義或不可數名詞，由於A類"V卻"的V隱含使受事消失或被遮擋的意義，"卻"本身表消失的意義就被弱化，就有可能被重新分析為表範圍的補語，臨界環境是"殄卻殘兇總不留"和"閉卻城四門"，這兩例的"卻"既可看作隱含消失或被遮擋義，也可看作表範圍的補語。

從A類到C1類，是"V卻"結構所表達的"消失"義發生了轉喻，因為"消失"也是受事有損的一種形式。從形式上的消失聯想到功能的受損，如："啞卻我口"，因為"口"的功能受損，其意義幾乎等同於嘴巴不存在。由於C1類的"卻"表完成仍然不能脫離特定的表達消極語義關係的語境，因此C1類只能判斷為語法化的孤立環境階段。C1類的"卻"可分析為準完成體標記。

C2類結構中的"卻"是語法化程度最高的完成體標記，脫離了語義關係的限制，"卻"前的動詞也沒有語義特徵的限制，因此C2類的"V卻"結構總是彭睿（2008）提到的習用化環境。

總而言之，"卻"的語法化連續環境的各階段可概括為下圖：

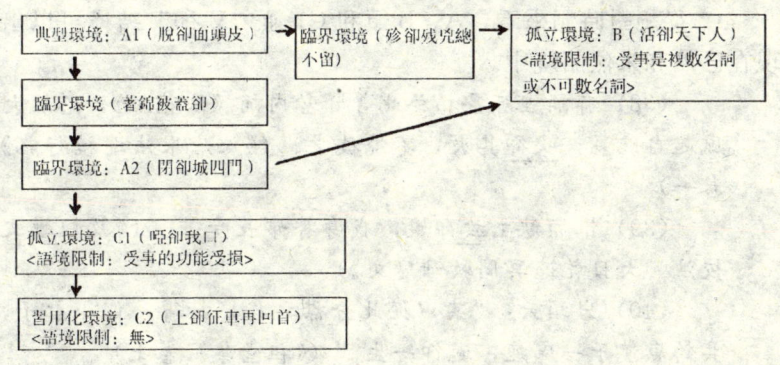

三 唐五代"V 卻"結構的時制特點

Comrie（1985：36）根據參照時間點的性質將時制系統分為絕對時制（absolute tense）和相對時制（relative tense）。前者指只以說話時間為參照時間點的時制，後者指參照時間點是另一事件的發生時間的時制。絕對時制包括過去、現在、未來，相對時制可以分為：（1）先（事）時（anterior），事件發生時間早於參照事件發生的時間；（2）當時（simultaneous）或簡單時（simple），事件發生時間與參照事件發生的時間同時；（3）後（事）時（posterior），事件發生的時間晚於參照事件發生的時間①。

為了更准確地把握完成體標記"卻"的時制特點，下文將從"卻"的語法化程度差異的角度，把"V 卻"結構分為兩組來考察它們的時制特點，第一組是 A、B 類和 C1 類，第二組是 C2 類。

（一）A、B 類和 C1 類"V 卻"結構的時制特點

1. 從絕對時制來看，A、B 類和 C1 類"V 卻"結構可以出現在已然和未然語境中。

（38）有誦經師靈祐於此普賢堂內誦《法花經》，忽然大風起自院裏，吹卻其火，不燒彼堂。（《入唐求法巡禮行記》卷一）

（39）惟願獄主放卻孃，我身替孃長受苦。（《敦煌變文校注·大目乾連冥間救母變文》）

（40）岩頭云："某甲從此分襟之後，討得一個小舡子，共釣魚漢子一處座，過卻一生。"（《祖堂集》卷七）

---

① 參見陳平（1988）。

(41) 其舶為大風吹流，著粗磯，柁板破卻。(《入唐求法巡禮行記》卷二)

(42) 二將聽得此事，放過楚軍，到峽路山，絆卻馬腳。(《敦煌變文校注・漢將王陵變》)

上述例子中，例 (38) 的"吹卻"、例 (39) 的"放卻"都是 A 類的，"卻"表受事的消失；例 (40) 的"過卻"是 B 類的，"卻"表範圍，"全部"或"完全"義；例 (41)、(42) 的"破卻、絆卻"是 C1 類的，上述"V 卻"所表示的動作都是已經發生的，表達受事消失或性質受損。

A、B 類和 C1 類"V 卻"結構也可以出現在未然語境中，如：

(43) 路邊有一個樹子，石頭云："汝與我斫卻，這個樹礙我路。"對曰："某甲不將刀子來。"(《祖堂集》卷五)

(44) 見泥須避道，莫入汙卻鞋。若知已有罪，莫破戒持齋。(《王梵志詩・見泥須避道》)

其中"斫卻"是 A 類的，"汙卻"是 C1 類的，"V 卻"表達的動作行為都是未然的。

2. 從相對時制來觀察，A、B、C1 類的"V 卻"結構可以出現在先時和後時時態中。

(45) 當時變卻老人之身，卻復鬼神之體，來至山神殿前，鞠躬唱喏。(《敦煌變文校注・韓擒虎話本》)

(46) 怕見人，擬求屬，鄒 (皺) 卻兩眉難敲觸。無事徒煩發善心，有災淨處求師藚。(《敦煌變文校注・解座文匯抄》)

這兩個例子中，例 (45) 的"變卻"是 A 類的，例 (46) 的"鄒 (皺) 卻"是 C1 類的，"V 卻"結構都是表達先發生的動作，出現在先時時態中。

A、B 類和 C1 類"V 卻"結構也可以出現在後時時態中，如：

(47) 入海不久，水手一人從先臥病，申終死去。裹之以席，推落海裏，隨波流卻。（《入唐求法巡禮行記》卷一）

(48) 忽然口發人言，說卻多般事意。道我山（仙）人修學，今日已滿千年。合開妙法之時，故現身來相報。（《敦煌變文校注·妙法蓮華經講經文》）

(49) 入嶺參師，舉前話。進問："為什摩故不道？"師云："若道我不道，則啞卻我口。若道我道，則禿卻我舌。"（《祖堂集》卷十九）

其中例（47）"流卻"是 A 類的，例（48）"說卻"是 B 類的，例（49）"啞卻"是 C1 類的。

從上述例子可以看出，A、B 類和 C1 類"V 卻"結構在時制方面並無明顯的限制，可以出現在已然、未然、先時、後時等各種時制類型中。

（二）C2 類"V 卻"結構的時制特點

(50) 陵母遂乃吃苦不禁，撲卻槍、枷如（而）倒，一手案（按）身，一手按地，仰面向天哭"大夫嬌子王陵"一聲。（《敦煌變文校注·漢將王陵變》）

(51) 左將丁腰，右將雍氏，各領馬軍百騎，把卻官道，水切（楔）不通。（《敦煌變文校注·漢將王陵變》）

(52) 師便開門，其僧便禮拜。師騎卻頭云："者畜生什摩處去來？"（《祖堂集》卷五）

(53) 師有一日看經次，白顏問和尚："休得看經，不用攤人得也。"師卷卻經，問白顏："日勢何似？"對曰："正當午時。"（《祖堂集》卷二）

上述例子中的"撲卻槍、枷"、"把卻官道"、"騎卻頭"、"卷卻經"，"卻"是表動作完成的體標記，"V 卻"表達的動作都是已經發生的，而且先於後一個動作發生。可見，C2 類"V 卻"結構中的"卻"傾向於標記先時，在句子中存在于背景性成分中，極少出現在前景句中。

四　唐五代完成體標記"得、取、將、卻"的時制特點比較

以小句為單位，分析"V＋得/取/將/卻"結構，可以得出"得、取、將、卻"具有相似的表完成功能的結論。可是從跨小句的篇章層面來觀察，完成體標記"得、取、將、卻"在唐五代語言系統中時制特點不同，具有獨特的篇章價值。

（一）完成體標記"得"的時制特點

完成體標記"卻"的時制特點和完成體標記"得"有很大的差異。"得"前的動作在一連串動作中可以是後發生的，如：

（54）明鏡可以鑒容，大乘經可以正心。第一莫疑。依佛語，當淨三業，方能入得大乘。（《神會語錄》）

（55）是日夜（也），揀鍊神兵，閃電百般，雷鳴千鍾（種），徹曉喧喧，神鬼造寺。直至天明，造得一寺，非常有異。（《敦煌變文校注·廬山遠公話》）

上述例句中的"得"，都用於已然的前景信息中，都不能用"卻"字來替換。

杜軼（2008：35－36）對唐五代的"V得C"結構的句法語義關係類型進行了考察，唐五代的"V得C"結構大部分都出現在已然、後時的時制類型中，如：

（56）西施淫摩（魔）得人憐，迷得襄王拋國位。（《敦煌變文集·維摩詰經講經文》）

（57）生時百骨自開張，唬得渾家手腳忙。（《敦煌變文集·父母恩重經講經文》）

（58）鐵砲砲來身粉碎，鐵叉叉得血汪汪。（《敦煌變文

集·目連變文》）①

上述例子中的"迷得 VP、唬得 VP、叉得 VP"所表示的動作行爲都是已經發生的，並且相對前一個事件是後發生的，表達前景信息。這些例子中的補語標記"得"和完成體標記"得"關係密切。都能出現在前景信息中，是完成體標記"得"和補語標記"得"共同的篇章特點。

由於完成體標記"卻"是標記已然、先時的成分，衹能出現在背景信息中，不能出現在前景信息中，和完成體標記"得"有很大的差異，這也是"卻"並未像"得"那樣虛化爲補語標記的原因之一②。

（二）完成體標記"取"的時制特點

唐五代完成體標記"取"出現在表祈使或主觀意願的未然語境裏，隱含動作實現的必要性，而不強調動作實現的可能性。如：

（59）造酒罪甚重，酒肉俱不輕。若人不信語，<u>檢取</u>涅槃經。（《王梵志詩》）

（60）<u>看取</u>開眼賊，鬧市集人決。（《寒山詩》）

（61）汝須努力莫爲難，<u>造取</u>些些好果盤。（《敦煌變文校注·目連緣起》）

---

① 以上三例均引自杜軼（2008：35—36）。
② 匿名審稿人認爲，"卻"沒有虛化爲補語標記，並不僅僅是因爲其時制特點決定的。完成體標記"卻"會不會進一步語法化取決於語義、句法和語用頻率等情況，比如在句法方面，"V 卻"后多接 NP，不具備像"得"那樣後接 VP 的條件。筆者完全同意這一觀點。時制特點只是"卻"沒有虛化爲補語標記的原因之一。"V 卻"即使和 VP 結構連用，也只能構成"V 卻＋NP（＋而）＋VP"格式（如"撲卻槍、枷而倒"），沒有形成"V 卻 VP"格式的句法條件，因此"卻"很難語法化爲補語標記。語義方面的原因，劉堅、江藍生等（1992）、曹廣順（1995）已經作過細緻地分析，指出助詞"卻"在語義關係上仍有較多的限制。因本文的主要討論角度是時制，故不對"卻"出現語境的句法、語義關係限制作詳細地討論。

（62）有無位真人，堂堂露現，無毫髮許間隔，何不識取！（《祖堂集》卷十九）

洪波、谷峰（2005）指出，近代漢語中很多"V取"式在句法、語用上有鮮明的特點，如在不少例子中"V取"表示未然行爲，與被動句排斥等，不過他們認爲動態助詞不可能會出現在與完成、持續相矛盾的未然事件句中，因此他們把"取₃（完成體標記）"、"取₄（持續體標記）"看作是動相補語，並把出現在未然語境中的"取₅（有的學者認爲是詞綴）"看作是意願態助詞。杜軼（2010：23）認爲，"體"與"時"是不同的概念，體標記可以有不同的時態選擇，如現代漢語的完成體標記"了"也可以用於祈使句："吃了這個蘋果！"。"取₃（完成體標記）"、"取₄（持續體標記）"和"取₅"可統一看作是表完成的體標記，具有一致的時制特點：用於未然的語境中。

（三）完成體標記"將"的時制特點

唐五代"V＋完成體標記'將'"可以出現在已然語境和未然語境中，沒有明顯的絕對時制方面的限制。但在相對時制上，"將"傾向於標記先時，即"將"前的動作相對於後面的動作或結果來說，在時間上總是先發生的（杜軼2010：32）。例如：

（63）一虎雖然猛，不如衆狗強。窠被奪將去，嚇我作官方。（《敦煌變文校注·燕子賦》）

（64）閒地佔將真可惜，幽窗分得始爲明。（《全唐詩·許晝〈中秋月〉》）

（65）常思和尚當時語，衣缽留將與此人。（《全唐詩·李涉〈題宣化寺道光上人居〉》）

完成體標記"卻"與"將"的時制特點有同有異。從相對時制來看，"卻"標記先時，這和"將"一樣；然而從絕對時制來看，"將"可以標記未然，如例（65），"卻"只能標記已然，這是"卻"和"將"的差異。如例（52）的"師騎卻頭云"，例

(53) 的 "師卷卻經,問白顏",這兩個例子中的 "騎卻"、"卷卻" 都是已經發生的,而且都是先於後一個動作發生的動作。"V 卻" 結構多用於句中的背景性成分,極少出現在前景句中。

(四) 小結

從時制特點的角度來看,唐五代完成體標記 "得、取、將、卻" 存在以下差異:

完成體標記	得	取	將	卻
絕對時制	無限制	未然	無限制	已然
相對時制	無限制	無限制	先時	先時

完成體標記 "得" 出現的時制範圍最廣。"將" 和 "卻" 都可標記先時,不過 "將" 沒有絕對時制方面的限制,可以出現在已然和未然的環境里,而 "卻" 只能出現在已然的環境中。

除了時制特點上的差異,完成體標記 "得、取、將、卻" 在句法、語義特徵方面還存在一些其他的差異。如:

1. "V 得 O" 在語義關係上沒有限制,可以表受事的實現或獲得,如 "生得兩兒"、"造得衣",也可以表失去,如 "失得柏與馬",還有僅表動作完成的 "開得方知不是花"。①

2. "V 取 O" 在語義關係上沒有明顯的限制,不過該結構出現的句法環境有明顯的特徵,即多用於祈使句中,表達說話人認為動作實現的必要性;

3. 在 "V 將 O" 格式中,受事的所有權均發生了轉移,或者是施事對受事的佔有 ("買將、收將、佔將"),或者是由施事造成的受事被去除 ("奪將、剗將、輸將")。唐五代文獻中,筆者還沒有檢索到類似 "低將頭"、"皺將眉"、"卷將經" 的結構,

---

① 這幾例 "V 得 O" 結構的例句均轉引自曹廣順 (1995:74)。

因為"低頭、皺眉、卷經"中的"頭、眉、經"沒有發生所有權的轉移，故不能用體標記"將"來表示完成①。

綜上所述，唐五代的完成體標記"得"在句法、語義、時制方面的限制最少，語法化程度最高。時制特點的差異，和語義、句法關係上的限制，使得完成體標記"取、將、卻"未能進一步語法化為成熟的補語標記②。

五　結　語

唐五代的動詞後"卻"有三種性質：(1) 作補語，表示受事被去除或消失；(2) 作補語，表示"全部"義，指向受事的範圍；(3) 作完成體標記，表示動作的完成。

在完成體標記"卻"的語法化過程中，A、B類和C1類"V卻"結構在時制方面沒有明顯的限制，C2類"V卻"結構具有已然、先時的時制特點，這一特點可能是"卻"沒有虛化為成熟的補語標記的原因之一。

從跨小句的篇章層面來觀察，唐五代語言系統中的完成體標記"得、取、將、卻"，時制特點各不相同。唐五代的完成體標記"得"在句法、語義、時制方面的限制最少，語法化程度最

---

① 參見杜軼 (2010：28)。

② 曹廣順 (1995：48) 指出"將"可出現在"動＋將＋趨向補語"格式中，如"憑人寄將去，三月無報書。"(元稹《全唐詩·酬樂天書懷見寄》)。不過"將"後的補語類型是有限制的，祇能是趨向補語，不能是結果補語或狀態補語。曹廣順 (1995：69—70) 指出，宋代出現了少量"V＋取＋補語"的用例，如："春亦留取住，人卻推將去。"(郭應祥《全宋詞·菩薩蠻》) "今即要理會，也須理會取透，莫要半青半黃，下梢都不濟事。"(《朱子語類》卷九) 曹先生認為這幾例中的"取"，在唐代均用"得"，"得"字類似的用法比"取"早幾百年，"取"帶補語的用法應當是在"得"影響下產生的。筆者認為，由于宋代"取"後接補語的用例很少，且補語的類型也比較單一，不宜看作是成熟的補語標記。

高。"取"出現在未然語境中,"將"沒有絕對時制方面的限制,是先時標記,而"卻"祇能在已然語境中作先時標記。這些完成體標記在唐五代語言系統中各具獨特的篇章價值。時制、語義、句法等各方面屬性的差異,導致完成體標記"取、將、卻"未能語法化為成熟的補語標記。

〔主要參考文獻〕

劉堅,江藍生,白維國,曹廣順. 近代漢語虛詞研究. 北京:語文出版社,1992.

曹廣順. 近代漢語助詞. 北京:語文出版社,1995.

陳平. 論現代漢語時間系統的三元結構. 中國語文,1988(6).

吳福祥. 重談"動+了+賓"結構的來源和完成體助詞"了"的產生. 中國語文,1998(6).

于衛平,馬貝加. 近代漢語比較介詞"卻"的產生. 北京教育學院學報,2009(5).

左思明. 試論"體"的本質屬性,. 漢語學習,1998(4).

梁慧婧. 近代漢語中的"卻". 重慶三峽學院學報,2012(6).

梁銀峰. 魏晉南北朝時期的"V+卻(+O)"結構. 貴州大學學報(社會科學版),2008(3).

雷文治等. 近代漢語虛詞詞典. 石家莊:河北教育出版社,2002.

高顏顏,汪雯雯. 體助詞"卻"的產生與發展. 現代語文(學術綜合版),2013(3).

彭睿. "臨界環境-語法化項"關係芻議. 語言科學,2008(3).

杜軼. 漢語"V得C"結構的起源與演變. 北京大學博士學位論文,2008.

洪波,谷峰. 唐宋時期"取"的兩種虛詞用法的再探討. 漢語史學報,2005(5).

杜軼. 漢語體標記"取、將、卻、著"的語法化研究. 浙江大學博士後工作報告,2010.

Comrie, Bernard (1985). *Tense*. Cambridge: Cambridge University

Press.

Reichenbach, H. (1947). *Elements of Symbolic Logic*, New York: The MacMillan Company.

Diewald G (2002) A Model for Relevant Types of Contexts in Grammaticalization, in Wischer & Diewald (2002). New Reflections on Grammaticalization, Amsterdam: John Benjamins.

Heine B (2002) On the Role of Context in Grammaticalization, in Wischer & Diewald (2002). New Reflections on Grammaticalization, Amsterdam: John Benjamins.

The Semantic types and Tense Features of the Construction "V + Que (卻)" in Tang Dynasty and Five Dynasties

Du yi

(International College of Chinese Studies, Shanghai Normal University, Shanghai, 200234)

Abstract: The different characters of Que (卻) in Tang Dynasty and Five Dynasties have different grammatical degrees. The construction "V + Que (卻) can express the meanings of 'something disappeard or changed', 'something is damaged or disabled', and 'some action is completed'. Perfective marker Que (卻) could be used in the construction "V + Que (卻) expressing a past event which occurred earlier before another, and this tense feature of perfective marker Que (卻) prevents its being an complement marker like De (得). De (得), Qu (取), Jiang (將), Que (卻) in Tang Dynasty and Five Dynasties have different tense features, and each of them has unique value in discourse.

Key words: Tang Dynasty and Five Dynasties; Que (卻); Perfective marker

(杜軼,上海師範大學對外漢語學院,郵編 200234)

唐宋禪錄中的"是即/則是"句式及其演變[*]

康 健

內容摘要："是即/則是"是唐宋禪錄中使用頻繁且極有特色的一種句式，通過分析探討《祖堂集》《碧岩錄》等若干唐宋禪錄及世俗文獻中的"是即/則是"句式，歸納其使用特點和內部區別，剖辨其口語意義和語境意義，探索其虛化途徑和原因。

關鍵詞："是即/則是" 唐宋禪錄 特點 意義 虛化

"A即/則A"（A多爲單音節的動詞或形容詞）是唐宋禪錄中很有特色的一種句式，主要有"A即/則A，（但）……"、"A即/則A，B即/則B"以及單用的"A即/則A"三種格式，其中"是即/則是"使用最爲頻繁。唐五代禪錄中開始出現"是即/則是"，而敦煌變文等未見用例，因此本文選取成書於五代南唐保大十年（公元952年）的《祖堂集》爲研究基點，結合其他唐宋禪錄及世俗文獻，分析"是即/則是"句式特點及意義，探討其虛化過程和原因。

---

[*] 本文是國家社科基金一般項目"唐宋禪錄口語詞研究"（12BYY076）、四川省教育廳項目"唐宋禪錄語言研究"（XBYJ2012C02）、西華師範大學科研項目"唐宋禪錄語法研究"（11B012）以及創新團隊"宗教文獻語言研究"項目的階段性成果。承蒙《漢語史研究集刊》匿名審稿專家、蔣宗福先生、王閏吉先生提出寶貴修改意見，謹致謝忱！

一 《祖堂集》中的"是即是"

《祖堂集》中的"是即是"共5例,無"是則是"。例如①:

(1) 師云:"是即是,且作摩生是驢馬?"(卷十,玄沙)

(2) 不去不住,事意如何?是即是,擬即差。(卷十九,香嚴)

例中的"是即是"是固定格式,充當轉折複句的前分句,多用於評議對方或前人的機鋒作略,猶言"是倒是"、"是雖是"、"雖説正確"、"雖説是契合禪法",其中"是"作"對、正確"解,多含有"契合禪機禪法"的行業意義②。可見這個固定語除具有句法上的關聯功能外,本身還有具體、實在的語義,唐宋禪錄裏可以見到不少用例,已經成爲禪師答疑解惑和僧人之間交流機鋒時的慣用語。例如:

(3) 僧問:"如何是西來意?"師曰:"是即是,莫錯會。"(《景德錄》卷十九,安國弘瑫)

(4) 上堂云:"古人道:'無邊刹境,自他不隔於毫端。十世古今,始終不離於當念。'"師云:"是即是,只是太舊。"(《古尊宿》卷二十二,東山法演)

二 "是即是"與"是則是"

"是即是"亦作"是則是",如:

---

① 本文引例,文獻名一般用略稱,如《景德傳燈錄》《五燈會元》《古尊宿語錄》稱《景德錄》《五燈》《古尊宿》;例句出處中一律省去"和尚""禪師"等字。如"卷十,玄沙"表明出自《祖堂集》第十卷《玄沙和尚》章。

② 袁賓:《唐宋禪錄語法研究》,《覺群·學術論文集》(第一輯),商務印書館,2001年,第298頁。

(5) 雪竇據款結案，是則是，祇是金毛獅子，爭奈不踞地。(《碧巖錄》卷八，第72則)

據《廣韻》：即，子力切（入聲職部）；則，子德切（入聲德部）。"職"與"德同用"。唐宋時期"即""則"二字在禪錄中常見換用之例，試比較：

(6) a. 師方欲進語，德山以拄杖打昇入涅槃堂。師曰："是即是，打我太殺。"(法眼別云："是即是，錯打我。更有語句如德山巖頭章出焉。")(《景德錄》卷十七，欽山文邃)

b. 師被打歸延壽堂，曰："是則是，打我太煞。"巖頭曰："汝恁麼道，他後不得道見德山來。"(法眼別云："是則是，錯打我。")(《五燈》卷十三，欽山文邃)

(7) a. 師來問訊泉，泉舉似師，師云："某甲有語。"泉便云："還將得繩索來麼？"師便近前驀鼻便拽。泉云："是即是，太粗生。"(《古尊宿》卷十三，趙州從諗)

b. 昔日溈山和尚在百丈作典座，一日司馬頭陀問云："野狐話作麼生會？"溈山撼門扇。司馬云："是則是，太粗生。"溈山曰："佛法說什麼粗細？"(《古尊宿》卷三十三，龍門清遠)

(8) a. 師於半夜時叫喚："賊也，賊也！"大衆皆走。師於僧堂後遇一僧，攔胸把柱（住），叫云："捉得也，捉得也。喚維那來！"僧云："不是賊，某甲。"師云："你正是賊，只是你不肯承當。"(《祖堂集》卷十八，紫胡)

b. 師中夜於僧堂前叫："賊，賊。"大衆皆驚。有一僧從僧堂内出，師把住云："捉得也，捉得也。"僧云："不是某甲。"師曰："是即是，即是不肯承當。"(《景德錄》卷十，子湖利蹤)

c. 紫胡又一夕夜深於後架叫云："捉賊，捉賊。"黑地逢著一僧，攔胸捉住云："捉得也，捉得也。"僧云："和尚，

不是某甲。"胡云："<u>是則是</u>，祇是不肯承當。"(《碧巖錄》卷十，第96則)

d. 師一夜於僧堂前叫曰："有賊！"衆皆驚動。有一僧在堂内出，師把住曰："維那，捉得也！捉得也！"曰："不是某甲。"師曰："<u>是即是</u>，將是汝不肯承當。"(《五燈》卷四，子湖利蹤)

e. 師半夜巡堂叫有賊，大衆皆驚動。師於僧堂前見一僧，攔胸把住，叫云："捉得也。喚維那來。"僧云："不是某甲。"師云："<u>是即是</u>，你自不肯承當。"(《古尊宿》卷十二，子湖利蹤)

以上例句或出於同一公案（例6、例8），或出於同一禪錄前後章節（例7），同樣一句禪家常用語，有的用"即"字，有的用"則"字，表明"即"和"則"兩字在當時表示的是同一個口語詞，記錄禪語的人因爲方言不同或用字習慣不同把它們記錄成了兩個字。

從例（8）我們還可以看到，《祖堂集》裏作"你正是賊，祇是你不肯承當"（即契合禪機），《景德錄》《碧巖錄》《五燈》《古尊宿》均改作"是即/則是"，表明該格式意義已經固定，且使用頻繁。這些例句中的"是即/則是"儘管起句法關聯作用，但語義還比較實在，強調意味比較明顯。

三 "是即/則是"的虛化過程

隨着"是即/則是"在禪錄中的大量反復的使用，此固定語有了逐漸虛化的趨勢。在宋代的一些禪籍裏，出現了"是即/則是"直接作"雖則是、雖然"解的例子，原有的"契合禪法"的意義消失了。袁賓（2001）曾舉有一例：

(9) <u>是則是</u>孤窮，且要自張聲勢。(《嘉泰普燈錄》卷二

十六，簡堂機）（且，但）

此例"是則是"已與前面所舉諸例不同，它不是複句前分句的整體結構，也不具有實在的語彙意義，而變成祇有語法功能的關聯詞了。《嘉泰普燈錄》成書於南宋嘉泰年間（1201—1204），這種虛化的"是即/則是"在《祖堂集》與《景德錄》等北宋初期以前成書的禪錄裏未見用例，但在宋代禪僧克勤（1063—1135）於政和（1111—1118）年間（北宋後期）應張商英之請彙編成書的《碧岩錄》中，我們已經可以看到虛化的痕跡，共有10例"是則是"，其中5例整體作複句前分句，如前例（5）、（8c）等，其餘舉例如下：

（10）好個斑斑爪牙未備，是則是個大蟲，也解藏牙伏爪，爭奈不解咬人。（卷九，第85則）

（11）舉："金牛和尚每至齋時，自將飯桶於僧堂前作舞，呵呵大笑，云：'菩薩子吃飯來。'"（竿頭絲線從君弄，不犯清波意自殊。醍醐毒藥一時行，是則是七珍八寶一時羅列，爭奈相逢者少？）雪竇云："雖然如此，金牛不是好心。"（卷八，第74則）

（12）後來長慶上堂，僧問："古人道，菩薩子吃飯來，意旨如何？"慶云："大似因齋慶贊。"尊宿家感殺慈悲，漏逗不少，是則是因齋慶贊，爾且道慶贊個什麽？（卷八，第74則）

根據語意，這些例句中的"是則是"後面可不斷句，帶謂詞性短語（偏正短語、主謂短語等），其結構我們標記爲"是則是+X"，與前面所舉"是則是"整體作複句前分句有所不同，讓步關聯意味更重，已經具有虛化趨勢。

《碧岩錄》中還有一例敍述同一公案，"是則是"後面可斷可不斷句，表明這種虛化處於過渡階段。例如下：

（13）舉："僧到桐峰庵主處便問：'這裏忽逢大蟲時，

又作麼生？'庵主便作虎聲，僧便作怕勢，庵主呵呵大笑。僧云：'這老賊。'庵主云：'爭奈老僧何？'僧休去。"雪竇云："是則是兩個惡賊，祇解掩耳偷鈴。"……桐峰見臨濟，其時在深山卓庵，這僧到彼中遂問："這裏忽逢大蟲時，又作麼生？"峰便作虎聲，也好就事便行，這僧也會將錯就錯，便作怕勢，庵主呵呵大笑。僧云："這老賊。"峰云："爭奈老僧何？"是則是二俱不了，千古之下遭人點檢。所以雪竇道："是則是兩個惡賊，只解掩耳偷鈴。"他二人雖皆是賊，當機卻不用，所以掩耳偷鈴。此二老如排百萬軍陣，卻只鬥掃帚。若論此事，須是殺人不眨眼的手脚，若一向縱而不擒，一向殺而不活，不免遭人怪笑。雖然如是，他古人亦無許多事。看他兩個恁麼，總是見機而作。（卷九，第85則）

例中"是則是兩個惡賊，祇解掩耳偷鈴"可有兩種斷句：

a．是則是，（但）兩個惡賊（，）祇解掩耳偷鈴。
b．是則是兩個惡賊，（但）只解掩耳偷鈴。

a句雖首肯兩人的機鋒作略，但認爲二人皆有放過處，著著落在第二機。b句言兩人雖皆是賊，但却當機不用，缺少殺人不眨眼的手脚。

根據後文中"他二人雖皆是賊，當機却不用，所以掩耳偷鈴"似應斷爲b更好。

例中"是則是二俱不了，千古之下遭人點檢"宜斷爲"是則是＋X，（但）……"，比較：

　　是則二俱作家，要且祇解收虎尾，不能據虎頭。（《明覺語錄》卷一）①

我們查檢《大正藏》，發現這種格式虛化的較早用例集中出現於《碧岩錄》中，且都是"是則是＋X"，沒有"是即是"，也

---

① 《明覺語錄》爲宋代禪僧雪竇重顯（980—1052）撰。

許與作者個人風格有關。

南宋以後"是即/則是"用例增多,已清楚地分化爲兩種用法,如南宋禪師智愚(1185—1269)的《虛堂語錄》共有"是則是"14例,其中虛化爲關聯詞的有10例,如:

(14)雪竇<u>是則是</u>傍不甘,要見德山遠在。(卷一)

未曾虛化的有4例,如①:

(15)(欽山)遂至延壽云:"<u>是則是</u>,打我太殺。"(卷二)

從以上諸例可以看出,在《虛堂語錄》裏,"是即/則是"虛化用法的次數已超出原來的用法,禪錄爲今天的語言研究提供了很好的文獻語證。

四 "是即/則是"的虛化原因

"是即/則是"的虛化我們認爲與"是即/則"的虛化相關,是在"是即/則"虛化影響下產生了作關聯詞的用法。

(一)"是即/則"的虛化過程

1. 從上古到南北朝"是即/則"大量使用,未見"是即/則是"②。如:

(1)慶鄭曰:"棄信背鄰,患孰恤之?無信患作,失援必斃。"<u>是則</u>然矣。(《春秋左氏傳·僖公十四年》)

(2)若弗智(知),<u>是即</u>不勝任、不智殹(也);智(知)而弗敢論,<u>是即</u>不廉殹(也)。(《睡虎地秦墓竹簡·語

---

① 《碧岩錄》和《虛堂語錄》各有2例"是即是",都未虛化。例略。

② 查檢的文獻範圍來自漢籍(四版)。"是則是"在上古僅《墨子》中有1例,但其義不同。例爲:"不是。是則是,且是焉。"(《墨子》卷10)其中"不是"爲牒經標題,即"否定—肯定"。"是則是,且是焉"意即:"'是'就是肯定,並且肯定這個。"另,"是即"用例少,未見"是即是"。

書》）

（3）抱朴子曰："立德踐言，行全操清，斯則富矣，何必玉帛之崇乎？高尚其志，不降不辱，斯則貴矣，何必青紫之兼拖也？俗民不能識其度量，庸夫不得揣其銓衡，是則高矣，何必凌雲而蹈霓乎？問者莫或測其淵流，求者未有覺其短乏，是則深矣，何必洞河而淪海乎？"（《抱朴子·外篇·廣譬》）

"是即/則"之後往往跟謂詞性詞語，構成"是即/則＋X"句式。"是"爲指示代詞，"即/則"爲副詞，猶"乃，就是"，加強肯定語氣，"是""即/則"二者並未粘合成詞；X多爲結構簡略的VP；"是即/則＋X"的結構層次應分析爲：［是＋（即/則＋X）］。例（3）"斯則"與"是則"對舉更可見其性質。

2. 唐五代時"是即/則＋X"繼續使用，但"是即/則"已處於成詞的過渡階段，或可說已經成詞。例如：

（4）時蘇部底宴坐石室，竊自思曰："今佛還降，人天導從，如我今者，何所宜行？嘗聞佛說，知諸法空，體諸法性，是則以慧眼觀法身也。"（《大唐西域記·卷四·十五國·劫比他國》）

（5）又案，宋襄公執滕子而誣之以得罪，楚靈王弒郟敖而赴之以疾亡。《春秋》皆承告而書，曾無變革，是則無辜者反加以罪，有罪者得隱其辜，求諸勸戒，其義安在？（《史通·外篇·惑經》）

（6）智者說法，亦不為一人，猶如母雞抱卵，衆卵皆發，贊棄不發，可即母雞唯不愛衆卵愛贊棄？是則發與不發，唯在卵性，不是母雞抱卵之禍。一切智者亦復如是，廣為大衆演說真教。根利者頓曉，根鈍者不曉，可則智者唯愛利根，不愛鈍根？是即曉與不曉，唯在根性，不是智者說教之禍。（《祖堂集》卷二十，瑞雲寺）

上面例句中，"即/則"後面的成分越來越複雜，甚至由動詞性成分擴展為完整小句，"是即/則＋X"的語義重心傾向後移，"即/則"和後接成分的聯繫也就變得不那麼緊密。由此，"即/則"前後連接成分的不平衡性和其後小句成分的獨立性、完整性促使人們在認知心理上和語言使用上將"是即/則"組塊成一個整體，而不是單獨理解。"句法單位變為複合詞的過程實際上可以看作是一個由心理組塊造成的重新分析的過程。"① 同時，漢語的兩個音節構成一個標準音步，一個標準音步就是一個標準韻律詞②。"是即/則"一般處於句首位置，因而可構成一個標準音步，即標準韻律詞。隨着使用頻率不斷上升，"是即/則＋X"發生重新分析，結構層次由［是＋（即/則＋X）］變為［（是＋即/則）＋X］，韻律詞"是即/則"便逐漸凝固化、辭彙化了。如果說例（4）中"是即/則"還可看做是處於成詞的過渡階段，既可作［是＋（即/則＋X）］解，也可作［（是＋即/則）＋X］解；那麼當 X 為主謂俱全的單句或由兩個以上的分句構成的複句時，如例（5）、（6），"是即/則"基本已辭彙化了。也就是說至遲在晚唐五代連詞"是即/則"已經出現。

　　在唐五代，"是即/則＋X"處於後續句位置，所述之意往往是順着始發句的語意說下去，語意上是順接的；且"是"本是指示代詞，在"是即/則"句中承擔回指的任務，從語用上說也起着一種"承上"的銜接作用。因此"是即/則"在辭彙化程度逐漸加深的同時，在順接語境中逐漸吸收了連詞的篇章銜接功能，日益固定化，具有了因果連詞（或承接連詞）的性質，相當於"由此""因此"等。

----

　　① 董秀芳：《辭彙化：漢語雙音詞的衍生和發展》，四川民族出版社，2002年，第45頁。

　　② 馮勝利：《漢語韻律句法學》，上海教育出版社，2000年，第78頁。

3. 宋代"是即/則"產生"雖則,雖然"義,表示讓步。

到了宋代,出現了"是即/則＋X"充當轉折複句前分句的情況,後一分句表示與之相對立的事實或論斷。如:

(7) 是則江南江北,月明飛夢,認得溪橋屋。(《全宋詞·方岳〈酹江月·壽老父〉》)

(8) 是即自古常言道,色須是艱難。(《全宋詞·晁端禮〈少年游〉》)

(9) 生:是則無妻,我身自不由己,須有爹媽在家鄉尤未知。(宋·無名氏《張協狀元》二十七出)

例(7)、(8)"是則江南江北""是即自古常言道"均為詞的下闋首句,例(9)"是則無妻"也是作為始發句出現的,這就迫使"是即/則"中"是"的指代功能完全弱化,而向右朝"即/則"字靠近,逐漸結合為一個雙音節詞語。由於它們的後分句都表示與"是即/則＋X"相反或相對的一面,"是即/則"於是在後一分句的逆轉語境中吸收了轉折連詞的篇章銜接功能,獲得"雖則,雖然"義,成為讓步轉折連詞。

4. 元明清時期,"是即/則"三種用法並存。

及至元明清,"是即/則"大多沿用唐宋用法,或為因果連詞,或為轉折連詞;"指示代詞＋副詞"的用法也仍然存在。"是即/則"未辭彙化以前,"即/則"的轄域比較小,"即/則"後只能是VP而不能是完整的句子;而辭彙化後的"是即/則"轄域和功能明顯擴展,既可跟VP,也可跟主謂俱全的句子,且可處於始發句和後續句兩種不同位置,表達不同語意。如:

(10) 是則冒寒途路遙,順父母顏情,怎敢辭勞。(《宋元戲文輯佚·王祥臥冰》)

(11) 近時路晉清前輩稱第一,吳雲岩前輩亦駸駸爭勝。晉清曰:"雲岩酒後彌溫克,是即不勝酒力,作意矜持也。"驗之不謬。(《閱微草堂筆記卷二十四·灤陽續錄六》)

(12) 宣德時,申交易用銀之禁,冀通鈔法。至弘治而鈔竟不可用,遂開准鈔折銀之例。及嘉靖新定條例,俱以有力、稍有力二科贖罪:有力米五斗,准律之納鈔六百文也;稍有力工價三錢,准律之做工一月也。是則後之例鈔,才足比于初之律鈔耳。(《明史卷九三·志第六九》)

(13) 卿實在鄉五月,發監來書甚略,中心不能無耿耿者。及經此多口,卿實無一字相及,有半年矣。卿實莫不是以吾不從卿實累年歸休之謀,以受此咎故耶?是則誤矣。(《泉翁大全卷之十文集》)

例(10)、(11)中"是即/則"為轉折連詞,例(12)為因果連詞;例(13)為跨層結構,不成詞。

(二)"是即/則是"的虛化原因

"是即/則是"與"是即/則"相通。

唐五代禪錄中開始出現"是即/則是",但祇能整體充當轉折複句的前分句,其結構為"是+即/則+是",其義為"是倒(雖)是"、"雖說是(契合禪法)"。如:

(14) 師與保福遊山次,保福問:"古人道妙峰頂,莫祇這個便是不?"師云:"是即是,可惜許。"(《祖堂集》卷十,長慶)

到了宋代,"是即/則是"後面可帶短語構成"是即/則是+X",如:

(15) 師云:"是則是青出於藍而青於藍,若其交鋒之際,冰生於水寒於水,則未可也。"(《虛堂語錄》卷一)

葉建軍(2007)指出:"如果同一範疇的兩個或多個詞語或結構有着共同的語義基礎、句法位置,且發生演化,那麼它們一般會朝着同一方向發生相同或相近的演化,這就是所謂的類化,它是語法化或辭彙化的重要機制之一。"① 由於"是即/則是＋X"與"是即/則＋X"具有相同的語法位置（始發句句首），且與後一分句構成轉折關係，因此當"是即/則"在宋代產生"雖則"義虛化爲轉折連詞時，"是即/則是"也會類化，其結構由"是＋即/則＋是"重新分析爲"是即/則＋是"，意即"雖則是，雖是"。而且在"是即/則是＋X"中，X是信息焦點，是句子的語義重心，後一"是"所處的句法位置使其由系詞語法化爲焦點標記，幾乎不表判斷意義，"是即/則是"便可看做直接等同於關聯詞"是即/則"。張相（1953）就曾指出"是則是"與"是則"相通②：

有云是則是者。《花草粹編》七，劉改之《天仙子》詞，初赴省，于廓（郭）外別寵姬："是則青衫終可喜，不道恩情拋得未？"彊村本《龍洲詞》作："是則是功名終可喜，不道恩情拼得未？"是則是，猶云雖則是也。

我們調查《全宋詞》，在南宋陳著（1214～1297）的詞中"是則""是則是"各有4例，二詞通用。例如：

(16) 雨簾高卷，見榴花、應怪風流人老。是則年年佳節在，無奈閒心悄悄。（念奴嬌・端午酒邊）

(17) 從容，莫問城中。是則是繁華九市通，奈一番雨過，沾衣泥黑，三竿日上，撲面塵紅。（沁園春・丁未春補遊西湖）

"是則是"亦作"是即是"。如：

(18) 是則是英雄臨陣披重鎧，倚仗著他家有手策，欲反唐朝世界。（金董解元《西廂記諸宮調》卷二）

(19) 是即是下梢相見，咱大小身心，時下打迭不過。

---

① 葉建軍：《疑問副詞"莫非"的來源及其演化——兼論"莫"等疑問副詞的來源》，《語言科學》2007年第3期。
② 張相：《詩詞曲語辭匯釋》，中華書局，1953年，第39—42頁。

（同上卷六）

值得注意的是，《祖堂集》5例"是即是"均是整體充當轉折複句前分句，卻有2例"雖則是＋X"（無"雖即是"）。如：

（20）後鼓山舉此因緣云："古人則與摩。是你諸人，菩薩境界尚未得，又故則嫌他菩薩。雖則是嫌，但以先證得菩薩之位，後嫌也嫌。老僧未解得菩薩之位，作摩生嫌他這個事？"（卷十四，馬祖）

（21）洞山云："唐三藏又作摩生？從唐國去西天十萬八千里。爲這個佛法因緣，不惜身命。過得如許多嶮難，所以道，五天猶未到，兩眼淚先枯。雖則是從此香嚴千鄉萬里，爲佛法因緣，怕個什摩？"其僧下山，卻歸香嚴。（卷十九，香嚴）

可見，在《祖堂集》時代，"是即是"與"雖則是"用法是完全不同的，而到南宋，"是即/則是"有了"雖則是"的用法。

用"是即/則是"式的原本語義表肯定與用該式的虛化語義表關聯作比較，"是即/則是"的發展實際包含了"辭彙化"與"語法化"兩個方面，前者表現爲它由一個短語結構凝固爲一個複合詞；後者表現爲其抽象程度加深，語義虛化，結合更緊密，虛化爲關聯詞。究其原因，當與"是即/則是"句法位置、語義特徵、使用頻率等有關。解惠全（1987）指出，實詞的虛化，要以意義爲依據，以句法地位爲途徑。也就是說，一個詞由實詞轉化爲虛詞，一般是由於它經常出現在一些適於表現某種語法關係的位置上，從而引起詞義的逐漸虛化，並進而實現語法地位的固定，轉化爲虛詞[①]。"是即/則是"由整體作複句前分句發展到經常處於轉折複句前一分句謂詞性詞語之前，並在"是則"詞義虛

---

① 解惠全：《談實詞的虛化》，《語言研究論叢》（第4輯），南開大學出版社，1987年，第213頁。

化的影響帶動下，產生了"是即/則是"作關聯詞的用法。

五 "是即/則是"的發展

"是即/則是"在發展中存在兩種用法，我們記爲 A 式、B 式。

A 式：是即/則是≈是＋即/則＋是≈對倒是對≈雖說正確/雖說是（契合禪法）（"是即/則是"整體作轉折複句前分句）

B 式：是即/則是≈是即/則＋是≈雖則是≈雖則/雖然（"是即/則是＋X"作轉折複句前分句）

無論 A 式、B 式，構成的都是轉折複句，前分句"A 即/則 A"含有讓步性的肯定或推縱語氣，後分句表達轉折性的語義，有轉折關聯詞"但"等或暗含轉折語氣。

（一）唐宋時期

"是即/則是"始見於唐五代禪錄，整體作複句前分句，多含有"契合（禪機）"的語境意義，此固定格式在唐宋禪籍裏有不少用例，見下表：

表 1　"是則/即是"在唐宋禪錄中的使用情況

文　獻	是則是	是即是
《六祖壇經》	0	0
《神會語錄》	0	0
《祖堂集》	0	5
《景德傳燈錄》	0	6
《碧岩錄》	10	2
《禪林僧寶傳》	0	1
《五燈會元》	7	7
《古尊宿語錄》	1	10
《大正藏》47、48、51	44	25

我們查檢了佛經語料，漢譯佛經中沒有"是即/則是"格式；又將考察的範圍擴展到中土著述文獻，唐代以前的文獻中沒有"是即/則是"格式。

唐代只在《書斷》《法書要錄》兩書（略早于《祖堂集》）中各找到1例①，例句相同。敦煌變文未見用例。

我們調查宋代282種文獻中，"是即是"共27例，除2例外均出現在禪錄中②。

宋代以前的文獻中沒有"是則是"，宋代282種文獻中"是則是"也出現27例，除8例外，餘皆出現於禪錄中③。

由上可見，唐宋時期，"是即/則是"句式主要應用於禪宗文獻中。具體表現為：

1. 禪宗語錄中"是即/則是"以A式居多，南宋以後有了B式，例見前文。

2. 世俗文獻中A式、B式並存，但以B式多見。如：

（1）象山與祖道言："目能視，耳能聽，鼻能知香臭，口能知味，心能思，手足能運動，如何更要甚存誠持敬，硬

---

① 該例為：(蕭)翼依期而往，出其書以示辯才。辯才熟詳之，曰："是即是矣，然未佳善也。貧道有一真跡，頗是殊常。"《書斷》卷3；《法書要錄》卷3）另：《書斷》是唐代書畫理論家張懷瓘所著，成書年代爲唐玄宗開元十五年（727）；《法書要錄》由唐代畫家、繪畫理論家張彥遠（815—907年）編撰，輯錄《書斷》的全文。

② 此2例爲：(1) 是即是，從來好事多磨難。《全宋詞·晁元禮〈安公子〉》(2) 辯才熟詳之曰："是即是矣，然未佳善也。貧道有一真跡，頗是殊常。"《太平廣記》卷二〇八《購蘭亭序》）

③ 這8例有7例見於《全宋詞》，1例見於史學著作，如：（1）十里漲春波，一棹歸來，只做個五湖范蠡。是則是一般弄扁舟，爭知道他家有個西子？《全宋詞·辛棄疾〈洞仙歌·開南溪初成賦〉》）（2）秦檜招（魏）矼至堂中，問其所以不主和議之意。矼具陳虜（敵）情難保，檜云："公以智料敵，檜以誠待敵。"矼云："是則是，相公以誠待敵，但恐敵人不以誠待相公。"《三朝北盟會編》卷二二五）另：漢籍（四版）中未包括《朱子語類》，因此文中"宋代282種文獻"不包括《朱子語類》，我們另檢索出其有3例"是則是"，無"是即是"。

要將一物去治一物？須要如此做甚？詠歸舞雩，自是吾子家風。"祖道曰："<u>是則是</u>有此理，恐非初學者所到地位。"（《朱子語類・朱子》）

（2）漸漸東風暖，杏梢梅萼紅深淺。正好花前攜素手，卻雲飛雨散。<u>是即是</u>從來好事多磨難，就中我與你纔相見，便世間煩惱，受了千千萬萬。（《全宋詞・晁元禮〈安公子〉》）

（3）問椿："知極其至，有時意又不誠，是如何？"椿無對。曰："且去這裏子細窮究。"一日，稟云："是知之未極其至。"先生曰："<u>是則是</u>，今有二人：一人知得這是善，這是惡；又有一人眞知得這是善當爲，惡不可爲。然後一人心中，如何見得他是眞知處？"椿亦無以應。（《朱子語類・大學》）

前二例爲 B 式義，例（3）爲 A 式義。

（二）元明清時期

1. 禪宗語錄裏常見 A 式意義，可見 A 式有一定的禪宗色彩。如：

（4）蟾首座問洞山："佛真法身，猶若虛空，應物現形，如水中月，作麼生說個應底道理？"山云："如驢覰井。"座云："<u>是則是</u>，只道得八成。"山云："首座作麼生？"座云："如井覰驢。"（元《禪林類聚》卷二）

（5）師被打，歸延壽堂曰："<u>是則是</u>，打我太煞。"（明《祖庭鉗錘錄》卷下）

（6）護國元云："道頭知尾，告往知來。若非彼此共知，又安能向者裏共出一隻手？<u>是即是</u>，爭奈猶欠一著在。"（清《宗鑒法林》卷六十三，欽山文邃）

2. 世俗文獻

"是即是"幾不見使用。"是則是"相對豐富，在元明清時期

A式、B式並存，但A、B式發展卻不平衡①。

[1] 元劇中多爲B式義，A式義少。

(7) 是則是公文限緊，蒙相委怎敢不允？挦十朝與半旬，到宅上備説原因。(《全元南戲·荆釵記·套書》)

(8) 程嬰云："老宰輔，是則是，怎麽難爲的你？老宰輔，你則將我的孩兒假妝做趙氏孤兒，報與屠岸賈去，等俺父子二人一處而死吧。"(《全元雜劇·冤報冤趙氏孤兒》)

元代有"是則是＋X，B則B＋Y"對舉，後分句仍有轉折義。

(9) (淨:) 常言道，人無遠慮，(丑:) 定必有近憂來至。(淨:) 是則是三人同結義，(丑:) 怕只怕半途而廢。(淨:) 説得是，作個道理，早尋個長久計。(《全元南戲·殺狗記·喬人行譖》)

(10) 是則是難留戀休掩淚眼，去則去好將惜善保台顏。(《全元散曲·十敘別》)

[2] 明清文獻多爲A式義。

(11) 王三道："是則是了，却是我轉了背，不可就便放鬆！又不圖你一碗兒茶，半鍾兒酒，着甚來歷？"(《初刻拍案驚奇》卷十三)

(12) 填詞一家，則惟恐其蓄而不言，言之不盡。是則

---

① 調查文獻源於漢籍（四版），元代82種，明代397種，清代942種。有2例存疑：①元代1例"是則是"似爲"實在是"之義：【甜水令】佳人有意郎君俏，郎君沒鈔鶯花惱。如今等惜花人弄巧，指不過美話兒排，虛科兒套，實心兒少。想着月下情，星前約，是則是花木瓜兒看好。李亞仙負心疾，鄭元和下番早。(《全元散曲·關漢卿》) ②明代1例"是則是"似表"是不是"之義：【前腔】欲語又躊躕。〔小生〕不索躊躕，直説我知道，我或當爲你謀之。〔生〕有個人兒，相傾相慕。〔小生〕是那個？〔生〕是那個金屋嬌姿，曾許與我同結鶯書。歎顔，是則是今生沒福，是則是前生合注，無端的分開連理，兩下裏淚痕枯。(《嬌紅記》第48出《雙逝》)

是矣,須知暢所欲言亦非易事。(《閒情偶寄·語求肖似》)

(13) 祇見吳用、雷橫從側首閣子裏出來,望着朱仝便拜,說道:"兄長,望乞恕罪!皆是宋公明哥哥將令分付如此。若到山寨,自有分曉。"朱仝道:"<u>是則是</u>你們弟兄好情意,只是忒毒些個!"(《水滸傳》第五十一回)
前二例爲 A 式義,例(13)爲 B 式義。

[3] 在明代小説、話本中出現了"是便是",A 式、B 式並存。

"是便是"常用於對話中,在贊同對方意見基礎上側重其後提出的轉折性話語,是讓步轉折句式,相當於現代漢語中的"是倒是"。A 式如:

(14) 李瓶兒道:"前日身子發熱,我許拜謝城隍土地,如今也待完了心願。"月娘道:"<u>是便是</u>,你的心願也還該再請劉婆來商議商議,看他怎地説。"(《金瓶梅》第五十三回)

(15) 何小姐聽了,益發覺得他情真心細,自是暗合心意。因望着那幅小照合他説道:"<u>是便是</u>了,祇是人家在那裏讀書,你我一個弄一個香爐,一個弄一堆針線在那裏攪,人家那心還肯擱在書上去呀?"(《兒女英雄傳》第二十九回)
B 式比較少見,如:

(16) 行者看罷回復道:"師父,那去處<u>是便是</u>座寺院,却不知禪光瑞靄之中,又有些凶氣何也。觀此景象,也似雷音,卻又路道差池。我們到那廂,決不可擅入,恐遭毒手。"(《西遊記》第六十五回)

(17) 龍香道:"聞説是金員外的外甥,原不姓金。可知道姓甚麽?"媒婆道:"<u>是便是</u>外甥,而今外邊人只叫他金爺。他的姓,姓得有些異樣,不好記,我忘記了。"(《二刻拍案驚奇》卷九)

[4] 明清時期也出現了"是到是""是倒是",幾乎都是

A式。

(18) 姚乙道:"是到是,祇是聲音大不相同,且既到吾家,認作妹子,必是親戚族屬,逐處明白,方像真的,這卻不便。"(《初刻拍案驚奇》卷二。《今古奇觀》卷四十六作"是倒是")

(19) 穎如道:"當日你原叫他看仔細,他也看出一張不像,他卻又含糊收了。他自留的酒碗兒,須不關你我事。"王尼道:"是倒是,只是難叫我啟口。"(《型世言》卷七)

(三) 現代漢語中"是則是"、"是即是"、"是便是"基本不用;"是倒是"常見。如:

(20) 大姑聽了肖飛的説話,祇見她那高興的面孔立時就緊板地沉下來了,她把聲音壓得更低,小心地問齊英:"你是接到田耕的信纔來的吧?"齊英説:"是倒是,可就是還沒有鬧清是怎麼回事,我看那信不像田耕寫的。"(劉流《烈火金剛》第十七回)

縱觀"是即/則是"的發展,禪宗語錄中A、B式並存(南宋後才有B式),但直至元明清仍以A式義居多;世俗文獻中也是A、B式並存,但宋元時期B式多見,明清時期卻以A式爲常。究其原因,我們覺得可能有三方面:一是僧俗有別;二是對話語境和會演敍述語境的差異,最初"是即/則是"主要用在應對語境中,對別人的意見表示自己的態度,後來降級爲詞,跟用於非對話語境有密切的關係①。三是與文體有關:宋詞元曲多爲韻文,句式比較工整,字數相對接近;明清小説多爲白話口語,句式使用靈活,且情節性強,人物交際語言多,從禮貌原則出發,説話者往往會先附和或贊同對方意見,然後在此基礎上提出轉折性話語,使聽話人從心理上易於接受;由此也更加體現出

---

① "是即/則是"的使用語境,承蒙匿名審稿專家指出,特致謝意!

"是即/則是"具有組合複句的關聯功能。現代漢語基本不用"是即/則是",可能是由於明清時出現的"是便/倒是"口語性更強,更符合人們口語表達需要,由"便/倒"取而代之文言色彩較濃的"即/則"。

六 結 語

總上所述,我們歸納如下:

1. "是即/則是"在唐宋禪錄裏原含有"契合(禪機禪法)"的語境意義,語義具體、實在;但隨着大量反復使用而逐步有了虛化的趨勢,原有實義消失。這種虛化在北宋初期以前成書的禪錄裏未見用例,但在《碧岩錄》中已見端倪,在《虛堂語錄》裏已較常見。

2. "是即/則是"由原本語義表肯定發展到用虛化語義表關聯,其虛化原因當與"是即/則"的發展有關。"是即/則是+X"由於與"是即/則+X"具有共同的語義基礎、句法位置、生成語境而朝同一方向發生相同的演化。類化是轉折連詞"是即/則是"的生成機制。

3. "是即/則是"格式唐宋時期在禪錄裏出現頻率很高,主要用於應對語境,其語義帶有特定的禪宗色彩,但在禪籍之外的其他作品中較難見到;在元明清時期這種格式繼續發展,禪宗語錄和世俗文獻都有使用,有的甚至延續到現代漢語中。

〔主要參考文獻〕

袁賓. 唐宋禪錄語法研究//覺群·學術論文集. 第一輯. 北京:商務印書館,2001.

董秀芳. 辭彙化:漢語雙音詞的衍生和發展. 成都:四川民族出版社,2002.

馮勝利. 漢語韻律句法學. 上海：上海教育出版社，2000.

葉建軍. 疑問副詞"莫非"的來源及其演化——兼論"莫"等疑問副詞的來源. 語言科學，2007（3）.

張相. 詩詞曲語辭匯釋. 北京：中華書局，1953.

解惠全. 談實詞的虛化//語言研究論叢. 第4輯. 天津：南開大學出版社，1987.

ShiJi/ZeShi and Develop and Change in Zen Quotations of Tang and Song Dynasties

Kang Jian

(School of Chinese Language and Literature, China West Normal University, Nanchong, 637009)

Abstract: *ShiJi/ZeShi* is used most frequently and very distinguishing feature in Zen Quotations of Tang and Song Dynasties. This thesis is discuss *ShiJi/ZeShi* of *ZuTangji and biyanlu*, Tang Song Zen quotations and secular literature. This thesis is induce characteristics of use and internal difference and analysis verbal-meaning and context-meaning of it. Meanwhile, it is probe into the virtual route and reason of it.

Key words: *ShiJi/ZeShi*; Zen Quotations of Tang and Song Dynasties; characteristics; meaning; grammaticalization

(康健，西華師範大學文學院，郵編637009)

漢語列舉式同位短語的產生與發展

張 婷

內容摘要：論文分四種類型討論了漢語列舉式同位短語的產生與發展，認為：列舉式同位短語萌芽於先秦，發展於西漢與中古，成熟於近代。

關鍵詞：列舉式　同位短語　產生　發展

列舉式同位短語主要是指以助詞"等"為標誌表示列舉的同位短語。此類同位短語在漢語中應用廣泛，且為漢語所獨有，很有進一步探討的必要。因此，本文擬對此類同位短語的產生與發展進行系統的研究。

一　"體詞性成分＋等"式

調查發現，先秦漢語中已產生了"體詞性成分＋等"的結構形式，共有6例，如：

(1) 燕王喜、太子丹等，皆率其精兵東保於遼東。(《戰國策·燕策三》)

(2) 江乙曰："誠如是，臣等之罪免矣。"(《戰國策·楚策一》)

該式雖然還不是同位短語，但却是列舉式同位短語產生的基礎，因為在其後加上一個名詞或名詞性短語也便成了列舉式同位短語。

二 "體詞性成分+等+數詞+名詞"式

先秦時期,出現的最早的列舉式同位短語是"體詞性成分+等+數詞+名詞"的形式,但僅有1例,如:

(3) 然臣之弟子禽滑釐等三百人,已持臣守圉之器,在宋城上而待楚寇矣。(《墨子·公輸》)

此例中,"等"字前的成分即前項,為上位居前式同位短語"臣之弟子禽滑釐","等"字後的成分即後項為數名結構"三百人"。

西漢以後,此類列舉式同位短語就已經比較普遍了。前項可分為名詞或名詞性短語、代詞兩類。後項中的數詞既有實數,也有虛數,不一而同;名詞為普通名詞,以表人為主,但也有表物名詞,如:

(4) 而諸侯擾亂,一言泣數行下,跪送臣等六人,將兵擊却吳楚。(《史記·韓長孺列傳》)

(5) 桓帝時,中常侍徐璜、左悺等五侯擅恣,聞邕善鼓琴,遂白天子,敕陳留太守督促發遣。(《後漢書·蔡邕傳》)

(6) 後二十三歲,孝昭始元元年,益州廉頭、姑繒民反,殺長吏,牂柯、談指、同並等二十四邑,凡三萬餘人皆反。(《漢書·西南夷列傳》)

(7) 閎為檄,曉喻吏人降,得贛榆等六縣,收兵數千人,與步戰,不勝。《後漢書·張步列傳》

到了近代,此類同位短語有了新的發展,後項中的數詞可以用一些表量意義的詞,如"諸""數""眾""幾""若干""許多"等來替代,即構成"體詞性成分+等+諸/數/眾……+名詞/名詞短語"的變式,如:

(8) 去此不遠有窣堵波,是庵没羅女故宅,佛姨母等諸

苾芻尼於此證入涅槃。(《大唐西域記·呋舍厘國》)

(9) 胡乃說島上大山悉是車渠、瑪瑙、玻璃等諸寶,不可勝數。(《廣異記·南海大蟹》)

(10) 多受曰:"某等數人各殊,名字皆不別造。"(《玄怪錄》卷二)

(11) 祇合計押番夫妻償命,如何又連累周三、張彬、戚青等許多人?(《警世通言》第二十卷)

(12) 外邊李貴等幾個大僕人聽見裡邊作起反來,忙都進來一齊喝住。(《紅樓夢》第九回)

(13) 元妃看時,就是賈赦賈政等若干人。(《紅樓夢》第八十三回)

值得注意的是,帶"幾"的同位短語產生較晚,是到了明清時期才產生的。

三 "體詞性成分＋等＋數詞＋量詞＋名詞"式

到了明清時期,"體詞性成分＋等＋數詞＋名詞"的形式中後項的數詞與名詞之間還可以加入量詞,形成了"體詞性成分＋等＋數詞＋量詞＋名詞/名詞短語"的格式,如:

(14) 既是你等十個制使去運花石綱,九個回到京師交納了,偏你這廝把花石綱失陷了又不來首告,到又在逃。(《水滸傳》第十二回)

(15) 趕入去,把梁永等一家老小都殺了。(《水滸傳》第一百八回)

(16) 賈清夫、趙能武等一班兒朋友大嚷道:"這樣氣量淺陋之言,怎能在公子面前講!就將出千錢,送與懶龍等一夥報事的人。(《二刻拍案驚奇》卷二十二)

(17) 故生了李氏時,便不十分令其讀書,祇不過將些

《女四書》、《列女傳》、《賢媛集》等三四種書，使他認得幾個字，記得前朝這幾個賢女便罷了。(《紅樓夢》第四回)

有時，後項的中心語名詞還可以省略，形成"體詞性成分＋等＋數詞＋量詞"的形式，如：

(18) 李進義等十名，運花石已到京城；只有楊志在穎州等候孫立不來，在彼處雪阻。(《大宋宣和遺事·元集》)

(19) 戴宗看了這飲馬川一派山景，喝采道："好山好水，真乃秀麗！你等二位，如何來得到此？"(《水滸傳》第四十四回)

(20) 帳前轉過二將齊出："某等兩個願為前部。"(《水滸傳》第八十七回)

(21) 悲感一番，忽又想到去了司棋、入畫、芳官等五個，死了晴雯，今又去了寶釵等一處，迎春雖尚未去，然連日也不見回來，且接連有媒人來求親。(《紅樓夢》第七十八回)

值得注意的是，此式中的數詞除了使用一般的序數詞"一、二、三、四……"外，還出現了"兩"，如例(20)。

四　"體詞性成分＋等＋名詞/名詞短語"式

西漢以後，列舉式同位短語又產生了一種新形式，即"體詞性成分＋等＋名詞/名詞短語"，共7例，如：

(22) 匈奴右賢王當衛青等兵，以為漢兵不能至此，飲醉。(《史記·衛將軍驃騎列傳》)

(23) 李太后亦私與食官長及郎中尹霸等士通亂。(《史記·梁孝王世家》)

此時，此類同位短語的前項僅限於名詞和名詞性短語，如例(22)的"衛青"和例(23)的"食官長及郎中尹霸"；後項也衹有表人的名詞，如例（22）的"兵"和例（23）的"士"。

近代以後，其前項發生了兩個變化：一是出現了代詞，即產生了"代詞＋等＋名詞/名詞性短語"的形式，如：

（24）若還結果了他，那廝們你我相傳，去戲臺上說得我等江湖上好漢不英雄。（《水滸傳》第二十七回）

（25）老子曰："吾等門人今已滿戒，明日速破此陣，讓他早早返本還元，以全此輩根行，也不失我等解脫一場。"（《封神演義》第八十三回）

例（24）和例（25）中同位短語的前項分別是第一人稱代詞"吾"與"我"。

一是出現了謂詞性成分，即句子或句子的省略形式，如：

（26）楊二郎彼時還在監中，得知這事，連忙寫了訴狀，稱是"與己無幹，今日幸見天日"等情，投遞兵馬司。（《二刻拍案驚奇》卷三十八）

（27）鳳姐又在一旁幫著說"過日他還來拜老祖宗"等語，說的賈母喜歡起來。（《紅樓夢》第八回）

例（26）中，"與己無幹，今日幸見天日"為一省略句。例（27）中，"過日他還來拜老祖宗"是一個主謂齊全的句子。

至於其後項，其發展情況則較為複雜。中古以後，從意義上來說，後項名詞的範圍逐漸擴大，除了表人外，還可以表物，如：

（28）銀佛像一軀，通光座高四尺，擬摩揭陀國鷲峰山說《法花》等經像。（《大唐西域記·瞿薩旦那國》）

（29）然汝守將祿位重，後當為節度、大夫等官，此輩亦如君何！（《廣異記·張守珪》）

到了明清時期，其後項也已不再限於名詞，而更多的是名詞短語了，如：

（30）朕今特差殿前太尉宿元景，齎捧詔書，親到梁山

水泊,將宋江等大小人員所犯罪惡盡行赦免。(《水滸傳》第八十二回)

(31)郭巫等猥瑣細民,妖誣惑衆,雖竊名號,總屬貪緣;及在鄉里,瀆神害下,凌軒邑長。(《初刻拍案驚奇》卷三十九)

例(30)、例(31)的後項分別是定中短語"猥瑣細民"、"大小人員"。

五　"體詞性成分＋等＋這/那＋(數詞)＋(量詞)＋名詞/名詞短語"式

明清時期,"等"字後又可插入指示代詞"這""那",形成了"體詞性成分＋等＋這/那＋(數詞)＋(量詞)＋名詞/名詞短語"的格式。其中,帶"這"字的同位短語在明代即已出現,如:

(32)且説道君天子,同百官在宣德樓上,看了梁山泊宋江等這一行部從,喜動龍顏,心中大悦。(《水滸傳》第八十二回)

(33)内有秦天君曰:"吾等這十陣,各有妙用。明日至西岐擺下,其中變化無窮。"(《封神演義》第四十三回)

而帶"那"字的則一直到清代才出現,且不是很常見,如:

(34)衆將校因見前面尚有大敵,便也不去追他,却一齊擁上前來,助著達春來戰王鏗等那五隊兵馬。(《海上魂》第九回)

(35)自此以後,便同了寶珠等那一班名旦,常在怡園,幾回之後也就熟了。(《品花寶鑒》第五回)

至此,漢語的列舉式同位短語發展已經成熟。下面是漢語列舉式同位短語的統計表:

漢語列舉式同位短語的產生與發展

分期		類型 次數	一式	二式 正式	二式 變式	三式	四式	五式	合計
上古時期	先秦	《戰國策》	6						6
		《墨子》		1					1
	西漢	《史記》	465	24			7		496
中古時期	東漢	《漢書》	577	103			16		696
		《論衡》	18				2		20
	魏晉南北朝	《搜神記》	4	1					5
		《三國志》	813	39			25		877
		《後漢書》	1178	129			17		1324
近代	唐宋	《大唐西域記》	15	3	3		9		30
		《廣異記》	90	9	2		9		110
		《玄怪錄》	11	2	1				14
		《大宋宣和遺事》	65	7			1		73
		《夷堅志》	11	3			3		17
	明清	三言二拍	140	17	3		96		260
		《水滸傳》	310	94	112	53	188	7	764
		《封神演義》	126	28	2	31	20	1	208
		《紅樓夢》	728	8	15		131		882
合計			4557	468	138	88	524	8	5783

總結上表，可以得出如下結論：列舉式同位短語是在"體詞性成分＋等"結構的基礎上發展起來的。先秦時期是列舉式同位短語的萌芽期，祇有一例"體詞性成分＋等＋數詞＋名詞/名詞性短語"式。西漢以後，此類列舉式同位短語就開始普遍起來。同時，還產生了"體詞性成分＋等＋名詞/名詞性短語"式同位

短語。近代是漢語列舉式同位短語大發展與成熟時期，先後產生了"體詞性成分＋等＋諸/數/衆……＋名詞/名詞短語"式、"體詞性成分＋等＋數詞＋量詞＋名詞/名詞短語"式與"體詞性成分＋等＋這/那＋（數詞）＋（量詞）＋名詞/名詞短語"式。而且，以前產生的此類同位短語的前後兩項均得到了不同程度的擴展。

〔主要參考文獻〕

黃河．關於同位元結構．漢語學習，1992（1）．

李人鑒．關於所謂"同位短語"．揚州師範學院學報（社科版），1982（2）．

劉街生．現代漢語同位組構研究．武漢：華中師範大學出版社，2004．

劉澤民．論同位元結構．西北師範大學學報（社會科學版），1997（3）．

張文國．《尚書》語法研究．成都：巴蜀書社，2000．

The Production and Development of Chinese Enumeration Appositive Phrases

Zhang ting

(School of Liberal Arts, Shandong Normal University, Jinan, 250014)

Abstract: The paper discusses the production and development of Chinese enumeration appositive phrases with four types, then come to conclusion: Enumeration appositive phrases germinate in the Pre-Qin Period, develop in the Western Han Dynasty and Medieval Chinese, mature in Modern Chinese.

Key words: enumeration; appositive phrases; production and development

（張婷，山東師範大學文學院，郵編 250014）

《兒女英雄傳》"得"字句初探

聶志平

內容摘要：本文對代表從近代漢語向現代漢語過渡的北京話作品《兒女英雄傳》中的"得"字句作為研究對象，從"得"的前接成分、"得"的後接成分、"得"字句的狀語和"得"字句的功能四個角度對"得"字句進行全面描寫分析，得出一些規律性的認識：出現在"得"前的動詞必須要有體對立，形容詞要能受程度副詞修飾，"得"後單詞基本是形容詞和狀態詞，動詞微乎其微；特別是通過窮盡統計的分析方法，得出"得"字句主要句法功能是作謂語，整體功能是做小句或句子，而做小句或句子的功能是作謂語句法功能的近1.4倍。

關鍵詞：近代漢語 兒女英雄傳 "得"字句 述補短語 漢語語法史

《兒女英雄傳》是晚清時期的滿族旗人作家文康寫的一部四十一回（其中含《緣起首回》，正文四十回）、近55萬字的長篇章回體白話小說，屬於近代漢語後期[①]作品，其語言反映了19世紀晚期的北京口語特點，被看做是上接《紅樓夢》、下聯現代漢語北京話的橋梁，因此該書是研究近代漢語向現代漢語發展的重要文獻之一，具有較高的語料價值。

在《兒女英雄傳》中，"得"字的非單用法有6種：（1）作為動詞，放在其他動詞後表示"獲得、得到"義，與動詞構成"動+得"短語，後邊常常帶名詞性賓語，也可單用，如"那燕

---

① 向熹. 簡明漢語史（修訂本，上）. 商務印書館，2010：43.

北閑人耳輪中祇聽得一片喧嘩"（緣起首回）裏"聽得"中"得"；（2）"得"作為動詞，放在其他動詞後表示可能，如"你祇説這人究竟算得個豪傑算不得個豪傑？"（第十五回）裏"算得、算不得"中的"得"；（3）構成"動/形＋得＋動/形"表可能的述補短語，如"但那圓通得來的地方好説，到了圓通不來，我還祇得是笨作。"（第一回）（4）放到動詞後，相當於表實現的"了"："你可給奶奶吹乾淨得再收。"（第三十八回）（5）"得"後接狀態補語，如"你老師為你這件事祇急得幾夜没睡，這一來可好了。"（第三十九回）裏"急得幾夜没睡"中的"得"。（6）同結構助詞"的"，與前邊的動詞構成名詞性的"的字短語"，如"太太聽見有人給公子提親，連忙問道：'説得是誰家？'"（第二回）中的"得"。

"得"的前4種用法，楊勇在《〈兒女英雄傳〉中的"V＋得＋……"結構》看做動態助詞，有較詳細的討論①；本文描寫第5類，即"得"後為狀態補語（也有人區别為程度補語、結果補語、狀態補語）的述補短語，這種格式一般稱為"得"字句；本文為稱説方便有時也稱為"得"字句。"得"後為可能補語的述補短語不在本文的描寫之列。這種情況下的"得"有時寫作"的"，本文统一寫作"得"；为保持语言原貌及形式整齐，未完句者，例句句末不用标点符号。

由於"得"字表示不同的詞語，就存在一個區分的問題。例如：

（1）況這窮通榮辱的關頭，我還看得清楚，太太也不必介意。（第二回）

（2）程師爺……看得公子的名字排在頭排之末，説（第

---

① 楊勇．《兒女英雄傳》中的"V＋得＋……"結構．四川師範大學學報，1994（1）：133－138．

三十四回)

　　(3) 安老爺在堂屋上首向西坐著,看得逼真。(第十五回)

儘管這三個句子中都有"看得",但性質並不相同。例(1)中的"看得清楚"可以變換成"能看清楚"意思不變,也可以變換成"看不清楚"表示否定義,因此這裏的"得"表示"可能"義,是能性動詞(能願動詞),做動詞"看"可能補語,"清楚"在整個結構中做可能補語;例(2)中的"得"表示"得到,獲得"或"實現、完成"意義,是動詞,做"看"的結果補語;例(3)不能做這種變換,"逼真"為狀態補語,"得"為結構助詞,這種述補結構是本文討論的對象。

　　在需要做一點說明的是,《兒女英雄傳》中還有10例次的"X得慌",例如:

　　(4) 安老爺、安太太這才覺出太陽地裏有些曬得慌來。(第三十五回)

　　(5) 我説只覺著這領子怪掐得慌的呢!(第三十八回)

　　(6) 老爺子那兒知道我們這姨奶奶呢,倆孩子吃著他還不住手兒的揉奶膀子,嚷'怪漲得慌的'呢!(第三十九回)

此外的7個"X得慌"是:

　　鬧得慌(第十五回)、憋得慌(第十七回,第二十回)、慪得慌(第二十一回)

　　累得慌(第二十四回)、趕碌得慌(第三十八回)、餓得慌(第三十九回)

　　本文不把這種"X得慌"看做述補短語,而是看做一個詞,"得慌"是構詞後綴。馬慶株先生認爲這種形式也是述補短語[1]。

---

① 馬慶株. 含程度補語的述補結構//馬慶株. 漢語動詞和動詞性結構. 北京語言學院出版社,1992:149—174.

我們的理由有三點：

(1) 現代北京官話中這種"X得慌"裏不僅"得"讀輕聲，而且"慌"也讀輕聲；

(2) "慌"前"得"後沒有、也不能插入其他詞語，"X得慌"前的程度副詞不能移位到"得"後，"怪掐得慌"不能變成"掐得怪慌"，而一般的"得"後為狀態補語的述補短語可以做這種位移，因此應該把"得慌"看成一個成分；

(3) "得慌"具有表意的類化作用，而這一點正是構詞詞綴的特點。進入"得慌"前的 X，無論單用時是自主動詞還是非自主動詞①，都表示"非自主的不如意的感知"，如"掐"是動作動詞（屬於自主動詞），沒有不如意的感知義，但構成"掐得慌"後，就變成表示一種兩側向內壓迫產生的不舒服感覺的非自主的感知動詞，意義和語法功能都發生了變化。

《兒女英雄傳》中"得"後為狀態補語的述補短語共有 1264 例次。

一 "得"的前接成分

在"得"字句中，"得"前接的都是謂詞性成分，絕大部分是動詞、形容詞，祇有極少是數謂詞性短語。而進入"得"前做述語的動詞、形容詞，單音節詞語無論是詞的數量還是出現的例次，都遠遠超過雙音節詞語。

(一) "得"的前接成分為單個詞語

1. "得"的前接成分為動詞

屬於該類的例子如：

---

① 馬慶株. 自主動詞和非自主動詞//馬慶株. 漢語動詞和動詞性結構. 北京語言學院出版社，1992：13—46.

(1) 張金鳳聽得明白，心裏詫異道（第八回）

(2) 十三妹聽安公子的話，說得有裏有面，近情近理（第九回）

(3) 因見他辦得這樣妥當，又說得這樣懇切，不好再推，便說道（第十三回）

出現在該類述補短語"得"前的動詞有 261 個，出現 1006 例次，平均每個動詞出現 3.854 例次。其中，單音節動詞 207 個，出現 916 例次，平均每個單音節動詞出現 4.425 例次；雙音動詞 54 個，出現 90 例次，平均每個雙音節動詞出現 1.667 例次。進入"得"前做述語的動詞，單音節動詞數量是雙音節動詞的 3.833 倍，單音動詞出現例次是雙音節動詞的 10.178 倍。

《兒女英雄傳》中出現在"得"前做述語的動詞如下：

單音節動詞：

挨，安，熬，綁，抱，比，避，裱，剝，參，查，顫，扯，寵，揣，喘，帶，戴，到，道，雕，釘，堆，墩，蹲，躲，分，封，隔，供，管，跪，害，撼，沍，化，換，恍（晃 huǎng，光芒閃耀），晃（huàng，搖動，擺動），會，擠，記，揀，交，教，敬，看（kān），扛，磕，扣，捆，攔，楞，歷，立，流，留，漏，輪，罵，抹，擬，膩，嬲，擰，捂，排，派，判，配，鋪，漆，起，嗆，勸，嚷，紉，扔，揉，撒，散，掃，閃，賞，燒，伸，摔，拴，塑，探，踢，腆，頑，忘，望，誤，下（下定義），歇，修，繡，壓，養，咬，載，造，招，掙，注，鑄，轉，捉，報 2，備 2，憋 2，猜 2，差 2，吵 2，沖 2，穿 2，催 2，彈 2，鬥 2，讀 2，跌 2，飛 2，刮 2，滾 2，過 2，喊 2，活 2，離 2，練 2，怕 3，撤 2，敲 2，洗 2，下 2，醒 2，引 2，坐 2，擦 3，放 3，關 3，見 3，叫 3，驚 3，舉 3，來 3，去 3，使 3，死 3，用 3，站 3，唱 4，處 4，打 4，點 4，開 4，瞞 4，拍 4，跑 4，碰 4，殺 4，剩 4，行 4，研 4，中 4，住 4，繃 5，踹 5，慮 5，慪/嘔 6，盼6，氣5，蘸5，擺6，長7，吹6，談6，學6，照6，喝7，走7，疼（心疼，疼愛）7，逼8，唬8，磨8，睡8，落9，想10，吃11，聽13，寫13，辦14，笑14，惹16，問17，哭19，講20，看21，作23，生25，鬧32，弄42，來46，嚇47，説121

雙音節動詞：

安頓，安置，擺設，幫助，包裹，保護，保養，佈置，吵吵，嘈嘈（應看做"吵吵"的變體），成全，澄清，出來，帶累，點綴，調停，防範，分撥，吩咐，計算，恭維，過來，活動，結構，看承，料估，埋没，奈何，排列，佩服，配合，鋪陳，商量，侍奉，數落，陶熔，貼落，停放，脱落，喜歡，修築，薰陶，應酬，預備，蟄陷，整理，自擾，搏節，位置①，服侍2，感激2，糊飾2，計議2，天生2，養活2，紮掙2，指點2，指使2，出落3，知道3，體貼4，交代5，收拾7，打扮11

（説明：詞後數字爲該詞出現例次，未標數字者爲出現一次，/前後的兩個字爲同一個詞的不同字形）

能出現在"得"前的動詞都是可以後加"了、著、過"具有體對立的動作動詞，没有體對立的能願動詞、關係動詞不能進入"得"前位置；雙音動詞都是並列式和連謂式。

除了有些在現代北京話中不單獨使用的詞語，如"撼、歷、慮、唬"，以及雙音詞"位置"現在失去動詞的用法外，《兒女英雄傳》中動詞進入述補短語中"得"前位置的情況，與現代漢語北京話相同②。

2. "得"的前接成分爲形容詞

屬於該類例子如：

---

① "位置"本爲動詞，名詞是後來出現的用法。這一點是匿名審稿專家指出的。在此謹致謝意。

② 聶志平. 有關"得"字句的幾個問題. 語言文字學，1992（11）：112－118.

(1) 把個安老爺忙得茶飯無心，坐臥不定（第二回）
(2) 那安公子羞得面紅過耳（第四回）
(3) 念完，樂得他咂嘴搖頭拍腿打掌的呵呵大笑（第十回）

出現在該類述補短語"得"前的形容詞有 55 個，共計 257 例次，平均每詞出現 4.673 次。其中單音詞形容詞 32 個，出現 230 例次，平均每個單音節形容詞出現 7.188 次；雙音詞形容詞 23 個，出現 27 例次，平均每個雙音節形容詞出現 1.174 例次。進入"得"前做述語的形容詞，單音節形容詞數量是雙音節形容詞的 1.391 倍，而出現例次是雙音節形容詞的 8.519 倍。

《兒女英雄傳》中出現在"得"前做述語的形容詞如下（説明同見對動詞的説明）：

單音節形容詞：

愁，多，餓，悔，昏，嬌，困，涼，靈，悶，木，怯，熱，臊，陰，糟，對 2，煩 2，紅 2，狂 2，閑 2，紫 2，大 3，累 3，痛 4，疼（疼痛）4，喜 6，羞 15，忙 23，慌 26，急 52，樂 63

雙音節形容詞：

噁心，公忙，工穩，慌亂，積伶，機密，驚詫，狂簡，麻犯，忙碌，破敗，虔誠，瑣碎，淘氣，痛快，無味，消閑，嚴密，迂腐，正派，直率，累贅 2，歡喜 4

需要作以説明的是，這裏所説的形容詞是狹義的形容詞，或者説性質形容詞，即能被"很"類程度副詞限制的形容詞；不能受"很"類程度副詞限制的形容詞（狀態形容詞），亦即狀態詞，不能進入"得"前的位置：

(4) 待劣兄慢慢的説與你，那繞算得酒菜裏的一品珍饈海錯，管叫你連吃十大碗還痛快得不耐煩哩！（第十五回）

(4)' ＊……叫你連吃十大碗還痛痛快快得不耐煩哩！

形容詞進入述補短語中"得"前位置的情況，除了"公忙"

不再使用以外，其餘與現代漢語北京話相同①。

(二)"得"的前接成分為短語

在《兒女英雄傳》中，"得"前是謂詞性短語的做述語的述補短語共有5例：

1. 聯合短語

(1) ……那亭臺樓閣樹木山石，却也點綴結構得幽雅不俗。（第一回）

(2) 你們那裏曉得他那個人，誠篤長厚得可敬！（第三十七回）

(1) 中"得"前做述語的聯合短語由兩個動詞構成，(2) 由兩個形容詞構成。

2. 述賓短語

(3) 九公惦著你們兩個得很呢，快看去罷！（第三十八回）

(4) 據說這人……祇是為人卻高自位置得很，等閒的人也入不得他的眼，其學問便可知了。（第四十回）

例（4）是形容詞"高"做述語。

3. 附加短語

(5) 這如今姐姐是來了，公婆又費了一番心，把你我的兩間屋子給收拾得一模一樣。（第二十九回）

除此以外，在現代北京話中，述補短語也可以進入"得"前位置：

(6) 他進了門，他們依舊又都立起來，立起來得很慢，仿佛都害着脚氣。（《老舍文集》第八卷，P163）

這種格式《兒女英雄傳》中没有出現過。

---

① 聶志平. 有關"得"字句的幾個問題. 語言文字學，1992（11）：112—118.

二 "得"的後接成分

"得"的後接成分類型比較豐富，體現出"得"字句結構的複雜性。

(一)"得"的後接成分是詞

"得"的後接成分是詞的述補短語有 246 例次，從詞性角度來看，有動詞、形容詞、狀態詞和代詞 4 類。

1. "得"的後接成分是動詞

"得"的後接成分是單個動詞的述補短語只有 4 例：

(1) 但是這節關目，老兄，你可得作得像。(第十六回)

(2) 大約也得個十天八天才縈掙得起來。(第三回)

(3) 奴才大爺給留的二十兩銀子是盤纏完了，幾件衣裳是當淨了，好容易縈掙得起來，拼湊了兩吊來錢，奴才就雇了個短盤兒驢子，盤到他們這裏。(第十四回)

(4) 那兩個跑過去，見跌下來的那個繅掙得起來，却只坐在地下發怔。(第三十一回)

動詞進入"得"後做狀態補語的微乎其微，只佔進入"得"後做狀態補語詞語的 1/61.5。根據我們以前的統計①，在代表現代北京話口語的老舍作品(《老舍文集》第一卷~第九卷，第十三、十四卷，《老舍劇作全集》第一卷~第四卷；其中《老舍文集》第十、十一、十二卷為戲劇，故不統計)和陳士和《評書聊齋志異》(一、二) 共計 580.3 萬字合計 4168 例次"得"字句中，動詞單獨做狀態補語的祇有 7 例次，而且祇有"粉碎"一個詞，佔 1/595.43。這說明，動詞進入"得"後做狀態補語這種用法趨於消亡。

---

① 聶志平．"得"字句二題．呼蘭師範專科學校學報，1997 (3)：49—54．

2. "得"的後接成分是形容詞

（1）我問了問他，他說姓尹，從淮安來，那弓合硯臺倒說得對。（第十七回）

（2）公子正談得高興，便道（第三十一回）

（3）這人的本領大得很呢。（第三十八回）①

形容詞進入"得"後做狀態補語有 200 例次，佔進入"得"後做狀態補語詞語的 81.3%。

3. "得"的後接成分是狀態詞

（1）祇見那倆人身上止剩得兩條褲子，上身剝得精光（第四回）

（2）那日人來的更多，廳上、棚裏都坐得滿滿的（第十五回）

（3）頷下一部銀鬚，連鬢過腹，足有二尺來長，被風吹得飄飄然，掩著半身（第十五回）

狀態詞進入"得"後做狀態補語有 36 例次，佔進入"得"後做狀態補語詞語的 14.634%。

4. "得"的後接成分是代詞

（1）你大家看這場酒公案，祇我這等一個被參開複的候補老縣令判得何如？（第三十七回）

（2）這話大約是九兄你嫉惡太嚴，何至説得如此！（第三十二回）

（3）也沒見我們這位姑太太，一句話也值得笑得這麼著！（第三十三）

（4）就狂，狂得你這麼著？（第三十七）

（5）老爺這又來了，那兒就至於忙得這麼著呢！（第四

---

① 本文把這種情況的"很"，看做形容詞。參見聶志平《關于"X得很"中"很"的性質》，載《中國語文》，2005（1）：60—64。

十回)

(6) 大姐姐，你好好兒的，這是怎麼了，哭得這麼著？（第四十回）

代詞進入"得"後做狀態補語只有6例次，佔進入"得"後做狀態補語詞語的2.439%。

由於代詞不是分佈的分類，而是替代功能的概括，所以代詞的具體詞性依據所代替的詞語而定，"何如"代替的是表示性質、狀態的詞語，亦即用來代替形容詞和狀態詞的，所以，"何如"做狀態補語完全可以歸入形容詞和狀態詞做狀態補語的範圍。不過，即便不算代詞，形容詞和狀態詞做狀態補語占單詞做狀態補語的95.935%；從這個角度來看，把"得"後成分稱為狀態補語，是名符其實的。

(二) "得"的後接成分是熟語詞

進入"得"後做狀態補語的，還有熟語詞，即既不像詞，又不是成語而被當做一個詞來使用的成分。例如：

(1) 他那形容合自己生得一模一樣，倒像照著了鏡子一般（第四回）

(2) 太太可真被這位老爺慪得受不得了，說（第三十三回）

(三) "得"的後接成分是成語

成語也可以進入"得"後做狀態補語，例如：

(1) 安公子一見慌了，祇慌得手足無措。（第九回）

(2) 當下把個張三、李四嚇得目瞪口呆，不由的叫了一聲（第四回）

(3) 都因我無端的官興發作，幾乎弄得家破人亡。（第三十三回）

成語做"得"後狀態補語，形式整齊，言簡意賅。

(四)"得"的後接成分是自由短語

1. 聯合短語

進入"得"後做狀態補語的聯合短語,都是由形容詞構成的。例如:

(1) 所以我繞出去走那一蕩,要把事情替你佈置得周全停妥,好叫你上路趲程(第八回)

(2) 不過是酒肉飯菜,吃得醉飽香甜而已。(第二十回)

(3) 姑娘看了這地方,真個收拾得清淨嚴謹,心下甚喜。(第二十四回)

2. 偏正短語

進入"得"後做狀態補語的偏正短語,有謂詞性的,也有名詞性的。

2.1 狀語+中心語

(1) 顏色配合得十分勻襯。(第十五回)

(2) 祇聽得噶啦啦一片聲音,兩掛千頭百子旺鞭放得振地價響(第二十八回)

(3) 姑娘……帶了一班嬤嬤僕婦使婢,把鋪設貼落收拾得都合自己屋裏一樣。(第三十二回)

2.2 定語+中心語

(4) 你這個令收起來罷,把我麻犯得一身雞皮疙瘩了!(第三十回)

(5) 姑娘被蓋頭這一捂,捂得一心的心火(第二十七回)

(6) 怎麼倒愁得這麼個樣兒?(第三十九回)

做狀態補語的名詞短語,具有描述性。

3. 主謂短語

主謂短語在"得"後做狀態補語,其中的主語與兼語短語做狀態補語(見下文"6. 兼語短語")不同,不能用"把"前移到

"得"前的謂詞之前。例如：

(1) 祇管滿臉是笑，不覺得那兩行眼淚就如湧泉一般，流得滿面啼痕。(第九回)

(2) ……他更比尋常跪得腿快，喊得聲高。(第十三回)

(3) 安老爺便研得墨濃，蘸得筆飽，手下一面寫，口裏一面説道(第十六回)

4. 述賓短語

述賓短語在"得"後做狀態補語，例如：

(1) 祇苦了安公子，腳後跟走得磨了兩個大泡，兩腿生疼，在那裏抱著腿哼哼。(第二十二回)

(2) 弄來弄去，……倒弄得像各懷一番假意了。(第二十二回)

(3) 倆人却祇羞得緋紅了臉，低頭而笑。(第三十八回)

5. 述補短語

述補短語在"得"後做狀態補語，可以分作以下幾個小類：

5.1 述(動)＋補

(1) 張姑娘是笑得站不住，躲到里間屋裏，伏在炕桌兒上笑去。(第三十三回)

(2) 那門丁聽了，嚇得爬起來，找了條小路往回就跑(第十三回)

5.2 述(形)＋補

(3) 他自己一想，果然這話問得多點兒(第三十四回)

(4) 舅母這話説得是極了。(第四十回)

5.3 "得"後的狀態補語是"得"字句

(5) 説完了，搭撒著兩個眼皮兒，那小臉兒繃得比貼緊了的笛膜兒繃得還緊。(第十七回)

(6) 這個題目扣得工穩得很呢。(第三十四回)

這種形式可以看作"得"字句在不同結構層次上的套叠，是語言遞歸性的一種體現。

6. 兼語短語

所謂兼語短語，即一個名詞性成分既做前面謂詞性成分的賓語，又做後一個謂詞性成分的主語。例如：

(1) ……便羞得他要不的，連忙皺著眉、垂著頭、搖著手說道（第四回）

(2) 河臺一看，這繞如夢方醒，祇嚇得他面如金紙，目瞪口呆。（第十三回）

(3) 慌得個舅太太連忙也跪下（第三十九回）

例（1）（2）中的"他"，（3）中的"鄧九公"都是"X得"的賓語，又是後邊謂詞性成分的主語。作為證明的是，在《兒女英雄傳》中還有很多用"把"把"得"後的這種名詞性成分前移的例子：

(4) ……把他羞得面起紅雲，抬身往里間就走。（第八回）

(5) 不過是我用刀砍了幾個不成材的和尚，何至於就把他嚇得溺了呢？（第八回）

(6) 把個張太太慌得兩隻手拜個不迭。（第十二回）

因此可以把（1）（2）（3）看做一種特殊的兼語短語作狀態補語的情況；這種特殊在於，兼語短語的前謂語是隱含的，即前邊的"X得"。

7. 連謂短語

"得"後的狀態補語是由兩個或兩個以上動詞性成分連用構成的連謂短語。例如：

(1) 張老實慌得搶過來跪下（第八回）

(2) 把個小丫頭子說得撅著嘴不敢言語。（第三十五回）

(3) 把個談爾音慌得上前扶住，說道（第三十九回）

8. 附加短語

"得"後的狀態補語是由比況助詞"似的、一般/般"或體助詞"了、著呢"附著在實詞或實詞構成的短語上構成的。可以細分做三類：

8.1　X＋似的

8.1.1　代詞＋似的

（1）我們大師傅就要把他們留下，我樂得甚麼似的！（第四回）

（2）昨日聽見這個信兒，就把我倆樂得百嗎兒似的。（第二十一回）

8.1.2　名詞＋似的

（3）不由的把個紫膛色的臉蛋兒羞得小茄包兒似的（第三十四回）

（4）母親本就把這兩個媳婦兒疼得寶貝兒似的（第三十一回）

8.1.3　謂詞短語＋似的

（5）見一個人，打扮得合戲臺上的賜福天官似的，踢了我一靴子腳（第二十回）

8.2　X＋一般/般

（6）一氣跑到廚房，拿出一把三尺來長鐵火剪來，輪得風車兒般向那女子頭上打來。（第四回）

（7）安公子急得熱鍋上螞蟻一般，一夜也不曾好生得睡。（第三回）

8.3　動/形＋了/著呢

（8）怔著瞅了半天，直等把那盆水晾得涼了，也不曾洗。（第四回）

（9）那十三妹左手托了硯臺，右手把筆蘸得飽了，跳上桌子（第十回）

(10) 敢則昨日提起來，人家比咱們知道得多著呢。（第十九回）

9."連"字短語

"得"後的狀態補語由"連＋名詞/名詞短語＋謂詞短語"構成。例如：

(1) 安老爺看著太太忙得連袋煙也沒工夫吃，便說道（第一回）

(2) 你怎麼也會樂得連公公、婆婆都認不清楚了？（第三十五回）

(3) 長姐兒……把個臉兒繃得連些裂紋兒也沒有。（第三十八回）

在這種格式裏，如果"得"後的謂詞性短語是動作性，那麼"連"後邊的名詞或名詞短語就是動詞動作的受事或對象。

（五）"得"的後接成分是"來＋狀態補語"

在"得"和狀態補語之間有"來"，例如：

(1) 那哭聲哭得來十分悲慘！（第四回）

(2) 把一樁驚風駭浪的大案，辦得來雲過天空！（第十一回）

(3) 祇是我倒不信這張小小的彈弓兒說得來這樣的中用！（第十一回）

這種"得"後有"來"的述補短語作謂語或獨立小句，不做其他成分。這個"來"應該看做助詞，它內嵌於述補結構之中，使整個"得"字句具有一種誇張的意味。

（六）"得"的後接成分是"賓語＋狀態補語"

例如：

(1) 我夢見你娶了何玉鳳姑娘，却瞞得我好！（第二十三回）

(2) 你們作事瞞得我風雨不透（第二十三回）

(3) 你瞒得我好，我也瞒得你好。(第二十三回)

(4) 也奈何得你够了！(第二十三回)

在這種格式中，"得"後的代詞"我""你"與後邊的狀態補語"好""風雨不透""够了"不成結構，它祇是"得"前動詞的受事，可以看做"得"字句的内嵌賓語。這種用法現代北京話中還存在，祇是用得很少。

(七)"得"的後接成分是複句形式

"得"後語法上的狀態補語由是由兩個或兩個以上的小句構成的複句形式。所謂的"複句形式"，是指單獨來看是複句，但它處於被包含的狀態，即做句法成分。複句形式的第一個小句形式前接"得"，沒有停頓，後邊的小句之間有停頓。例如：

(1) 急得我把帽子也摘了，馬褂子也脱了。(第三十二回)

(2) 幸是我那天不曾莽撞，不然今日之下，弄得一個扭頭弊項，一個淚眼愁眉，人生到此，還有何意味！(第三十二回)

(3) ……忙得我事也沒完，提上褲子，在那涼水盆裏汕了汕手就跑了來了。(第三十五回)

在這種語言形式中，小句中可以出現用於複句的關聯詞語，或照應成分，前者如(1)(3)中的"也"，後者如(2)中的以主語身份出現的"一個"。再如：

(4) 自己又年屆五旬，那殿試卷子作得雖然議論恢宏，寫得却不能精神飽滿(第一回)

這種"得"後狀態補語為複句形式的"得"字句一般作為單獨的句子或小句存在，不處於被包含地位。

(八)句中有停頓，後接獨立小句或複句

這種"得"字句的句中停頓有三種情況。

1. 在"得"後停頓，後接獨立小句或複句
　　（1）一時大家樂得，就連笑也笑不及。（第三十五回）
　　（2）他還是不住的左支脚錢，右討酒錢，把個老頭子惱得，嚷一陣，鬧一陣，一路不曾有一天的清淨。（第三回）
　　（3）把個山陽縣嚇得，忙著分派人打掃公館，伺候轎馬，預備下程酒飯，鬧多頭昏，纔得辦妥。（第十三回）
2. 在"得+名詞短語"後停頓，後接獨立小句或複句
　　（4）這其間弄得個作媒的，在那一頭兒，把弓兒拉滿了，在這一頭兒，可把釘子碰著了，自然就不能不鬧到揚眉裂眥、拔刀相向起來。（第十回）
3. 在"得+代詞+語氣詞"後停頓，後接獨立小句或複句
　　（5）一面説著，一面依舊坐下，帽子也摘了，拿一隻大寬的袖子搧著，就氣得他喲，咻哧咻哧的。（第十七回）
後兩種情況，《兒女英雄傳》中雖然各只有一個例子，但在現代北京話中還在使用。

（九）"得"後沒有其他成分
　　（1）你老人家疼徒弟，也得疼疼女兒，祇看我這手底下的事情堆的，還分的開身，大遠的兩頭兒跑嗎？（第二十一回）
　　（2）這都是褚大姐姐合小金鳳兒兩個鬧的。（第二十七回）
　　（3）如今見事成了，閒中便把這話回了婆婆，把個安太太樂的，説道（第四十回）
這種情況的"得"字句，表示述語導致的狀態為眼前事實，不需要再説，結構助詞"得"一般寫作"的"，故未改作"得"。

（十）"得"的後接成分與前接成分的互選性
　　有些"得"的後接成分與"得"前接成分有一定的互選性。例如：

（1）祇因我們河南一連三年旱澇不收，慌亂得了不得（第七回）

（2）我父親把這事機密得了不得，不肯向人說，連我問著也是含含糊糊的。（第十五回）

（3）公公婆婆也是急得了不得！（第三十五回）

"得"的後接成分如果是"了不得"那麼"得"的前接成分必是形容詞；再如，如果"得"的後接成分如果是"很"，那麼"得"的前接成分必是有程度差別能夠受程度副詞限制的形容詞或以形容詞為中心的短語：

（4）究竟到了出榜，還是個依然故我，也無味得很，所以我今年沒存稿子。（第一回）

（5）圍著莊園的這片地原是我家的老圈地，當日多得很呢。（第三十回）

（6）據說這人……祇是為人却高自位置得很，等閒的人也入不得他的眼，其學問便可知了。（第四十回）

三 "得"字句的狀語

"得"字句的狀語有三類：（1）介詞短語作狀語；（2）副詞作狀語；（3）其他狀語。

（一）介詞短語做狀語

"得"字句前可以有介詞短語做狀語，例如：

（1）被那張金鳳罵得眼淚往肚子裏咽（第八回）

（2）把個安公子問得諾諾連聲，不敢回答。（第九回）

（3）你二人媒都謝了，還合我鬧得是甚麼假惺惺兒呢！（第十回）

（4）……他更比尋常跪得腿快，喊得聲高。（第十三回）

（5）所以我繞出去走那一趟，要把事情替你佈置得周全

停妥,好叫你上路趲程(第八回)

在"得"字句的介詞短語狀語中,"把"字介詞短語做狀語時,"把"後的名詞性成分可以後移到"得"後,構成"得"字兼語式,比如:

(2) 把個安公子問得諾諾連聲,不敢回答。(第九回)
=>問得個安公子諾諾連聲,不敢回答。
[參考:問得個張姑娘無言可答,祇是格格的笑。(第二十九回)]

(二)副詞做狀語

幾乎每類副詞都可以做"得"字句的狀語,例如:

(1) 師老爺吃上這袋煙,越發談得高興了(第三十七回)[程度副詞]

(2) 正談得熱鬧,祇聽得前面莊客嚷了一聲(第十四回)[時間副詞,範圍副詞]

(3) 先看那字,雖說不得衛夫人"美女簪花格",却居然寫得周正勻淨。(第三十三回)[語氣副詞]

(4) 連忙翻身坐起,還不曾醒得明白,一手攥著個空拳頭,口裏說道(第二十二回)[否定副詞]

程度副詞狀語、時間副詞狀語語氣副詞狀語可以後移至"得"後的狀態補語之前:

(1) '……談得越發高興了
(2) '談得正熱鬧,祇聽得前面莊客嚷了一聲
(3) '……寫得却居然周正勻淨。

(三)其他狀語

上述比較常見的介詞短語狀語、副詞狀語外,還有時間名詞狀語、形容詞狀語、狀態詞做狀語和指代狀語。不過這些狀語比例很低。例如:

(1) 這張金鳳……,霎時間羞得他面起紅雲,眉含春色

（第九回）

（2）那長姐兒早打扮得花枝招展過來叩謝二位奶奶昨晚賞的吃食。（第三十八回）

（3）當下父女兩個悲悲切切、抽抽噎噎哭得十分傷慘。（第二十一回）

（4）想起安老爺這等辦得周到，却又添一層過不去。（第二十三回）

四 "得"字句的功能

通檢索統計，我們把《兒女英雄傳》中"得"字句的語法功能分為以下三大類七小類：（一）做句法成分：（1）做謂語；（2）做賓語；（3）做補語；（4）作定語；（5）與其他動詞性成分組合構成連謂短語；（二）構成"的"字短語；（三）做句子：（1）做小句（複句的構成單位）；（2）做獨立的句子。

（一）做句法成分

"得"字句作句法成分時，大部分是單獨做謂語，少數也可以做賓語、定語、補語和連謂短語的構成部分，在《兒女英雄傳》中沒有找到做主語和狀語的例子。為了更好地說明問題，本節對句法成分的判斷採取比較嚴格的標準，即以停頓為標準，在停頓之內的算句法成分，在停頓之外的算作小句，例如，對"那兩個賊聽了這話，祇急得嘴裏把'老爺子'叫得如流水，説"（第三十二回）這個句子，我們把"祇急得嘴裏把'老爺子'叫得如流水"看做一個小句，而沒有把它看做"那兩個賊"的謂語，同理，"得"後的部分，亦即"嘴裏把'老爺子'叫得如流水"，我們把它看做是主謂短語作謂語，而不是"得"字句做補語。"得"字句做句法成分共計529例次。

1. 作謂語

例如：

(1) 那安公子羞得面紅過耳（第四回）

(2) 一片斜陽照得水面上亂流明滅。（第二十二回）

(3) 這位姨奶奶生得實在厚重，這是個多子宜男的相貌。（第十五回）

"得"字句作謂語共計477例次，佔"得"字句做句法成分功能的90.17%。

2. 做賓語

例如：

(1) 要講唱得好，叫小良人兒，你老白聽聽那個嗓子（第四回）

(2) 既然是他，這段仇你早該去報，直等到今日，却是可惜報得遲了。（第十八回）

(3) 公子這幾句開門炮兒，自覺來得冠冕堂皇，姑娘沒有不應酬兩句的。（第二十八回）

帶這種"得"字句賓語的述語，都是判斷動詞、心理活動動詞、言語類動詞和能願動詞；動作動詞不能帶這種賓語。

"得"字句做賓語共有30例次，佔"得"字句做句法成分功能的5.671%。

2. 做定語

"得"字句做定語，一共有7例次。例如：

(1) 便見他一隻手高高兒的舉了一碗熬得透、滾得到不冷不熱、溫涼適中、可口兒的普洱茶來。（第三十五回）

(2) 敢則這是姑老爺天天兒叫得震心的他那位程大哥呀！（第三十七回）

(3) 你穿得好好兒的衣裳，我怎麼會抓了來穿上呢？（第三十八回）

(4) 他見那封信是高麗紙裱得極嚴密的一個小小硬封，籖子上寫道……（第四十回）

"得"字句作定語，佔"得"字句做句法成分功能的 1.323%。

3. 做補語

"得"字句做狀態補語，一共有 7 例次；例如：

(1) 這位欽差來得嚴密得很，祇帶著兩個家人，坐了一隻小船兒，昨夜五更到了碼頭（第十三回）

(2) 大家看他那臉上，一陣陣紅得竟比公子臉上紅得還紅，紫得竟比珍姑娘臉上紫得還紫。（第四十回）

"得"字句作狀態補語，佔"得"字句做句法成分功能的 1.323%。

4. 做連謂短語的構成部分

"得"字句做連謂短語的構成部分的，一共有 8 例；例如：

(1) 三個人吃得一飽回來，晚間便是舅太太請過去。（第三十二回）

(2) 張太太正閉著兩隻眼睛沖著魁星把腦袋在那樓板上碰得山響（第三十五回）

"得"字句作連謂的構成部分，佔"得"字句做句法成分功能的 1.512%。

在《兒女英雄傳》中，"得"字句做句法成分的用法合計 529 例次。

我們可以把作獨立謂語的看做一類，把做其他句法成分看做另外一類，這樣非獨立謂語的用法有 52 例次；"得"字句的獨立謂語用法是非獨立作謂語用法 9.173 倍。而如果把作連謂構成部分也看做謂語用法，那麼，"得"字句的非謂語用法只有 44 例次，謂語用法有 485 例子，"得"字句作谓语的用法是非谓语用法的 11.023 倍。做谓语在"得"字句句法功能中佔絕對优势。

(二) 構成"的"字短語

《兒女英雄傳》中還有 2 例次"得"字句做"的"字短語的構詞用法：

(1) 人多地方敞，一時有聽的真的，有聽不真的，還有站得遠些擠在後面的（第三十六回）

(2) 否則浪得虛名，畢竟才無足取，甚而至於弄得身敗名裂的都有。（第三十二回）

其中例 (1) 嚴格地說應該是連謂短語構成的"的"字短語。即便如此，構成"的"字短語的"得"字句，在《兒女英雄傳》"得"字句中僅佔 0.0158%。由於這種用法不僅微乎其微，而且更重要的是，"的"字短語是開放的，其構成很難找到條件限制，所以"得"字句構成"的"字短語的用法，完全可以忽略不計。

(三) 做句子

1. 做小句

所謂的"小句"，是指句子中處於兩個停頓之間的話語片段，它也可以單獨成句。例如：

(1) 這一番吵，吵得安老爺也醒了，連忙披衣起來（第一回）

(2) 那騾子便鳖著腦袋使著勁奔上坡去，晃得脖子底下那個鈴鐺稀啷嘩啷山響。（第四回）

(3) 急得個張姑娘沒沒兒，祇好賣嚷兒了，他便望空說道（第十回）

2. 做獨立的句子

"得"字句也可以單獨做字句。例如：

(1) 把個山陽縣急得搓手。（第十三回）

(2) 糟得沒底兒了！（第二十五回）

(3) 祇急得兩只小眼睛兒來回的乾轉。（第二十七回）

由於小句和句子可以看做同一類語法現象，因此把它們放到一起來統計。

單獨做小句和獨立的句子的"得"字句，合計733例次。

（四）关于《兒女英雄傳》中"得"字句功能的结论

1. 在做句法成分的功能上，"得"字句作謂語佔絕對優勢，是非谓语用法的11倍多。

2. 排除2例構成"的"字短語的用法，"得"字句做句法成分與獨立做小句和句子的比例是529∶733，即1/1.386，"得"字句做小句和句子的用法是做句法成分用法的差不多1.4倍。

從統計的角度看，《兒女英雄傳》中"得"字句的首要功能是做小句或句子，其次是作谓语。

〔主要參考文獻〕

向熹. 簡明漢語史. 修訂本. 上. 北京：商務印書館，2010.

楊勇.《兒女英雄傳》中的"V＋得＋……"結構. 四川師範大學學報，1994（1）.

馬慶株. 漢語動詞和動詞性結構. 北京語言學院出版社，1992.

聶志平. 有關"得"字句的幾個問題. 語言文字學，1992（11）.

聶志平. "得"字句二題. 呼蘭師專學報，1997（3）.

聶志平. 關於"X得很"中"很"的性質，中國語文，2005（1）.

Exploration of de Construction in *The Tale of Heroic Sons and Daughters*

Nie Zhiping

(Department of Chinese, Sichuan University, Chengdu, 610064)

Abstract: The paper regards *de* construction in *The Tale of Heroic Sons and Daughters* of Beijing dialect works as object of study, which represents the transition from modern Chinese to contemporary Chinese language. The paper conducts a comprehensive description and analysis from four aspects which are the elements of before *de*, the elements of following *de*, the adverbial of *de* construction and the function of *de* construction, then we can get some regularity cognition. There must *be* aspectual opposites of *de* before the verb, the adjective must be modified by adverbs of degree, the words which following *de* mainly are adjectives and state words and few verbs; Especially through the analysis method of exhaustive statistics, we can know the main syntactic function of *de* construction is to make the predicate, the allomeric function is to make sentences, and the function of making sentence is one point four times more than the syntactic function as predicate.

Key words: Modern Chinese; Syntax; *The Tale of Heroic Sons and Daughters*; *de* Construction; Verb-Complent Construction; the history of Chinese Grammar

(聶志平,四川大學文學與新聞學院,郵編 610064)

試論佛典裏不同層次的外來成分*

陳文傑

內容摘要：佛典文獻含有大量的不同層次的外來成分。識別這些外來成分，并且正確估價它們對漢語的影響，仍是當前中古漢語研究的重要內容。本文通過舉例的方式討論如下問題：（一）音譯詞的收錄，影響音譯詞書寫形式的因素，融入漢語的音譯詞的判斷；（二）意譯詞的準確釋義；（三）佛典詞語的隱含意義及其對漢語新詞形成的影響。

關鍵詞：佛典　外來成分　音譯詞　意譯詞　隱含意義

0.1　佛典中含有大量的不同層次的外來成分。這些外來成分，既包括音譯詞（又叫外來詞、借詞）和意譯詞（又叫譯詞，包括仿譯詞），也包括藉由翻譯而帶來的詞的新義。就整個漢語歷史來看，這種伴隨著佛典翻譯而傳入漢語的源自古印度語言和古中亞語言的外來成分在整個漢語外來成分中所佔比重甚大。不了解外來成分，就無法從整體上把握佛典語言的本質。

按理說，研究外來成分，首先應該弄清楚的就是其來源。然而遺憾的是，早期漢文佛典到底譯自何種語言，除在《出三藏記集》中偶有說明外，多數已不得其詳。季羨林（1947）表示，東漢三國的漢文佛典，是從中亞語文（包括吐火羅語以及伊朗語支

---

* 本文係國家社會科學基金項目"多視角下的中古漢譯佛經詞語特質研究（09BYY042）"的階段性成果。文中涉及梵文的部分曾先後請教過我的朋友北京語言文化大學的邱冰，賓夕法尼亞大學南亞系的郭瀟，謹此向他們表示誠摯的謝意。

的語言）翻譯而來的，而不是直接來自梵語。Bailey 就曾指出支讖譯經中出現的"彌勒"這一菩薩名與梵語不一致，而跟吐火羅語 Maitrāk, Metrak 對應①。辛島靜志提到東漢安世高譯經中的"沙門"（Skt. śramaṇa）與犍陀羅語的 ṣamana 一致，東晉僧伽提婆譯經中出現的"彌薩羅"反映了犍陀羅語的-th->-s-的變化②。更有意思的是，據梅維恒的研究，《賢愚經》的翻譯原本還多少雜有于闐語的影子③。這種源頭語言的複雜性爲我們深入瞭解其外來成分製造了不少的困難。然而，幸運地是，包括吐火羅語、犍陀羅語、于闐語等在內的佛典源語言同梵語、俗語一樣，都屬於同一語族（印度－伊朗語族），彼此之間有很大的一致性，因此我們有時可以通過梵語來"遠距離"地觀察這些外來成分；否則，我們真是登天無路，入地無門了。

1.1 衆所周知，翻譯佛典給漢語帶來了大量的音譯詞。識別并闡釋這些音譯詞是進一步研究的基礎。在這方面，前人已經做了不少的工作，給我們打下了較好的基礎，如丁福保《佛學大辭典》、慈怡《佛光大辭典》、劉正埮《漢語外來詞詞典》、岑麒祥《漢語外來語詞典》等等。雖然如此，考之於漢譯佛典，這些工具書也常有失收，因此，從漢譯佛典中輯錄音譯詞並爲其探源釋義仍是當前語文工作者的任務。比如，三國吳康僧會譯《舊雜譬喻經》卷上："（狗）命盡得人形，生舍衛國中作女人，長大見沙門分越便走，自持飯與，歡喜。"（4－512b）④ 其中的"分越"即爲諸書失收。研究表明，它是"分衛"的異形詞，指乞食，其

---

① 轉引自辛島靜志《漢譯佛典的語言研究》，原載《俗語研究》第 4 期；今據朱慶之主編《佛教漢語研究》，48 頁，商務印書館，2009 年。
② 同上，50 頁。
③ 梅維恒《賢愚經的原典語言》（朱冠明譯），《漢語史研究集刊》第八輯，巴蜀書社，2005 年。
④ 陳文傑《東漢譯經詞語考釋》，《古籍整理研究學刊》2005 年第 3 期。

梵文詞是 piṇḍapāta，俞敏《後漢三國梵漢對音譜》說：拔、越、衞三字都對應(v)pāt[①]。所以，"分越"和"分衞"一樣，是其節譯形式。再如，東漢支讖譯《道行般若經》卷二："置是三千大國土中七寶塔，復如一恒邊沙佛國土，一一薩和薩悉起作七寶塔，皆供養一劫，復過一劫，皆持天華、天搗香、天澤香、天雜香、天繒、天蓋、天幡，都盧天上天下諸伎樂持供養，如是，拘翼，其福佑功德寧多不？"(8-433a)"薩和薩"亦不見於各種辭書，對比同經異譯姚秦鳩摩羅什譯《小品般若波羅蜜經》卷二："置是三千大千世界一一眾生所起七寶塔，若滿十方恒河沙等世界眾生皆得人身，一一人起七寶塔，若於一劫，若減一劫，以好華香乃至伎樂供養是塔，若復有人供養般若波羅蜜經卷，恭敬尊重讚歎華香乃至伎樂，其福甚多？"(8-543b) 可見，"薩和薩"即是"一切眾生"、"所有眾生"義，是梵文詞 sarva-sattva 的節譯[②]。

1.2 趙元任曾説過："關於不同的語言之間借語的現象當中有兩個因子須要注意的。第一是借外國語詞的時候總儘量用本國的音位，不求説的跟原文一樣的外國音。第二是有時候聽見某外國語詞有點像本國意義相近的語詞，那麼甚至聲音不太近，也就半音譯半意譯的來了。"[③] 這兩個因子用在佛典翻譯中自然同樣合適。如果仔細區分，我們認爲其中的第二個因子實際上包含兩個方面的内容：一方面，當外國語詞跟本國語詞意義相近，哪怕是一點兒相近時，就儘量採用半音譯半意譯的形式，在用字上拐

[①] 俞敏《俞敏語言學論文集》，57頁，商務印書館，1999年。

[②] 參看顧滿林（2000：16）。陳文傑《也談同經異譯的語言研究價值》，第四屆中古漢語研討會論文，南京，2004年。辛島靜志《道行般若經詞典》，394頁，創價大學，2010年。

[③] 《借語舉例》，原載《外國學人著作選刊》第1集（1970年）；今據《趙元任語言學論文集》，618頁，商務印書館，2002年。

彎抹角地顧及意義問題；另一方面，當外國語詞跟本國語詞意義無關時，就儘量採用不易被誤爲本國語詞的形式。

　　合理地選取外來詞用字可以有效地反映詞的語源義。"羅睺羅"（對應梵語 rāhula）是釋迦牟尼之子，意譯作障月，執日；音譯形式很多，還有羅護羅、羅怙羅、羅吼羅、曷羅怙羅、羅雲等，但"羅睺羅"無疑是其中較常見的，而且被《漢語大詞典》所收錄。這裏要説的問題是，"睺"的同音字很多（包括異體字在内，《廣韻》同小韻内有 24 個同音字），爲什麽要選擇它來做記音字呢？這或許跟"羅睺羅"一詞的理據有關。"在古代印度傳説，一個叫羅睺（梵語 rāhu）的魔鬼吃太陽、月亮而使蝕。佛典裏解釋'羅睺羅'這名字的來源時説：羅睺羅出生時月食，所以給他取這樣的名字。"① 而揚雄《方言》卷十二："半盲爲睺。"② 日蝕月蝕跟眼睛被蒙而看不見相似③。該詞譯成"羅雲"同樣讓人費解，因爲"雲"屬文韻，王力擬爲 [uən]，高本漢、董周龢、李榮等構擬的中古音均有輔音韻尾，跟梵語詞的對應顯然不如其他音譯形式好。一種比較合理的解釋是，"雲"能遮蔽日月，可以形成跟日蝕、月蝕一樣的效果。

　　經典用語也會影響到音譯詞的文字選用。閻王（對應梵語爲 yamarāja），早期譯經如東漢安世高《道地經》、東晉竺曇無蘭《泥犁經》均譯作"鹽王"，後又譯作"焰王"④，佛教中他掌管地獄，被視爲死神。爲什麽書寫形式要由"鹽""焰"改爲"閻"

---

① 同 198 頁注①，65 頁。
② 華學誠《揚雄方言匯證》："《玉篇·目部》：'半盲爲睺。'《廣韻》侯韻候韻、《集韻》侯韻候韻並釋'半盲'。然文獻用例未詳。"（中華書局，2006 年，857 頁）"羅睺羅"裏的"睺"字一定程度上可説是對《方言》解釋的注脚。
③ 另外，根據《漢語大字典》和《漢語大詞典》的解釋，"羅"也有遮擋義。《墨子·備高臨》："城上以答羅矢。"所以"羅"字也可以説有表意的成分。
④ 音譯形式可參看劉正埮等《漢語外來詞詞典》，上海辭書出版社，1984 年。

呢？《左傳·昭公二十年》"鬼閻"："其徒與華氏戰于鬼閻。"杜預注："潁川長平縣西北有閻亭。"雖然這祇是一個地名，跟"鬼"沒有直接關係。但漢文化中"鬼"字早見於甲骨文，且已有了鬼怪義（見崔恒昇編《簡明甲骨文詞典》），可以要人性命，受其"沾染"，本跟"鬼"毫無關聯的"閻"（《說文·門部》："閻，里中門也。"）竟被用到了性質類似的"閻王"一詞中，從而一定程度上曲折地表達了它的得義之由。雖然古代"閻"的出現頻率遠低於"鹽""焰"，但《廣韻》同小韻中共有 15 個同音字，還有比它偏僻的字可以選用，如灛、壛等，看來用字頻率說（詳下）不能解釋該詞何以最終寫成"閻王"。

1.3 在如何避免外來詞跟本族詞撞車的問題上，已有的研究表明，翻譯家們採取的措施主要有兩個。一是採用多音節形式翻譯；即便節譯，也注意保持詞語的區別特徵。顧滿林（2000）在全面調查東漢譯經外來詞的基礎上得出這個結論，很有說服力。二是注意選擇用字。許理和（1959/1998：55）是最早對東漢譯經外來詞用字進行研究的著作。他認爲東漢譯經音譯詞"已在使用一組便於在音譯時使用的有限的符號"，而且這些音譯用字出現了兩個極端，即優先考慮那些很少出現在標準書面語中的字，以及相當常用的字。他的觀察無疑是深刻的。顧滿林（2000）告訴我們，東漢譯經中還"逆勢"出現了 17 個單音形式的節譯詞：鉢、刹、禪、梵、佛、恒/洹、偈、絕、劫、魔、僧、釋、尸、塔、檀、鹽/炎/焰、衍、尼。雖然這些詞語完全可以採用多音節的翻譯方式，但由於它們多屬於佛典中的常用詞語，佛典還需要以之爲基礎構成新的詞語（包括音義兼譯），因此採用單音形式翻譯它們多少顯得有些迫不得已。對於這些單音外來詞來說，其用字的選擇尤爲重要。

造新字自然可以保持這些外來詞與漢語原有詞的區別特徵。我們曾對顧滿林（2000）列出的 368 個東漢譯經中的外來詞（包括異形詞）進行過用字統計，發現這些詞共用字232個，其中新字19個，約佔8%。除了顧滿林（2000：97）談到的"袈、裟、魔、僧、塔"外，還有鉢、刹、儭、嚫、閦、梵、魃、迦、曇、栴、愷、颰、橝、籎"。

改變字的讀音也可以達到跟漢語原有詞相區別的目的。禪，據《説文》指"祭天"，《廣韻》時戰切（禪母去聲線韻）；但用來譯 dhyāna（指專注）時，讀市連切（禪母平聲仙韻）。佛，據《集韻》，有敷勿切（敷母入聲物韻，仿佛）、薄沒切（並母入聲沒韻，通"勃"）、薄宓切（並母入聲質韻，通"弼"）等數讀；但用來譯 buddha（佛陀）時，依《廣韻》讀爲符弗切（奉母入聲物韻，休息）。偈，讀音有《廣韻》渠列切（群母入聲薛韻，勇武），《集韻》其謁切（群母入聲月韻，用力貌），《集韻》去例切（溪母去聲祭韻）等；但在翻譯 gāthā（偈頌）時，依《廣韻》讀爲其憩切（群母去聲祭韻）。菩，本指一種草，《廣韻》讀音有薄亥切（並母上聲海韻）、房久切（奉母上聲有韻）、蒲北切（並母入聲德韻）等；但在翻譯 bodhi（菩提）時，據《廣韻》應讀爲薄胡切（並母平聲模韻）。等等。

1.4 雖然漢語不太喜歡音譯詞，但也有個別音譯詞最終進入了全民共同語。其中有些書寫形式還發生了變化，形成了後起本字，如上述"閻"字。

對一個詞語是否源於梵語及其音譯形式，需要多方論證。僅有二者音義基本相合這一個條件恐怕還不夠。如漢語"爹"（指父親）的來源目前來説有兩種看法。第一種看法認爲這是外來詞，是梵語 tāta 的音譯，早期音譯形式爲"多多"，如李維琦（1993，2004）、朱慶之（1994）。第二種看法認爲這是一個始見於中古的方言俗語詞，如王雲路（2010：495）。如果該詞真的源於梵語，那麼以下三個問題不好解釋。

一，"爹"字出現時代并不算晚。"爹"字早見於三國魏張揖的《廣雅·釋親》:"爹,父也。"《太平御覽》卷五八九載有東漢末年戴良《失父零丁》:"今月七日失阿爹,念此酷毒可痛傷。"如果類書的編纂者在引用時沒有改動的話,那麼"爹"字的出現時代可提前到東漢。佛典中的"多多"最早見於蕭齊僧伽跋陀羅譯《善見律毗婆沙》卷六:"阿摩多多者,汝者易解。"(24—711b)同時其夾注云:"漢言:阿摩是母;多多者言父也。"tāta 的另一音譯形式"波波"見於西晉竺法護譯《琉璃王經》:"王后末利白王曰:'幸勿愁憒,可共俱逝還我父國。'……爾時貴族釋摩男者——瞿夷之父也——與諸豪右,以偈歎曰:'有子有財,思惟波波。……'"(14—784a)① 可見,"多多""波波"在歷史上均晚於"爹"字。換句話說就是,在翻譯佛典時,漢語已有現成的指父親的"爹"字了。

二,"爹"既可以單用,也可以重疊,跟漢語本族詞中的稱呼語用法相同;而"多多""波波"沒有單用形式。據考察,"爹"的重疊式"爹爹",跟"爺爺"、"爸爸"、"哥哥"②、"兄兄"③、"妈妈"、"孃孃"等這些利用重疊式構成的稱謂詞一樣,均出現於唐宋以後。而且從漢語發展史來看,這些詞均是先有單用式,後有重疊式。音譯詞"多多""波波"的歷史要早得多,而且未見其單音形式"多"、"波"。

三,已有材料表明,稱父親的"阿多"是回鶻語的音譯,而

---

① 波斯匿王與王后末利被兒子琉璃王逼宮,祇得去往王后父親的國家,"有子有財,思惟波波",說的正是王后,"波波"指的是王后的父親。李維琦(2004:24)祇引了隋闍那崛多譯《佛本行集經》中的兩個例子,沒引此例。

② 唐時父對子自稱"哥哥"。清梁章鉅《稱謂錄》卷一"哥哥"條:"《淳化閣帖》有唐太宗與高宗書,稱'哥哥勅。父對子自稱'哥哥',蓋唐代家法如是。"指兄長的"哥哥"出現得更晚,《漢語大詞典》引明代洪楩《清平山堂話本·快嘴李翠蓮記》:"哥哥、嫂嫂休推醉,思量你們忒沒意。我是你的親妹妹,止有今晚在家中。"

③ 《稱謂錄》卷一"兄兄"條:"《北齊書·南陽王綽傳》:'綽兄弟皆呼父為兄兄。'"

且跟梵語没有淵源關係。魏晉南北朝隋唐時期親屬稱謂的雙音化方式多以"阿"字加稱謂詞構成，如阿爹、阿父（《南齊書·沈文季傳》）、阿八（韓愈《祭女挐女文》）、阿爺（《木蘭詩》）、阿翁（《世説新語·排調》）、阿婆（《南史·齊本紀》）、阿家（《宋書·范曄傳》）、阿妹（《焦仲卿妻》）、阿女（同上）、阿兄（《世説新語·賞譽》）、阿姨（《王獻之雜帖》）、阿舅（《隋書·五行傳》）、阿母、阿嫂（均見於《玄怪録》）① 等等。宋代文獻出現了"阿多"，袁樞《通鑒紀事本末》卷三六："（唐德宗貞元六年，回鶻）可汗拜且泣曰：'兒愚幼，若幸而得立，惟仰食於阿多，國政不敢豫也。'虜謂父爲阿多。"葉廷珪《海録碎事》卷七："回鶻謂父曰阿多。出《唐會要》。"這裏的"阿多"是回鶻文 ata（父親）的音譯②，"阿"字不是詞頭，詞語也跟梵語没有關係。

因此，我們更傾向於"爹"的源頭在漢語自身。《廣雅·釋親》"翁、公、叟、爹、䵖，父也"王念孫疏證："爹、䵖聲相近。《廣韻》：'爹，北人呼父也'，'䵖，吳人呼父也。'䵖，曹憲音'止奢反'。高誘注《淮南子·説山訓》云：'雒家謂公爲阿社。'社與䵖聲相近。'"據之，則爹、䵖、社同源。然而王念孫在"社"條卻又説："姐、社聲相近。《淮南子·説山訓》'西家子謂其母曰：社何愛速死'高誘注云：'江淮間謂母爲社，社讀雒家謂公爲阿社之社。'"如此則又讓人疑心：既然稱父親的"爹""䵖""社"同源，而"社"又跟稱母親的"姐"字聲音相近，那麼"爹"跟"姐"豈不也同源了？換句話説就是，父親母親豈不可以用相同的稱謂了嗎？但結合方言來看，這種情况并非

---

① 例子轉引自王力《漢語史稿》220 頁，柳士鎮《魏晉南北朝歷史語法》99 頁，向熹《簡明漢語史》169 頁。
② 《突厥語大詞典》第一冊，93 頁，民族出版社，2002 年。張鐵山《回鶻文獻語言的結構與特點》，178 頁，中央民族大學出版社，2005 年。

完全不可能。比如説，"爺"字可稱父親，這已爲大家所熟知。《玉篇·父部》："爺，俗爲父爺字。"《木蘭詩》："阿爺無大兒，木蘭無長兄。"《現代漢語詞典》已將其作爲方言詞收錄。然據《漢語方言地圖集》（詞匯卷），當今方言有不少稱母親爲"爺"者：稱爲"爺"的有福建寧德（閩語）、廣西興安、湖南寧遠、臨武；稱爲"阿爺"的有福建周寧；稱爲"娭爺"的有湖南宜章；稱爲"依⁼爺ᵃ"的有江西星子、安義、新建、南昌縣、宜豐、上高、峽江、吉水、永豐、崇仁、福建建寧、南平、韶安，廣東樂昌、湖南雙峰、漣源；等等。還有，衆所周知，北方官話"大"、"大大"可以指稱父親，明代陳士元《俚言解》卷二："河北謂父爲大"。然而"大"在有的方言里也可稱母親，如河南商城，安徽霍丘、金寨①，《漢語方言地圖集》（詞匯卷）説福建連城，湖南桂東，湖北紅安稱母親爲"□[ta²²]ᵃ"，我們以爲本字亦當作"大"。道光二年《黄安縣志》即以爲"大"字："謂母曰大"。另外湖北大冶、陽新等不少地區也都如此稱呼母親。可見在不同的方言中稱父、母可以同一個詞（當然在同一方言里父母不能同用一個稱謂，因爲這會妨礙交際）。

　　章太炎《新方言·釋親屬》："（漢代揚雄）《方言》：'南楚、瀑洭之間謂婦妣曰母姼，稱婦考曰父姼。'郭璞音多，曹憲音多可反。案：姼，《説文》本訓美女，音尺氏切；其爲婦妣、婦考之稱，與爹、䏯、姐、社同字。"《方言》中的"姼"用來稱呼妻子的上一輩直系親屬。如果爹、䏯、社、姼真如章太炎所説是同一詞在不同地區的變體，那么它的歷史可上溯至西漢，遠早於佛典翻譯時期。更有論者以爲"爹"跟"侈""哆""迻""烥""太"等同源，其詞源意義爲"大"。如此，則"爹"就更不可能

---

① 《漢語方言大詞典》，233—4頁，中華書局，1999年。

是外來詞了①。

關於"爹"字,還有一條材料值得關注。《廣韻·麻韻》:"爹,羌人呼父也。陟邪切。"今按:這條材料在王仁煦《刊謬補缺切韻》中尚不存在,當係其以後的整理者所加。然這條材料亦非向壁虛說,因爲直到今天 tata 還是羌語父親的稱謂之一②。這提醒我們,這個稱呼,或許是漢、羌語同源的一個新證據(參看俞敏《東漢以前的姜語和西羌語》)。

2.1 漢語在吸收外來成分時,不喜歡借音,喜歡用自己的語素來構詞,這是漢語的歷史傳統。因此不少專家談外來詞時都把意譯詞排除在外。這樣處理自然有其合理的因素。但我們也必須看到,意譯詞的形式(構詞材料和構成規則)雖然是本族語言的,但由於其內容(意義)是外來的,所以要想深入地瞭解其形式和意義,也需要借助外語詞。

佛典中"熟"有一個特殊的意義,指年老,衰老,老化。如失譯附秦錄《別譯雜阿含經》卷五:"阿難從佛向舍衛城。時於糞聚窟中見夫妻二人,年幾(一作"紀")老大,柱杖戰慄,如老鵠雀。佛遙見已,告阿難言:"汝見夫妻二人極爲老朽在糞窟中不?……如斯老人,若年少時,在舍衛城中應爲第一長者。……如今老熟,亦不能聚財,不能精勤,亦不得上人法。"(2—403a)"老大"、"老朽"、"老熟",三個詞同義,都是同義連文,指年老。"根熟"則指人的器官老化。劉宋求那跋陀羅譯《雜阿含經》卷四:"時有異婆羅門,年耆根熟,執杖持鉢,家家乞食。"(2—26b)李維琦(2004:286)詳細考察了佛典中"熟"字的多個意思,其中就提到"熟"的衰老義。李先生認爲"熟"之有"老"義,跟下面文字有關。

---

① 劉鈞傑《同源字典再補》,128頁,語文出版社,1999年。
② 黃布凡、周發成《羌語研究》,345頁,四川人民出版社,2006年。

且以人髮髭物色少老驗之。物生也色青,其熟也色黃。人之少也髮黑,其老也髮白。黃爲物熟驗,白爲人老效。物黃,人雖灌溉壅養,終不能青;髮白,雖吞藥養性,終不能黑。黑青不可復還,老衰安可復却?黃之與白,猶肉腥炙之燋,魚鮮煮之熟也。燋不可復令腥,熟不可復令鮮。鮮腥猶少壯,燋熟猶衰老也。(《論衡·道虛》)

這是一段比喻性質的文字:以魚肉之鮮腥喻人之少壯,以其燋熟喻人之衰老。通過事物之間的相似性聯繫,詞語固然可以產生新的意義①。"熟"本指用火把食物加工到可以食用的程度(此義《説文》本作"孰",後作"熟",始見於《玉篇》);這跟用火加工或鍛造的操作方式相同,所以"熟"有了鍛造義,如熟鐵;又和植物果實長成的性質相似,所以發展出"成熟"義,如生瓜熟瓜。同樣依據這一原則,"熟"又可以派生出"年老"的意義:植物果實成熟以後會從寄養的母體上脫落,人年老壽終也會離開生養他的世界。然而這個意義在漢語裏最終沒有實現,祇停留在了可能性上。因爲就目前掌握的文獻來看,"熟"的年老義在地道的本土文獻裏沒有找到例證。

佛典裏"熟"的年老義當另有來源。梵語 pari-ṇāma 是一個多義詞,據荻原雲來《漢譯對照梵和大辭典》,主要有如下義位:❶變形,變化;❷自然發展;❸食物變質,消化;❹(時間)過程;❺生命的衰退,老年;❻結果;❼終點,結局。而漢譯佛典有時卻用"熟"字對譯它。嚴格説來,這些意義同漢語"熟"的各個義位無法對應起來。正是通過這種"硬譯",纔實現了"老年、生命衰退"義的轉移。李先生又解釋説,佛典中的"熟"字還可以表示"植物完成了它的生長過程,到了最後階段"(如苻秦僧伽跋澄譯《僧伽羅刹所集經》卷中"六情衰耗,意根解散,

---

① 張永言《詞彙學簡論》,61頁,華中工學院出版社,1982年。

舍此身,猶如彼華,必當大熟"),以及"事物完成了它的發展過程,即將有新的可見的變化"(如西晉竺法護譯《生經》卷四"罪惡不腐朽,殃熟乃遭患")。竊以爲二者和詞典中的義項❼是基本對應的。果真如此的話,那麽這兩個意思,也是通過"硬譯"來獲得的①。

還有一個由"熟"字構成的新詞也跟意譯有關。李維琦(1993:156)談到了"生熟藏",以爲"大致是指那種不生不滅的情況",如姚秦竺佛念《出曜經》卷九:"閻浮利内有異類衆生,名曰摩伕,晝則隱藏處在生熟藏間,墮魔部界,是謂欲界。"(4—656c)汪維輝《先唐佛經詞語劄記六則》提出商榷,認爲"生藏是指人飲食未消化時的停積之處,熟藏則指飲食消化後停積之處。"同時表示,"難以確指其爲今天所稱之哪個器官,這可能與古代佛教對人體的瞭解不如今天明晰有關。"②李先生沒有完全同意他的意見,在新著《佛經詞語匯釋》(273頁)裏又提出了新看法:"食物下嚥,到糞便形成之前,兩分爲生藏、熟藏。生,是説它尚保留有食物原有的某些特性;熟,是説經過消化,已形狀全非而性質迥異。藏者,積也,蓄也。"也就是説,他認爲"生藏"是已經吃下的保留有食物原有特性、沒有經過消化的積聚物;而"熟藏"則指經過消化以後的,形狀與性質與原有食物迥異的積聚物。他還提出,"生熟藏"可指腸胃,"實際上是以'生熟藏'代替'生熟藏'之所在"。

借助於梵漢對比,這兩個詞語的意思就很清楚了。梵文與"生藏""熟藏"相當的詞分别是 āmāśaya 和 pakvāśaya,意思分别是"胃"和"腹,肚子,大腸"。從其内部形式來看,這兩個

---

① 參看朱冠明《移植:佛經影響漢語辭彙的一種方式》,《語言學論叢》第37輯,176頁,2008年。

② 載《中國語文》1997年第2期。

詞均由兩部分構成。āma 指"生的，未熟的，粗制的，沒有燒的"，pakva 指"燒煮過的，熟了的"，āśaya 是兩個詞共有的部分，意思是"住處，休息的地方，藏身之地"。由此可見，āmāśaya 的內部形式是"沒有消化的食物所在的地方"，pakvāśaya 則是"熟（消化）了的食物所在的地方"。表示消化義的梵語詞常被譯成漢語的"熟"，如 pra-pāka（"消化"義）。所以，這裏"藏"字當讀 zàng，是名詞，《玉篇·艸部》"藏，庫藏"，指貯藏東西的地方；引申指人的內臟，後寫作"臟"。

這樣，我們對漢譯佛經中"生熟藏"的詞義引申就有了新的認識。西晉竺法護譯《修行地道經》卷五："其修行者自惟念言：'從梵天還，當歸惡道，在胞胎中處熟藏上生藏之下，垢汙不淨，五繫所縛。'"（15-214c）這裏，生藏、熟藏都是用的本義，分別指胃和大腸。竺法護譯《大寶積經》卷十"密跡金剛力士會第三之三"："其如來身無有生藏，亦無熟藏，復無堅軟，亦無不淨大小諸便欬唾之穢。"（11-55b）這是引申義，指生藏和熟藏裏的東西。顯然，這是以生熟藏代指裏面的東西，而不是像李先生所說的"實際上是以'生熟藏'代替'生熟藏'之所在"。

再以"長夜"爲例。東漢竺大力共康孟詳譯《修行本起經》卷二："道心正爲本，不在事邪神，行俗謂爲真，長夜求梵天，是故不識道，輪轉墮生死。"（3-469b）李維琦《佛經詞語匯釋》（40頁）解釋了這個詞語，指"長期，長時間"。甚是。對於該義的來源，李先生說："'長夜'是漫漫長夜，何以有長期之意？可能是因爲在佛家看來，衆生在未得度之前，猶如處於暗夜，未見光明，所以得稱'長期'爲'長夜'。"然對照梵文，漢語"長夜"該義位的取得似乎跟仿譯有關。"長夜"的對應梵語是 dīrgha-rātra，意思是"永久，永遠。" dīrgha 指時間或空間的

"長",rātra 指"夜",照字面仿譯,就是"長夜"①。而且,dīrgha-rātra 也可意譯爲"長時",可證。

3.1 根據英國語言學家里奇(G. Leech)的研究,詞語除了有理性意義外,還有包括隱含意義在内的其他六種意義。蔣紹愚早就説過:"隱含意義還隨著民族和時代而不同。"(《古漢語詞匯綱要》35頁)對比發現,梵語和漢語詞的隱含意義有同有異,而伴隨著佛典翻譯,梵語詞的隱含意義也會傳遞到漢語中來,并且在此基礎上形成新的漢語詞語。比如,"竹"是中國古代常見的植物,我們先人很早就注意到了它叢生(《詩經·小雅·斯干》"如竹苞矣")、筆直(《太平御覽》引《孔子家語》曰:"山南之竹,不搏自直")、堅硬(《禮記·禮器》:"其在人也,如竹箭之有筠也,如松柏之有心也。")等特點,并賦予了其相應的隱含意義。但從漢語發展史來看,中古以前的中土文獻裏從没有談到其如下特點:剖析竹子時,第一個竹節非常難以破解;可一旦剖開了第一個竹節,整個竹子的破析就不費吹灰之力了。筆者以爲最早談到這種現象并以之作爲喻體的便是漢譯佛典。如姚秦鳩摩羅什《思惟略要法》:"欲除貪欲,當觀不淨,瞋恚由外,既爾可制如人破竹,初節爲難。既制貪欲,餘二自伏。"(15-298b)鳩摩羅什《大智度論》卷四八:"除世間貪憂者,貪除則五蓋盡去;猶如破竹,初節既破,餘節皆去。"(25-404a)鳩摩羅什《十住毗婆沙論》卷二:"如人破竹,初節爲難,餘者皆易;初地難治,治已餘皆自易。"(26-30a)北涼曇無讖《佛所行讚》卷三:"如破竹初節,餘節則無難。既見生死因,漸次見真實。"(4-27c)隋慧遠《大乘義章》卷十六:"譬如破竹,初節爲難,若破初節,餘節皆隨;貪憂亦爾。"(44-783b)《法苑珠林》卷五二引《金剛三昧不壞不滅經》:"如竹破初節,餘節速能破;得初地真智,

---

① 參看(日本)平川彰《佛教漢梵大辭典》,168頁,東京靈友會,1998年。

諸地疾當成。"（52—679b；又見於玄奘《攝大乘論釋》卷七，31—424c）這種説法也影響到了禪宗語録。如《續傳燈録》卷十六："然則天霽日出，雲物解駁，豈復有哉？知有底人於一言句如破竹，雖百節，當迎刃而解。"（51—571b）

翟灝《通俗編》卷三十"勢如破竹"條：

> 《晉書·杜預傳》："兵威已振，譬如破竹，數節之後，迎刃而解。"《唐書·王晏宰傳》："李德裕以宰乘破竹勢，不遽取澤州，爲有顧望計。"①

湖北大學語言研究室編《漢語成語大詞典》，劉松筠、李行健、向光忠編《中華成語大辭典》也溯其源至唐代文獻：李延壽的《北史》和房玄齡的《晉書》。現在看來，這些探源均未得其溯。其源頭應當在佛經文獻。

〔主要參考文獻〕

曹志耘．漢語方言地圖集．詞匯卷．北京：商務印書館，2008．

顧滿林．東漢譯經外來詞初探．四川大學碩士論文，2000．

季羨林．浮屠與佛//季羨林學術論著自選集．北京：北京師范學院出版社，1947/1991．

蔣紹愚．古漢語詞匯綱要．北京：商務印書館，2005．

李維琦．佛經釋詞．長沙：嶽麓書社，1993．

李維琦．佛經詞語匯釋．長沙：湖南師範大學出版社，2004．

王雲路．中古漢語詞匯史．北京：商務印書館，2010．

許里和．佛教征服中國．李四龍等譯．南京：江蘇人民出版社，1959/1998．

俞敏．俞敏語言學論文集．北京：商務印書館，1999．

張永言．漢語外來詞雜談//語文學論集．增補本．北京：語文出版社，1989/2005．

---

① 671頁，商務印書館，1958年。

朱慶之. 漢語外來詞二例. 語言教學與研究, 1994 (1).

朱慶之. 佛教混合漢語初論 // 語言學論叢. 第 24 輯. 北京：商務印書館, 2001.

A brief discussion on the various foreign ingredients in Chinese Buddhism Sutras

Chen Wenjie

(Department of Chinese, Nanjing University, No. 163 Xianlin Ave. Nanjing 210023)

Abstract: There are various foreign ingredients in Chinese Buddhism Sutras. It is the very important to identify them and to evaluate their effects on Chinese properly. This paper talks about some topics about them by way of examples. (1) All of the new phonemic loanwords should be collected in large-scale dictionaries. There are many factors affecting the writing of phonemic loanword. How to judge the phonemic loanword which had been integrated into Chinese. (2) How to explain the semantic loanword accurately. (3) Buddhist word usually has the special connotative meaning, and on the base of which a new idiomatic phrase comes into being.

Key words: Buddhist sutra; Foreign ingredients; Phonemic loanwords; Semantic loanword; Connotative meaning

（陳文傑，南京大學文學院，郵編 210023）

禪宗文獻語詞析疑[*]

王長林

內容摘要：文章就《禪籍方俗詞研究·待問錄》中"憨耽"、"光靴"、"無碑記"、"一火絡"和"一末撒子"五則疑難語詞予以考釋。

關鍵詞：禪宗文獻　禪籍方俗詞研究　方俗詞　考釋

【耽憨】《虛堂錄》卷二："達磨第四忌拈香，打一圓相。香至國王之子，神光斷臂之師，耽憨面嘴，恐亦是伊兒孫，不必更懷疑。"

日本國立國會圖書館藏寬文九年堤六左衛門本《虛堂錄》字亦作"耽憨"，旁注云："耽，耳大垂也。憨，愚也。"無著道忠《虛堂錄犁耕》駁曰："'耽憨'之'耽'，從目爲正，《易》曰'虎視眈眈'此之耽也，以耳大垂解，非也。"又："《正字通》午中五十五丈《目部》曰：眈，都干切，音丹，《説文》視近志遠也……舊本以'耽'混'眈'，並非。"[②]

其實，不論是以"耳大垂"，還是用眼目"眈眈"、"視近志遠"來解釋，都不甚妥當。愚意以爲"耽"字爲是，"耽憨"實爲同義並行複合詞，義謂憨癡、愚昧。"憨"之愚癡義無需申議。

---

[*] 本文是2014年度教育部人文社會科學重點研究基地重大項目"禪宗文獻語辭彙釋"（14JJD740001）的階段性成果，承蒙《漢語史研究集刊》兩位匿名外審專家撥冗指正，謹致謝忱。

[②] 無著道忠《虛堂錄犁耕》，日本禪文化研究所，1990年，304頁。

"耽"有沉迷、沉湎義①，可組合成"耽湎"、"耽好"、"耽戀"、"耽溺"等詞語，內典習見。如《長阿含經》卷十一："六損財業者：一者耽湎於酒，二者博戲，三者放蕩……"《別譯雜阿含經》卷八："若復有人，耽好睡眠，以常眠故，多起亂想，種種煩惱，從之生長。"《佛說阿彌陀經疏鈔》卷三："喆老青公俱稱有悟，而喆老後身，耽戀富貴，青公後身，多厯苦憂。"道宣《續高僧傳》卷七《釋亡名》："捨棄淳樸，耽溺淫麗。識馬易奔，心猨難制。"若依佛家宗旨，"耽"即"執"，是一種極爲愚昧無知、不明自性的表現，由此可以引申爲愚癡義。這是佛教宗旨對通俗詞語賦予的新意，是佛教語詞常見的詞義引申模式。內典中還有"耽昏"、"耽惑"、"耽癡"等詞，"耽"與"昏"、"惑"、"癡"義同，"耽"之愚昧義豁然無疑。例如《出三藏記集》卷六《安般守意經序第四》："若狂夫之無所麗，愛惡充心，耽昏無節。"《釋門自鏡錄》卷下："在家人雖復飲酒噉肉，猶故不失世業。大耽昏者，此即不得。出家人若飲酒噉肉，若多若少皆斷佛種。"《治禪病祕要法》卷下《治樂音樂法》："耽惑愚癡，心如黐膠，處處隨著，不可禁制。"《四分律鈔批》卷七："然婬欲之性，體是鄙穢，愛染纏心，耽惑難舍。既能爲之，則生死苦增。"《法喜志》卷四《馮濟川》："有偈曰：我賦耽癡癖，視財等空虛。不作子孫計，不爲聲色娛。"

此外，禪宗文獻還有"憨耽"一詞，恰是"耽憨"之同素逆序，可爲切證，如《禪林寶訓拈頌》："垢汙混同豬豕畜，謾言篋束箍腸腹。但其現世恣憨耽，羞殺少林分骨肉。"

【光靴】《景德傳燈錄》卷一一《杭州徑山洪諲禪師》：

---

① 《說文·耳部》："耽，耳大垂。从耳，尤聲。《詩》曰：士之耽兮。"段注："《衛風·氓》文，此引詩說假借也。毛傳曰：'耽，樂也。''耽'本不訓樂，而可假爲'媅'字，《女部》曰：媅者，樂也。"可見"耽"之沉湎義是假借"媅"而來。

"許州全明上坐先問石霜：'一毫穿衆穴時如何？'石霜云：
'直須萬年後。'云：'萬年後如何？'石霜云：'登科任汝登
科，拔萃任汝拔萃。'後問師云：'一毫穿衆穴時如何？'師
曰：'光靴任汝光靴，結果任汝結果。'"

"光靴"，《禪籍俗語言研究會報》"待質事項"收列，尚無人
措意。雷漢卿《禪籍方俗詞研究·待問錄》（以下簡稱《待問
錄》）附無著道忠《葛藤語箋》引一山①之語"光靴，修治完美
也"。一山禪師語脈難測，"光靴"的理據仍朦朧不清。

"光靴"一詞之所以費解，蓋其字形掩人耳目。今按："光
靴"之"靴"實乃"華"之音借字。《廣韻·戈韻》下"靴"與
"鞾"異體，"靴"（"鞾"）音許胆切，屬曉母戈韻合口三等；聲
符"華"有戶花切、呼瓜切和胡化切三音，是曉母（或匣母）麻
韻的合口二等字；"化"音呼霸切，也是曉母麻韻的合口二等字。
"靴"（"鞾"）屬果攝歌部，"華"與"化"屬假攝麻部，歌麻二
部在宋代某些方言中是可以叶韻通押的②，可見宋代"靴"
（"鞾"）與"華""化"雙聲且韻近，這也是其得以通假的原因。
中古合口三等字"靴"屬於撮口呼，在近代漢語音變中，聲母由
見組 [h] 變爲精組 [x]，韻母由 [uɑ]（按：依王力擬音）變
爲 [üe]。以至於現代漢語"靴"與"化""華"語音迥異，聲韻
關係都較爲疏遠，故而人們不易看出"靴"與"華"之間的語音

---

① 一山，即一山一寧（1247—1317），是中國元代赴日本傳法的著名禪師。
② 劉曉南（2012：140-142）曾指出：歌麻同押是漢語語音史中古老的用韻
現象，唐宋方音中存在歌麻合韻、歌麻不分的現象，這一現象在唐宋的西北方音中
更爲突出。劉氏總結説道："在宋代的四川音中，假、果兩攝通常讀的主母音並非今
天 [a] — [o]（或 [ɣ]）對立的格局，而是音色相對要近得多，可能就是 [a] —
[ɑ]（或 [ɒ]、[ɔ]）的對立，故能出現叶韻。"又，[日] 赤松祐子（1995：343）通
過對陶弘景《真誥》韻文用韻情況統計分析後總結了一些用韻特徵，歌戈麻三韻同
用即屬其一。可見戈麻通押古已有之。

關係。

引例又見《宗鑑法林》卷六〇《潭州石霜慶諸普會禪師》章，恰作"光華任汝光華，結果任汝結果"，可證前說。項楚先生（1984/2011：98—99）指出在敦煌變文及唐宋禪錄中"結果"有梳妝打扮義。"光華"與"結果"意思相同，即謂光鮮亮麗，可用以指人的美貌或裝扮，內典屢見其例。如《六度集經》卷五："人王抑迦達有女，端正光華，天女爲雙。"《翻譯名義集》四："菩薩戒云：'若見光華種種好相，罪便得減。若不見相，雖懺無益。"《禪林寶訓筆說》："作事虛浮，衒賣光華，粉飾行止，以欺惑愚俗，遂被明眼人看破。"

又，《祖堂集》卷一九《徑山和尚》章有"光靴任你光靴，白俊任你白俊"語，可見"光靴"與"白俊"亦義同。至此，一山禪師所謂的"修治完美"便不難理解，即打扮得漂亮。《傳燈錄》中"光靴任汝光靴，結果任汝結果"二句互文見義，即任由你裝扮藻飾。

【無碑記】《虛堂錄》卷五："寒山拾得預知潙山來國清受戒。靈山一別無碑記，三度親曾作國王。主丈再探知遠近，眇然天地略玄黃。"

無著道忠《虛堂錄犁耕》對此釋曰："強記者曰碑記，依王粲事，今但用爲記憶事物。事無碑記者，即寒山所謂忘却也。《三國志·魏書廿一·王粲傳》曰：'粲與人共行，讀道邊碑，人問曰：卿能闇誦乎？曰：能。因使背而誦之，不失一字云云其強記默識如此。'"① 按：無著把"無碑記"與王粲事跡相繫，蓋受"讀道邊碑"和"強記"等字眼的啟發，略顯牽強。竊以爲這裏的"無碑記"當是無數之義，指靈山法會別後歷時難以計數，禪宗文獻又有"靈山一別兩千年"、"靈山一別，直至於今"、"靈山

---

① 無著道忠《虛堂錄犁耕》，日本禪文化研究所1990年，576頁。

一別已多年"等，可資參證。"無碑記"之無數義，張相《詩詞曲語辭匯釋》《漢語大詞典》已發之，禪錄亦不乏其例：

（1）乃云："拈花座畔笑盈盈地，斷臂岩前血滴滴地。看他一個喜一個悲，致令曹溪路上滾滾無碑記。"（《雨山和尚語錄》卷七）

（2）僧問："佛法要妙不在多言，因什今朝三明朝四滾滾無碑記？"（《南嶽繼起和尚語錄》卷四）

（3）師曰："咄！這吃飯老得與麼滾滾沒碑記，念到驢年也念不著正句。"（《翼菴禪師真如語錄》卷二）

（4）上堂："上不是天，下不是地。南北東西無定位，十字街頭石敢當，天涯走盡無碑記。"（《天界覺浪盛禪師語錄》卷二）

例（1）～例（3）"滾滾無（沒）碑記"指學人或言辭不可數計，例（4）"天涯走盡無碑記"即行走無盡天涯。

《虛堂錄》卷八又有一則"沒碑記"，"上堂：'貓有歃血之功，虎有起屍之德。爾衲子得恁麼沒碑記。南山起雲，北山下雨則且置，爲什麼桃花能紅，李花能白？'"無著又云："恁麼指目前詞，沒碑記者，無記識，無分曉也。況貓虎激勸也。又前五頌古'無碑記'。義異"且引征《五代史》廿八《唐臣傳·任圜傳》云："圜曰天下皆知崔協不識文字而虛有儀表，號爲'沒字碑'。"① 又按：《虛堂錄犁耕》釋"沒碑記"作"無記識、無分曉"，《葛藤語箋》又釋作"性無根"②，我們認爲已撮其要，但與任圜、崔協的典故實無干係，而是同"碑記"特定的文化內涵相涉，試爲梳理。

"碑記"即碑銘，用以記錄個人生平履歷尤其是光耀事蹟，

---

① 無著道忠《虛堂錄犁耕》，日本禪文化研究所1990年，935頁。
② 《禪語辭書類聚二·葛藤語箋》，日本禪文化研究所1992年，128頁。

以示後人，如：

(5) 悛父勉討殷琰，平壽陽，無所犯害，百姓德之，爲立碑記。(《南史・劉悛傳》)

(6) 松柏剪無餘，碑記滅岡傳。(唐張說《過漢南城歎古墳》)

這一傳統佛家亦然，如：

(7) 敕皇太子集諸禪師，楷定禪門宗旨，遂立神會禪師爲第七祖，内神龍寺，敕置碑記，見在。又御制七祖贊文，見行於世。(《圓覺經大疏釋義鈔》卷三)

(8) 若鴛師者，修證俱到，行解雙圓，是不可以無碑。又從上無趣空幻沖明廣三大和尚，並有語錄行狀，授受淵源，而衣鉢已彰，金石未勒，更不可不詮次顛末，而合爲之碑，其文曰……(《鴛湖用禪師語錄》)

機語話頭（話題）往往是一個禪師鮮明個性的代表，精闢言辭會被記錄上碑，以表道業，禪林有述：

(9) 大陽明安和尚問梁山："如何是無相道場？"梁指觀音云："此是吳道子畫。"安擬進語，梁急索云："這個是有相底，那個是無相底？"安於言下領悟，禮拜了，依位立。山云："何不道取一句？"安曰："道即不辭，恐上紙墨。"山呵呵大笑云："此語以後上碑石去在。"(《正法眼藏》卷三)

(10) 時僧問知聖："如何是祖師西來意？"聖云："老僧無語。"卻問僧："忽然上碑，合著得什麼語？"時有數僧下語，皆不契。……(雲門)師云："有人問如何是祖師西來意，但云'師'。"知聖深肯。(《古尊宿語錄》卷一八《雲門匡真禪師廣錄下》)

因此，"碑記"前冠一"無"（或"莫"、"没"）字即指無需記錄於碑，如《宏智廣錄》卷四："舉僧問趙州：'如何是祖師西來意？'州云：'年盡不燒錢。'師云：'天童今日不免爲諸人劈折去也，老老大大宗師，出語元無碑記，却云年盡不燒錢，討甚祖師西來意？""出語元無碑記"又可以説成"出語固無碑記"、"出語全無碑記"，禪籍常見，言下之意是説禪家出語本不應心存上碑之念，無需掏空心思，别辟妙語。禪宗强調"不立語言"，但在實際講經説法中却是"不離語言"，精妙機語往往是禪師的招牌，如洞山"麻三斤"、雲門"乾屎橛"、趙州"庭前柏樹子"等。因此，從另一個角度來看，一個禪師如果總是出語平平，缺乏新意和活力，不能語驚四座、振聾發聵，那麼就很容易被人認爲這個禪師道業淺薄、無智無德，這也就是無著所謂的"無分曉"、"性無根"的意思，略摘數例：

（11）潦倒南泉没碑記，夜隨流水繞孤村。(《瞎堂慧遠禪師廣録》卷一)

（12）北山老矣没碑記，開眼分明成瞌睡。(《南石和尚語録》卷三)

（13）師云："老僧未曾有一言半句掛諸方唇齒，何用見老僧？"榮云："到這裏不施三拜，要且不甘。"師云："出家兒得與麽無碑記。"榮繞繩床一匝而出。師云："有眼無耳垛，六月火邊坐。"(《聯燈會要》卷二一《舒州投子大同禪師》)

"無碑記"之無數義，内外典籍常見，應該是當時較爲通行的意思，該義中"碑"字的字面義似乎未能在詞義中凸顯。而"無分曉"、"性無根"義則又與"碑"的文化内涵密切相關。由此可見，語素字面義的缺失以及語素本身所包含的文化内涵是詞義演變的重要因素。

【一火絡】《虛堂録》卷十："神出鬼没，接響承虛。這一火絡，邪法難扶。"

《待問録》引無著道忠《葛藤語箋》云："一聚人之所爲絡索也。"可見《待問録》認爲"一火絡"與"一絡索"義同，此已中其的,今再略爲補證。

"一火絡"中的"火"與"絡"其實是兩個集體名量詞。"火"作量詞的用法一直延續至今,明清多寫作"夥",今又作"伙"。其產生較早,章炳麟《新方言·釋言》:"元魏時,軍人同食者稱火伴。"古人遠行,如行軍、商貿等常結群爲伴,旅途中需要分工合作,生火做飯是群體既分工又合作的典型事件,量詞"火"的取義就是生火做飯的"火"。又有"社火"一詞,"社火"之"火"亦生火義,《禪林寶訓順硃》卷三載:"'社火'俗呼'會伴'也,'社'有聚義,'社'不曰'夥',而曰'火',攢柴合火,僧多行廣的意思。""'絡'本義是絲,因此作爲量詞便直接稱量絲絮。敦煌變文中首見其例'一絡絲成舊債'。……個體量詞'絡'的使用,前無所承,是唐代新興的量詞。但除了敦煌變文之外,在同時代其他語料與後代文獻中皆未見其用例。"(參洪藝芳,2000:297)但是,"絡"作量詞的這一用法仍然保留在現代方言中,《漢語方言大詞典》(1999:4549)"絡"義項❽:"〈量〉長串(前面數詞僅限於一)。湘語。湖南長沙[lo⁴⁵]來噠一絡人_{來了一長串人}。"方言中這種用法就與禪籍用例十分契合了。

"一絡索"又作"一落索",《漢語方言大詞典》(1999:44)"一落索"義項❸云:"〈數量〉一連串。古方言。《朱子語類輯略》卷五:"只如孔子答顏子:克己復禮爲仁。……只這一句已多了,又況有下頭~。"至於數量結構"一絡索"的由來,可能是複合名詞"絡索"被臨時借用爲量詞,還有可能是"一火絡索"的縮略,"一火絡索"就是"一火(絡)"和"一絡索"的合併①,如《恕中和尚語錄》:"鵝護雪、蠟人冰、鐵彈子,者一火絡索,總拈來拋向背後。"學人像繩索一般絡繹不絕地往來參禪,

---

① 此外,還不排除量詞"絡"與"索"的連用的情況,但是文獻中"絡"作量詞少見,且暫未發現可以直接用以稱量人,所以這一情況的可能性很小。

量词"络"、"络索"取义当源于此，类似于"串"。量词与被量物件有密切的语义关系，物件本身、物件局部、物件的类属、工具、处所、形状特征以及类似事物，都可能是取义的来源。① 因此，同一事物可以有不同的表量形式，例如所量物件同为人群，我们可以用诸如一干（竿）、一夯、一火（夥）、一壩、一拔、一茬、一茷、一括、一梢、一排、一替、一干子、一大络、一大路、一撚子、一落索②等等，这足以说明在方言口语中，量词的取义和使用是十分灵活的。

【一末撒子】《圆悟录》卷一三："所以古人云：'身心一如，身外无馀。'尽乾坤大地只是个本来心，尽山河大地只是个一末撒子。也不要，既不要，且道向什么处安身立命？"筆者以为，"一末撒子"当作"一米糁子"，即一粒米之义。字形讹误与音近假借导致该词一直不得释诂。

首先，藏经中"末"与"未"字形经常易混。如《首楞严经要解》卷一："最后檀越谓未饭僧者，平等之慈。"而《首楞严经观心定解》卷一却作："最后檀越谓从末饭僧者，求得此人即名初求非阿难初发是心也。"又如"未来"可写作"末来"，《首楞严经要解》卷八："东西南北东南西南东北西北上下为界，过去末来现在为世。"《华严法相槃节》："问：'若尽末来际受声闻二百五十戒得否？'答：'非菩萨相。'"我们又发现，"未"字可与"米"字互讹，兹举二例：

（14）乃呵呵大笑云："若去衲僧门下十万八千，米蔓见他汗臭气在。虽然如是，不得一向，但以假名字引导于众生。"（《天圣广灯录》卷一八《袁州南源山楚圆禅师》）

---

① 摘自四川大学汉语言文字学硕士研究生"汉语史"课程讲义，任课教师俞理明教授。

② 词例选自《汉语方言大字典》。

"米蔓"二字在《古尊宿語錄》《續古尊宿語要》《聯燈會要》本章以及《石霜楚圓禪師語錄》中均作"未夢",這是"未"誤作"米"之例。又:

(15) 問:"絕水停輪,當何所食?"師云:"朝餐無未飯,暮啜百靈藤。"(《天聖廣燈錄》卷二四《襄州石門山慧徹禪師》)

"無未飯"當作"無米飯",此又是"米"誤作"未"之例。"無米飯"即無米之飯,乃禪宗之"格外談"。"無米飯"禪籍用例甚夥,如《宏智廣錄》卷四:"僧問淨果:'如何是本生父母?'果云:'頭不白者是。'僧云:'將何奉獻?'果云:'殷勤無米飯,堂前不問親。'"《宗鑒法林》卷五二《潭州北禪智賢禪師》:"今夜無可管顧諸人,不免烹個獨角泥牛,炊無米飯,唱無生曲,與諸人分歲。"

筆者囿于見聞,內典中暫未找到"末"可直接和"米"相訛的例子,但是通過與"末"形近常混的"未"字與"米"字常混亦足以間接佐證。"撒"與"糤"字形極近,且語音亦近①,自可通借。《大廣益會玉篇·米部》:"糤,糤米。"②"糤"作"米粒"的意思又可以寫作"糝"或"糕"③,"米糝(子)"有飯米粒、碎米之義,該義仍保留在某些方言中。《漢語方言大詞典》(1999:2253)"米糝"下云:"〈名〉飯粒。吳語。……1933年

---

① 撒,《集韻》桑曷切,屬心母曷韻;糤,《集韻》穎早切,屬心母旱韻。雙聲,韻母主要元音相同,韻尾小別。二字均以"散"爲聲符,亦可佐證。

② "糤"又有油炸麵食、加肉末的麵條、古祭品、用米粉熬煎的食品以及粽子等義,見《漢語方言大詞典》該字義項。

③ 《大廣益會玉篇·米部》:"糕,息感切,以米和羹也,又粒也。糝,古文。"又如,P.2578《開蒙要訓》"散粒研斷","散"於此當是"糤"之借字,與"粒"義同。"散"在 P.3610、P.2487 以及 S.5431 中作"糕",在 P.3243 中又作"糝",其右下角注有一小字"糕"。可見"糤"、"糕"、"糝"是異體字關係。

《吳縣誌》：'飯粒曰～。'……清段玉裁《說文解字注》七上：'今南人俗語曰～、飯糝，謂孰者也。'"米糂"條下云："〈名〉飯粒。江淮官話。江蘇泰州。陳啟彤《廣新方言》：'今泰州謂飯粒曰～。'""米糝子"義項❷又云："〈名〉碎米。東北官話。"禪錄中亦有"撒"與"糝"相通之證，如《撫州曹山本寂禪師語錄》卷上："僧云：'前來爲甚道全身歸父？'師曰：'譬如王子能成一國之事。'又曰：'闍黎此事不得孤滯，直須枯木上更撒些子花。'""枯木上更撒些子花"，又可以説成"枯木上糝花"，如《密菴和尚語錄》："乃召大衆云：'遮婆子，洞房深穩，水泄不通，偏向枯木上糝花，寒岩中發焰……"。還有"枯木糝花不犯春"、"無影樹頭舞鳳，不萌枝上糝花"、"糝花枯木徒芳菲"等説法，"撒"、"糝"可通借無疑。

以上我們從字形和字音兩方面論證了"一末撒子"即"一米糤（糝）子"。圓悟之喻或本自雪峰義存禪師機語，如：

(16) 雪峰上堂云："盡大地撮來如粟米粒大，抛向面前，漆桶不會，打鼓普請看。"（《雲門廣錄》卷下）

"盡大地撮來如粟米粒大"與佛教典故"戒子納須彌"表意無異，可謂是對印度原型的佛教名言進行本土化、自我化的改造，這一改造在承襲原典主旨基礎上更增幾分通俗性，一語既出，禪林遞相效仿。初略地統計了一下，在《圓悟錄》和《碧巖錄》兩部記載圓悟話語的語錄中，就多達十餘次提及雪峰之語，可見圓悟諳熟雪峰名言，祇是圓悟禪師這次把"粟米粒"換説成了更爲俚俗的"米糤（糝）子"罷了。

〔主要參考文獻〕

洪藝芳. 敦煌吐魯番文書中之量詞研究. 臺北：文津出版社，2000.
雷漢卿. 禪籍方俗詞研究. 成都：巴蜀書社，2010.
劉曉南. 宋代四川語音研究. 北京：北京大學出版社，2012.

項楚. 項楚敦煌語言文學論集. 上海：上海古籍出版社，2011.
許寶華［日］宮田一郎. 漢語方言大詞典. 北京：中華書局，1999.
張相. 詩詞曲語辭彙釋. 上海：上海古籍出版社，2009.
（日）無著道忠. 葛藤語箋. 京都：日本禪文化研究所，1992.
（日）無著道忠. 虛堂錄犁耕. 京都：日本禪文化研究所，1990.
（日）赤松佑子.《真誥》詩文押韻中所見的吳語現象. 新亞學術集刊，1995.

Annotations of Some difficult Phrases and words in Zen Texts

Wang Changlin

(Department of Chinese, Sichuan University, Chengdu 610064)

Abstract：The paper explains "Han Dan（憨耽）"、"Guang Xue（光靴）"、"Wu Bei ji（無碑記）"、"Yi Huo Luo（一火絡）"、"Yi Mo Sa Zi（一末撒子）" five difficult Phrases and words from the to be asked list of The Study of Zen Texts' Dialects Words.

Key words：The Study of Zen Texts' Dialects Words; Phrase and Word; Annotation

（王長林，四川大學文學與新聞學院，郵編 610064）

"㦥悢""㦥戾""狼戾""狠戾""很戾"考*

徐時儀

内容摘要："㦥悢"有"執拗凶狠"義，據玄應和慧琳所釋，佛經中或寫作㦥戾、籠戾、儱悢、儱戾等，蓋為狼戾的音轉記音詞，故字體不定。狼似為狠之訛。"狠戾"又寫作"很戾""佷戾"。"㦥悢""㦥戾""儱悢""籠戾"等皆源自"狼戾"而為"狠戾"之訛。

關鍵詞：㦥悢　㦥戾　狼戾　狠戾　佷戾

古往今來，漢語中詞和詞義的演變更替幾乎每個時代都在發生；一些詞語消亡了，又產生了一些新的詞語，一些詞語原有的詞義又可能由別的詞語取而代之。這往往或由於表述對象的變化而影響到相關詞語的變化，或由於文化因素的影響和時間的推移而引起所使用詞語的變化，或由於其他詞語對該詞所用漢字的假借而造成的更替。諸如此類的種種因素造成了古今詞彙的演變（徐時儀 2013），而凡"其字面生澀而義晦，及字面普通而義別者"則皆在漢語史研究的探討之列（張相 1979），下文擬就"㦥悢""㦥戾""儱悢""籠戾""狼戾""狠戾""很戾""佷戾"略作探討。

---

* 本文為國家社會科學基金項目"古白話詞彙研究"（13BYY107）、上海高校高峰學科第三類"中國語言文學"建設項目階段性成果、國家社會科學基金重大項目（10&ZD104）、上海市教委科研創新項目"古白話詞彙研究"（13ZS084）的成果之一。

一 "懭悷"、"懭戾"、"儱悷"、"籠戾"

"懭悷"有"執拗凶狠"義,佛經中用例較多①。檢《電子佛典集成》中有130例,如:

譬如象馬懭悷不調,著之羈絆,加諸杖痛,然後調良。(支謙譯《維摩詰經》)②

心多瞋毒,轉相傷害,麤獷懭悷,侜張難化。(竺法護譯《文殊師利佛土嚴淨經》)

諸子不隨,顛倒懭悷。(竺法護譯《正法花經》卷七)

云何不和軟性,謂心剛強,心堅鞕,心懭悷,心不明淨,心不潤滑,心不柔軟,心無堪任,總名不和軟性。云何不調柔性,謂身剛強,身堅鞕,身懭悷,身不明淨,身不潤滑,身不柔軟,身無堪任,總名不調柔性。(玄奘譯《阿毗達磨法蘊足論》卷九)

若有二心俱生,則應不可調伏。如今一心,剛強懭悷,猶難調伏,況二心耶。(玄奘譯《阿毗達磨大毗婆沙論》卷十)

譬如善調馬師,隨馬懭悷,即時能伏。(菩提流志譯《大寶積經》卷一百一十二)

又作懭戾。檢《電子佛典集成》中"懭戾"有75例,如:

諸根不調順,猶如懭戾馬。(鳩摩羅什譯《大莊嚴論經》卷十三)

---

① 拙著《慧琳音義研究》曾作有探討,上海社會科學院出版社1997年版,第132頁和151頁,又見拙撰碩士論文《慧琳和他的一切經音義》(上海師範大學1987年)。

② 本文所引佛經多據中華電子佛典協會惠贈的《電子佛典集成》(2014),謹此致謝。

諸龍易形，交合牝馬。遂生龍駒，憹戾難馭。（玄奘《大唐西域記》卷一）

考《玄應音義》釋“憹戾”如下：

諸經有作儱，同。祿公反，下《三蒼》作悷，同。力計反。很戾也。謂很戾剛强也。（卷八釋《維摩經》下卷憹戾）①

或作儱，同。祿公反，下《三蒼》作悷，同。力計反。佷戾也，謂佷戾剛强也。（卷二十二釋《瑜伽師地論》第四十一卷憹戾）

祿公、祿孔二反。謂佷戾剛强也。（卷二十三釋《攝大乘論》第四卷憹戾）

經中或作儱，同。祿公反。《三蒼》作悷，同。力計反。佷戾也。謂佷戾剛强也。（卷二十四釋《阿毗達磨俱舍論》第十七卷憹戾）

玄應四釋憹戾，指出此詞有“佷戾剛强”義。《慧琳音義》亦收釋此詞。如：

上祿董反，諸字書中並無從人作者，應是譯經者以意作之，相傳音也。唯綦韻中從心作憹。下音麗。義説云，憹戾者，掘强咈戾難調伏也。並從心，經從人，非也。（卷十四釋《大寶積經》卷七八憹悷）②

上祿董反，下黎弟反。憹悷者，剛强不伏也。字書並無從心作者，經文以意為之。（卷四十五釋《文殊悔過經》憹

① 《玄應音義》今傳本主要爲磧砂藏、趙城藏、麗藏本等釋藏本和莊炘、錢坫等校刻本，各本及慧琳所轉錄部分皆略有不同，本文據麗藏本，并以各本參校。

② 《慧琳音義》今存最早傳本為高麗藏本，1737 年日本獅谷白蓮社據以翻刻。本文所據為上海古籍出版社 1986 年影印獅谷白蓮社藏版《正續一切經音義》本，並以臺灣大通書局翻刻的高麗藏本、丁福保 1924 年據獅谷白蓮社版影印的頻伽精舍本和日本大正新修《大藏經》第 54 册所載《慧琳音義》參校。

佷)

　　上聾董反,下音佷。此二字諸字書中先無,綴文學士以意書出,相傳音之。案儱佷者是剛強難調伏也,大意如此,故無別釋,亦形聲字也。(卷六十六釋《阿毗達磨法蘊足論》卷九儱佷)

　　籠戾:"案籠戾,剛強難調伏也。撿字書並無本字,論作籠,假借用也。"(《慧琳音義》卷六十八釋《阿毗達磨大毗婆沙論》第三卷籠戾)

　　上籠董反,下音麗。案經義則強難調名為㸰戾,戾從犬,蓋因時而有此語,釋經者以意作之,以合時用,字書先無此字。(卷八十二釋《大唐西域記》卷一㸰戾)

㸰戾,據玄應和慧琳所釋,"經中或作籠",寫作籠戾。"諸字書中並無從人作者,應是譯經者以意之",慧琳所見經文又有作"儱佷"、"籠戾"等。辛嶋靜志《漢譯佛典的語言研究》(1997)指出與此詞對應的的梵語(sathaka, viparita)的意思也是"乖張的"、"倔強的"、"彆扭的"。由漢字的表意功能而言,"剛強難調伏"與性格有關,故慧琳認為此詞應"並從心,形聲字"。

二　"㸰戾"與"狼戾"

《漢語大詞典》收有"㸰戾",釋為"兇狠難以馴服"。引《大唐西域記·屈支國》"諸龍易形,交合牝馬,遂生龍駒,㸰戾難馭"為例,未作其他說明。①《漢語大字典》"㸰"字條下釋義引《廣韻·董韻》:"㸰,㸰佷,不調。"《集韻·董韻》:"㸰,

―――――――

　① 《漢語大詞典》和《辭源》等所釋"㸰戾""狼戾"皆未明其源,筆者擬另撰文探討,此從略。

憹愯,很也。"又《東韻》:"憹,憹愯,多惡也。"所引書證亦為《大唐西域記》①。據《廣韻》和《集韻》所釋,似把"憹戾"視為聯綿詞,義為"不調"和"很",即《漢語大詞典》所釋"兇狠難以馴服"義,而"憹"單用無義。

我們認為"憹戾""籠戾"等是"狼戾"的音轉記音詞②,與"郎當"轉為"籠東"相似。③ 狼、籠音近,《廣韻》狼為唐韻來母,籠為東韻來母,狼、籠雙聲,唐、東為陽聲韻旁轉。唐韻的主元音為 aŋ,其向中古的演變方向為後高化:aŋ→ɑŋ→ɔŋ→oŋ。"狼戾"有"執拗凶狠"義。如《戰國策·燕策一》:"夫趙王之狼戾無親,大王之所明見知也。"王褒《洞簫賦》:"貪饕者聽之而廉隅兮,狼戾者聞之而不懟。"呂向注:"狼戾,惡性也。"李白《幽州胡馬客歌》:"天驕五單於,狼戾好凶殘。"《三國演義》第五回:"(董卓)狼戾不仁,罪惡充積!"檢釋智圓撰《維摩經略疏垂裕記》卷十釋"憹戾"云:"或作籠,同,祿公反。戾,《三蒼》作俫,同,力計反。狼戾也,剛強貌也。"又檢法雲編《翻譯名義集》卷六:"見過不更,聞諫愈甚,謂之狼。"注云:"有過不改,聞諫彌增,狼戾之人。"《電子佛典集成》中有"狼戾"24例,如:

若學良善,則於狼戾時習之。(王日休撰《龍舒增廣淨土文》卷九)

---

① 李維琦《佛經釋詞》收有此詞,釋為"桀驁不馴",引有西晉竺法護所譯《生經》和蕭齊僧伽跋陀羅《善見律毗婆沙》等魏晉南北朝譯經中的六例。嶽麓書社1999年版,第140頁。

② 檢《電子佛典集成》中有"籠戾"11例,如圓測撰《解深密經疏》卷七:"復次有身見等,剛強難伏,如狩籠戾,故説名生。"蕭旭《漢譯佛經語詞詞源例考》(《東亞文獻研究》總第11輯)一文就前人所論作有考探,可參看。

③ 黄生《字詁》:"'郎當'之轉口即'籠東'。"《字詁義府合按》,中華書局1954年版,第71頁。

三 "狼戾"與"狠戾"、"很戾"、"佷戾"

考《廣雅·釋詁三》:"狼、戾,很也。"又《釋詁四》:"狼,很,盭也。"王念孫疏證:"盭與戾同,狼與佷一聲之轉。《燕策》云:'趙王狼戾無親。'《漢書·嚴助傳》云:'今閩越王狼戾不仁。'"據《廣雅》所釋,"狼"、"戾"皆有"很"義,而"狼戾"亦有"很"義,又寫作"狠戾",我們認為"狼"似為"狠"之訛。① 如《北史·蘇威傳》:"其性狠戾,不切世要。"司空圖《馮燕歌》:"誰言狠戾心能忍,待我情深情不隱。"袁枚《續新齊諧·狼牙》:"而狼之狠戾,恃有此牙,亦天之賦與獨異。""狼"、"狠"形近,且狼性狠戾,"狼"、"狠"義近組成並列複合詞"狼狠"。如王楙《野客叢書·以物性喻人》:"惟狼之喻尤多……言其專愎則曰狼狠,言其不恤則曰狼戾,言其不檢則曰狼籍,言其乖謬則曰狼狽。"檢《電子佛典集成》中有"狠戾"60例,如:

凡夫貪染隨順四分,生死重積狠戾難馴,故名不調。(灌頂記隋天台智者大師說《摩訶止觀》卷八)

或遇公姑慘毒,夫主狠戾。(續法撰《佛說四十二章經疏鈔》卷五)

"狠戾"又可寫作"很戾"。如《史記·張儀列傳》:"夫趙王之很戾無親,大王之所明見。"《莊子·漁父》:"見過不更,聞諫愈甚,謂之很。"唐成玄英疏云:"有過不改,聞諫彌增,很戾之人。"《朱子語類》卷三十五:"如人很戾,固是暴;稍不溫恭,

---

① 蕭旭《漢譯佛經語詞語源例考》(《東亞文獻研究》總第11輯)一文亦就此作有探討,可參看。

亦是暴。"① 檢《電子佛典集成》中有"很戾"38例，如：

貌恭矯媚於男夫，心藏很戾無知者。（般若譯《大方廣佛華嚴經》卷二十八）

別知人行慈，易教不很戾。（竺法護譯《修行道地經》卷二）

考《説文·彳部》："很，不聽從也。一曰行難也。从彳，艮聲。一曰鬩也。"如《左傳·襄公二十六年》"太子痤美而很"杜預注"美貌而很戾"。又如《史記·項羽本紀》："宋義令於軍中曰：'很如羊，貪如狼，彊不可使者，皆斬之。'"再如宋本《晦庵先生朱文公語錄》卷三十八："'很毋求勝'，很亦是兩家事。"此條為沈僩所錄②。今粵語稱小孩調皮搗蛋，不聽從管教為"很"。考《玄應音義》卷三釋《放光般若經》第九卷項很："謂很人強項難回，因以名也。"又卷八釋《無量清淨平等覺經》上卷項很："很，又作佷，同。胡墾反。項很也，很人強項難回也。……《國語》：'很，違也。'謂違戾也，字從艮聲。"項為脖子的後部。項很，即強橫執拗不聽話。如西晉無羅叉譯《放光般若經》卷十三："菩薩行六波羅蜜成阿惟三佛，使我國土中不聞項很之名。"又卷十六："項很自用，著於吾我。"

考《玉篇·人部》："佷，戾也。本作很。"很，又作佷。如《國語·晉語》九："宣子曰：'宵也佷。'對曰：'宵之佷在面，

---

① 本文所據如未注明皆為王星賢點校本《朱子語類》，中華書局1986年版。此本以清光緒庚辰賀瑞麟校刻本為底本，參校明成化九年陳煒重刻江西藩司復刊宋咸淳六年導江黎氏本、清康熙間呂留良天蓋樓刻本和同治壬申應元書院刻本，抽對朱吾弼編刻本、日本寬文八年刻本。

② 李道傳編《晦庵先生朱文公語錄》卷三十八沈僩錄第99條，第51頁。此書是現存最早的朱子講學語錄，刻於嘉定八年（1215）。1940年前藏於北京圖書館，抗戰期間寄存於美國國會圖書館，現北京國家圖書館善本閱覽室回藏有該書的縮微膠片，原物則藏於臺北故宮博物院。王星賢點校本《朱子語類》亦作"很"。明成化九年陳煒重刻黎靖德編《朱子語類》作"狠"。

瑤之佷在心。'"韋昭注："佷，佷戾，不從人也。"佷戾亦為"執拗凶狠"義。如《宋书·晋平刺王传》："休祐佷戾強梁，前後忤上非一。"洪邁《夷堅丙志·廣州女》："女佷戾不孝，无日不悖其親。"檢《電子佛典集成》中有"佷戾"38例，如：

> 諸比丘！佷戾不諦，慳悋嫉妬，巧偽虛妄，自因己見，謬受不捨，迷於邪見，與邊見俱，亦復如是。（佛陀耶舍共竺佛念譯《佛說長阿含經》卷八）

> 重作不善行，佷戾不受教。（僧伽提婆譯《中阿含經》卷三十三）

"狠戾"與"狠戾"、"很戾"、"佷戾"皆有"執拗凶狠"義。

四 "很"與"狠"

"懭戾、狠戾、很戾、佷戾"皆有"很"義，據《說文》所說，很"一曰盭也"。盭，後作"戾"。《說文·弦部》："盭，弼戾也。讀若戾。"段玉裁注："此乖戾正字，今則戾行而盭廢矣。"很、戾義近而成並列複合詞。

考《廣韻》："很，很戾也。俗作狠。"彳、犭形近，故"很"俗又作"狠"，"很"、"狠"漸混用。考《說文·犬部》："狠，犬鬥聲。从犬，艮聲。"段玉裁注："今俗用狠為很，許書很、狠義別。"又考《篇海類編·犬部》："狠，與很同。惡也。""狠"亦有"執拗乖戾"義。[1] 如《朱子語類》卷一百三十："介甫只好人奉己，故與呂合。若東坡們不順己，硬要治他，如何天生得恁

---

[1] "很"由"執拗不聽從"義引申有"兇狠"義，又進一步虛化發展為程度副詞。"很"的"執拗不聽從"義後漸消失，而"兇惡殘忍"義多作"狠"。"狠"的本義"犬鬥聲"後漸消失而引申有"兇惡殘忍，不留情"義，亦可作副詞，表示程度深。

地狠！"又如宋本《晦庵先生朱文公語錄》卷三十八："或云：'若論其修身行己，人所不及。'曰：'此亦是他一節好。其他很厲偏僻，招合小人，皆其資質學問之差。亦安得以一節之好，而蓋其大節之惡哉！籲，可畏！可畏！'"① 此條為沈僴所錄，例中"很厲"與"很戾"義近，意謂王安石"執拗嚴厲"。

五　結　語

"很"的"執拗乖戾"義今多用"犟"②，也用"倔"和"艮"③。許寶華和宮田一郎《漢語方言大詞典》第二卷釋"艮"為（性子）直，（脾氣）執拗，（說話）生硬。如北京官話："這人脾氣艮，誰的話都不聽。"又如上海話："迭個人脾氣邪氣艮。"④"艮"為"很"的記音，又寫作"梗"或"耿"。如《海上花列傳》第二十三回："耐個人啥梗得來，耐該搭勿高與做，去末哉啘。"又如《描金鳳·老地保》："人倒蠻和氣的，就是耿點。"⑤ 據翟灝《通俗編·品目》引《輟耕錄》云："杭人好為隱語，如粗蠢人曰朾子，朴實人曰艮頭。"艮頭是方言，謂朴實耿直之人。考《廣韻》，很，胡懇切，很韻，匣母，上聲。耿，古

---

① 李道傳編《晦庵先生朱文公語錄》卷三十八沈僴錄第95條，第38頁。此例承友生潘牧天提示，謹此致謝。例中"很厲"，明成化九年刻黎靖德編《朱子語類》同，王星賢點校本作"狠厲"。

② 明屠隆《棲真館集》卷二《七言古詩·飲美酒對名花歌》："勸君一杯犟一曲，丞相墳前草已綠。"

③ 桓寬《鹽鐵論》卷九《論功第五十二》："倔强倨敖，自稱老夫。"《漢語大詞典》釋"艮"："方言。指人脾氣倔或說話生硬。如：這個人真艮；他說話太艮。"

④ 許寶華和宮田一郎《漢語方言大詞典》第二卷，中華書局1999年版，第2286頁。

⑤ 許寶華和宮田一郎《漢語方言大詞典》第四卷釋"耿"為脾氣倔，吳語。中華書局1999年版，第4604頁。

幸切,耿韻,見母,上聲。"耿"有"強硬耿直"義,又與"很"音近,似在語音和詞義共同作用下而作為"很"表"執拗乖戾"義的記音詞,"很"則虛化發展為程度副詞和語氣副詞①。

據上文所說,可知"儱戾、儱悷、籠戾、儱戾、儱悷"等皆源自"狠戾"而不是聯綿詞,"狠戾"則為"狠戾"之訛,"狠戾"又作"很戾""佷戾"。儱悷、儱戾、籠戾、儱戾、儱悷等詞的形成既有語音和詞義的演變,又有形體的訛寫,其演變線索如下:

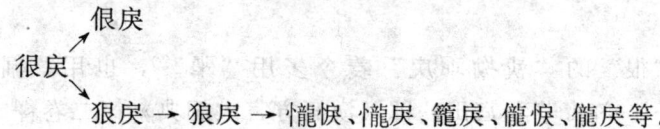

六　餘　論

聯綿詞是漢語發展史上一種特殊的詞彙現象,由音得義,一般祇是記音的單純詞,其中有些詞由於詞義的演變或者人們在使用中有意尋找意義與其詞義相關的字來記錄此詞等原因,造成字形隨着相應詞義的分化。如"俾倪"最初為一個記音詞,有"偏小、不正、斜視"義,後字形隨着所表詞義的不同漸分化為睥睨、陴隉、墣圪、睥睨、睥倪、埤堄、䫀堄等,其中作"俾倪"偏指於人的窺視動作,作"睥睨"注重於眼睛的斜視動作,作"埤堄"特指城上矮牆。又如"阿那"也是一個記音詞,有"柔弱盛美"義,後字形隨著所表詞義的不同漸分化為裒橠、檹橠、裹橠、妸婆、婀娜等,其中草木茂盛貌作"檹橠",輕盈柔美貌作"婀娜"。

還有一些聯綿詞在長期的運用中其中一個音節甚至兩個音節

---

① 詳參王靜《"很"的語法化過程》(《淮陰師範學院學報》2003年第4期)和鄭宏《副詞"很"的形成考》(《韶關學院學報》2008年第11期),此不贅。

具有了一定的語義，演變為一個語素也成為一個詞。如"骯髒"的"髒"，"驕傲"的"驕"和"傲"。姜亮夫《楚辭通故》說到可分釋的疊韻聯綿詞時曾舉"驕傲"一詞云："驕者，本馬高六尺之名，用為驕傲，即高傲，當為喬字之借。喬本訓高而曲，高而曲則高非正直，故引申為倨簡、為奢、為慢。《禮記·樂記》'敖辟喬志'，《坊記》'富斯喬'，《書大傳》'禦貌于喬忿'皆是。經典多以驕為之。""傲者，《說文》'倨也'，《書·堯典》'象傲'，傳'傲慢不友益稷無若丹朱傲'等，《書經》凡用四傲字，皆訓慢，則三古舊訓如是矣。聲轉為桀傲，或作傑傲，皆後世衍益之詞。"驕，又作喬、憍。傲，又作敖，慠。《離騷》："保厥美以驕傲兮。"王逸注："倨簡曰驕，侮慢曰傲。傲，一作敖。言宓妃用志高遠，保守美德，驕傲侮慢。"①

　　由於漢字的記音表意性，漢語中有些詞出自同一語源，在歷時的發展演變中可能是由兩個記音字（一字代表一個不成詞的音節）構成一詞，也可能是由兩個詞（一字代表一個成詞的音節）構成一詞或一個詞組，表達同一個詞義。如爛漫，或作"爛熳"、"瀾漫"、"爛縵"，都有"自如地放開"義。從表意看，最初可能形容水勢大，寫作"瀾漫"。"瀾"為大的波浪，"漫"形容"水盛大無際"，其詞義或由"波浪盛大自如無遮擋地放開"的詞組義凝固成詞（一字代表一個成詞的音節），後又可用"爛漫"、"爛熳"、"爛縵"等記音表達；而從記音看，最初也可能就是由兩個記音字（一字代表一個不成詞的音節）構成一詞，形容水勢大。上古漢語有許多雙音節的語素，即通常所說的聯綿詞很可能源自更早以前由複輔音聲母組成的單音節詞，後由於複輔音聲母簡化，遂各取複輔音聲母中的一個成份作為單輔音聲母，分化為

---

① 《後漢書·崔駰傳》"傳曰：'生而富者驕，生而貴者傲。'生富貴而能不驕傲者，未之有也。"

雙音節單純詞。如由鼻音聲母和塞音聲母組成的聯綿詞紕繆、叮嚀等的早期語音形式可能來自由鼻音和同部位的塞音聲母組成的複輔音聲母 pm-、mp-、bm-、tn-、thn-、kŋ-、khŋ-等，複輔音聲母簡化後則分化爲雙音節的單純詞 p-m-、m-p-、b-m-、t-n-、th-n-、k-ŋ-、kh-ŋ-等。①

聯綿詞和合成詞雖都是複音詞，但聯綿詞是只有一個語素構成的單純詞。有些聯綿詞很可能是合成詞在使用中因形訛或音近而失去理據後形成，如"尷尬"表"處境困難或事情棘手，難以應付"義元代始見。如劉唐卿《白兔記》第二出："通文會武兩尷尬，目今怎得將來買？"明李詡《戒庵老人漫筆》卷五指出："尷尬，上音兼，下音介。今人呼事在成否兩難者爲尷尬。按字書曰：'行不正也。'"李詡所引字書的釋義出自《説文·尢部》："尳尬，不正也"，本指腿脚行走不便，與"處境困難或事情棘手，難以應付"義似無關。考"尷尬"又作"監界"。如《朱子語類》卷三十六："這'利'字是個監界麿糟的物事。若説全不要利，又不成特地去利而就害。若纔説著利，少間便使人生計較，又不成模樣。"又"'命'字亦是如此，也是個監界物事。孔子亦非不説，如云'不知命'之類。袛是都不説著，便又使人都不知個限量；若袛説著時，便又使人百事都放倒了，不去做。""監界"似爲"尷尬"的記音。監，《廣韻》古咸切，銜韻，見

---

① 我們推測上古語音由雙音節語素演變為單音節語素可能與書面語的產生有關，在某種程度上或許也是為了適應漢字的表意性和當時書寫條件的不便。李如龍《漢字的歷史發展和現實觀照》（《光明日報》2014 年 12 月 8 日）一文假設漢字的產生引起了漢語的一場類型變化，認為自從漢字定型並成為漢語的書面符號之後，集形音義為一體的漢字成了單音詞，成了上古漢語詞彙佔優勢的主體，放棄了使用形態標誌來區別語法意義的手段，複合輔音也消減了，為了增加音節容量以擴大單音詞的別義能力，形成了"四聲"的聲調格局。上古漢語之所以成為"單音節的孤立語"，顯然是漢字的"形音義融為一體"和"單字成詞"的結果。

母；尷，《廣韻》古銜切，銜韻，見母。界和尬，《廣韻》同為古拜切，怪韻，見母。我們認為"尷尬"、"監界"可能源自"間界"。"間界"有"分隔的界限"義，宋代引申有"夾在兩界中間的界限不明"義。如：

　　來教所云，心亦慮之，但鄙意到此轉覺懶怯，況本來祇是間界學問，更過五七日便是六十歲人。（朱熹《答陳同父書》，《晦庵集》卷二十八）

　　志於道者，心存於義理也；恥衣食之惡者，心存於物欲也。理之與欲不能兩立，故聖人以此為戒也。南軒先生嘗曰：'天下無間界底道理，欲做好人則不可望快活，要快活則做不得好人。'此之謂也。（真德秀《問志於道》，《西山文集》卷三十一）

　　又曰："明於天性，知自貴於物云云，又似得性善模樣，終是說得間界，不分明端的。"（真德秀《西山讀書記》卷三十）

例中"間界"意謂界限不明而混同模糊。宋以後由"界限不明"義引申有"處境困難或事情棘手，難以應付"義，後又以《說文·尣部》所釋"尲尬"為源而記音作"尷尬"。

　　因而"慌戾、儱倱、籠戾"等不是聯綿詞，而是"狠戾"一詞使用中形訛後失去理據的記音詞。

〔主要參考文獻〕

徐時儀．近代漢語詞匯學．廣州：暨南大學出版社，2013．
張相．詩詞曲語詞匯釋敘言．北京：中華書局，1979．
辛嶋靜志．漢譯佛典的語言研究．俗語言研究第四期．1997．
王星賢點校．朱子語類．北京：中華書局，1986．
姜亮夫．楚辭通故．昆明：雲南人民出版社，1999．

Investigation on the Meaning of longli（儱悷、儱戾）langli（狼戾） henli（狠戾、很戾）

Xu Shiyi

(Classical Documents Institute of Shanghai Normal University,
Shanghai, 200234)

Abstract: longli（儱悷、儱戾）means stubborn or perverse. as to the character structure, there are different records. hen（狠）maybe mistake as lang（狼）which is the origin of longli（儱悷、儱戾）.

Key words: longli（儱悷、儱戾）; langli（狼戾）; henli（狠戾、很戾）

（徐時儀，上海師範大學，郵編 200234）

"貓膩"考源[*]

楊 琳

内容摘要："貓膩"的理據是什麼，衆說紛紜，然均難成立。本文通過古今漢語、親屬語言及非親屬語言的貫通互證，證明"貓膩"之"膩"是一個"化石"語素，其含義也是貓，"貓膩"的隱秘義源自貓的生活習性。漢語的貓名"貓"、"咪"、"狸"、"貇"及藏緬、苗瑤語族中的 [mi]、[ni]、[li] 都有同源關係，其源詞為 [mi]。

關鍵詞：貓膩　貓的同族詞　詞源

"貓膩"理據的各種解釋

"貓膩"也寫作"貓匿"、"貓溺"、"貓睨"等，其中的"貓"也可兒化作"貓兒"。《現代漢語詞典》(第 6 版) "貓兒膩" 條下標明是方言，其實該詞流通範圍很廣，視為某地方言並不恰當。有些人認為該詞是二十世紀九十年代出現的新詞，如林倫倫、朱永鍇等編著的《現代漢語新詞語詞典 (1978—2000)》(花城出版社 2000：145)、宋子然主編的《漢語新詞新語年編 1997—2000》(四川人民出版社 2002：124) 等辭書都收有"貓兒膩"，未免失查。該詞至晚在十八世紀就已見使用了，寫作"譕逆"：

清官爺正與青兒説話，則見白氏佳人打屋裏出來，站在

---

[*] 本文爲教育部社科項目"俗語詞考源"的部分成果，項目號：12YJA740090。

大人的對面,説:"道爺,你瞧我們這院子,是何物作怪?"劉大人聞聽白氏佳人這個話,他老人家就站了起來咧,故意的把手往眼上一攔,東一瞧,西一望,拿糖作勢的鬧了許多的謢逆,這才開言講話,説:"娘子,依貧道看來,不是怪物,竟是怨鬼作耗。"(清車王府曲本《劉公案》(撰成於 1796—1799 年間①)第五回)

鈺福一面喝茶,照著祥某所説敷衍了一遍,又笑道:"橫竪這案裏總有貓兒溺,不然也不能吵嚷。"(冷佛《春阿氏》(1914 年初版)第六回)

他聽見巨川説了那一套話,接著又一使眼神,他曉得這其中必定有些貓兒溺。(半解居士《芝醴同芳記》第二回,《青鶴》1933 年第 4 期)

"貓膩"常見有三個含義:(1)隱秘或曖昧的事;(2)黑幕,不正當的内情;(3)陰謀詭計,花招。"貓膩"何以有這些意義,説法很多。

A. 本字應為"溺","溺"即"尿","貓溺"就是貓尿。貓喜歡用沙土覆蓋住自己的屎尿,所以人們用"貓溺"比喻那些偷偷摸摸做的事情。齊如山(1991:230)在 1945 年完成的《北京土話》一書中就記寫為"貓兒尿",解釋説:"尿,音膩。'貓兒尿'者,暗藏情節也。如云其中必有貓兒尿,則是其中必有暗藏著的情節。此語來源未詳。"寫作"尿",似乎説明記寫者猜測該詞語源與貓尿有關。

B. 本字應為"膩",油膩的肉食有腥氣,貓愛偷腥,"貓膩"即貓偷來的腥,故用來比喻不能見光的事物。

C. 本字應為"匿","貓匿"指貓把尾巴藏起來,比喻人藏起見不得人的隱私之處或偷著辦見不得人的事。傅憎享(2000:

---

① 參看石繼昌《説車王府本〈劉公案〉》,《讀書》1991 年第 5 期。

185—186）："貓匿《金瓶梅》書可為證：《金瓶梅》作'黃貓黑尾'，不是顏色當句成對，也不是兩色貓。是貓把尾（生殖器）黑藏起來。指人藏起見不得人的隱私之處或偷著辦見不得人的事。不僅書可證，尚且有詩為證：清代人有詠玩具貓詩曰：'健懶莫知因縮爪，雌雄難辨為藏尻。'藏尻即黑尾，故而不是貓膩是貓匿！（詩見於《堅瓠集》）"

D. 本字應為"匿"，"貓匿"來自貓的生活習性。陳建文、王聚元（2001：406）："貓匿，北方方言。貓習慣於夜間活動，故用以戲指搞小動作、耍花招等不正當手段。""貓膩，同'貓匿'。'膩'是'匿'的轉音。"

E. 本字應為"匿"，"貓匿"源自兒童的藏貓貓遊戲。王小鳳（2007：188）："'貓膩'原指一種類似于捉迷藏的兒童遊戲，即像貓一樣弓著腰藏匿而無聲響，故又寫作'貓匿'，由此引申為在某件事情中有著見不得人的秘密，甚至是陰謀和花招等。"

F. "貓"是"卯"（鉚）的諧音，隱實示虛，由固定義而指隱藏，與"匿"複說，也就是北京方言"貓冬"中的"貓（卯）"（劉瑞明 2002）。

G. "貓膩"是外語音譯詞。

有人認為來自阿拉伯語。《國語辭典》補編（商務印書館1948：11）："貓兒溺，阿拉伯語，瑪爾膩之音轉，原義為'意義''內容'。餘見正編。"《漢語詞典》（據《國語辭典》刪節重編）（商務印書館 1957：95）："貓兒溺，阿拉伯語'瑪爾膩'之音轉，原義為'意義''內容'，俗以指隱私不可告人之事。"金受申（1961：108）："貓兒膩，事故太多的意思。……這是從回族語'馬兒密'轉來的借用語，馬兒密的原意是事故由兒。"①

---

① 彌松頤《京味兒夜話》（人民文學出版社 1999：152）："金先生將它解釋作'事故'，恐不甚妥當。此詞偶用作'事端'講，但更多的是用在'隱私'上面。"

徐世榮（1990：268）："貓兒膩，瑣細的事故。如：'你怎麼有這麼些個～！'現在多用指曖昧之事，隱蔽之事。如：'你們有什麼～，我早就看出來了！'（據說是阿拉伯語——回語'瑪兒膩'或譯音'馬兒密'的變音，原義是'意義'、'内容'、'事故'。也可寫作'貓兒溺'。）"

有人認為來自波斯語。陳剛（1985：187）："貓兒匿，（1）内情，多指私敝。（2）搞鬼，使假招子。＜〔波斯〕ma'ni（含義）。"元丁（1999）："從記寫形式多達8種的情況來看，這個詞具備了外來詞（借詞）的特點；從北京牛街地區回民較早使用的情況來看，這個詞確實可能來自阿拉伯語——波斯語。上述的各種記寫形式（包括'貓兒匿'在内）都是純粹的音譯，這些漢字所起的都是表音的作用，跟字面的意思不相干。所謂'匿'字的'隱藏'義，以及由'貓'字牽引出'藏貓貓'之類，全都是附會。"

H."貓膩"為滿漢融合詞，"貓"為滿語，"膩"（匿）為漢語，原義是"樹叢中隱藏"。趙傑（1996a：296－298）：

筆者曾對此做過直接調查，北大東語系阿拉伯語專業的畢業生說，阿語"瑪兒膩"漢譯是"有關的"，"馬兒密"在阿拉伯語辭典中找不到。筆者曾親自問過今天的北京牛街回族和山東青州南營回族（是從北京地區遷去的），他們都不知道"馬兒密"這種說法，即使古代阿拉伯語到回語中有"馬兒密"一詞，但是，由什麽條件使得語言學上不大能使[m]音變成[n]音的現象果真變成了現實，還沒有人給說清楚。退一步說，就算是"瑪兒膩"成立，其詞義不論是"有關的"還是"事故、意義、内容"，都與今天的"貓兒膩"意義無關。況且"貓兒膩"是否有"事故"的意義還有待考證，因為筆者調查現代北京人時，沒有誰認定"貓兒膩"是表示"事故、意義、内容"的。……經過多方調查和證明，我們得知，"貓兒膩"和上述一系列滿漢並列融合詞一樣，也是滿漢兩語素聯合構成的複合詞，"貓"是滿語 mo，表"樹木、樹叢"，前文"藏貓兒"一詞已述。"貓"兒化是滿式漢語的一種常見現象，無須多論，"膩"應選爲漢語的"匿"字，不應該寫成"膩"，"匿"的意思是"隱藏"，在"藏貓兒"演變成"捉迷藏"後，"貓兒"的"迷藏"意義也就人人皆知了，如果説把"藏貓兒"變成"貓兒匿"理解爲語言學上的語素換位，一般人不容易接受的話，那麼把漢語的"匿"看作是對滿語演變成"迷藏"的"貓兒"的注解，完全符合上述一系列滿漢並列融合詞的構成習慣。

又趙傑（1996b：37）：

"貓匿"，"貓"是滿語詞［mo］的音譯，意思是"樹木"，"樹叢"。早在女真人南遷時代，居住在長白山東北麓林海雪原裏的滿族祖先，其捉迷藏等遊戲多藏在樹叢裏，在地廣人稀的白山黑水，躲在樹木裏是很難找到的，也就等於是隱藏了。

儘管有上列這麼多的解釋，但都存在這樣那樣的問題，難以令人滿意。最突出的問題是牽強附會，缺乏證據。如 A 説釋"溺"爲"尿"，但"尿"義的"溺"讀 niào 不讀 nì，而讀 nì 之"溺"則表示溺水、溺愛等義，所以此説與 māonì 一詞音義不符。再説，僅僅用"貓尿"表示貓掩藏屎尿也不免牽強。事實上，俗語中有"貓尿"和"貓蓋屎"的説法，但前者用來貶稱酒或眼淚，後者比喻做事敷衍潦草，都没有隱秘之事的喻義。B 説釋"膩"爲腥，釋"貓膩"爲貓偷來的腥，D 説將"匿"想像爲貓的夜間活動，均屬輾轉聯想，捕風捉影，無從取信。C 説把"貓匿"解釋爲貓藏尾巴，爲何不是藏爪或藏身？不能因爲碰巧在文獻中找到了一個貓"藏尻"的個例就想當然地認爲二者有關。從構詞上來講,"主+動+賓"組合的結構層次是"主+<動+賓>",即先是"動+賓"直接組合,然後才是"主"與"動+賓"組合。因此,"貓匿尾"要省略一般也祇能省成"匿尾",不能省成"貓匿",正如"貓蓋屎""膽結石"在有些語境中可以祇説"蓋屎""結石"但不能説"貓蓋""膽結"一樣。F説"由固定義而指隱藏"更是生拉硬扯,"鋽"有隱藏義的證據在哪里?語言中有"鋽匿"的説法嗎?没有"鋽匿",何來諧音?

對"貓膩"為音譯詞之説,趙傑已做過很好的調查與駁正,但他的滿漢融合詞説同樣是站不住的,正如季永海(2004)所質疑的:"第一,阿勒泰語系語言動詞和賓語的關係是賓動式,即賓語在前動詞在後。'貓匿'和'藏貓兒'一個賓動式,一個動賓式,二者矛盾;第二,小孩捉迷藏,不一定都要藏在樹叢裏,也可以藏在草叢中或其他地方。與常理不合,不足為信。"我們下面的論述將進一步證明這一猜測的虛假性。

總之,迄今為止,所有試探性的解釋都没有真正揭開"貓膩"的貓膩。

"貓"的同源詞族

我們發現貓在不少方言中有[mauni]之類的稱呼(參看許寶華、宫田一郎 1999:5633—5638)。如河南信陽話叫"貓妮兒"[mauniər],湖南雙峰話叫"貓猊"[mɣ⁵⁵ɳi ɤ⁵⁵],湖南湘潭話中有諺語云:"老鼠子嫁女,請客送禮,貓妮抬轎,羊牯吹號。"(湖南省文學藝術界聯合會編《湖南諺語集成》二,湖南文藝出版社 2009:1003)陳修《臺灣話大詞典》(修訂新版,遠流出版事業股份有限公司 2000:1259):"貓妮,貓的愛稱。亦作貓咪。""貓妮"在今天的一些方言中也許被視為愛稱,但它原本並非愛稱。江西新餘話稱貓頭鷹為"貓尼鳥"[mau⁵⁵ɳi°tiæu⁵⁵],

福建浦城話也稱貓頭鷹為"貓妮鳥"（當地諺語云"貓妮鳥叫隆隆，不是雨就是風"），"貓尼（妮）"就是貓。中國傳統文化中對貓頭鷹沒有什麼好感，人們是不會用愛稱去稱呼貓頭鷹的。

"貓膩"與[mauni]讀音相同，而且"貓"與[mauni]也意義相同，這未必僅僅是巧合，"貓膩"的秘密很可能就隱藏在[mauni]之中。要揭開"貓膩"的秘密，先得弄清[mauni]的詞源結構，特別是其中[ni]的語素義。

貓早在中古時期的口語中就被稱為"貓兒"。元魏菩提流支譯《佛說護諸童子陀羅尼經》："富多那者，其形如豬。曼多難提者，其形如貓兒。舍究尼者，其形如鳥。"《舊唐書》卷五一《後妃傳上·高宗廢後王氏傳附良娣蕭氏傳》："庶人良娣初囚，大罵曰：'願阿武為老鼠，吾作貓兒，生生扼其喉。'武后怒，自是宮中不畜貓。"根據大多數學者的意見，"兒"在中古讀[ɲi]或[nʑie]之類的音，現代一些方言中仍然讀[ɲi]，如蘇州話、上海話、浙江義烏話、廣東高州話、廣東化州客家話、廣西賀州話、安徽旌德話等。那麼，[mauni]之[ni]有無可能是"兒"的中古音的遺存？這種設想有很多困難。

首先，稱貓為[mauni]的方言中，"兒"沒有[ni]的讀音。如李榮（2002：3956）："貓兒，婁底 mɤni ❶貓。❷加在人名之後構成謔稱：鐵柱～ ○兒，讀音特殊，限於'貓兒'。"婁底話中"兒"讀[ɣ]，記錄者雖然將[mɤni]記寫為"貓兒"，但指出"兒"讀音特殊，僅限於"貓兒"，這其實表明記錄者沒有找到本字，換句話說，[mɤni]並不是"貓兒"。又如李榮（2002：3958）："貓猊，崇明 fimɔni 貓。……'猊'古指獅子，這兒可能就是'兒 fiŋ'的又讀。"崇明話中"兒"讀[fiŋ]，與[ni]無法對應。記錄者猜測"猊"為"兒"的又讀，這是沒有根據的。

其次，存在"兒綴"或"兒化"現象的方言中，跟"貓兒"

同類的名詞是很多的，如"鳥兒"、"魚兒"、"蓋兒"、"花兒"、"事兒"、"頭兒"等等，為什麼僅僅在"貓兒"中保留了古音？這是難以解釋的。

其三，有些方言中 [mauni] 後還可以加"兒"，如信陽話中說"貓妮兒"，這也意味著"妮"不是"兒"。

聯繫親屬語言的同源詞來考慮，我們認為 [mauni] 之 [ni] 是一個"化石"語素，其含義也是貓。下面是藏緬、苗瑤語族一些語言中貓的名稱（藏緬語語音和辭彙編寫組 1991：490；中央民族學院苗瑤語研究室 1987：11）：

博嘎爾珞巴語	a li:	蘇龍珞巴語	$a^{33} li^{53}$
劍川白語	$a^{55} ni^{55}$	碧卡哈尼語	$a^{55} ni^{55}$
喜德彝語	$a^{44} \textrm{n}e^{33}$	南澗彝語	$a^{55} ni^{55}$
豪白哈尼語	$ɔ^{55} \textrm{n}i^{55}$	墨江彝語	$A^{55} ne^{33}$
布努瑤語	$n_z jo^3$	勉瑤語	$mu^2 lom^2$
大理白語	$a^{55} mi^{55}$	哈雅哈尼語	$a^{55} mi^{55}$
大方彝語	$a^{33} mie^{55}$	南華彝語	$o^{55} mi^{55}$
桃坪羌語	$ma^{31} \textrm{n}y^{55}$	拉祜語	$me^{35} ni^{33}$
彌勒彝語	$mɛ^{55} ne^{33}$	福貢怒語	$mɯ^{31} ni^{31}$
碧江怒語	$mɯ^{35} nɛ^{31}$	標敏瑤語	$ma^4 niu^3$

這些名稱都能跟漢語中的貓名相對應。下面分別加以討論。

首先要說明的是，這些名稱中的 [a]（包括其變體 [o] [ɔ] 等）為詞頭，相當於漢語的"阿"，[ami] 猶漢語的"阿咪"，這些名稱中的 [ma]（包括其變體 [mɛ] [mɯ] 等）與漢語的"貓"相對應，這都顯而易見，毋庸贅述。

珞巴語的 [li]，漢語中也有其名。如江西高安話中稱貓為"貓俚" [mau²⁴ li°]，江西宜春話稱貓為"貓立" [mau³⁵ li°]，江西贛州客家話稱野貓為"貓狸子"[miɔ³³ li²¹¹ tsɿ°],福建永泰話中稱貓為"貓利"[ma²¹ nei²¹²],稱公貓為"貓利雄"[ma²¹ li⁴⁴ hyŋ⁴⁵³],其中的[li]與珞巴語的[li]音義相符。

歷史資料表明,[li]的本字為"狸"。"狸"本指山貓。《廣韻·之韻》:"貍,野貓。狸,俗。"引申泛指貓,包括家貓。《廣雅·釋獸》:"貍,貓也。"王念孫《廣雅疏證》:"貍之搏鼠者曰貓。《郊特牲》云:'迎貓,為其食田鼠也。'《御覽》引《尸子》云:'使牛捕鼠,不如貓狌之捷。'《莊子·秋水篇》云:'騏驥驊騮一日而馳千里,捕鼠不如貍狌。'是貓亦稱貍也。"《莊子·徐無鬼》:"吾相狗也,下之質,執飽而止,是貍德也。"俞樾《諸子平議·莊子三》:"按《廣雅·釋獸》:'貍,貓也。'貓之捕鼠,飽而止矣,故曰'是貍德也'。"《韓非子·揚權》:"使雞司夜,令貍執鼠,皆用其能,上乃無事。"《呂氏春秋·貴當》:"窺赤肉而烏鵲聚,貍處堂而眾鼠散。"《韓詩外傳》卷七:"有鼠出遊,貍見於屋,循梁微行,造焉而避,厭目曲脊,求而不得。"西漢劉向《說苑》卷十七《雜言》:"騏驥騄駬倚衡負軛而趨,一日千里,此至疾也,然使捕鼠,曾不如百錢之貍。"《文選》卷五十一王子淵(褒)《四子講德論》:"是以養雞者不畜貍。"晉葛洪《抱樸子·廣譬》:"鼠住虎側,則貍犬不敢議。"宋陸遊《贈貓》詩:"裹鹽迎得小貍奴,盡護山房萬卷書。"明文徵明《乞貓》詩:"珍重從君乞小貍,女郎先已辦氍毹。"清孔尚任《桃花扇》第二十三出:"繡戶蕭蕭,鸚鵡呼茶聲自巧;香閨悄悄,雪貍偎枕睡偏牢。"這些例句中的"貍"都是指家貓。

"貍""貓"同義,在詞彙複音化趨勢的推動下組合成了"貓貍"一詞。如北涼曇無讖譯《大般涅槃經》卷十九:"如鹿見草,不見深穽;如鼠貪食,不見貓貍。"南朝宋求那跋陀羅譯《雜阿含經》卷四十七:"過去世時有一貓貍,飢渴羸瘦,於孔穴中伺求鼠子,若鼠子出,當取食之。"唐釋道世《法苑珠林》卷一百七《戒相》:"若佛子,不得畜刀仗弓箭,販賣輕稱小門,因官刑勢取人財物,害心系縛,破壞成功,長養貓狸豬狗,若故養者,犯輕垢罪。"宋佚名《宣和畫譜》卷十三《畜獸一·畜獸敘》:"若乃犬羊貓狸,又其近人之物,最為難工。"也組合成"狸貓"。宋洪邁《夷堅支志景》卷一《陽臺虎精》:"(婦人)著褐衫,系青裙,曳革履,抱小狸貓,乍後乍前,相隨逐不置。"這顯然也是指家貓。蘭州話中稱公貓為"狸貓"[nimɔ](蘭州話n、l兩可),這是詞義的縮小。比較而言,叫"貓狸"的多,叫"狸貓"的少,這大約是因為"狸貓"還有山貓(又稱豹貓)的意思,容易跟家貓義相混,故多選用"貓狸"。

《漢語大詞典》:"狸貓,獸名。"舉例有清石玉昆《三俠五義》第一回:"你道此盒內是什麼東西?原來就是二人定的奸計,將狸貓剝去皮毛,血淋淋,光油油,認不出是何妖物,好生難看。"又:"狸貓,1. 豹貓。2. 指家貓。"義項2下舉《三俠五義》第一回:"劉妃、郭槐、尤氏做就活局,趁著忙亂之際,將狸貓換出太子。"兩處解釋對同一語境中的"狸貓"理解有異,應以家貓為是。小說中並沒有派人尋覓山貓之類的情節,而且剝皮後一般也看不出山貓和家貓的區別,沒必要非得用山貓,所以理解為拿尋常家貓偷換嬰兒比較合理。

親屬語言中的[mi]跟漢語的"咪"相對應。許寶華、宮田一郎(1999:4121－4122):"咪,貓。閩語。福建政和[me^{33}]。""咪媽,雌貓。閩語。福建政和。""咪兒子,小貓。晉語。山西柳林[mi^{33}ɐ^{33}tsə?^{2}]。"李榮(2002:2708):"咪囝,福州,miiaŋ(k-)兒語,指小貓。"還有稱"阿咪"的。豐子愷《阿咪》(《上海文學》1962年8月號):"阿咪者,小白貓也。十五年前我曾為大白貓'白象'寫文。白象死後又曾養一黃貓,並未為它寫文。最近來了這阿咪,似覺非寫不可了。"謝武稼、張竹君《板壁上的油畫》(中國文聯出版社2003:164):"老鼠的活動主要在夜間，阿咪很盡責，它的工作主要也在夜間了。它常常豎起耳朵聽老鼠的動靜，老鼠一出聲，阿咪就猛躥過去追捕。"金曾豪《陽臺上的船長》（希望出版社 2000：92）："曹可以接受了劉鈴奶奶的託付，要把白貓阿咪妮再次送走，送得越遠越好，遠到它再也找不到回家的路。想想阿咪妮也是挺可憐的，可是没辦法，誰叫它是劉鈴的過敏源呢。"至於稱貓為"貓咪"，這在全國很普遍，這是同義語素並列構成的詞。福建福鼎話稱貓頭鷹為"貓咪鳥" [ma^{212}mi^{44}tseu^{55}]，這跟有些方言稱貓頭鷹為"貓狸鳥"、"貓尼鳥"是平行的。

雲南巍山縣有地名叫"妮利午"（也寫作"泥利午"）、"阿妮村"，這是彝語地名，"'妮'是貓，'利'是來，'午'是遊玩，意為貓來遊玩處。""'阿妮'指貓，意為貓多的村。"① 親屬語言的貓名 [ni]（包括其音變 [ȵi] [ȵy] 等）與漢語 [mauni] 之 [ni] 相對應，可見漢語的 [ni] 也應該是貓的意思。

漢語的 [ni] 在文獻資料中也以變形的面目出現。明陶宗儀《説郛》卷七十七下引五代張泌《妝樓記·女奴》："貓，一名女奴。"元伊世珍《琅嬛記》卷上引宋佚名《采蘭雜誌》："貓，一名女奴。""女奴"並非指母貓，説明"女"祗是個記音字。聯繋羌語的 [ȵy] 來看，"女"應該是 [ni] 的音變。"女奴"猶言"狸奴"。李榮（2002：3956）："貓兒，貓的總稱。……黎川也叫'囗兒 niam·mi'。"黎川的 [niam·mi]，[niam] 應該也是 [ni] 的音變，可能是受 [mi] 影響的結果。[mi] 不是"兒"，而是"咪"。

貓義的 [ni] 未見有本字。《廣韻》及《集韻》的《平聲·

---

① 國家民委《民族問題五種叢書》編輯委員會等《中國民族問題資料·檔案集成——〈民族問題五種叢書〉及其檔案彙編》第 82 卷，中央民族大學出版社，2005，第 338 頁。

六脂》均有："貀，獸名。"音"女夷切"。獸名之訓，泛而不切，近乎無釋。《漢語大字典》（第二版）："貀，獸名，毛皮可做衣。"引證為《宋史·外國傳七·日本國》："鹿皮籠一，納貀裘一領。"典籍貀字用例僅此一見。此"貀裘"是日本製作的衣服，跟漢語獸名義的貀恐無關係。明張自烈《正字通》卷十《豸部》："貀，訛字。舊注音尼，訓獸名，誤。"又卷六《犬部》："犯，同貀。舊注：'與狔同'，又：'猗犯猶窈窕'，誤。"張自烈認為貀為訛誤字，又謂犯同貀，未見所據。《廣韻·上聲·五紙》："狔，猗狔，猶窈窕也。""猗狔"即"旖旎"，因"旖"或作"猗"，故"旎"隨之類化作"犯"，犯、貀並非異體關係。辭書既訓貀為獸名，頗疑貀當為［mauni］之［ni］的本字，確切釋義應為貓。無論貀是否本字，我們建議在記錄方言中貓義的［ni］時採用貀字。

貓、狸可能是音轉同源詞（即黃侃所說的"意同而語異"的"變易"）。貓古代也可指山貓。《詩經·大雅·韓奕》："有熊有羆，有貓有虎。"馬瑞辰通釋："貓，蓋即今俗稱山貓者。"貓、狸都既有山貓義，又有家貓義，而讀音上又存在音轉關係。《漢書·司馬相如傳上》"其獸則庸旄獏犛"唐顏師古注："犛牛即今之貓牛者也。"犛《廣韻》有里之、莫交二切，前者與"狸"同音，後者與"貓"同音，故"犛牛"也寫作"貓牛"。《禮記·經解》："差若豪氂，繆以千里。"陸德明釋文："氂，本又作氂。"氂《廣韻》音莫袍切，而與氂通假。《詩經·小雅·吉日》"儦儦俟俟"，《韓詩》作"駓駓俟俟"，儦為幫母宵部，駓為滂母之部。這些例證表明，明、來兩母可以互轉（下文"狸""氂"兩字也是如此），之、宵兩部可以互轉，故貓、狸當屬音轉同源詞。藏緬、苗瑤語族中［mi］和［li］的關係恰似漢語"貓"和"狸"的關係，看來也是同出一源。

回頭再來看［mi］和［ni］的關係，不少語言中都存在整齊的對應。例如：

大理白語 $a^{55}mi^{55}$——劍川白語 $a^{55}ni^{55}$
南華彝語 $o^{55}mi^{55}$——南澗彝語 $a^{55}ni^{55}$
哈雅哈尼語 $a^{55}mi^{55}$——豪白哈尼語 $ɔ^{55}ni^{55}$
漢語（貓咪）$mau^{55}mi^{55}$——（貓妮）$mau^{55}ni^{55}$

這表明 [mi] 和 [ni] 的差異也是音轉造成的，這就是說，[mi] 和 [ni] 也存在同源關係。

那麼，在 [mi]、[ni]、[li] 三者之中誰為源詞誰為分化詞呢？這要看這些詞誰有詞源理據或誰有更充足的理據。在源流關係確立的情況下，有理據者為源詞，無理據者為音轉分化詞。有理據意味著該詞已有"生父"，也就排除了其他詞為"生父"的可能。

有證據表明，[mi] 源自貓的叫聲，這可以拿一些方言中"咪"或"咪咪"既為貓叫聲又指貓的現象來加以證明。李榮（2002：2708）："咪咪，洛陽，mi·mi，❶貓，❷貓的叫聲。""咪咪，福州，mi·mi，❶形容貓叫的聲音，❷喚貓的聲音，❸兒語，指貓。"不少方言中"咪"或"咪咪"為喚貓聲，也是模擬貓的叫聲。許寶華、宮田一郎（1999：4121）："咪，喚貓聲。❶吳語。浙江金華岩下 [mi^{44}]。❷閩語。福建北部。"李榮（2002：2708）："咪咪，武漢，mi·mi，呼小貓聲，也指小貓。"如果貓名 [mi] 源自叫聲 [mi] 的觀點能夠成立，則其為源詞的地位也因此而得以確認，[ni]、[li] 為音轉分化詞也就明確了。[mi] 之所以音轉為 [ni]、[li]，主要還是發音近似的緣故。

"貓"的得名古有二説。宋施宿《嘉泰會稽志》卷十七："鼠善害苗，而貓能捕鼠，去苗之害，故字從苗。"宋陸佃《埤雅》卷四《釋獸·貓》："鼠善害苗，而貓能捕鼠，去苗之害，故貓之字從苗。"明李時珍《本草綱目》卷五十一《獸部·貓》："時珍曰：貓，苗、茅二音，其名自呼。"因"去苗之害"而得名的説法屬於望文生訓，難以采信。"其名自呼"説有多方面的佐證，可以信從。貓字《廣韻·肴韻》音莫交切（今讀 māo），《宵韻》音武瀌切（今讀 miáo），前者上古讀*meau，後者上古讀*mǐau。西南官話中"咪吆（么）"既是貓叫聲，也是貓名（許寶華、宮田一郎 1999：4122），跟貓的古音吻合。英語中表示貓叫聲的詞有 mew [mju:]、miaow [mi'au]、miaul [mi'aul] 等，也都跟漢語"貓"的古音相似。竺可楨（《紀念科學家竺可楨論文集》，科學普及出版社 1982：52）説："據英人研究，貓的名稱我國與埃及竟相同。貓在英國的歷史尚不到一千年，但在埃及四千年前已受人崇拜。在西元前 1800 年一碑上即有 mau 字，即貓，與中國同音。可怪也。"這並不奇怪，因爲漢語與古埃及語的貓名都是擬聲詞，擬聲詞的發音大都相同相近。由此可見，"貓"與 [mi] 同出一源。擬聲短則爲 [mi]，擬聲延長則爲"貓"。

綜上所述，漢語的貓名"貓"、"咪"、"狸"、"貔"及藏緬、苗瑤語族中的 [mi]、[ni]、[li] 都有同源關係，其源詞爲 [mi]。通過古今漢語、親屬語言及非親屬語言的比照互證，我們弄清了這些詞語或語素的原始含義，辨明瞭有關詞語的由來（如"女奴"）。有了這樣的前提條件，我們才可以探索"貓膩"和"貓貔"是否有關的問題。

"貓膩"源於"貓貔"

自古以來，人們大都知道貓狸是善於隱藏的動物。《説文》中解釋説："狸，伏獸，似貙。從豸里聲。"徐鍇繫傳："狸善藏伏也。"《莊子·逍遙遊》："子獨不見狸狌乎？卑身而伏，以候敖者。"《論衡·答佞》："小盜難覺，大盜易知也。攻城襲邑，剽劫虜掠，發則事覺，道路皆知盜也。穿鑿垣牆，狸步鼠竊，莫知謂誰。""狸步"指貓在捕獵時伏身悄悄行走的樣子。元胡祗遹《紫山大全集》卷八《送焦侯序》:"按察之職也,如犬之伺盜,如貓之伏鼠。"明楊本仁《少室山人集》卷一《偶見》:"伏花貓伺雀,當風兒放毫。毫去雀不來,行雲白滔滔。"清黃漢《貓苑》卷下:"一家有巨鼠為害,諸貓皆為所斃。後西買持一貓至,索五十金,包可除鼠,因買置倉中。鼠至,貓匿身于穀,僅露其首。鼠過其前,初若不見者。俟鼠稍倦,乃突出衝之。"貓狸的藏伏不僅表現在捕捉獵物的時候善於隱藏自己,其他方面也表現出其喜歡隱藏的特點。如用沙土覆蓋自己的屎尿,這是為了防止別的動物嗅到自己的蹤跡。另外,母貓在生子前後會經常挪窩,這是為了保護幼崽的安全,也是一種隱藏行為。貓的這些習性為人們所熟知,並運用於俗語。《張曉寒紀念文集》(廈門市張曉寒美術研究會 2008:196):"老師家裏養有貓咪,母貓生小貓,那是到處躲藏的,俗話説'貓挪窩',所以,老師放在畫桌下的畫作及宣紙就經常被小貓抓破得不成樣子,老師經常是喝斥一下小貓,然後無可奈何地笑了笑。"顏延瑞《莊妃·大戰寧遠城》(春風文藝出版社 1988:426):"用咱莊稼人的話説,'遷都北京'是什麼?是野貓挪窩瞎折騰,總怕有人偷了它的崽子。"李榮(2002:3958):"貓徙仔,雷州,母貓常常叼着小貓多次搬窩,常用於比喻多次搬遷。""貓徙寶,梅縣,貓搬家。引申為比喻有些人在生活上或工作方面不穩定,經常要遷徙或調動。"

　　由於貓狸有種種隱藏的習性,所以小孩玩的捉迷藏遊戲叫"藏貓兒"、"藏貓貓"、"藏貓狸"等。清文康《兒女英雄傳》(初版於 1878 年)第六回:"原來安公子還方寸不離坐在那個地方,兩個大拇指堵住了耳門,那八個指頭握著眼睛在那裏藏貓兒呢。"李榮(2002:5867):"藏悶兒悶兒,洛陽,=藏貓虎兒[tsʻaŋmxuɕʻr]捉迷藏,兒童遊戲。""悶兒悶兒"是"貓貓"兒化後的音變。

　　藏貓貓有些方言中叫"藏馬利花兒",乍一看,字面上看不出個所以然,於是有些人到外語中尋找語源。林濤(2003:109

—110）：" 將東幹語和其他民族語言的詞語組合在一起，構成混合性的固定片語來表意，這在東幹語裏比較多。如……'藏馬利花兒'（捉迷藏，漢—波斯語詞組）。"東幹語中"藏馬利花兒"讀［tsʻaŋ²⁴ ma²⁴ li²⁴ xuar⁵¹］。寧夏同心話中也説"藏馬利花兒"。張安生（2006：206）："藏馬利花兒［tsʻaŋ⁵³ malixuɐr⁴⁴］捉迷藏、藏貓兒。馬利，北京話稱'貓膩、碼兒妮'，意為秘密〈波〉maʻni 意義、意思。"其實"馬利"就是"貓狸"，正如福建永泰話中"貓利"讀［ma²¹ li⁴⁴］一樣。"貓"常兒化，故音變為"馬"。藏貓兒遊戲各地還有"藏貓乎"、"藏貓狐"、"藏媽虎"、"藏麻胡"、"藏貓虎兒"、"藏麻麻胡兒"、"貓虎兒"等名稱（許寶華、宮田一郎 1999：7316、7317、5637），其中［xu］的本字應為"虎"，貓虎同類，故連類而及。由此可見，"藏馬利花兒"就是"藏貓狸虎兒"，"花兒"是"虎兒"的音變，"藏馬利花兒"是地道的漢語口語詞，跟波斯語的 maʻni 毫無關係。

　　"貍"古代常用於埋藏義。《周禮‧天官‧鱉人》："凡貍物，春獻鱉、蜃，秋獻龜、魚。"鄭玄注引鄭司農云："貍物，龜鱉之屬，自貍藏伏於泥中者。"孫詒讓正義："凡此經貍藏字皆借貍為之，注或作埋，則薶之俗也。"《周禮‧春官‧大宗伯》："以貍、沈祭山林川澤。"鄭玄注："祭山林曰埋，川澤曰沈。"賈公彥疏："以其山林無水，故埋之，川澤有水，故沈之。"《墨子‧備城門》："機長六尺，貍一尺。"孫詒讓閒詁："貍，《道藏》本作狸，下同。案貍，薶之借字。……《備梯篇》作埋，俗字。"睡虎地秦簡《法律答問》："或自殺，而室人弗言吏即葬貍之。"字或作"薶"。《淮南子‧時則》："（孟春之月）掩骼薶骴。"高誘注："薶，藏也。"學者皆謂"薶"為本字，"貍"為借字，因為《説文》中説："薶，瘞也。"我們認為貍、薶應為古今字，而非通假關係。貍有喜歡埋藏的習性，故引申為埋藏義。後為分化字形，加艸作薶。薶之從艸，猶藏之從艸。貍上古音為來母之部，薶為明母之部，古音相近。如果採取古有複輔音的觀點，則可以認爲二字古音相同。郭店楚簡《太一生水》："此天之所不能殺，地之所不能釐。"《淮南子·繆稱》作："天弗能殺，地弗能薶也。"釐上古也是來母之部，卻借用作薶，亦可佐證狸、薶古音相同相近。"埋"是東漢時期才出現的一個字，它不僅書寫簡便，而且字理也易於理解，因此逐漸取代了"狸""薶"二字。

貓、狸既然同義，根據"同場同模式"的詞義引申規律（參楊琳 2011：73—99），"貓"也引申有隱藏、躲藏義，如東北官話、北京官話、冀魯官話、西南官話等方言中都有此義（許寶華、宮田一郎 1999：5632）。周立波《暴風驟雨》第一部二十："他趕一張扒犁上大青頂子去拉木頭，打柴火，回來就貓在家裏。"劉白羽《回家》："我當你貓在哪家犯紀律去了呢！"對"貓""狸"單用都有隱藏義的事實，音譯詞說是不好解釋的。

正因貓喜歡藏匿，所以人們用"貓貎"轉喻隱秘之事，由隱秘之事再引申爲陰謀、花招。又由隱藏義引申爲閑呆，如不少方言中稱冬季閑呆在家裏爲"貓冬"、稱婦女坐月子爲"貓月子"。

金董解元《西廂記諸宮調》卷七："（鄭恒）口啜似貓坑，咽喉似潑儳。"《漢語大詞典》"貓"下云："用同'茅'。"此說未得。"茅坑"指茅廁之坑，茅廁因多用茅草覆蓋屋頂而得名。"貓坑"之"貓"爲閑呆、蹲守義，"貓坑"猶言"蹲坑"。劉征《美先生和刺先生》（時代文藝出版社 2000：285）："比如一間公廁，一拉溜兒幾個蹲坑。幾個哥兒們走進來各蹲一坑，更無多餘。""口啜似貓坑"是說口似蹲坑，若理解爲口似茅廁就不大妥當了。安徽盧江方言中形容嘴巴很髒時說"嘴巴像蹲缸沿"，可爲參證。

英語中有 cat-foot 的說法，與漢語的"狸步"如出一轍，意思是偷偷摸摸地行走、秘密行動。例如：A body could come sneaking in here at night, bury his loot, and cat-foot it out before anyone knew what was up（一個人可以在夜裏溜進來，把搶來的東西藏好，又可在別人知道發生了什麼之前悄悄把東西取走。）泰語裏稱小偷爲 dteen maaeo，字面意思是"貓步"，與英語 cat-foot 和漢語"狸步"相同，也是因貓行動隱秘而得名。日語中"貓"（ねこ）也有隱藏、隱秘的意思。如"貓をかぶっている"有隱藏本性、假裝不知、裝傻等含義，"貓被りがばれた"義爲僞善被揭穿、真相暴露，"しんねこ"指（男女）暗地廝混、秘密談情。這爲漢語中"貓貎"隱藏義的由來提供了認知學上的佐證。

"貓膩"也寫作"貓睨"。總政文化部編《新時期軍事文學精品選·影視文學卷》（解放軍文藝出版社 1996：448）："喜子一把搶過小鏡子，神秘地：'好哇，你小子，我說你怎麼急死白咧地要刮鬍子，原來這裏面有貓睨。'"翁輝東《潮汕方言·釋言》（刊行於 1943 年）："俗呼男女相窺或兒童交頭接語爲貓睨。"男女相窺及交頭接語都是隱秘的行爲，故亦稱爲"貓睨"，這跟日語的"しんねこ"一詞頗爲相似。這一資料表明"貓膩"並不僅見於北方方言，由此亦可知將"貓膩"溯源於北京的回族話及東北的滿語是靠不住的。

"隱秘之事"義北京方言中也說"碼兒妮"（賀陽 1990），"妮"用平聲字，這與 [mauni] 之 [ni] 方言中寫作"尼""妮"等字是一致的。不過流行的讀法是末字讀去聲，這大約是因不明白 māoní 的理據而聯想到"隱匿"之"匿"的緣故，受"匿"的影響，ní 變成了 nì。至於"碼兒妮"之"碼"，那是"貓"兒化而發生的音變，徐州話中就稱"藏貓兒"爲"藏嗎兒" [tsʻaŋ⁵⁵ mar⁴²]。"貓兒膩"天津話中寫作"馬兒膩" [mar²¹³ ni⁵³]（許寶華、宮田一郎 1999：482），其音變跟"碼兒妮"同理。還有寫作"嗎兒逆"的。李家瑞《北平風俗類征·衣飾》引《百本張鈔本馬頭調》（商務印書館 1937：245）："穿件衣裳要別致，牛敦兒為的是省袖子，正芳齋去買領子，騷絨亞賽過小貂皮，和豐樓的廣鈕子，嬌黃充作赤金的，三尖兒褡包桃紅裏，身後頭拽著俩順風旗，鑰匙袋不過裝手紙，為的是好往小刀子兩邊兒配著，壺抽子蝴蝶扣兒牢牢系，滴拉答拉的表鑰匙，別子無非是瑪瑙玉，一腰零碎哈拉哈七，本人雖則没品級，帽頭兒別號叫軍機，腳底下穿鞋必是福字履，再不然内造靴子漢宮直，渾身上有這些個嗎兒逆，纔算是闊鬍子。"這裏的"嗎兒逆"指花裏胡哨的東西，應該是花招義的引申。

北京話中還有"貓兒佞"的說法，指小聰明、小計謀。劉敬林、劉瑞明（2008：34）認為這裏"貓"諧音"毛"、"佞"諧音"靈"，臆說難信。我們認為"貓兒佞"是"貓兒膩"的音轉。個體音變的發生通常不是無意識的，它往往是由詞語的使用者對詞語的理據發生錯誤聯想而促成的，聯想的原則是"音近義關"，"貓狸"音轉為"貓匿"就是如此，"貓兒膩"音轉為"貓兒佞"也是如此。蓋"貓兒膩"的花招義用於褒義時，人們聯想到巧言善辯義的"佞"，於是就說成"貓兒佞"。

"貓膩"與"貓兒眼"、"貓兒頭"無關

有些人把"貓膩"的源頭上溯到元代，例證是元佚名《羅李郎大鬧相國寺》第二折："天那，惡風兒吹折嫩枝條，嚴霜偏打枯根草，我別無人則把你個孩兒靠。兒呵，你休做了貓兒向屋頭溺，似你這血氣方剛怎便夭，倒叫我衰老子為兒穿孝。"王學奇主編《元曲選校注》（河北教育出版社1994：3963）："貓兒向屋頭溺——貓兒溺，本阿拉伯語'瑪爾膩'的音轉，原義為意義、內容，俗謂隱私不可告人之事。見黎錦熙《漢語詞典》。"把"貓兒向屋頭溺"理解為隱私義的"貓兒溺"，按之語境，不知所云。徐征等主編《全元曲》（河北教育出版社1998：6872）："貓兒向

屋頭溺：家養的貓兒溺在家裏。比喻施恩於人，反而不得好報。"
此解能貫通文意，較為可取。

濟南話中有一個跟"貓兒膩"類似的俗語叫"貓兒眼"。張繼平（2009：133—134）介紹説：

濟南老百姓口中的"貓兒眼"，……其含義有二，一是指"意想不到的岔子或事端"；二是指"蠅營狗苟的小伎倆"。譬如，兩個人要合作開一間商鋪，由於考慮不周，錢雖花上，結果因為一件小事商鋪幹不成了，這就叫出了"貓兒眼"了。再如，有人要給你耍花活兒（花招），出個心眼兒治作你、點劃你、道化你，被你識破了，你就會説："少給我弄這些貓兒眼！"

"貓兒眼"與北京話的"貓兒膩"意義有些相似，它們之間有没有關係？我未作深考。不過明代小説《金瓶梅詞話》裏，就有類似的詞兒，不過不是"貓兒眼"，也不是"貓兒膩"，而是"貓兒頭"，意思倒也差不許多："媽媽子成日影兒不見，幹的什麽貓兒頭差事？"（見第三十七回）"貓兒頭差事"，即不光明正大的、不可告人的事情。明代郎瑛《七修類稿》解釋説："元新官出京，有應盤纏同去者，就與管事，謂之貓兒頭。"明代田藝蘅《留青日劄》也説"今言人之幹事不乾淨者，曰貓兒頭生活。"如此看來，濟南話"貓兒眼"與北京話"貓兒膩"似乎同源，其源應是"貓兒頭"。這樣"演繹"，讀者諸君以為然乎？

如此演繹，鄙人"期期以為不可"。

先説"貓兒眼"。"貓兒眼"即貓的眼睛。貓眼的瞳孔能夠隨着光線的强弱而縮小或放大，故有"貓兒眼，時時變"、"貓兒眼，看時候變"之類的俗語。我們引兩條辭書中的解釋以資説明：

【貓兒眼　時時變】貓眼的瞳孔，能夠隨着光線的强弱而縮小或放大。在強光下瞳孔縮成一道細縫；在暗處瞳孔放得又大又圓，能夠收集大量光線。這裏主要借貓眼的多變，比喻情況變化多端，很難捉摸。孔厥、袁靜《新兒女英雄傳》第十三回："申耀宗是貓兒眼，看時候變……。"按：根據貓兒眼的變化情況，有一歌決云："子午卯酉一條線，辰巳醜未棗核尖；寅申戌亥圓又圓。"（耿文輝《中華諺語大辭典》，遼寧人民出版社 1991：642）

【貓兒眼——看時候變】本義指貓眼的瞳孔隨外界光線的強弱而縮小或放大。比喻人察看情勢來改變處事的態度和手段。（沈慧雲、溫端政主編《常用歇後語分類詞典》，上海大學出版社 2004：466）

貓兒眼有變化多端的特點，故濟南話中用來比喻"意想不到的岔子或事端"及"蠅營狗苟的小伎倆"（花招）。顯而易見，"貓兒眼"與"貓兒膩"祇是在喻義上有交叉，但喻體並不相同，二者沒有同源關係。

再説"貓兒頭"。《金瓶梅詞話》中"貓兒頭"凡二見：

> 春梅道："爹使我，管我事。"於是笑嘻嘻去了。金蓮道："俺的小肉兒，正經使著他，死了一般懶待動旦。不知怎的，聽見幹貓兒頭差事，鑽頭覓縫幹辦了要去，去的那快！見他房裏兩個丫頭，你替他走，管你腿事？賣蘿葡的跟著鹽擔子走，好個閑嘈心的小肉兒！"（第二十回）

> 李瓶兒説道："媽媽子成日影兒不見，幹的什麼貓兒頭差事？叫一遍只是不在，通不來這裏走走兒，忙的你怎樣兒的！丟下好些衣裳帶孩子被褥，等你來幫著丫頭每拆洗拆洗，再不見來了。"（第三十七回）

"貓兒頭差事"，陸澹安《小説詞語匯釋》（上海古籍出版社 1964：784）釋爲"奔走逢迎的差事"，李申《金瓶梅方言俗語匯釋》（北京師範學院出版社 1992：593）釋爲"貓兒善媚，因謂奔走逢迎的差事為貓兒頭差事"，王利器主編《金瓶梅詞典》（吉林文史出版社1988：344）釋為"不乾淨的差事"，白維國《金瓶梅詞典》（中華書局1991：346）釋為"比喻替人幹事（多指隱秘不清白的事）"，張惠英《金瓶梅俚俗難詞解》（社會科學文獻1992：104）："這兒指窺聽私事。疑'貓兒頭'即'貓耳朵'。"翟建波《中國古代小説俗語大詞典》（漢語大詞典出版社2002：649）："貓兒頭：即貓兒。因其貓食往往吃不乾淨，因喻做事不乾不淨。"曹之禽《〈金瓶梅〉詩諺考釋》（甘肅教育出版社2003：57）："比喻人做事馬虎、粗心。"衆説紛紜，惜諸家均未弄清"貓兒頭"為何物，故無一切當。

貓兒頭古稱鴟鵂，即貓頭鷹，以其頭與貓頭相似，故稱。明周祈《名義考》卷十《物部·鴟鵂》："鴟鵂分言之，或曰鴟，或曰鵂，又或作梟。有三種。……一似鷹，性嗜鼠，俗名夜食鷹，頭圓而有耳，俗又名貓兒頭，即鵂鶹也。"清多隆阿《毛詩多識》卷六《陳風·有鴞萃止》："如淳曰：'漢使東郡送梟，五月五日作梟羹，以賜百官。以其惡鳥，故食之也。'此鳥頭圓目大，形如貓，關左俗呼曰貓兒頭。"今天很多方言仍稱貓頭鷹為"貓兒頭"，如冀魯官話、膠遼官話、中原官話、江淮官話、西南官話、閩方言等（許寶華、宮田一郎1999：5635）。貓頭鷹是夜間活動的動物，而且喜食腐肉，因此古人視為"惡鳥"。"貓兒頭差事"就是貓頭鷹做的事，即見不得陽光的事，不正當的事。明田藝蘅《留青日劄》卷三《貓兒頭》："今冬筍之已透風有毛者曰貓兒頭，又言人之幹事不乾淨者曰貓兒頭，亦曰貓兒頭生活，此起於元。元時新官出京而貧者，有人應付盤纏，即同去到任，就與管事，謂之貓兒頭。蓋言如筍之只好在土中，一出頭來，人不貴重也。又如貓然，其頭雖似虎，而人不畏也。今人呼罵達官家人亦曰貓頭。"田藝蘅為我們記錄了"貓兒頭"在明代的實際喻義，即"幹事不乾淨"，但他對該喻義緣由的解釋則是不可取的。元代確實已有"貓兒頭"的說法。《元典章·刑部》卷十九《典章五十七·禁豪霸》："把持官府之人處處有之。……街方人民見其如此，遇有公事，無問大小，悉皆投奔囑託關節，俗號貓兒頭，又曰定門。貪官污吏吞其鉤餌，惟命是聽。"《漢語大詞典》："貓兒頭，元代民間稱勾結官府、獨霸一方的人。"這種人之所以稱為"貓兒頭"是因為他們幹的都是些見不得人的壞事醜事，顯然是惡鳥"貓兒頭"的比喻用法，跟貓兒頭竹筍和貓頭似虎實在挨不上。清黃漢《貓苑》卷下："貓系俗緣，故俗之率率夫貓者甚多。如諺云人幹事不乾淨者稱為貓兒頭生活，見《留青日劄》。……甌俗又以訛索財物者稱為貓兒頭。"訛索財物者跟勾結官府貪贓枉法的人並無二致，故亦稱"貓兒頭"。

弄清了"貓兒頭"的來龍去脈，那麼，"貓兒膩"是否源自"貓兒頭"的問題也就水落石出了。

附帶提一下，現代小說中也偶見"貓兒頭差事"的說法。《管樺文集·將軍河（第三部）》（中國青年出版社1994：1192—1193）：

> 雲鈴兒笑着，撇着嘴搖頭兒。牛貴眼瞧著春鳳，由不得收住腳步，直問到臉上："你哥哥說好了的，借給人家毛驢耠青，怎麼這半天連個影兒都沒有？""還說呢，為這個，我嫂子同我哥都吵起來了。"春鳳溜瞅着眼兒，臉上顯出幸災樂禍的頑皮的表情。"我嫂子說，把驢吊起來也不往外借。說我哥幹家裏的事，死了一般懶得動彈。聽見幹貓兒頭差事，鑽頭覓縫，狗顛兒似的去張羅。"張二嫂翻了她一眼，冷笑一聲，問她："啥叫貓兒頭差事？是你哥哥上趕着借我毛驢兒耠青！"

不知是作者的方言中仍有"貓兒頭差事"的說法，還是作者化用了《金瓶梅》的語句。

〔主要參考文獻〕

陳剛. 北京方言詞典. 北京：商務印書館，1985.

陳建文，王聚元主編. 漢語戲謔語詞典. 上海：上海人民出版社，2001.

傅憎享.《金瓶梅》妙語. 瀋陽：遼海出版社，2000.

賀陽. 北京牛街地區回民話中的借詞. 方言，1990（2）.

季永海. 關於滿式漢語——與趙傑先生商榷. 民族語文，2004（5）.

金受申. 北京話語彙. 北京：商務印書館，1961.

李榮主編. 現代漢語方言大詞典. 綜合本. 南京：江蘇教育出版社，2002.

林燾主編. 中亞東幹語研究. 香港：香港教育出版社，2003.

劉敬林，劉瑞明. 北京方言詞諧音語理據研究. 北京：中國言實出版社，2008.

劉瑞明. "貓兒匿"的妙趣——兼辨絕非外來詞. 甘肅高等師範學校學報，2002（6）.

齊如山. 北京土話. 北京：燕山出版社，1991.

王小鳳. 中西文化與英漢熟語比較研究. 成都：西南交通大學出版社，2007.

楊琳. 訓詁方法新探. 北京：商務印書館，2011.

徐世榮. 北京土語辭典. 北京：北京出版社，1990.

許寶華，宮田一郎主編. 漢語方言大詞典. 北京：中華書局，1999.

元丁. 也說"貓匿（膩）". 咬文嚼字，1999（2）.

藏緬語語音和詞彙編寫組. 藏緬語語音和詞彙. 北京：中國社會科學出版社，1991.

張安生. 同心方言研究. 北京：中華書局，2006.

張繼平. 濟南老話. 濟南：濟南出版社，2009.

趙傑. 北京話的滿語底層和"輕音"、"兒化"探源. 北京：燕山出版社，1996a.

趙傑. 滿族話與北京話. 瀋陽：遼寧民族出版社，1996b.

中央民族學院苗瑤語研究室. 苗瑤語方言詞彙集. 北京：中央民族學院出版社，1987.

Tracing to the etymology of maoni (貓膩)

Yang Lin

(School of Literature, Nankai University, Tianjin, 300071)

Abstract: There are many divergent views on what the motivation of maoni (貓膩) is. This thesis makes a textual research on the etymology of maoni, believing that the ni of maoni is a "fossil" morpheme, its meaning also is a cat, the meaning something shady of maoni derives from the cat's life habit. Meanwhile, the paper reveals the homology relationship of Chinese names of cats, mao, mi, li, ni, and the [mi], [ni], [li] in Tibeto-Burmans and Miao-Yao Branch.

Key words: maoni (貓膩); word family of cats; etymology

(楊琳,天津南開大學文學院,郵編 300071)

清朝四川契約文書之"比日"考*

黑維强　高　岩

内容摘要：契約文書要求語言表達準確、清楚，句式結構趨於固定化。文章從句式結構特點出發，通過比較的方法，對清代四川新都、龍泉驛契約文書中"比日"詞義進行考釋，認為它有當日、即日義。

關鍵詞：清朝契約文書　四川　比日　考釋

契約文書是起證明作用的文字憑證。因此，在文字的表達上，它要做到準確清楚，以避免日後發生糾紛。契約文書中數量最多的是土地、房屋買賣與出租，這類契約的形成過程大致是，某人因為某一原因而需要進行標的物的轉移，接收者在勘驗明白後與轉移者商議好價錢，轉移者擔保標的物的所有權可靠無異及無重複交易之事，雙方確保交易不得反悔並議好反悔的處罰約定，而後形成文字，文字書寫中將這些內容必須表達清楚無誤。其中説明交易物的勘驗、價錢的商議、錢物交付，契約的書寫等，都在一定的時間内完成，時間表達就成為契約文書必不可少的構成要素之一。時間表達有兩個地方，且有不同行文特點：一是用於交易物及其相關事項的説明，一是表明契約的書寫日期。

---

* 本文為2011年陝西省社科基金項目（11L016）和2012年教育部人文社會科學研究項目"西漢至清代契約文書辭彙歷時演變研究"（12XJA740006）成果之一。本文曾在第十二届全國古代漢語學術研討會（2014年8月1—4日，吉林大學）上宣讀，承蒙董志翹、張猛、蔣宗福等先生提出了寶貴修改意見，謹致衷心謝意！

前者的表達主要用於交易物的勘驗、價格的商議、錢物交換、交易發生後出現問題（該要素的表達主要用"日後"一詞）等，因為有大量的契約文本，能夠看到它們在表述中大體有一個固定的句式結構，而且所用詞語都是指代性的"當日"，不用某年某月某日之類的詞語。後者是在前者的基礎上而出現，它與前者中的交易物的勘驗、價格的商議、錢物交換有直接的關聯性，往往具有同一性質，是同一意思不同角度的說明與表達，所用時間詞語是具體的某年某月某日。因有這些特點的存在，在契約文書的詞語釋義中，可以充分利用它們作出合理的推斷。契約文書書寫絕大多數是以第三方（中立方）的口吻進行的，以免失之公允，所以在時間詞語的使用上也有一個特點，即沒有"前天、昨天、明天、後天"這類詞。立契是在前期事項做好後才進行，祇有契約文書書寫的那天，如在明清時期的契約中用"即日"、"比日"、"是日"、"當日"、"就日"等。其中，"比日"之外的幾個詞語，詞義都清楚，理解沒有什麼困難，而"比日"的意思，據有關辭書的釋義看，"比"有"相連、臨近"之義，"比日"就有"連日"與"近日、近來"兩個義項之別，契約文書中的"比日"是否為其中的一個意思呢？我們最近閱讀了兩部四川契約文書，即新都縣檔案史料組編錄的《清代地契檔案史料：嘉慶至宣統》（內部資料，四川省新都縣檔案局、檔案館，1986年。下稱"新都"）以及胡開全等編錄的《成都龍泉驛百年契約文書（1754—1949）》（巴蜀書社，2012年。下稱"龍泉驛"）。通過對二書材料的考察可以看到，"比日"還有辭書所未載的當日、即日之義。本文就二書中"比日"的這一意義進行考辨梳理。以下行文引例題目在原文基礎上作了適當的文字改動，例子後括弧內數字是頁碼或輯、冊、頁碼，便於核查。

"比日"在《新都》一書中習見，多達145例，在《龍泉驛》中數量也非常可觀，僅清朝就有80餘例。先看兩例：

(1)《清乾隆三十六年（1771）鍾琳士杜賣水田文契》："先問業主親鄰，無人承買，祇得請中說合，出賣與福聖祠新羅氏名下為業。比日三面言得時值九七色價銀三百三十六兩整。業主親族畫字一並在內，即日銀契兩交，不欠分釐。水田自賣之後，任隨買主過稅撥冊，永遠耕輸管業，賣主親族業主不得異言生端。"（龍泉驛9）

(2)《清嘉慶十二年（1807）謝大鵬出賣水田文契》："立杜賣水田文契人謝大鵬，同子典章、典超，情因負債無措，父子商議願將分受新三甲梘槽堰水田伍分載糧壹分，其田因在先年所賣貳拾捌畝之內截丈余留之田，今仍自請中證說合，出賣與劉、張、陳等名下承買為業。比日憑中鄰踏明界至，東至張姓田為界，南、西、北買主田為界。四至分明，毫無紊亂。共議價銀叄拾兩整，即日契價兩交。"（新都4）

這兩份契約中的"比日三面言得"與"比日憑中鄰踏明界至"之"比日"，是"連日、近日"的意思，還是與例中"即日銀契兩交"、"即日契價兩交"之"即日"意思一致？據文意及常理推測，應是"即日"之義，"比日"與"即日"為同義詞變換使用，所謂變文成詞例。從詞義發展的角度看，連日、近日是數日相連，當日是一日，由指多日到指一日，是詞義範圍縮小，從連日、近日到當日有詞義引申理據。在契約文書中，當日就是指書寫契約那天。再如：

(3)《清嘉慶十年（1805）謝大鵬出賣水田文契》："比日憑中鄰踏明界至，東南與張姓田為界，西以官溝為界，北與賣主胞兄田為界。"（新都3）

(4)《清嘉慶十二年（1807）張宗仁杜賣田地文契》："比日憑中踩明界址，東至吳姓大田埂直上山土為界……"（龍泉驛21）

(5)《清嘉庆二十年（1815）赵铸出卖水田文契》："比日凭中比准乡弓过丈，二亩二分五厘零，随载条粮银四分。"（新都 5）

(6)《清嘉庆十六年（1811）周文江出卖水田文契》："比日凭中议定，官弓每亩作价银肆拾两整，共价银壹佰陆拾伍两柒钱九分，契银一手交清，并无下欠亦无准折等事。"（新都 5）

(7)《清同治二年（1863）温袁氏母子捆卖水田基地房屋竹木文契》："比日凭中议定：木金尺五尺八寸为一弓过丈，田内起弓，田内止弓，沟边田埂房屋基地竹木一并搭在田内受价，每亩作时价银四十柒两整。"（新都 24）

(8)《清光绪二十七年（1901）韩黄氏母子杜卖水田房屋竹树文契》："比日凭族中证言明，面议新邑公议秤兑交，九九色时市价银三百六十四两整。"（新都 111）

(9)《清道光二十八年（1848）肖周氏母子捆卖水田旱地沟边文契》："比日自行请中先尽房族，不愿承买，转请中证再四说合，情愿扫土捆卖与文昌宫乐岁承买，耕输管业。"（新都 15）

(10)《清光绪十四年（1888）冯炉光出卖水田文契》："比日自请族中冯华寿等说合，甘愿卖与冯致光胞兄名下出钱承买为业。"（龙泉驿 83）

(11)《清乾隆三十五年（1770）钟友琦杜卖水田文契》："业主本族画字，一并在内，比日银契两交，不欠分厘。"（龙泉驿 7）

(12)《清道光三年（1823）刘陈张捆卖水田文契》："比日银契两交，并无下欠分厘。"（新都 9）

以上征引例子按内容大致可以归纳为四类：例（3）—（5）三例，说明"比日"丈量、验明土地面积；例（6）—（8），表达

"比日"商議價銀情況；例（9）、（10）"比日"請中介人説合、證明交易情況；例（11）、（12）"比日"交換銀契。就買賣土地、房屋等一般情況而言，"踏明界至"、"議定價銀"、"憑族中證言明"、"銀契兩交"可以在較短的時間內完成，甚至一時半刻就可完成。因此，"比日"在契約文書中，如果用連日、近日來理解，都不大合乎情理，特別是例（11）、（12）的"比日銀契兩楚"中，祗能解釋為當日銀契兩清，如作連日銀契兩清或近來銀契兩清理解，則不成文義。此其一。其二，"比日憑中鄰踏明界至"等意思的表述，在四川契約中還常用"即日"、"當日"、"此日"、"是日"、"就日"等詞語，是為"比日"的絕好註釋，可以作為釋義比較、參照對象。

我們先看與例（3）—（5）表達同一意思的例子。例如：

（13）《清嘉慶六年（1801）曾開桂等杜賣田地基址文契》："當日請憑中鄰即將界至踩明，其界內所有田埂溝邊路道，盡行掃賣，寸土不留。一賣千秋，永不贖取。"（龍泉驛17）

（14）《清光緒三年（1877）邱時芳捆賣車水田房屋基地文契》："當日眼同族證踏明界址，四至分明，毫無紊亂。"（新都43）

（15）《清道光三年（1823）周王氏杜賣水田文契》："即日憑衆踏明四至，其田俱史姓田為界。"（新都8）

（16）《清同治十三年（1874）李薛氏男槐章、炳章、棥章杜賣水田熟土等文契》："即日親引中證，踩明界址。"（龍泉驛71）

（17）《清道光二十五年（1845）劉國瑞叔侄杜賣水田基地房屋文契》："是日眼同約中鄰證看明四界。"（新都14）

（18）《清同治十年（1871）莊炳南叔侄捆賣水田文契》："是日眼同約鄰中證，踏明界限。"（新都34）

(19)《清乾隆五十年（1785）劉氏等杜賣田地、林園、竹木、基址文約》："就日憑中趾踏，東至鄒姓牆垣灰樁為界……"（龍泉驛11）

(20)《清嘉慶七年（1802）陳仁瑛、陳仁龍文約》："其屋基二家相連，比即經族戚踩踏，陽溝為界，其二家田坎之草，係上管下，日後二家不得越界侵佔。"（龍泉驛415）

相互比照可知，例（13）—（20）和例（3）—（5）的語境相同，都是說明某一時間"憑中踏明界址"，例（3）—（5）用"比日"，（13）—（19）例用"當日"、"即日"、"是日"、"就日"替換，說明彼此意思相同。例（20）用時間副詞"比即"來表達。

再看與例（6）—（8）相同意思表述的句子。例如：

(21)《清乾隆三十五年（1770）鍾友琦杜賣水田文契》："當日憑中言定，時值九七呈色價銀六百八十二兩整。"（龍泉驛7）

(22)《清光緒三十四年（1908）熊卿氏孫志平杜賣水田旱地文契》："當日憑中面議價銀六百九十兩整。"（新都131）

(23)《清道光三年（1823）劉陳張捆賣水田文契》："即日憑中證言明，共議作九九色價銀柒佰壹拾兩整。比日銀契兩交，並無下欠分釐。"（新都9）

(24)《清咸豐元年（1851）劉一棠摘賣水田旱地等項文契》："以上等項即日憑中議明，一捆共作價銀叁百零貳兩整，賣主書押畫字一並包在價內。立契之日，銀契兩交清楚，價銀不欠分釐。"（龍泉驛63）

(25)《清光緒二十六年（1900）張裕祠杜賣水田文契》："是日自行請中說合，一捆議共價銀一百三十一兩整，願賣與三聖宮文昌會首事溫興述、福崇名下出銀承買為業。"（新

都 107)

例（21）－（25）與例（6）－（8）行文意思大致相同，處在"比日"位置上的時間狀語可以是"當日"、"即日"，也可是"是日"，說明"比日"就是"當日"、"即日"、"是日"意思的另一說法而已。

我們接着看與例（11）、（12）"比日銀契兩交"同樣意思的句式，契約文書中有時也用"即日"、"是日"、"當日"、"就日"、"當即"等來表達。例如：

(26)《清乾隆五十年（1785）劉氏等杜賣田地、林園、竹木、基址文約》："即日銀契兩交明白，錢係賣主兄弟親手收足，並無短少分文。"（龍泉驛 11）

(27)《清咸豐五年（1855）溫敦友杜賣水田文契》："即日銀契兩交，並無下欠分釐。"（新都 20）

(28)《清光緒十三年（1887）張李氏摘賣水田房屋林園荒熟地文契》："當日銀契兩交清楚，並無下欠，其餘書押畫字，交莊脫業一並包在價內。"（新都 67）

(29)《清光緒二十二年（1896）陳壽金男文斗、文洲弟兄等杜賣山地土房屋等文契》："當日錢契兩交清楚，並無少欠雙文。"（龍泉驛 85）

(30)《清道光三十年（1850）劉肇修出賣水田等文契》："是日銀契兩清，並無下欠分釐。"（新都 18）

(31)《清光緒二十三年（1897）羅六盛杜賣水田房屋等定契文約》："是日銀契兩交，毫無少欠。"（龍泉驛 87）

(32)《清乾隆二十七年（1762）劉明奇立賣田地文契》："就日銀契交明，並無債貨准折、包賣包買等情。"（龍泉驛 5）

(33)《清嘉慶十八年（1813）蘇邦珍杜賣水浸田文契》："比即銀契兩交明白，並無少欠分釐。"（龍泉驛 37）

(34)《清道光十二年（1832）葉當陽杜賣田地等文契》："當即錢契兩交明白，並無短少，亦無債貨准折、包賣包買等情。"（龍泉驛41）

(35)《清咸豐元年（1851）張鳳貴弟兄捆賣旱地等文契》："當即銀契兩交，毫無下欠。"（新都19）

交換銀契是土地、房屋等交易中必經的一個重要環節。在經中介人踏明界址、議定價銀之後，為避免日後糾紛，雙方便立寫文書，以作將來憑證，契約書寫明白，銀子交付清楚，交易即告完成。在契約文書中，如果沒有文字說明例外情況，銀契交換的一般慣例是立契當日，雙方在第三方憑中、證人的見證下，交割清楚，分文不欠。例（26）—（35）用的時間詞語，有的是名詞，有的是副詞。使用時間副詞的例（33）—（35）尤其值得注意，"比即"、"當即"是立即、馬上之義，用以修飾瞬間或短暫時間內的動作行為，用它修飾"銀契兩交"，從另外一個角度說明"銀契兩交"行為進行之快，時間之短。查閱明清時期其他地區的契約文書，多寫作"其銀當日收足"、"其銀當即收足"、"價銀即日交足"、"當日銀地兩交"、"當日銀業兩交"、"當日錢業相交"等等，都是表明當日完成，可見"比日"也是這一意思的體現。

以上的"比日"用例都是出現在土地、房屋交易的契約中。此外，《龍泉驛》一書中"比日"還出現在抓鬮分家、言明利息或收取押租等語境中。例如：

(36)《清道光三年（1823）李萬山、熊氏遺囑分管合同文約》："比日憑神捏鬮分，中先拈得人字號。"（龍泉驛351）

(37)《清光緒八年（1882）曾正福佃山田、房屋文約》："比日三面言明，客家自備無利有抵押租銅錢貳拾仟文正，係五十兩。"（龍泉驛271）

(38)《清光緒十三(1887)曾作樑收押租錢文約》:"比日三面言明,憑證清(親)手收足,數内不少分文。"(龍泉驛314)

(39)《清光緒二十五年(1899)戴亨榮收押租銅錢文約》:"比日憑證言明,客家一手交出,主家一手收足,不少個文。"(龍泉驛317)

這些用例在該書中出現頻率不高。

有意思的是,在同一篇契約文書中,"比日"與"即日"、"當日"、"是日"同時出現。除了上舉例(1)、(2),再如:

(40)《清乾隆十九年(1754)陳堯徵等杜出賣田地文契》:"即日經衆鄰約人等踩踏,東至陳堯徵田埂,橫過灰椿為界;南至下節陳堯孜山嶺分水為界,又南至上節鄔伯浩灰椿為界;西至鄧貫二姓古埂分水灰椿為界;北至謝姓古埂分水灰椿為界。界内黄姓墳一坐,有圍為界;鄭姓有墳一坐,頂心一十八脚為界。祇許掛掃,永不許填葬。其餘界内並無他人墳墓,四至分明,並無混雜。比日憑中衆議,時值價銀陸百壹拾兩整,呈色九七,並原業主以及親族人等畫字一並包在價内。倘日後有不明情由,一面有賣主承當,不與買主相干。當日銀契兩交,親收明白。"(龍泉驛3)

(41)《清乾隆五十六年(1791)曾開棕杜賣田文契》:"比日三面言定,價值紋銀壹百陸拾柒兩整,並賣主父母本族人等畫字禮儀包在價内。請憑約鄰中證踩明界至,倚曾姓宅左有田壹塊,東至蘇姓田埂為界,西至水溝為界,南至曾姓田埂為界,北至成邑謝姓田為界。曾姓宅右有田壹塊,東至水溝為界,西至曾姓田埂為界,北至蘇姓田連為界,南至曾姓田為界。界至分明,並無紊亂。至於堰溝水道,照依老額灌溉。其有曾姓宅後古路,蘇姓不得改毁修造。自賣以後,永不贖取,任從蘇姓稅撥耕種管業。當日銀契兩交明

白，並無短少，亦無貨債折扣。"（龍泉驛13）

（42）《清嘉慶七年（1802）蔡良英等杜賣水田文契》："比日憑中議定，每畝時值九七平足色紋銀肆拾貳兩伍錢，共合田價紋銀貳百陸拾肆兩貳錢整。即日如數兌交，蔡姓父子眼同中證一手收足，不少分釐。其賣主房族老幼人等書押畫字一並包在價內，是日銀契兩交。"（龍泉驛19）

（43）《清同治三年（1864）黄廷萬父子捆賣田土房屋林園文契》："自行請中説合，比日憑證議明九九色銀捆作價銀捌佰捌拾貳兩整，賣與龍門書院齋長葉文光、趙宗抃買為書院管業。其銀眼同過針，新都市秤交兌。當日銀契兩楚，並無下欠分釐。"（新都24）

（44）《清光緒十年（1884）楊溥泉父子杜賣田地墳壩林園文契》："比日憑中證三面議定，共捆作時市九九色價銀一千七百貳拾兩整，外書押畫字，離業交莊銀叁拾兩。是日銀契兩交明白，並無下欠分釐。即日眼同族中證踏明四界。"（新都56）

例中的"比日"與"是日"、"當日"、"即日"變換使用，其義自明。這也是引發我們對該詞意義矚目的原因之一。

在《龍泉驛》一書附錄中有清朝光緒年間和民國時期兩件契約文書範本，其中都有"比日"一詞，所以在民國時期的四川契約文書中也可見其用例，僅《龍泉驛》一書就有數十例之多，這裏酌舉數例如下：

（45）《民國十四年（1925）劉陳氏摘付水田等文約》："自行請憑族證劉廷壽等説合，比日議定時值田價銀共貳佰叁拾兩整。"（龍泉驛99）

（46）《民國二十年（1931）蕭洪興收清地價文約》："比日憑證親手收足，不少仙星。"（龍泉驛328）

（47）《民國二十六年（1937）劉三盛子仲楷杜賣山場等

文契》:"比日當憑中證,眼同踩踏,四指(址)分明,毫無紊亂。"(龍泉驛 123)

(48)《民國三十六年(1947)廖曾氏送荒山文約》:"比日憑證,討主備有水禮一堂送主親收,當即禮約兩交清楚。"(龍泉驛 265)

這些例子表明,"比日"起碼在民國時期四川當地人的書面語中還沒有退出歷史舞臺。

四川以外的契約文書中也偶見"比日",《中國歷代契約會編攷釋》一書中有 8 例①,皆為徽州契約文書,有的用例比四川地區稍早一點,時代在明末②。其他地區契約文書中目前還尚未見到一例。這説明該詞衹在明清個別地域流行。從上文舉例及對目前所見契約文書查閱情況可以看出,當時各地最為通行的用詞是"當日",其次還有"即日"、"是日"、"此日"等,另外還使用時間副詞"當即"、"比即"等。如在《新都》一書中,"即日"177例,"比日"145例,"是日"13例,"當日"10例。徽州契約文書在宋元明時期,主要是用"當日"。從來歷上看,"比日"始見於南北朝,是一個通行詞,但是表示當日義僅見於明末清朝四川、徽州契約文書中,因為這個原因,推測"比日"的當日義是借舊有詞形表達的一個方俗義。查閱近年出版的幾部四川、安徽方言辭書,皆未見收有"比日"一詞。承蒙蔣宗福先生告知,今四川方言口語中沒有這個詞,他所了解到的四川省方志的方俗記錄中也不見使用。徽州方言是否保存,目前所見方言論著材料没有見到,需要進一步調查核實。四川與徽州二地在地理上相距甚

---

① 參見張傳璽:《中國歷代契約會編攷釋》,北京大學出版社,1995 年,第 1197、1203、1206、1209、1228、1246、1282、1293 頁。

② 參見儲小旵、張麗:《徽州契約文書方言俗語詞輯釋》,《合肥師範學院學報》2011 年第 5 期,文章對"比日"略作考釋。

远,相互傳播與影響的可能性不大,從時代上說,"比日"最早見於徽州地區契約中,如果有所影響,首先是徽州地區臨近的浙江契約,但是在浙江明清契約及今方言中都不見該詞。"當日"、"即日"表示同日之義,皆漢代出現,延續至今書面語中,"比日"則出現得晚,消失得快。

在行書字體中,"比"與"此"字形相近,是否存在將"此"誤作"比"的現象?或者是錄文者誤認字形?《新都》是錄文整理本,沒有圖版刊登,無法比對,而《龍泉驛》還有圖版,字跡清晰,徽州契約文書的圖版也清楚可認,由此來看,《新都》"比日"的錄文應該是準確的。另外,我們也可以設想,"比日"在南北朝時期就出現了,古人並沒有寫作"此日",所以在沒有確切材料出現之前,我們也不能否定"比日"表示當日詞義在字形上存在的合理性與可靠性。

以上釋義是建立在語義表達及句式結構比較的基礎之上,這是契約文書語言表達特殊之處與提供的便利條件。有鑒於此,從本文思考及寫作中,我們得到一個啟發,由於契約文書數量極其豐富,在對契約文書詞義的考索中,針對材料的特殊性,充分利用其語義表達及句式結構特點,通過相互對照比較,就能夠得到一個或一組詞語意義的解釋。

An Explanation of Word *Bi Ri* in Qing Dynasty's Contract Documents in Sichuan Province

Hei Weiqiang, Gao Yan

(Department of Chinese Language and Literature, Shaan'xi Normal University, Xi'an, 710119)

Abstract: The language is required to be accurate and clear in Contract Documents, and its sentence structure tends to be immobilized. From the view of sentence structure features and by the method of comparison, this paper tries to explain the word "Bi Ri" in Qing dynasty's Contract Documents in Xindu and Longquanyi district in Sichuan province. We find that it has the same meaning with Today.

Key words: Qing dynasty's Contract Document; Sichuan; Bi Ri; Explain

(黑維強、高岩,陝西師範大學文學院,郵編 710119)

"殺越人于貨"申説

杜麗榮　邵文利

内容摘要："殺越人于貨"的訓釋歷代頗多歧異。本文認為越當訓遠，于當訓取，"殺越人于貨"即"殺遠人取貨"；周秉鈞先生《尚書易解》和江灝、錢宗武先生《今古文尚書全譯》的訓釋當為確詁。由"殺越人于貨"演變出的成語"殺人越貨"當屬訛變且已積非成是，這雖不需加以糾正，但其源流演變應予釐清。

關鍵詞：殺越人于貨　《尚書·康誥》　《孟子·萬章下》　殺遠人取貨　殺人越貨

《尚書·周書·康誥》："凡民自得罪：寇攘姦宄，殺越人于貨，暋不畏死，罔弗憝。"（204頁）後《孟子·萬章下》節引此句略同："《康誥》曰：'殺越人于貨，閔不畏死，凡民罔不譈。'"（2743頁）其中"殺越人于貨"一句，歷代訓釋頗多歧異。這些歧異的訓釋不僅影響到對現代常用成語"殺人越貨"的理解和探源，影響到相關工具書的釋義，甚至引發了對古代銘文乃至夏商周斷代工程思路的一些爭議①。因此，確有進一步討論的必要。

---

① 參見何炳棣、劉雨《夏商周斷代工程基本思路質疑》（《燕京學報》新14期）、羅琨《利簋"歲鼎"析疑》（《考古》2006年9期）、劉雨《"殺人越貨"和"夏鼎"——答羅琨先生》（《考古與文物》2008年3期）等。

一

對"殺越人于貨"的不同理解主要表現在對"越"和"于"的訓釋分歧上。我們試對這些分歧做了一個梳理,現簡述於下:

(一)關於"越"的訓釋

1. 訓為動詞

(1)顛越;顛越而致傷

《尚書·周書·康誥》:"殺越人于貨。"偽孔傳:"殺人,顛越人,於是以取貨利。"孔穎達疏:"殺害及顛越於人,以取貨利也。……既有劫竊,其劫竊皆有殺有傷,'越人'謂不死而傷,皆為之而取貨利故也。"(204頁)

宋朱熹《孟子集注》注"殺越人于貨"曰:"越,顛越也。……言殺人而顛越之,因取其貨。"(402頁)

宋蔡沈《書集傳》"殺越人于貨"注:"越,顛越也。……殺人,顛越人,以取財貨。"(90頁)

(2)搶劫;搶奪

A. 直接訓釋為搶劫、搶奪

宋呂祖謙《書說·康誥第十一》徑將"越"講成"奪":"如盜賊奸惡,殺奪人財貨,剛強勇悍,又不畏死。"(328頁)

錢宗武先生《尚書入門》將"殺越人于貨"解釋為"殺人搶劫財富",(104頁)書後所附《尚書辭典》"越"下釋曰:"❹搶劫。殺越人于貨。《康誥》。"(215頁)

B. 假借為敓(奪),搶奪

朱駿聲《說文通訓定聲·泰部》:"越……〔叚借〕……又①為敓。《孟子》:'殺越人于貨。'注:'越、于皆於也。'失之。"

---

① "又"今本作"文",誤。

(686—687頁)

唐蘭先生《西周青銅器銘文分代史徵》在解釋利簋"越鼎"之"越"時說:"此處當讀為奪或敓,伐與奪音近可通用。《孟子》'殺越人于貨'是說'殺人奪貨',可證。此說'越鼎'即'奪鼎'。"(8頁注❸)唐蘭先生在此間接闡釋了"殺越人于貨"之"越"通"奪"或"敓",義為搶奪、搶劫。

錢宗武先生《今文尚書語言研究》將"殺越人于貨"譯為"殺人搶劫財富",又進一步釋曰:"越通敓,搶劫之義。"(309頁)

(3) 經過;路過

清牟庭《同文尚書》:"越人者,過人也,謂過路人也。……謂大盜劫殺過路人,求索貨泉。"(1108頁)

2. 訓為虛詞

(1) 直接訓釋為於

《孟子·萬章下》:"殺越人于貨。"趙岐注:"越、于皆於也。殺於人,取於貨。"(2743頁)

楊伯峻先生《孟子譯注》將"殺越人于貨"譯為"殺死別人,搶奪財物",又注曰:"❹趙岐注云:'越,於也。''越'為虛詞,無義。"(240—242頁)

(2) 假借為粵,訓於(于)

清江聲《尚書集注音疏》:"越,于也。……《孟子·萬章篇》引作'殺越人',趙岐以為'殺于人'。據其解越為于,則越乃假借字,當以粵為證①也。"(315頁)

清焦循《孟子正義》:"趙氏以越、于皆於者,《爾雅·釋詁》云:'粵、于,於也。'《史記·宋世家》集解引馬融云:'越,於也。'越、粵通也。"(699頁)

---

① "證",焦循《孟子正義》引作"正",見《孟子正義》第699頁。

3. 訓為形容詞"遠"

周秉鈞先生《尚書易解》:"殺越人于貨。……越,遠也,見《廣雅·釋詁》。"(174頁)

江灝、錢宗武先生《今古文尚書全譯》"殺越人于貨"注:"❸越:《廣雅·釋詁》:'遠也。'越人,遠人。"(222頁)

自《尚書》偽孔傳至今,人們對此"越"字歧訓迭出,頗有些混亂。或有看似矛盾者,如錢宗武先生《尚書入門》、《今文尚書語言研究》與其合著《今古文尚書全譯》對"越"的訓釋就有所不同,一訓搶劫,一謂通斁再訓搶劫,一訓遠。再如《王力古漢語字典》釋"殺越人于貨"之"越"為墜失、墜落,而釋從該句演化而來的"殺人越貨"之"越"為搶劫。(1345頁)

(二)關於"于"的訓釋

1. 訓為動詞

(1) 取

清江聲《尚書集注音疏》:"于猶取也。……殺人取貨也。殺于人,取其貨。……《七月》詩云:'一之日于貉。'毛傳云:'于貉,謂取狐狸皮也。'故云于猶取也。"(315頁)

清吳汝綸《尚書故》:"《詩》箋:'于,取也。''殺越人于貨'者,殺斃人取貨也。"(513頁)

裴學海《古書虛字集釋》:"'于'猶'取'也。'于'訓'取'猶'有'訓'取'也。《廣雅》:'有,取也。''于''有'古字通用。《書·康誥篇》:'殺越人于貨。'江聲云:'于猶取也。'"(44頁)

楊伯峻先生《孟子譯注》:"殺越人于貨。"注釋❹:"'于貨'猶《詩經·七月》之'于貉'。毛傳云:'于貉,謂取狐狸皮也。'則'于貨',謂取其貨也。"(240—242頁)

周秉鈞先生《尚書易解》:"殺越人于貨。……于,猶取也。……殺遠人取貨。"(174頁)

江灝、錢宗武先生《今古文尚書全譯》"殺越人于貨"注："❸于:《尚書故》:"取也。"（222頁）

(2) 假借為捕

朱駿聲《説文通訓定聲·豫部》:"于……〔叚借〕……又為捕,《孟子》:'殺越人于貨。'"（419頁）

2. 訓為介詞

(1) 訓於,表示對象

《孟子·萬章下》:"殺越人于貨。"趙岐注:"越、于皆於也。殺於人,取於貨。"（2743頁）

(2) 訓為,表示目的

清吳昌瑩《經詞衍釋》:"于,猶為（去聲）也。《書》:'殺越人于貨。'言殺人為取貨也。"（13頁）

3. 訓為連詞

(1) 訓以,表示目的

楊樹達先生《古書疑義舉例續補·于作以義用例》:"于作以義用之例,《尚書》尚多有之。……《康誥篇》:'殺越人于貨。'謂殺越人以取貨也。"（228—229頁）

(2) 表示並列

錢宗武先生《尚書入門》:"《康誥》中'殺、越'動詞連用,賓語'人、貨'並列,中間還加了一個連詞'于'。"（104頁）錢先生《今文尚書語言研究》同此。（309頁）

綜上,各家對該句"越"、"于"的理解多有不同,對"越"即有動詞、形容詞、虛詞"於"等多種説法,其中動詞説又有"顛越;顛越而致傷"、"搶劫;搶奪"、"經過;路過"等不同訓解;又或謂通假,或謂本字。對"于"亦有動詞、介詞、連詞數説,在詞性相同的前提下又有不同訓釋。上述各家多為大家,各大家意見相左,莫衷一是,以致"殺越人于貨"成為懸疑。

二

我們認為,對該句的理解"越"是關鍵,"越"字明,"于"也就迎刃而解了。那麼,"越"如何訓釋方更為穩妥呢?我們不妨先對各家之説做一簡單回顧:

首先看"顛越"説。劉雨先生在《"殺人越貨"和"夏鼎"》一文中曾針對偽孔傳的"顛越"説和趙岐的虛詞"於"説發表過自己的觀點:"'殺人'本來是很明白的話,古人為甚麼要説成'殺越人'或'殺於人'呢?至於'殺人'又'顛越人'就更難理解,一般人在被殺時,很難站立而不'顛越',古人説話何苦這麼累贅呢?"(102頁)雖然我們並不完全贊同劉先生的這種説法,但同樣覺得"顛越"説較為牽強。偽孔傳、朱熹《孟子集注》和蔡沈《書集傳》均衹將"越人"訓釋為"顛越人",是因為"殺人"而致其"顛越",還是殺後"顛越其屍"並未明言。然無論是二者中的哪種情況,似乎都有悖常理。"殺人"而致其"顛越"根本就沒有言説的必要,因為正如劉雨先生所言:"一般人在被殺時,很難站立而不'顛越'。"(102頁)至於像鄧林《新訂四書補注備旨》那樣理解為殺後"顛越其屍"①,同樣匪夷所思。因為主人被殺後其財貨可隨意攫取,並非一定要"顛越其屍"纔能得到,那麼這個為"取其貨"而發的"顛越其屍"的"越"自然也就可有可無了。正因上述二説皆難以成立,孔穎達為了維護偽孔傳,纔將其疏解為"其劫竊皆有殺有傷,'越人'

---

① 明鄧林《新訂四書補注備旨·孟子下卷之三》:"《康誥》曰:'殺越人于貨。'注:'言殺其人,又顛越其屍,因取其貨也。'"明鄧林撰,清鄧煜編,祁文重校,杜定基增訂。清袖珍刻本。其實朱熹《孟子集注》即已有了此説之端倪,既言"殺人而顛越之",恐怕"顛越"的衹能是屍體,只是朱熹未明言而已。

謂不死而傷"，以疏導人們不要按前兩種情況理解偽孔傳，這充分體現了"疏不破注"的原則。其實孔氏這樣疏解同樣牽強，"顛越"本身祇是一種方式，並不反映結果，被顛越者有可能"不死而傷"，但同樣也可能顛越致死。再從犯罪者的角度看，為了搶奪財物，除了"殺人"致死，還有很多可以達到目的的手段，並非祇能"顛越"而令其"不死而傷"。所以"越"訓"顛越"，值得商酌。其實偽孔傳訓"越"為"顛越"，很可能受了《盤庚》篇的影響。此"越"出現的語境"寇攘姦宄，殺越人于貨"與《盤庚中》之"顛越不恭，暫遇姦宄"（171 頁）相類相關，於是偽孔傳遂以"顛越"訓之。"顛越"說是最早的訓釋，它在相當程度上干擾了後世對"越"的理解。正因為人們很難接受"顛越"說，所以後來又出現了很多訓解。

再看虛詞說。趙岐謂"越，於也"，楊伯峻先生從之。江聲和焦循則認為"越"通"粵"，亦訓"於"。"越"訓"於"，上古漢語不乏其例；然從"殺越人于貨"這一具體語境看，釋"越"為虛詞"於"是否恰當，尚待商酌。"殺"為及物動詞，可直接用於賓語前，此亦如劉雨先生所言："'殺人'本來是很明白的話，古人為甚麼要說成'殺越人'或'殺於人'呢？"（102 頁）朱駿聲《說文通訓定聲》亦認為此說不當，指出"《孟子》：'殺越人于貨。'注：'越、于皆於也。'失之。"（687 頁）

再看"搶劫"說。宋呂祖謙《書說》和錢宗武先生《尚書入門》徑將越釋為搶奪、搶劫，朱駿聲、唐蘭先生和錢宗武先生《今文尚書語言研究》則認為越通"敓"或"奪"，亦訓搶奪、搶劫。此說亦存在一些問題。其一，如徑訓越為搶奪、搶劫，其意義來源似不明了；如以越通"敓"或"奪"，雖三字上古月部叠韻，然越屬匣母，敓（奪）屬定母，上古聲遠。（唐作藩 162、32 頁，郭錫良 44、34 頁，陳復華、何九盈 239、233 頁）我們注意到黃焯先生《古今聲類通轉表》表一"喉舌通轉"中列有

"匣定"關係（34—35頁）、表二"舌喉通轉"中列有"定匣"關係（70—71頁），然包括《説文通訓定聲》在內，除此"殺越人于貨"一例外，文獻中似再未見到越、敓（奪）相通之例。其二，如以"殺越人于貨"中"殺"、"越"為動詞連用，"人"、"貨"為賓語並列，那麼這就是較早出現的"並提"；但並提句的兩個賓語之間出現連詞，似乎前所未見。管燮初先生《西周金文語法研究》在對比《尚書·周書》和西周金文的動賓關係時，也指出這種"動賓格式不見於西周金文"。（79頁）其三，朱駿聲《説文通訓定聲·泰部》謂"越"叚借為"敓"，（686—687頁）然該書《豫部》又謂"于貨"之"于"叚借為"捕"，（419頁）如此，則"殺越人于貨"就成了"殺奪人捕貨"或"殺人奪捕貨"，令人難以索解。

我們認為，周秉鈞先生《尚書易解》和江灝、錢宗武先生《今古文尚書全譯》訓"越"為"遠"于文最恰，"越人"即"遠人"。我們支持此説的根據是：

首先，"越"有"遠"義。《説文·走部》："越，度也。"（36頁）其本義為越過，跨過。引申為超出某種範圍；再引申為遠，遠離。《小爾雅·廣言》："越，遠也。"（134頁）《書·泰誓上》："予曷敢有越厥志。"偽孔傳："越，遠也。言己志欲為民除惡，是與否，不敢遠其志。"孔穎達疏："越者，踰越超遠之義，故為遠也。"（180頁）《左傳·襄公十四年》："聞君不撫社稷，而越在他竟。"杜預注："越，遠也。"（1957頁）《廣雅·釋詁一》："越，遠也。"（12頁）《玉篇·走部》："越，遠也。"（191頁）又《方言·卷六》："伆、邈，離也。楚謂之越，或謂之遠，吳越曰伆。"錢繹箋疏："越與遠，語之轉耳。"（380—381頁）

其次，"越人"當為複音詞，指"遠人"，關係疏遠之人。"越人"在古代典籍中雖常指越國人，然亦可指遠人，即關係疏遠之人，這在上古文獻中並不少見。如《孟子·告子下》："有人於此，越人關弓而射之，則己談笑而道之；無他，疏之也。其兄關弓而射之，則己垂涕泣而道之；無他，戚之也。"（2756頁）《韓非子·說林下》："惠子曰：'羿……操弓關機，越人爭為持的；弱子扞弓，慈母入室閉戶。'故曰：'可必，則越人不疑羿；不可必，則慈母逃弱子。'"（138頁）又《外儲說左上》："故人行事施予，以利之為心，則越人易和；以害之為心，則父子離且怨。"（205頁）《商君書·修權》："論賢舉能而傳焉，非疏父子親越人也，明於治亂之道也。"（25頁）以上"越人"分別與"其兄"、"慈母"、"父子"對文，足見其非指越國人，而是指關係疏遠之人。（杜麗榮23頁）故《漢語大詞典》（第九卷）釋"越人"的第一義項即"疏遠的人"。（1110頁）清牟庭《同文尚書》："越人者，過人也，謂過路人也。"（1108頁）過路人也就是不認識的人，亦即遠人。其對意義的理解是完全正確的，只是"越人"在上古即已成詞，訓釋時完全不必這樣迂繞。

其三，以"殺越人"為動賓關係符合《尚書》中"殺"的使用特點。據我們統計，《尚書》中及物動詞"殺"單獨帶賓語的計7例①，在這7例中"殺"均直接用於賓語前，無一例外。茲將"殺越人于貨"外之6例臚列於下："非汝封刑人殺人，無或刑人殺人。"（《康誥》，204頁）、"勿庸殺之，姑惟教之。"（《酒誥》，207頁）、"予罔厲殺人。"（《梓材》，208頁）、"肆往，姦宄、殺人、歷人，宥。"（《梓材》，208頁）、"亂罰無罪，殺無辜。"（《無逸》，223頁）。此中4例為名詞"人"直接充當"殺"之賓語，中間無任何虛詞。因此，我們認為"越人"是作為複音詞直接充當"殺"之賓語，這與及物動詞"殺"在《尚書》全書

---

① 此7例含"殺越人于貨"，不含偽古文《大禹謨》之"與其殺不辜"和《微子之命·序》之"殺武庚"。《呂刑》"殺戮無辜"係"殺戮"帶賓語"無辜"，不屬於"殺"單獨帶賓語，亦未計算在内。

中的使用特點是一致的。

"越"字清楚了,"于"也就好理解了。採用虛詞説,如吳昌瑩《經詞衍釋》謂"于,猶為(去聲)也"(13頁),為表示目的之介詞;或如楊樹達先生《古書疑義舉例續補》謂"于作以義"(228—229頁),為表示目的之連詞,皆可通。然我們以為,訓"于"為"取",更為簡捷順暢。

首先,"于"在上古有動詞用法,且常與其他動詞形成對文。如《詩·豳風·七月》:"晝爾于茅,宵爾索綯。"鄭玄箋:"女當晝日往取茅歸,夜作絞索以待時用。"(391頁)又《大雅·棫樸》:"周王于邁,六師及之。"鄭玄箋:"于,往。"(514頁)"于"訓"往"在上古文獻中較為常見,如《詩·周南·桃夭》:"之子于歸,宜其室家。"毛傳:"于,往也。"(279頁)又《小雅·雨無正》:"維曰于仕,孔棘且殆。"毛傳:"于,往也。"(448頁)又《小旻》:"我視謀猶,伊于胡底。"鄭玄箋:"于,往。"(449頁)

其次,上古"于"有動詞"取"之義項。《詩·豳風·七月》"一之日于貉,取彼狐狸,為公子裘。"毛傳:"于貉,謂取狐狸皮也。"(390—391頁)又上引"晝爾于茅"鄭箋:"女當晝日往取茅歸。"《孟子·滕文公上》:"詩云:'晝爾于茅,宵爾索綯。'"朱熹集注:"于,往取也。"(314頁)《荀子·大略》:"詩云:'晝爾于茅。'"楊倞注:"于茅,往取茅也。"(335頁)

正因"于"可訓"取",前引江聲《尚書集注音疏》、吳汝綸《尚書故》、裴學海《古書虛字集釋》、楊伯峻先生《孟子譯注》、周秉鈞先生《尚書易解》、江灝與錢宗武先生《今古文尚書全譯》均將"殺越人于貨"之"于"訓為"取",其説可從。

綜上所述,我們認為,"殺越人于貨"即"殺遠人取貨",周秉鈞先生《尚書易解》和江灝、錢宗武先生《今古文尚書全譯》對此句的訓釋當為確詁。

三

緣於對"越"的歧解，在"搶劫；搶奪"說的推動下，"殺越人于貨"又演變出成語"殺人越貨"。"殺人越貨"蓋始于明代，章潢《圖書編·卷四十九·兩廣總鎮事宜》："盤踞扼塞，依阻林藪，殺人越貨。"（166頁）王士性《廣志繹·西南諸省》："各瑤僮往來江邊，鉤船截路，殺人越貨。"（76頁）皆是。清代以來，該成語廣為使用，如吳偉業《綏寇紀略·卷六·穀房變》："而於殺人越貨之跡巧辭匿飾。"（947頁）劉體仁《異辭錄·卷二·吳吉人生性伉直》："吾初至邊，輒有夷人殺人越貨，追之則逃。"（120頁）徐珂《清稗類鈔·義俠類·虯髯客為人解盜厄》："時值粵寇亂後，遍地伏莽，殺人越貨，數見不鮮。"（2798頁）《清史稿·沈荃傳》："禹州盜倚竹園為巢，殺人越貨。"（9900頁）蔡東藩《五代史演義·三十六回》："貧民亦乘勢闖入富家，殺人越貨，搶劫至兩晝夜，都城一空。"（192頁）等等。

由上文可見，"越"當訓"遠"，"越"之"搶劫"義當屬訛變。我們認為，成語"殺人越貨"雖係訛變而來，但已積非成是，取得了合法地位。當代很多重要工具書都收錄了"殺人越貨"且釋"越"為"搶劫"、"搶奪"。如《漢語大詞典》（第六卷）："【殺人越貨】殺害人命，搶奪財物。指盜匪行為。語出《書·康誥》：'殺越人于貨，暋不畏死，罔弗憝。'孔傳：'殺人，顛越人，於是以取貨利。'"（例略。1489頁）《中國成語大辭典》："越：搶劫。殺害人的性命、搶劫人的財物。《尚書·康誥》：'殺越人于貨，暋不畏死。'孔傳：'殺人顛越人，於是以取貨利。'此為古義，今多謂殺人並搶掠財物。"（例略。484頁）《現代漢語詞典》（第6版）："殺害人的性命、搶奪人的財物（越：搶奪），指盜匪的行為。"（1125頁）從"殺越人于貨"到

"殺人越貨"，這種約定俗成的訛變已不需再加以糾正，但釐清其源流關係和發展演變還是十分必要的。

〔主要參考文獻〕

（偽）孔安國傳，孔穎達疏. 尚書正義//十三經注疏. 北京：中華書局，1980.

孟軻撰，趙岐注，孫奭疏. 孟子注疏//十三經注疏. 北京：中華書局，1980.

朱熹. 孟子集注//四書集注. 長沙：嶽麓書社，1985.

蔡沈. 書集傳//景印文淵閣四庫全書. 第58冊. 臺北：臺灣商務印書館股份有限公司，1986.

呂祖謙撰，時瀾增修. 增修東萊書說//景印文淵閣四庫全書. 第57冊. 臺北：臺灣商務印書館股份有限公司，1986.

錢宗武. 尚書入門. 貴陽：貴州人民出版社，1991.

朱駿聲. 說文通訓定聲. 武漢：武漢市古籍書店影印臨嘯閣本，1983.

唐蘭. 西周青銅器銘文分代史徵. 北京：中華書局，1986.

錢宗武. 今文尚書語言研究. 長沙：嶽麓書社，1996.

牟庭. 同文尚書. 濟南：齊魯書社，1981.

楊伯峻. 孟子譯注. 北京：中華書局，1960.

江聲. 尚書集注音疏//皇清經解. 清道光九年（1829）.

焦循. 孟子正義. 北京：中華書局，1987.

周秉鈞. 尚書易解. 長沙：嶽麓書社，1984.

江灝，錢宗武譯注，周秉鈞審校. 今古文尚書全譯. 修訂版. 貴陽：貴州人民出版社，2009.

王力主編. 王力古漢語字典. 北京：中華書局，2000.

吳汝綸. 尚書故//桐城吳先生全書. 清光緒三十年（1904）.

裴學海. 古書虛字集釋. 北京：中華書局，1954.

吳昌瑩. 經詞衍釋//古書字義用法叢刊. 第七種. 北京：北京市中國書店影印，1984.

楊樹達. 古書疑義舉例續補//古書疑義舉例五種. 北京：中華書

局，2005.

劉雨．"殺人越貨"和"夏鼎"——答羅琨先生．考古與文物，2008 (3).

唐作藩．上古音手册．南京：江蘇人民出版社，1982.

郭錫良．漢字古音手册．北京：北京大學出版社，1986.

陳復華，何九盈．古韻通曉．北京：中國社會科學出版社，1987.

黃焯．古今聲類通轉表．上海：上海古籍出版社，1983.

管燮初．西周金文語法研究．北京：商務印書館，1981.

許慎．説文解字．北京：中華書局，1963.

楊琳．小爾雅今注．上海：漢語大詞典出版社，2002.

左丘明撰，杜預注，孔穎達疏．春秋左傳注疏//十三經注疏．北京：中華書局，1980.

張揖撰，王念孫疏證．廣雅疏證．南京：江蘇古籍出版社，2000.

顧野王．玉篇．北京：中國書店影印張氏澤存堂本（《宋本玉篇》），1983.

揚雄撰，錢繹箋疏．方言箋疏．上海：上海古籍出版社，1984.

韓非撰，王先慎集解．韓非子集解//諸子集成．北京：中華書局，1954.

商鞅撰，嚴萬里校正．商君書新校正//諸子集成．北京：中華書局，1954.

杜麗榮．《商君書》語詞雜考．山東大學學報，2004（4）．

羅竹風主編．漢語大詞典．第九卷．上海：漢語大詞典出版社，1992.

毛亨傳，鄭玄箋，孔穎達疏．毛詩正義//十三經注疏．北京：中華書局，1980.

荀況撰，王先謙集解．荀子集解//諸子集成．北京：中華書局，1954.

章潢．圖書編//景印文淵閣四庫全書．第970册．臺北：臺灣商務印書館股份有限公司，1986.

王士性．廣志繹．清康熙十五年（1676）刻本．

吳偉業．綏寇紀略//景印文淵閣四庫全書．第363册．臺北：臺灣商務印書館股份有限公司，1986.

劉體仁．異辭錄．太原：山西古籍出版社，1996.

徐珂. 清稗類鈔. 北京: 中華書局, 1986.
趙爾巽等. 清史稿//二十五史. 上海: 上海古籍出版社、上海書店, 1986.
蔡東藩. 五代史演義. 北京: 中國工人出版社, 2010.
羅竹風主編. 漢語大詞典. 第六卷. 上海: 漢語大詞典出版社, 1990.
王濤等. 中國成語大辭典 (縮印本). 上海: 上海辭書出版社, 1996.
中國社會科學院語言研究所詞典編輯室編. 現代漢語詞典. 第6版. 北京: 商務印書館, 2012.

Re-explanation of "Sha yueren yu huo (殺越人于貨)"

Du Lirong, Shao Wenli

(Research Institute of Chinese charater, Shandong Universtity (Weihai), Weihai 264209)

Abstract: There are many different interpretations of "Sha yueren yu huo (殺越人于貨)" (kill an unrelated person and rob him or her of his or her belongings) in history. This paper concludes that "yue (越)" means unrelated person or persons and "yu (于)" means robbing sb of. That is to say "sha yueren yu huo (殺越人于貨)" means killing an unrelated person and robbing him or her of his or her belongings. This conclusion happens to be similar to that of *Shangshu Yijie* (尚書易解) by Zhou Bingjun (周秉鈞) and that of *Jinguwen Shangshu Quanyi* (今古文尚書全譯) by Jianghao (江灝) and Qian Zongwu (錢宗武). The idiom, "Sha ren yue huo (殺人越貨)", which is an example of repeated lies becoming truths, derives from "Sha yueren yu huo (殺越人于貨)". It is truly a mistake but we don't have to correct it, and we should figure out its derivation.

Key words: Sha yueren yu huo (殺越人于貨); *Kanggao of Shangshu* (尚書·康誥); *Wanzhang (2) of Mengzi* (孟子·萬章下); killing the unrelated person and getting his belongings; sha ren yue huo (殺人越貨)

(杜麗榮、邵文利, 山東大學 [威海] 漢字研究所, 郵編 264209)

《姜元澤家藏契約文書》釋讀指瑕

盧慶全

内容摘要：《姜元澤家藏契約文書》是瞭解清代中後期苗族家庭經濟生活的一面鏡子，也是洞悉清代中後期苗族家庭漢語言使用風貌的一扇天窗。該書的整理出版具有重要的資料價值。但由於整理者對文書中某些俗字的情況失察，其釋讀還存在一些可商榷之處，本文選擇其中五則予以訂正。

關鍵詞：《姜元澤家藏契約文書》　釋讀　俗字

《姜元澤家藏契約文書》是《貴州文斗寨苗族契約法律文書彙編》（簡稱《彙編》）系列叢書的第一冊，該書收錄的契約資料全部來源於姜元澤老先生的家藏，共收入契約等文書資料計 664 件，時間上起清高宗乾隆五年（1740），下至中華民國 31 年（1942），時間跨度二百餘年，主要是嘉慶、光緒間的遺存。《彙編》不僅在系統整理苗族文化方面做出了很大努力，而且為當今多學科的社會科學研究提供了寶貴的第一手資料，可謂澤被後學，整理者篳路藍縷的開創之功不可磨滅。然而，智者千慮，難免一失，筆者在閱讀《姜元澤家藏契約文書》一書錄文的過程中，發現部分文書在某些俗字的釋讀方面存在一些可商榷之處，下面略舉五例，以就教於方家。

---

* 本文為 2012 年教育部人文社會科學研究規劃基金項目"西漢至清代契約文書詞彙歷時演變研究"階段性成果之一，項目批准號：12XJA740006。

【隁】

《天柱縣告示》:"若戶首、甲長偏向徇私,許具稟官究治;倘地隁阻撓,亦應鳴官提。奚容仐嘿不言致良法終阻?"(574頁)

按:原文書中"容"字後是"仐",字跡有些模糊,整理者用"□"標出。此處"仐"恐為"金","金嘿"同義並舉,與"不言"連用,表示沉默不語①。"地隁"之"隁",整理者將其釋讀作"棍",筆者以為當釋讀作"混"為宜。在該書第547頁《告示》中有"倘有爭競不明或田畝典當不清或地混從中阻撓"一句,這裏的"倘地混從中阻撓"與"倘地隁阻撓"(574頁)一句幾無二致,可證"地隁"當是"地混","隁"當即"混"的俗字異文。

此處書寫者為何會將"混"字寫作"隁"?這應該是文字的"偏旁同化"或"類化"的結果。關於"偏旁同化",王彤偉先生有過討論,他認為:"在日常閱讀和使用中,我們注意到了一種異形詞產生的潛規則,即長期組合在一起使用的漢字,其字形往往有趨同的傾向,我們稱之為'偏旁同化'。"② 關於"類化"的問題,張涌泉先生指出:"人們書寫的時候,因受上下文或其他因素的影響,給本沒有偏旁的字加上偏旁,或者將偏旁變成與上下文或其他字一致,這就是文字學上所謂的類化。類化是俗字產生的重要途徑之一。"③ 上引《天柱縣告示》中的"混"字在書寫過程中受到下文"阻撓"的"阻"字的影響,將形旁"氵"變換成了"阝",於是一個全新的俗字"隁"便產生了。

---

① 關於"仐"的釋讀,本文採用了本刊匿名審稿專家給出的寶貴建議,謹致謝忱。

② 王彤偉《異形詞規範中不容輕視的一種潛規則——偏旁同化》,《柳州師範專科學校學報》,2005年第2期。

③ 張涌泉《漢語俗字研究》(增訂本),商務印書館,2010年,第63頁。

類似"混"字因"偏旁同化"或"類化"而變成"阢"的例子在《姜元澤家藏契約文書》中還有很多。例如將"缺銀用"之"缺"字寫作"金"字旁的"鈌"（49頁），將"耕種"之"耕"寫作"秖"（59頁），等等。

"亦應鳴官提。奚容金嘿不言，致良法終阻？"原文整理者標點作："亦應鳴官提奚，容□嘿不言致良法終阻。"根據文意，此處於"奚"後加"逗號"不妥，應當在"提"後加"句號"，"奚"當歸屬下句，"終阻"之"阻"後加"句號"亦未妥，當改作"問號"。即引文後面部分的標點應為："倘地混阻撓，亦應鳴官提。奚容金嘿不言，致良法終阻？"

因為"倘地混阻撓，亦應鳴官提"緊承上文"若戶首、甲長偏向徇私，許具稟官究治"而出，一個"亦"字，說明"鳴官提"與"稟官究治"為並列關係。"鳴"同"稟"，即稟告。"提"與"究治"同，即追究處理。此句中"地混"指"地方上的無業遊民；地方上的流氓"。"奚"是表反詰語氣的副詞，用於動詞性詞語前表達反問語氣，這裏可以理解為"怎麼"。"嘿"指"閉口不說話"。全句的意思是：倘若地混阻撓，也應該稟告官府追究處理。怎麼可以沉默不言，致使好的法律受到阻撓呢？

【旺】

《范本順等分山合同》："平敖（鼇）姜吪玗。"（444頁）

按：契文中之"吪"，整理者釋讀作"旺"，不妥。"吪"當是"國"之俗字。

《范本順等分山合同》（444頁）與《姜鐘奇等分山合同》（445頁）兩張契文實為同一份契約。同一個人名，《范本順等分山合同》作"姜吪玗"（444頁），《姜鐘奇等分山合同》中作"姜㕵玗"（445頁）。儘管"姜㕵玗"之"㕵"字不甚清晰，但已可以證明整理者將"吪"（444頁）釋讀作"旺"是不妥當的。

仔細辨析"吪"字的形體結構，不難發現：該字為左右結構，左邊為"口"，右邊是"玉"，楷書可寫作"𪦏"。"𪦏"字並非《姜元澤家藏契約文書》的書寫專利，在《吉昌契約文書彙編》中亦不乏其例。《吉昌契約文書彙編》在書寫"民國某年某月某日"之"國"字時，不僅寫作"國"、"国"，還經常會寫作"𪦏"。如："民國二十年全十二月"（393頁）；"民国九年正月廿日"（267頁）；"民𪦏十九年庚午年二月廿六日"（169頁）、"民𪦏廿六年六月十三日"（171頁）、"民𪦏三十年六月十六日"（184頁）等等。將《吉昌契約文書彙編》這些例子中的"國"字進行比對，可以證明"𪦏""𪦏""𪦏"其實都是"国"字。據此可斷《姜元澤家藏契約文書》中的"𪦏"（444頁）亦即"国"。"姜𪦏玨"（444頁），即"姜国玨"。"姜𪦏玨"之"𪦏"（445頁），亦可以肯定就是"国"字。

【苐】

《天柱縣告示》："貴州鎮遠府天柱縣正堂加三級劉為頒發清查條規以杜弊端以便畫一事，照約三裏均糧一案，本縣堂傳集紳矜里民公正直之人，尤當甲長、戶首開報田塊禾把在案。苐其中踴躍急公者固多，而挾私觀望者不少。今特勒限頒發條規實力開報，倘有以高作下、以多報少及移換射影……"（547頁）

按："苐"，整理者釋讀作"等"，不妥。仔細辨識，不難發現"苐"字即"苐"字，實是"第"之俗字。

"苐"同"第"。《干祿字書·去聲》："苐、第，次第字。上俗，下正。"王力先生指出："《說文解字》中沒有'第'字。'第'字本作'弟'，指'韋束之次第'。漢代《熹平石經》始見'第'字，但表示'次第'義，至清代仍用'弟'字。"①

"苐其中"之"苐"即"第"字，這裏不表示次序，而是相

---

① 王力主編《王力古漢語字典》，中華書局，2000年，第873頁。

當於"但"、"只是",與下文"而挾私觀望者不少"句之"而"字作用相同,均為連詞,在斷句中當屬下文,當為:"第其中踴躍急公者固多,而挾私觀望者不少。"該句的意思是說:只是其中爭先恐後熱心公益的人固然很多,而心懷私念觀望的人也有不少。整理者將"帛"釋讀作"等"字,斷句時將其歸屬上句,即置於"在案"之後,於"帛"後加"逗號",不妥,當據正。

除第547頁"帛"外,"帛"字又三次見於《姜熙豪等分山合同》(530頁),分別是"帛一張登廷存"、"帛二張超煨存"和"加什鳳黃存帛三張"。根據契約上下文語境,可以斷定三處"帛"均是表示次序的"第"字。

【卜】

"卜"在《姜元澤家藏契約文書》中用例頗多,例如:

(1)《羅大等賣木收銀字據》:"今收到賣與文斗寨姜紹禮、映林名下木一單,共計木柒十七株,價銀每根七兩零五卜,共計木價銀伍佰肆拾貳兩捌錢五分正(整)。"(102頁)

(2)《姜之美兄弟賣田契》:"外批:糧每年銀三卜。"(284頁)

(3)《姜遇魁賣木契》:"當面議定價紋銀一兩零五卜。"(339頁)

(4)《姜登廷借契》:"自願借到下房姜永鄉之本足銀一兩〇二卜整。"(529頁)

按:上述四例中之"卜",整理者皆釋讀為"錢",不夠準確。

錢、分作為銀兩的計算單位,並不等值。十分為一錢,十錢為一兩。在例(1)中,木價共計542兩8錢5分整,此處"五分整"之"分"字原契文寫作"▉";共計有木77株("株"與下文"根"同)。有了木株總價,又有了木的總根數,據此,我們可以通過數學中的除法運算得出每根木的價銀數:即542兩8

錢 5 分除以 77 等於 705 分，即"七兩零五分"。對比契文中之表達"價銀每根七兩零五卜"，可以斷定"卜"當即"分"字。假若"卜"是"錢"，豈不捌"錢"五"錢"重複？另外，根據漢語計量書寫習慣，若"卜"是"錢"，例(3)例(4)中在"兩"與"錢"之間就不需要加"零"或"○"。綜上可見："卜"當是"分"無疑。據此，可知例(2)例(3)例(4)中之"卜"亦當釋讀作"分"字。

"分"俗作"卜"，在近代民間手寫賬簿中常見。民國 24 年(1935)教育部公佈了《第一批簡體字表》，該表附錄部分討論到不予採用的三種性質的簡體字，第一種就是賬簿藥方中以符號來代替的那些簡體字，其中就包括"分"作"卜"等簡體字①。

在《姜元澤家藏契約文書》中，"分"除了俗寫作"卜"外，還有將"卜"右邊一點寫在左邊的，即"⺊"，如《姜紹略借契》："道光十一年十二月廿九日，紹略名下因烏或生理折到：紹齊紋銀貳拾貳兩，並潘紹達六兩○⺊在內。"(284 頁)"⺊"這個形體實乃"七"和"⺊"的合文。此處"⺊"即俗字"卜"的顛倒體，當亦釋讀作"分"。整理者將"⺊"釋讀作"錢"，"⺊"釋讀作"七錢"，不正確，當據正。

類似"卜"作"⺊"這樣的字形顛倒現象，在《姜元澤家藏契約文書》中並非個例。聊舉二例：《朱國丙、姜祥宇賣山契》"乾隆三拾九年十月十四日立"(21 頁)、《姜今保、老年父子賣木契》"乾隆四十年七月初九日立"(22 頁)；《龍香薦典田契》"情願將到土名䲵周田一坵"(70 頁)，《姜今保、老年父子賣木契》"地名巫䲵杉木一塊"(22 頁)。二例中"隆"即"隆"之左右顛倒，均為"乾隆"之"隆"字；"䲵"即"鵁"之左右顛

---

① 見中華民國教育部《第一批簡體字表（附錄部分）》，《國語周刊》，1935 年，第 244 頁。

倒，均是"斑鳩"之"鳩"字。

在《姜元澤家藏契約文書》中"分"字還有許多草書寫法。例如：《范本順等分山合同》"四趾彡明"（444頁），《李老明父子賣木契》"裁手地主彡為五股均彡"（455頁），《易元泉移典契》"當面憑中移典價實銀伍兩整，親手收足，未欠彡厘"（511頁），等等。

據俗字"卜"及上述各例"分"字之草書寫法，可以作出如下之推測："分"，俗作"卜"，可能是"彡"字草書楷化的結果，即把曲筆"彡"拉直成一豎，乃簡作"卜"字。①

【下】

《抱黨頭山賣木分銀文書》："存淨價實銀伍拾三兩一錢下。"（568頁）

按：契文中"下"，整理者釋讀作"一分"，不妥當。"下"實是兩個字的合文。"下"下面部分的"卜"是"分"字的俗字（詳見上文說明），"卜"的上面部分是"二"字，而非"一"字。故"下"當釋讀作"二分"。

由"世法"這個人書寫的該份文書共有五處寫到"一（壹）"，除兩處"壹張"用"壹"外，其餘三處"一"均寫作"乙"，沒有書寫作"一"者。"一分"在該契中出現一處，寫作"乙卜"，而非寫作"一卜"或"一分"。假設寫作"一卜"，且又是上下結構的合文，那麼就可能會是"下"。這樣勢必會與"下"字混淆，進而造成諸多不便，引起不必要的糾紛。當然，即便契約書寫人不擔心造成不便，不怕引起糾紛，將"一分"真的寫作"下"，其形體也與"下"（568頁）明顯不同。可見將"下"（568頁）釋讀作"一分"確有不妥之處，應釋讀作"二分"為當。非

---

① 參見唐智燕《俗字研究與民間文獻整理——以吉昌契約文書為例》，《漢語史研究集刊》第15輯，第384頁。

但本件文書"一分"不寫作"下",遍查《姜元澤家藏契約文書》所有契文,無一份契文寫作"一""卜"二字合文"下"者。

除了"下"外,在該份契文中還有"卡",也是個合文,即"七"和"卜"二字的合文。在《姜元澤家藏契約文書》中還有許多類似的合文。如《姜熙翱賣木契》(560頁)中有三處"",即"三""卜"二字的合文;《井東山分山文書》(566頁)有三處"",即"五""卜"二字的合文,等等,不一而足。

〔主要參考文獻〕

陳金全等. 姜元澤家藏契約文書. 北京:人民出版社,2008.

孫兆霞等. 吉昌契約文書彙編. 北京:社會科學文獻出版社,2010.

徐中舒等. 漢語大字典. 第2版. 成都:四川辭書出版社/武漢:崇文書局,2010.

羅竹風等. 漢語大詞典. 上海:上海辭書出版社,2011.

毛遠明. 漢魏六朝碑刻異體字研究. 北京:商務印書館,2012.

Refer to the Defect Interpretation of 《jiang yuan ze jia cang qi yue wen shu》

Lu Qingquan

(School of Literature and Art, Shaanxi Normal University, Xi'an 710119)

Abstract: 《jiang yuan ze jia cang qi yue wen shu》 is a mirror to know the miao zu family's economic life of the mid and late Qing Dynasty, and is a window to understand the miao zu family language style of the mid and late Qing Dynasty. The sorting and publication of this book has important data values. From some popular form of characters, this article put forward some negotiable places to the interpretation of the trimmer.

Key words: 《jiang yuan ze jia cang qi yue wen shu》; interpretation; popular form of characters

(盧慶全,陝西師範大學文學院,郵編710119)

慧琳音義與《道地經》校讀劄記[*]

顧滿林

内容摘要：慧琳《一切經音義》卷七十五為東漢安世高所譯《道地經》立 65 個條目加以解說，從今存版本來看，二者文字有同有異，各有優劣。異文情況主要有以下幾類：1. 慧琳音義和《道地經》僅用字不同，文意實一致；2. 慧琳音義和《道地經》用字差異體現了詞彙差異，二者文意各自能講通；3. 今本慧琳音義已訛；4. 慧琳音義所據寫本大藏經已訛；5. 慧琳自身失誤；6.《道地經》用字形近而訛；7.《道地經》用字音同而訛。

關鍵詞：道地經　一切經音義　異文　校勘

方一新先生《玄應〈一切經音義〉卷一二〈生經〉音義劄記》一文指出："玄應及慧琳的兩種《一切經音義》，所釋詞語（詞條）時常與今傳世本《大藏經》文字不同，可資校勘比對。"（2006，62 頁）並率先垂範，從文字和詞彙兩類材料入手，分析《大正藏》《中華藏》與《玄應音義》產生差異的原因。

東漢安世高譯有《道地經》一卷，唐代慧琳《一切經音義》卷七十五為《道地經》立 65 個條目加以解說，慧琳音義中這 65

---

* 基金項目：國家社科基金青年項目（編號 08CYY020）、四川省哲學社會科學"十一五"規劃項目（編號 SC08C01）和"四川大學中央高校基本科研業務費研究專項（哲學社會科學）項目"（編號 SKJ201001）。本文曾提交"第六屆漢文佛典語言學國際學術研討會"（韓國交通大學，2012 年 10 月），後承高列過教授提出寶貴的修改意見，又承匿名審稿人提供中肯的修改意見，謹致謝忱！

個條目與傳世本《道地經》的文字有同有異。本文擬就二者有差異的内容分類略析之。

慧琳音義成書於唐憲宗元和年間,其時成熟的寫本大藏經已有多種①;北宋太祖開寶年間所刻《開寶藏》是最早的刻本大藏經,已基本亡佚,作為其覆刻藏的《趙城金藏》和《高麗藏》則保存至今。

本文所用版本以《中華藏》為主,其中慧琳《一切經音義》係直接影印《高麗藏》本,《道地經》系直接影印《趙城金藏》本;同時參以《大正藏》所錄慧琳《一切經音義》和《道地經》,以及上海古籍出版社 1986 年據日本獅谷白蓮社本影印的《正續一切經音義》;《中華藏》和《大正藏》各附有多種刻本大藏經的校勘信息,必要時也一併納入考察範圍。

一　慧琳音義和《道地經》兩可

1.1　慧琳音義和《道地經》僅用字不同,文意實一致

袒裸—胆腺

袒裸,上堂懶反。《考聲》云:"肩上衣也。"《左傳》:"肉袒也。"《禮記》:"勞無袒。"鄭玄曰:"左免衣也。"《說文》從亶從肉作膻,訓亦袒露也,今且依《通俗文》從衣。下郎果反。《文字典說》從人作倮,脫衣露體也,俗音華瓦反;或從身作躶,音並同,形聲字也。經中二字並從月從旦作胆腺,不成字。寫藏經宜改從正,如前所說也。(《一切經

---

①　李富華、何梅《漢文佛教大藏經研究》第二章第三節題為"寫本大藏經——漢文佛教大藏經的前史",可參看。該書認為"唐朝是中國漢文大藏經真正形成的時代"(第 64 頁)。

音義》卷七十五，58－963中，T54－791c)①

或見被髮胆脙女人自身相牽。(《道地經》，51－401中22，T15－232b02)

此條慧琳言明"袒裸"系依據《通俗文》字形，他所見《道地經》字作"胆脙"，與今本相同。在表示"脫衣露體"時，着眼於"脫衣"則字可從"衣"字作"袒""裸"，着眼於"露體"則字可從"肉"作"胆""脙"；此時，"袒""胆"為異體字，均音 tǎn，"裸""脙"為異體字，均音 luǒ，"袒裸"和"胆脙"文意實同。

上腭—上嘦

口中上腭，我各反。《考聲》：" 齗，腭也。"《說文》闕，字書或從齒作齶。(《一切經音義》卷七十五，58－966上，T54－792b)

一種在舌，一種著舌根，一種著口中上嘦，一種在咽。(《道地經》，51－405下1，T15－235a05)

此條慧琳音義字形作"腭"，今存各種刻本《道地經》作"嘦"；"腭""嘦"同為"齶"的異體字，三者聲符相同，形符"肉""口""齒"含義相通。《廣韻·鐸韻》："嘦，口中齗嘦，出《字統》。齶，上同。"《集韻·鐸韻》："齶，或作嘦。"《龍龕手鏡·肉部》："腭，正作齶。"

除圂—除涄

除圂，魂困反。《說文》："廁也，从口，口音韋，豕在中也。"(《一切經音義》卷七十五，58－963上，T54－

---

① 本文引用《一切經音義》和《道地經》，均標注引文所在《中華藏》冊數、頁碼、欄數（上中下），經文選標明行數；為方便核查，同時標注引文所在《大正藏》冊數、頁碼、欄數（abc），經文選標明行數。文中引用別的經文則祇據《大正藏》，標明出處。《大正藏》以字母 T 標示。

791c)

死人亦擔死人亦除涵人共一器中食。(《道地經》,51—401中17,T15—232a27)

此例"圂""涵"在表示廁所、糞坑、豬圈等義時,字可通用。

1.2 慧琳音義和《道地經》用字差異體現了詞彙差異,但是二者文意各自能講通。

持籌—持筓

持籌,長流反。《説文》:"籌,箄也。从竹,壽聲。"經文從奇作筓,錯書也。(《一切經音義》卷七十五,58—963上,T54—791b)

譬如人命欲盡,在呼吸欲死,便四百四病中,前後次第稍發,便見想生恐畏怖。夢中見蜂啄木,烏鴉啄頂腦,一柱樓上自樂,見著衣青黃赤白自身著,見騎馬人牧駐毛有聲,持筓作枕聚土中臥,死人亦擔死人亦除涵人共一器中食。(《道地經》,51—401中16,T15—232a26)

慧琳以為"籌"是而"筓"非。事實上,"籌"和"筓"雖各有所指,經文作"持籌作枕"或"持筓作枕"所表達的意思並無多大差異。《説文·竹部》:"籌,壺矢也。"徐鍇繫傳:"投壺之矢也,其制似箸。"《龍龕手鏡·竹部》以"筓"為"笴"的俗字。《周禮·冬官考工記》:"燕之角,荊之幹,妢胡之笴,吳粵之金錫,此材之美者也。"鄭玄注:"笴,矢幹也。"

可見,"籌"似箸,"筓""笴"(gǎn)為矢幹;此二物同為竹質,而形制相近①。本段經文講述衆病纏身時夢中所見異事,"持籌作枕"與"持筓作枕"都祇能做出不合適的枕頭,都是稀

---

① 《漢語大字典》釋"籌"的第一個義項為:"壺矢。古代投壺所用的籤子,形如箭笴。"

奇古怪的事①。

碨磓——磈礧

碨磓，上烏賄反，上聲呼，下雷猥反。《考聲》云："碨磓者，眾骨聚皃。"經文碨字從鬼作磈磓，誤也；或作䃁，或作䃂，皆古字也。(《一切經音義》卷七十五，58—965下，T54—792b)

二十三七日精復堅譬如厚皮胡桃。是為三百節連相著，足骨連胜腸，胜腸連膁骨，膁骨連背，二腰骨連肩，肩連頸頭，頸頭連頭項，頭項連齒，如是是骨聚磈礧骨城，筋纏血澆肉塗革覆。(《道地經》，51—404下15，T15—234b14)

慧琳據《考聲》以為"碨"是而"磈"非，其實字作"磈"亦可通。經文描述胎兒骨骼發育狀況，"磈礧骨城"指骨骼關節連綴叢聚凹凸不平。此處"磈礧"實為聯綿詞，聯綿詞書寫時字無定形，比如後一字就有"磓""䃁""䃂""礧"等多種寫法。

中土文獻或作"磈磊""磈礧""磈碌"。《爾雅·釋木》"枹遒木魁瘣"郭璞注："謂樹木叢生，根枝節目盤結磈磊。"此為樹結凹凸貌。南朝梁何遜《和劉諮議守風》："蕭條疾帆流，磈礧衝波白。"此為石不平貌。《文選》卷十二木華《海賦》："蚢蛣森衰以垂翹，玄蠣磈碌而碨砢"李善注："磈碌、碨砢，不平之貌。""磈"音"苦罪反"。

慧琳主張的寫法"碨磓"，中土文獻或作"碨磊"，如《文選》卷十二木華《海賦》："澎濞灪嗖，碨磊山壟。"李善注："碨磊，不平貌。""碨"音"烏罪反"。

據李善注，"磈""碨"二字不同音，"磈碌""碨磊"各為一詞。今考"磈"字讀音有二，在《廣韻·尾韻》音"於鬼切"，

---

① 西晉·竺法護譯《修行道地經》卷一作："夢枕大狗，又枕獼猴，在土上臥。"(T15—183c09)與《道地經》此處內容相對應，也言及不合適的枕頭。

在《廣韻·賄韻》音"口猥切",其"於鬼切"一音與"碨"字同音;從文意看,"碨磓""碨磊""碨礧""碨磲"四形與"碨䃁""碨磊"二形詞義實同,這六種寫法視為同一詞亦無不可。

二 《道地經》是,慧琳音義非

2.1 今本慧琳音義已訛
菅葉—菅茅

菅葉,上音姦。《考聲》云:"菅草,茅類也,其葉如刃,從草官聲也。"(《一切經音義》卷七十五,58—963下,T54—791c)

或時見墮五湖九江不得底,或時見入菅茅中裸身相割自敷轉,或時上樹無有蔌無有華無有華戲。(《道地經》,51—401下5,T15—232b12)

慧琳音義原文當作"菅茅","菅葉"系"菅茅"傳寫致訛。《考聲》云"其葉如刃"祇是介紹"茅"的特點,並不等於慧琳該條目解釋的是"菅葉",否則慧琳照例又會指出經文"茅"字用得不當。

從版本異文來看,《大正藏》僅列日本宮內寮本字作"菜",《中華藏》未列版本異文。換言之,宋、元、明、清歷代各種版本的大藏經中,《道地經》"菅茅"都不作"菅葉"。

"菅"是茅草的一種。《說文·艸部》:"菅,茅也。""菅茅"在歷代文獻中都有用例。《詩·小雅·白華》:"英英白雲,露彼菅茅。"《墨子》卷十五:"凡守城之法:石有積,樵薪有積,菅茅有積,藋葦有積,木有積,炭有積,沙有積。"清·孫詒讓閒詁引三國吳·陸璣《毛詩草木疏》"菅似茅而滑澤無毛,柔韌宜為索。"漢·桓寬《鹽鐵論》卷七:"昔商鞅之任秦也,刑人若刈菅茅,用師若彈丸。"北魏·賈思勰《齊民要術》卷一:"菅茅之地，宜縱牛羊踐之，七月耕之則死。"唐·於鵠《宿西山修下元齋詠》："分行布菅茅，列坐滿中庭。"唐·袁郊《露》："湛湛騰空下碧霄，地卑濕處更偏饒。菅茅豐草皆沾潤，不道良田有旱苗。"明·楊慎《升庵詩話》："又云：'菅茅作屋幾家居，雲碓風籭路不紆。坡側杏花溪畔柳，分明摩詰《輞川圖》。'"明·李時珍《本草綱目·草二·白茅》："茅有白茅、菅茅、黃茅、香茅、芭茅數種……菅茅只生山上，似白茅而長，入秋抽莖，開花成穗如穫花，結實尖黑，長分許，粘衣刺人。"

"菅茅"在佛教文獻中還有別的用例，唐·玄奘譯《瑜伽師地論》卷九十一："由是因緣，雖住空寂阿練若處，而受現行，追悔所起。尋思之苦，如菅茅刺傷害其足，不能無畏往淨仙衆。"（T3—817c28）

與之相對，"菅葉"僅在慧琳《一切經音義》中出現此一次，此外在佛教文獻和世俗文獻中均不見使用。

見甌—瓦甌

　　見甌，阿侯反。《方言》云："盆之小者謂之甌。"形聲字。今經文相傳從國作甌，必是書寫人錯誤久矣，甚無義，宜從甌也。(《一切經音義》卷七十五，58—964上，T54—791c)

　　復見小兒俱相坌土，復胆裸相挽頭髮，破瓶盆瓦甌，亦見空器舍不著意。(《道地經》，51—402中4，T15—232c16)

本文關注此條目中"見"字與經文"瓦"的差別。（音義提到的"甌""甌"之別，情況不屬此類，另待分析。）

經文"破瓶盆瓦甌"文從字順，慧琳音義"見甌"顯系"瓦甌"形近而誤。①

---

① 西晉·竺法護譯《修行道地經》卷一作："或見小兒以土相坌，而復裸立，相挽頭髮，破毀瓶盆及諸器物。"（T15—184b18）與《道地經》此處內容相對應。

《金藏》本《道地經》此"瓦"字已變形作"凡",但《中華藏》此字未出校勘信息,《大正藏》字正作"瓦"且未載校勘異文。可見,大藏經各種刻本中《道地經》"瓦甌"之"瓦"沒有像《一切經音義》那樣明確訛變作"見",而《一切經音義》此條在《高麗藏》本和日本獅谷白蓮社本以及《大正藏》中均已明確誤寫作"見"。

塞澀—寒澁

> 塞澀,參戢反,《說文》"不滑也",从水从四止。上二止倒書,下二止正書,是澀字之意也,會意字。經文從人三止,非也,不成字,書人之誤也。(《一切經音義》卷七十五,58—965上,T54—792a)

> 復一風起名成風,令病者青血肪膏大小便生熟**熱寒澁**,令幹從處卻。(《道地經》,51—403上16,T15—233b07)

音義條目中"塞"字當是"寒"字之誤,經文"大小便""生熟""熱寒"均兩兩對舉,與"熱"相對的自然是"寒",而非"塞"。(音義提到的"澀""澁"之別,情況不屬此類,另待分析。)

以上三個條目,慧琳關注的對象本是"菅茅"之"菅","瓦甌"之"甌","寒澀"之"澀",不是關注對象的"茅""瓦""寒"在《一切經音義》流傳過程中被誤寫成了"葉""見""塞",且均為字形之訛。

2.2 慧琳音義所據寫本大藏經已訛

笁甘露—笁甘蔗

> 笁甘露,上笁字經文錯書,疑是古文天字,請諸智審思之,笁無義也。(《一切經音義》卷七十五,58—962下,T54—791b)

> 行者得味譬如笁甘蔗,常怖覩見積百餘,若不得傑樂窮老死,故在世間没……已有老病死,從是若著意惱生,欲

随受佛戒者，便行從致無爲。(《道地經》，51－399中，T15－230c～231a)

"筰"和"天"字的形、音、義三個方面均相差太遠，傳寫致誤可能性太小。慧琳疑"筰"是古文"天"字，而沒有提供任何證據。慧琳看到的寫本《道地經》作"行者得味譬如筰甘露"，似乎唯有視"筰"爲"天"纔能講通，故云"筰無義也"。

《道地經》原文爲"行者得味譬如筰甘蔗"，意思表達得很清楚。《説文·竹部》："筰，迫也。在瓦之下棼上。"王筠《句讀》："筰在瓦、棼之間，爲所迫窄，故名筰也。"其動詞義後來字作"榨"。"筰甘蔗"乃費力之舉，僅得少量甜汁，丟掉的渣滓卻很多①。這個意象也可以用來描述地獄之苦②。

佛經中"甘露"十分常見，其使用次數遠遠勝過"甘蔗"。《大正藏》中，"甘露"出現5012次，其中佛經譯文3391次；"甘蔗"共出現787次，其中佛經譯文540次。在此背景下，經文傳抄過程中"甘蔗"隨手誤作"甘露"的可能性比較大，反過來的可能性要小得多。《道地經》之外，"筰甘蔗"另有三處用例，茲不贅。

要之，慧琳看到的寫本《道地經》已由"筰甘蔗"訛爲"筰

---

① 《法苑珠林》卷四十四依據南朝宋求那跋陀羅譯《賓頭盧突羅闍爲優陀延王説法經》載有相近的説法："我今爲王略説譬喻，王至心聽。昔日有人，行在曠路，逢大惡象，爲象所逐，狂懼走突，無所依怙，見一丘井，即尋樹根，入井中藏，上有黑白二鼠，互齧樹根，此井四邊，有四毒蛇欲螫其人，而此井下有三大毒龍。傍畏四蛇，下畏毒龍，所攀之樹，其根動搖，樹上有蜜五滴墮其口中，于時動樹，敲壞蜂窠，衆蜂散飛，唼螫其人。有野火起，復來燒樹。大王當知，彼人苦惱，不可稱計。而彼人得味甚少，苦患甚多。其所味者如牛跡水，其所苦患猶如大海；味如芥子，苦如須彌；味如螢火，苦如日月。如藕根孔比於太虛，亦如蚊子比金翅鳥。其味苦惱多少如是……是故當知，欲味甚少，苦患甚多。"(T53－626b07～29)

② 西晉·竺法護譯《修行道地經》卷三有："次雨鐵椎及復鐵杵，黑象大山鎮其身上，如擣甘蔗，若笮蒲萄，髓腦肪膏，血肉不淨，皆自流出。"(T15－202b29)

甘露"。

入檻—入鹽

　　入檻，咸黯反。《考聲》云："大匱也，牢也。"從木監聲。(《一切經音義》卷七十五，58—963下，T54—791c)

　　南方行入塚間，見聚炭髮毛分骨搗碎幹華，自身見入鹽王，見鹽王使問。(《道地經》，51—401下18，T15—232b19)

慧琳所見寫本《道地經》或作："自身見入檻，王見檻，王使問。"本段經文講述眾病纏身時夢中所見，"入檻"等語意思似乎大致與上下文相協，但与異译本《修行道地經》不符①。諸刻本大藏經多同作"檻"，唯金藏和麗藏作"鹽"。

　　金藏和麗藏本《道地經》作："自身見入鹽王，見鹽王使問。""鹽王"即"閻王"的早期形式。此句經文大意或近於今題東晉竺曇無蘭譯《佛說泥犁經》："如是曹人死即入泥犁，與鹽王相見，即去惡就善。主泥犁卒名曰旁，旁即將人道至鹽王所，泥犁旁白言……是為鹽王第一問……是為鹽王第二問……是為鹽王第三問……是為鹽王第四問……是為鹽王第五問對。問對已畢，泥犁旁則牽將持出，詣一鐵城。"(T1—909C)

嚁舌—喉舌

　　嚁舌，兄圓反。亦疑此字非也，況於文不順也。(《一切經音義》卷七十五，58—964上，T54—792a)

　　見身重骨節不隨，鼻頭曲戾，皮黑咤幹，喉舌如骨色，不復知味。(《道地經》，51—402中11，T15—232c22)

經文"喉舌如骨色不復知味"意思很明確。骨色本白，喉發炎、舌苔重，則其色如骨，味覺自然不靈敏了。慧琳看到的寫本

---

① 西晉·竺法護譯《修行道地經》卷一作："入於塚間收炭爪髮，自見其身戴於枯華，引入大山，閻王見問。"(T15—184a07) 與《道地經》此處內容相對應。

已訛為"嚨舌",文意難通,因而疑之。

生腫—生膧—生體

生腫,鍾勇反。經文從骨作膧,非也,經意不成。字義合是腫字,疑書錯誤也。(《一切經音義》卷七十五,58—965上,T54—792a)

譬如人炤淨鏡,盡見面像:髮白皮皺,生體垢塵,或齒墮,或齒齒,見身從老瘦。如是即自慚,閉目放鏡不欲見。以放鏡憂愁:"我已壯去老到,顏色醜,樂已去。"(《道地經》,51—403中4,T15—233b16)

慧琳所見寫本作"生膧"①,認為"經意不成",主張改字作"生腫"。不過,"生膧""生腫"均於義未安,慧琳所見"生膧"實為"生體"形近而訛。

此段經文慨歎"壯去老到顏色醜",經中人物並非生病發腫。因為年老"皮皺",難以清洗乾淨,反容易粘積灰塵,故言"生體垢塵",其意思並不隱晦,"生體"雖非常語,但文意尚可通②,指老而未死之體。

此外,《道地經》原文或可斷作"髮白/皮皺生/體垢塵/或齒墮/或齒齒","體垢塵"能講通,"膧垢塵""腫垢塵"則難以講通。

2.3 慧琳自身失誤

長抓—扴—長爪

長抓,莊狡反。亦作爪,象形。經文從手作扴,非也。扴音戛,非經義也。(《一切經音義》卷七十五,58—963

---

① 《集韻·腫韻》:"膧,《說文》:'脛氣足腫。'或作膧。"
② 西晉·竺法護譯《修行道地經》卷一作:"如有老人而照淨鏡,皆自見形,頭白面皺,齒落瘡痍,塵垢黑醜,皮緩脊僂。"(T15—186a08)與《道地經》此處內容相對應。

上，T54—791c)

便有是相不潔，惡衣長爪亂鬚髮，載壞弊車，著穿弊履。(《道地經》，51—402上4，T15—232b25)

經文描述病者"是相不潔"有數端：衣裝不整（惡衣）、指甲不修剪（長爪）、頭髮蓬亂（亂鬚髮）、穿破鞋（著穿弊履）。此中"長爪"之"爪"當是名詞，而"抓""扞"皆作動詞，故字當以"爪"為是。

《說文·爪部》："爪，丮也，覆手曰爪。象形。"段注："仰手曰掌，覆手曰爪。今人以此為叉甲字。"《說文·又部》："叉，手足甲也。"段注："叉爪古今字，古作叉，今用爪。""爪"字常用來表示指甲，佛經"爪齒"即指甲和牙齒，用例上百。

《道地經》中"長爪"即指甲長，書經人誤加手字作"抓"，慧琳所見寫本經"抓"字形可能不太正，因而誤識之為"扞"，並指出"扞音憂，非經義也"。此其失在誤識字形。

五埵—五腄

五埵，當果反；其胎中精自分聚五處，名之為埵，或名五疱；經文從肉作腄，非也，正從土垂聲；或作朵、垛，並古文，皆正體字也，時不多用也。(《一切經音義》卷七十五，58—965下，T54—792a)

八七日變化減烏麩，譬如磨石子；九七日在磨石子上生五腄，兩肩相兩髀相一頭相。(《道地經》，51—404中16，T15—234a25)

《說文·肉部》："腄，瘢胝也。"朱駿聲《說文通訓定聲》："腄，俗謂之老繭。"《集韻·支韻》"腄，馬及鳥脛上結骨。"老繭和脛上結骨，均屬肌體的凸出物，《道地經》"五腄"之"腄"指早期胚胎上四肢和頭的幼芽，其位處邊緣且形狀凸出。"腄"從肉垂聲，《說文·土部》："垂，遠邊也。"疆土之遠邊曰垂，肌體之遠邊自然從肉作"腄"，《道地經》云"在磨石子上生五腄"

順理成章。

"埵"卻並無上述含義,《說文·土部》:"埵,堅土也。"玄應《一切經音義》卷六引《字林》:"埵,聚土也。"慧琳音義云"其胎中精自分聚五處,名之為埵",不符合胚胎發育的實情,因為早期胚胎並不"分聚五處"。此其失在誤辨字形,又釋詞未當,致解經不確①。

三 慧琳音義是,《道地經》非

3.1 今本《道地經》用字形近而訛

膿血—䁬血

　　膿血,奴冬反。《聲類》云:"癰疽潰血也。"《說文》:"腫血也。從血從農省聲也。"經文作䁬,古字也。(《一切經音義》卷七十五,58—964下,T54—792a)②

　　或時宿命從行相,筋香髮香骨香肌肉䁬血香大便香。(《道地經》,51—402中21,T15—233a01)

　　一切食不避惡不淨,從善還不行法語,便墮䁬血唾湧泥。(《道地經》,51—404上4,T15—233c25)

《道地經》又單言"䁬":

　　便行至觀死屍一日者至七日者,膖脹者,青色者,如䁬

---

① 另,音義"或名五疱"之"疱"當是"胞"之誤,佛經譯文中描述胚胎發育狀況常用"五胞",不用"五疱"。此或非慧琳之誤,而由後人傳刻致訛,唯高麗藏本和獅谷白蓮社本《一切經音義》同誤,並無異文。西晉·竺法護譯《修行道地經》卷一作:"至九七日,變為五胞,兩肘、兩髀及其頸項,而從中出。"(T15—187a15)

② 此例"䁬"字諸本或不清晰,或竟訛誤。上海古籍出版社影印日本獅谷白蓮社本《一切經音義》作"䁬",《中華藏》字跡更加模糊不清,《大正藏》已徑誤錄作"䁬"。

者,半壞者,肉盡者,血洗者,骨骨連者,筋纏者,若白,若解散,四面無有,數手破。(《道地經》,51-406下19,T15-235c20)

今本《道地經》的這兩處"盟血"及一處"盟"令人費解,如果字作"膿血"和"膿"就文從字順了。"膿"字本可作"䀃",容易訛誤作"盟"。

據《說文解字》,"膿"是"䀃"的重文。《說文·血部》:"䀃,腫血也;從血,䕺省聲。膿,俗䀃;從肉,農聲。""䀃"與"盟"字形相近,《道地經》以上三處"盟"均為形近而訛。

"䀃"誤作"盟",不僅僅因為二者字形相近。《說文》以"盟"為古文,小篆"從囧從血",段注作"從囧皿聲"。《說文》引《周禮》云:"盟,殺牲歃血,朱盤玉敦,以立牛耳。"常言"歃血為盟",足見"盟"與血有密切關係;"䀃"誤寫作"盟",二者字義上都與血有關聯,或許這也是誤寫的又一個原因。

在慧琳看來,"䀃"已是古字了。《大正藏》全部佛經譯文中"䀃血"只出現一次,且有的版本誤作"盟"。

不得立大小便,除病,應當學;不得水中大小便涕唾,除病,應當學;不得生草上大小便涕唾嘔吐䀃(奴東反)血,應當學;不得上過人樹,除怖畏因緣,應當學。(元魏·般若流支譯《解脫戒經》,T24-664c27)①

與此同時,佛經中"膿血"用例數以百計,《大正藏》全藏有656例,其中前32冊的翻譯佛典465例,僅漢魏譯經"膿血"使用超過10次。這表明,被《說文》視作俗字的"膿"很早就比"䀃"常用,否則也許會有更多的"䀃"訛為"盟"。

髓䏣—髓腦—腦髓

<u>髓䏣</u>,上雖柴反。《說文》云:"骨中脂也。從骨,從隨

---

① 《大正藏》校記指出,正倉院聖語藏本此處作"盟血"。

省聲也。"下天亦反,《韻詮》云:"骱者,骨間黃汁也。"言人臨死之時髓變為骱,黃汁流出,亦形聲字也。(《一切經音義》卷七十五,58—964下,T54—792a)

已散節,已斷結,已筋緩,已骨髓腦,已精明等去。(《道地經》,51—403上20,T15—233b10)

復一風起名鍼風,令病者筋緩;復一風起名破骨風,令病者骨腦髓;復一風起名藏風,令病者眼耳鼻孔皆青。(《道地經》,51—403上10,T15—233b02)

金藏本《道地經》"已骨髓腦""令病者骨腦髓"文意不順,"髓腦"當是"髓骱"形近而訛,"腦髓"則進一步顛例次序。

此處經文,《高麗藏》本作"令病者骨髓傷""已骨髓傷",其餘諸版本(資磧普南徑清)均作"令病者骨髓骱""已骨髓骱",正與慧琳音義所見寫本經用字相合。

受痱—受麾

受痱,音肥。《說文》:"風病。从疒(疒音女厄反),非聲也。"(《一切經音義》卷七十五,58—965下,T54—792b)

如是是骨聚魄礚骨城,筋纏血澆肉塗革覆,福從是受麾,不知痛癢,隨意隨風作俳掣。(《道地經》,51—404下16,T15—234b15)

從文意看,"從是受痱不知痛癢隨意隨風作俳掣"大致能通,如作"從是受麾不知痛癢隨意隨風作俳掣"更不好理解。此處《趙城金藏》和《高麗藏》同作"麾"字,,其餘諸版本(資磧普南徑清)均作"痱",正與慧琳音義所見寫本經用字相合。

足腨—踹—蹲—足蹲

足腨,殊奧反。《說文》:"腓腸也。"或從足作踹,或作蹲,音並同。體異者,是先儒不能記憶偏傍,率意作之,或肉或足,後人倣習傳用,故無的從,今並出之也。(《一切經

音義》卷七十五,58-966上,T54-792b)

　　一種著指節約,一種在脛,一種在膝頭,一種在足蹲。(《道地經》,51-405下10,T15-235a12)

《玉篇·足部》:"蹲,腓腸也,正作腨。""腨"與"蹲"音義正相同,其形符"肉""足"均與身體有關,聲符系同音字。《道地經》"蹲"字形在傳刻過程中被誤為"蹲"。

3.2　《道地經》用字音同而訛

或魋—或䫏

　　或魋,徒雷反,譯經者錯用,从鬼从隹乃是獸名,殊非經義;正合从頁作䫏,䫏者,小腹疾,亦名鷺膓病,下墜病也。(《一切經音義》卷七十五,58-965下,T54-792b)

　　惡行者令臭風起,使身意不安不可人,骨節不端正,或臁腴或僂或踠或魋,人見可是。(《道地經》,51-405上12,T15-234c03)

從文意看,慧琳認為字當作"䫏"(筆者按,"䫏"應是"䫏"的誤寫),其說可從。譯經者或書經人用了同音字"魋",後之刻本沿用,《大正藏》和《中華藏》所校各本"魋"無異文。

四　結　語

以上列舉的材料表明,同為歷史文獻的佛經譯文和佛經音義,在傳抄翻刻過程中都可能出現訛誤,音義作者偶爾也會誤讀經文。所以,有時可據音義校經文,有時可據經文校音義。

(1)據音義來校勘經文,如金藏本和高麗藏本《道地經》的"盟血",就可據慧琳音義"膿血"條及其解說"經文作盟"得其原貌。

(2)據音義得知歷史上寫本大藏經的版本差異,如慧琳音義"笮甘露"條表明唐代有的寫本將"笮甘蔗"誤為"笮甘露"。

(3) 據經文來校勘音義，慧琳音義在流傳過程中出現訛誤，如"見甌"條可由《道地經》證明其為"瓦甌"形訛而成。

(4) 據佛經譯文辨析慧琳音義得失，如《道地經》文從字順的"五睡"被慧琳強改為"五埵"，反而難以講通。

我們希望，通過這樣的校勘，能有助於更好的利用相關佛教文獻。

〔主要參考文獻〕

大正新修大藏經（1～55冊，85冊）．臺北：新文豐出版公司，1979．

中華電子佛典協會（CBETA），蕭鎮國等．電子版《大正藏》．2014．

中華藏大藏經（漢文部分）．北京：中華書局，1984～1996．

（唐）慧琳，（遼）希麟．正續一切經音義．上海：上海古籍出版社，1986．

（東漢）許慎．說文解字．天津：天津古籍出版社，1991．

（遼）行均．龍龕手鏡．北京：中華書局，1985．

（宋）陳彭年等．鉅宋廣韻．上海：上海古籍出版社，1983．

（宋）丁度等．集韻．北京：北京市中國書店，1983．

李富華，何梅．漢文佛教大藏經研究．北京：宗教文化出版社，2003．

方一新．玄應《一切經音義》卷一二《生經》音義劄記．古漢語研究，2006（3）．

Comparison on Huilin's *Yiqiejingyinyi* and Anshigao's *Daodijing*

Gu Manlin

(Chinese Folk Culture Research Institute, Sichuan University, Chengdu 610064)

Abstract: Huilin's *Yiqiejingyinyi* recorded the pronouciation and meaning of 65 words quoted from Anshigao's *Daodijing*. However, the words and characters of these texts existing have some differences. In some cases, *Yiqiejingyinyi*'s seem to be more reasonable while in other cases

Daodijing's seem to be more accurate. And in some cases both texts have the same meaning, though their words and characters may be rather different.

Key words: *Daodijing*; *Yiqiejingyinyi*; variance on words and characters

（顧滿林，四川大學中國俗文化研究所，郵編 610064）

《真誥》中"三君"信劄輯釋[*]

周作明

內容摘要：與上古、近代漢語相比，中古漢語研究近年來雖取得長足進步，總體仍顯薄弱，需要研究者在研究材料上深入開拓。傳統道經往往給人文言性強、語料價值不高的錯覺，這很不利於道經語言學的順利開展。就南朝梁陶弘景纂輯的《真誥》看，其中上清派宗師楊羲、許謐、許翽（簡稱"三君"）往來的書信就是口語性極強的不可多得的優質語料，其中不少口語詞可以與王羲之、王獻之（"二王"）留存的信劄互相發明。本文按次輯錄出信札，並對其內容及其語詞在中古漢語研究中的價值略作疏解，冀此以饗同道。

關鍵詞：《真誥》 三君 信劄 口語詞

　　《真誥》是齊梁陶弘景所纂著的一部道書。該書現存二十卷，末尾兩卷乃陶弘景關於《真誥》的解題，前十六卷記述的是天界神仙向靈媒楊羲（330－386年）降授修仙要旨，並委託他以世間文字記錄下來，傳達給殷勤修道的句容人許謐（305－376年）、許翽（342－371年）父子，即所謂"仙真降誥"，乃該書之"本文"。由於楊羲、許謐、許翽在上清派創立中的重要地位，被後世合稱為"三君"，而卷十七、十八則收錄了"三君"在世

---

[*] 本文為國家社科基金項目"《無上秘要》詞彙研究"（10XYY013）、西南民族大學中央高校（2015SZYQN58）、西南民大學位點建設項目（2015xwd－S0501）的階段性成果。

修道問詢往來的信劄。"三君"都工於書法,陶弘景甚至認為楊羲、許翽在書法上可媲美"二王"①。在中古漢語的語料中,王羲之、王獻之的書信是極其珍貴的,而藉《真誥》得以保存的"三君"書信,其語料價值却長期淹没於道經中而未得到應有重視。

陶氏在編纂書信時偶有注釋("[ ]"裏的文字),為了保持書信的完整性,本文先錄書信内容,後作疏解,并就其用語在詞彙研究方面的價值略作討論。

一　楊羲問候或答覆許謐(長史、給事)的書信

1,羲頓首頓首,陰寒,奉告,承尊體安和以慰。未得觀,傾企。謹白,不具。楊羲頓首頓首。

羲白:公第三女昨來委瘵,旦來小可,猶未出外解。群情反側,動静馳白。

頃疫癘可畏,而猶未歇,益以深憂。

給事許府君侯 [此六字折紙背題]。(卷十七,305—306頁)

【解】"給事許府君侯"指許謐,儘管楊羲是神仙所定的靈媒,道行高於許謐,但許謐年尊,在世俗社會地位也高於楊羲,

---

① 陶弘景在《真誥》卷十九中說:"又按三君手跡,楊君書最工,不今不古,能大能細,大較雖祖效郗法,筆力規矩,並於二王,而名不顯者,當以地微,兼為二王所抑故也。掾書乃是學楊,而字體勁利,偏善寫經畫符,與楊相似,欝勃鋒勢,追非人功所逮。長史章草乃能,而正書古拙,符又不巧,故不寫經也。"(337頁)卷二十說:"時人今知摹二王法書,而永不悟摹真經。"(346頁)許、王均為當時望族,都是奉道世家,許邁(許謐兄、許翽叔)即與二王交往密切,如卷二十:"先生名邁,字叔玄,小名映。清虛懷道,退棲世外,故自改名遠遊,與王右軍父子周旋,子猷乃修在三之敬。"(352頁)

因此，楊羲以"尊"稱許謐，問安並稟報許氏"第三女"的病情。

"陰寒"乃漢後新詞，"奉告"、"謹白"、"不具"為此時期書信常語，"承"常見於此時期的書信中，學界曾有熱烈討論，尚有分歧，從這裡的書信看，"承"有"聞"義是站得住腳的。"安和"乃"平安、安好"義，《漢語大詞典》(《詞典》) 首引唐韓愈《與大顛師書》；"傾企"乃仰慕義，《詞典》首引宋范仲淹《與朱氏書》；"昨來"指近來，《詞典》首引唐岑參《河西春暮憶秦中》，均為晉代常語。"委療"當為消瘦憔悴義，也見於晉哀帝的書信："丕死罪死罪，承中書郎君疾患比委療，情以灼怛。"《詞典》失收。"小可"乃晉代表身體康復的常語；"解"即"廨"，原指官府，這裡指道徒修道的館舍；"反側"即惶恐不安，"動靜"指變化的情況、消息，"深憂"指十分憂愁，均為中古時期常用語彙。限於篇幅，下文語詞的含義不再逐一分析。

2，羲白：二吏事，近即因謝主簿屬鄭西曹。鄭西曹亦以即處聽，但事未盡過耳。事過便列上也，自己以為意。此段陳胄、王戎之徒，實破的也。謹曰（筆者按，"曰"當為"白"）[此書失上紙]。

羲頓首頓首，奉告，承尊體安和以慰。劉家昨夜去，使人惻惻，似中後定也。羲明日早與主簿至墓上省之也。晚或復覲。楊羲頓首頓首。

先昨亦得車問，想當不審，且以悗怛之。自非研玄寶精，有凌霜之幹者，亦自然之常也。

長史許府君侯。（306頁）

【解】該封書信據陶弘景注"此書失上紙"，大致是楊羲在向許謐轉告冥界仙官對所稟報的"二吏"事尚未作處理，隨後說劉家有人去世及其己方的弔唁之事，說生老病死乃自然之常，讓許氏不必過悲，從而也借此鼓勵許氏潛修仙道。該段中"去""處聽""列上""破的""惋怛""淩霜"均爲此時期新詞,"車問"即駐車慰問,乃口語性極强的表達,而"研玄寶精"乃道徒修道用語。

3,義白:奉賜絹,使以充老母夏衣,誠感西伯養老之惠。然義受遇過泰,榮流分外,徒銜戢恩眷,無以仰酬。至於絹帛之錫,非復所當。小小供養,猶足以自供耳。謹付還,願深見亮。義白。

義白:此間故爲清淨,既無塵埃,且小掾住處亦佳。但義尋還,不得久共同耳。尋更白,義白〔此二條共紙書。又似失上紙。〕

義頓首頓首,宿昔更冷,奉告,承尊體安和以慰。此覲返命,不具。楊義頓首頓首。

義白:得主簿書,云野中異事,郤書別答。奉覲乙二,謹白。

義頓首頓首,旦白反,不散風燥,奉告,承安和。行奉勤白書,不具。楊義頓首頓首。

義白:雲芝法不得付此信往,義別當自齎。謹白。
長史許府君侯侍者白。(306—307頁)

【解】此段自稱"長史許府君侯侍者",感謝許氏賜絹以供養老母,但恩寵難當,老母尚可自力供養,故退還所賜。接下來稟報許翽(小掾)住處安靜,適合修道,並提及天氣情況的變化,最後說煉製"雲芝"的方法不能在信中說清楚,日後當親自獻奉。該段中,"過泰""分外""銜戢""恩眷""見亮""尋""返命""仰酬""付還""奉覲"均爲此時期常語,"乙二"乃重文號書寫,也見於下文,即"乙乙",乃逐一義。以上諸詞中,辭書多有失收或晚收的情況。

4,義頓首頓首,吉日攸慶,未覲延情。奉告,承尊體安和以慰。義燒香始記,正爾當暫還家靜中,晚乃親展。謹白，不具。楊羲頓首頓首。

羲白：野中未復近問，然華新婦已當佳也。惟猶懸心，奉覲乙二。

羲白：承今日穫稻，昨已遣陳伋經紀食飲，守視之。謹白。

長史許府君侯（308頁）

【解】陶弘景在收件人"長史許府君侯"後注"此六字題折紙背，應在山廨中答書，十月五日也"，可見乃在句容山中的修道館舍（即"靜室"）中答覆許謐，末尾説已知曉收穫了稻穀，先已派人準備飲食，看守收穫的稻穀，暗示楊羲不僅是靈媒，還近似許氏的管家。其中，"展""攸慶""延情""懸心""經紀""守視"均為中古新詞。

5，羲白：符書託，有答教事，脱忘送。適欲遣，承會得告。今封付，別當抄寫正本以呈也。不審竟得服制蟲丸未？若脱未就事者，當以入年為始耶？羲前所得分者即服，日日為常，不正聞有他異。唯覺初時作六七日，聞頭腦中熱，腹中校沸耳。其餘無他，想或漸有理。謹白。

羲白：主簿孝廉，在此奉集，惟小慰釋。小掾獨處彼方，甚當悒悒。羲比日追懷，眷想不可言。上下頃粗可。承行垂念。謹白。

羲白：昨及今比有答教事，甚忽忽，始小閑爾。頃在東山所得手筆，及所聞本末，往當以呈，比展乃宣。羲白。

羲白：奉告，具諸一二動靜。每垂誨示，勞損反側。羲白。

羲白：五色紙故在小郎處，不令失也。謹白。

羲白：明日當往東山，主簿云當同行，復有解廚事，小郎又無馬。羲即日答公教，明日當先思共相併載致理耳。不審尊馬可得送以來否？此間草易於都下，彼幸不用，方欲周

旋三秀，數日事也。謹白。(308—309頁)

【解】上段陶弘景注"右此前五書，並是在縣答長史書，或是單疏，或失上紙也"，可見有所缺失，但仍可看出其大致內容。書信首先所說"符書"，乃楊羲和許謐抄寫真經時畫符，二人多有切磋。"不審竟得服制蠱丸未"是說不知道您最終服用了制伏"三屍蟲"的丹丸沒有，若沒服用，來年則應開始服用，自己按份量服用以來，沒有異常情況，祇是剛開始服用時覺得頭腦中發熱，肚腹叫喚，想服用一段時間後會有效果。接下來寫許謐之子許翽（小掾）過早遁化後（"獨處彼方"），日夜思念，此時小掾之子許黃民（主簿孝廉）來到，稍有寬慰。許氏家小總體健康，有情況再作彙報。書信末尾敘述將和主簿、小郎（當指許謐的小兒子）遊覽東山，但缺馬匹，希望許氏能派人送來。該段中使用當時口語詞極多，是研究漢語詞彙難得可貴的資料，例如，其中的"聞"做"覺得"講，筆者在《中古道經中的口語成分和口語詞舉例》一文中有討論。除此之外，"粗""頃""答教""抄寫""校沸""無他""有理""追懷""眷想""垂念""忽忽""手筆""誨示""反側""小郎"，均為此時期通語。

6，羲白：許東興昨中後見顧，主人猶小設，亦不覺久。垂當去，張泓續至，其時日猶可也。奉告云"扶闌入門"，甚為異事。由羲不能節適酒食，量宜遣賓。伏用悚息，願復察恕。謹白。[此事在都答書長史，當在護軍府中時]。

羲白：承撰集得五十許人，又作敘，真當可視，乃益。味玄之徒，有以獎勸，伏以慨然。羲聞似當多此比類，暮當倒笈尋料，得者遣送。謹白。

已具紙筆，須成，當自手寫一通也。願以寫白石耳。願勿以見人 [此當是煮石方，或是五公脾法。楊書自此後並是掾去世後事，不知誰領錄得存。當是黃民就其伯間得也]。

羲白：《漢書》載季主事，不乃委曲。嵇公撰《高士傳》，如為清約。輒寫嵇所撰季主事，狀贊如別，謹呈。《洞房先進經》已寫，當奉，可令王曠來取。一作已白，恐忘之，謹又白。

義白：承昨雨不得詣公，想明必得委曲耳。明晴，暫覲乃宣。義白。

義頓首頓首，晴猶冷，奉告，承尊體安和以慰。比復親展，反命，不備。楊義頓首頓首。

長史許府君侯侍者白。

義白：季主學業幽玄，且道跡至勝，乃當在卷之上首耶？東卿君大歎季主之為人，又美委羽之高沖矣。承撰集粗畢，極當可視，未睹華翰，預已欣歎。奉觀一二。謹白。

所撰要當令得七十二人，不審已得幾人？若人少者，亦當思啟冥中，求其類例也。然造一段，作且當徐徐，未可便出也。亦欲自繕寫一通，呈明公。明公常所存棲，乃希心於此者也。義白。

義白：孔安國撰孔子弟子亦七十二人，劉向撰列仙亦七十二人，皇甫士安撰高士宗亦七十二人，陳長文撰耆舊亦七十二人。

義白：別紙事，覺憶有此。乃至佳，可上著傳中也。輒待保降，當諮呈，求姓字，亦又當見東卿。此月內都當令成畢也。動靜以白〔此又失上紙。書語是初送《神仙傳》答也。"保"降者，須保命君來也。又注此并書，並似在縣下時，非京都也〕。

《仙傳》猶未得治益，要當代東卿至，乃委曲耳。昨日更委曲再三讀之，故為名作，益以慨然。符待晴當畫之。別白。

義白：傳未得書上王生，所以爾者，欲以見東卿。東卿近來，倉卒不得啟此，須後至乃呈。尊處已別有一本，不審可留此處本否?義又欲更有所上,所上者畢,乃頓以奉還也。謹白[長史此《仙傳》遂不顯世,不解那得如此。恐楊以呈司命,不許真事宣行,因隱絕之也。](309—312)

【解】上諸則書信,陶弘景注"並是在縣答長史書,或是單疏,或失上紙也",可見也有缺失。首則是說兩個人先後造訪,主人仍在静齋,故沒察覺。隨後幾則對許謐正在撰集的《仙傳》(可惜没流傳下來)多有討論,並就在傳中如何評判司馬季主有詳細交流,鼓勵許謐早日撰成《仙傳》,並充分肯定許謐已經撰成的部分。上段中,使用此時期口語詞彙很多,如"獎勸""尋料""欣歎""諮呈""見顧""悚息""撰集""上首""華翰""類例""冥中""委曲""清約""至勝""不備"等。

7,不審方隅山中幽人為已設坐於易遷戶中未?聊白[方隅幽人,即謂掾也。令設虛坐於其母戶中耳]。

信還,須牛。明日食竟遣送。

義頓首,奉反告,承服散,三旦,宣通心中。此是得力,深慰馳情。願善將和,無復感動。義頃公私匆匆,是故替覲小闕,奉展。楊義頓首頓首。

承二紀有患,懸情。近得師子書,都不道病,此必輕微耳。小晴,遣信参之。謹白。

承石生往,可念,義乃識之。頃者甚多暴卒。

義頓首頓首,奉告,見所疏夢并上章本末,尋省反覆。夢既是注,章亦苦到。甚以慨然。想此魍魎,尋散滅耳。比行奉覲。楊義頓首頓首。

別疏,願不以示人。諸所屈曲,奉覲一二。

尊所疏夢,當可解爾。然大要是注氣之作也。義白。(312—313頁)

【解】上幾則書信内容比較散亂,首先說不知道已經仙化的許翽(小掾)在其母遁化後所居的女仙易遷宫設了虛座没有,接下來説回信收到，明日遣送牛匹，然後説獲悉許謐服丹藥後感覺良好，特別為之神往而高興，願許謐好自保重身體。隨後説紀氏①家族中有人生病，想必是小病，後談到最近由於瘟疫多猝亡之例，當有鬼注作祟，當虔誠呈稟章牒以驅散之。該段中"尋""遣送""匆匆""將和""尋省""散滅""苦到"均為此時期通用語詞。

8，義近連亦夢小掾，有所道，小云云，大都無他耳。亦欲不復信夢悟，故不上白耳。尊疹患未和，多當是注氣小動，所以爾耳。上章根具，亦當足滅之。謹白。

義白：昔得小掾細白布、青紙、香珠之屬，然此逼左道虛妄之説，是故不復稍説耳。自當以此物期之甲申也。諸所曲屈，筆不能盡。謹白［自掾去後，楊多有諸感通事。長史既恒念憶，故楊每及之也。世中多不愜信幽顯，所以不欲備説。爾來已經太元九年、元嘉二十一年兩甲申矣，不知此所期謂在何時，謂丁亥數周之甲申乎？］

義頓首頓首，奉告，承尊體不和，餘疹連動，懸情灼灼。想當偶爾，行損。承欲章書自陳，亦足以斷注鬼之害也。夢悟亦不可專信，惟當以心鎮之耳。尋復平承。楊義頓首頓首。

承紀謁者還，欣之。尊已相見，問其委曲邪？謹白。

自小掾去世後，略無月不作十數夢見之。又於睡卧之際，亦形見委曲也。所言所行，如平存爾。然不信既著，遠近所嗤，不敢復言之也。

見告：今具道夢，聊復以白，願不怪忤。若尊意為此為

---

① 許氏和紀氏世代通婚，如許謐之兄許磕（字義玄），即"妻宣城紀氏"（《真誥》卷二十，351頁），而孿生妹妹則嫁至紀氏，"第四女名暉容，與磕同生，出適同郡紀詮也"（卷二十352頁）

罔罔者，願見還，當即以付火［此書無題，亦是函封。掾恒面來共記，託以睡夢耳。於時諸遊貴，或聞楊降神，信者多所請問，不信者則興誚毀，故有此言以屬之］。(313—314)。

【解】上則主要寫許翩（小掾）仙化後，楊羲及其父許謐常常感通夢憶之，故多所提及。但世人多不信夢悟，故不能備說。其中也多次提及許謐病發，或乃鬼氣作祟，當呈稟章牒，靜心制伏之。其中，"逼""上白""疹患""曲屈""灼灼""偶爾""平存"等均為此時期常語。

二　許翩（玉斧）寫給其父許謐的書信

三月八日拜疏。玉斧言：鄭恨還，奉敕。尊猶患飲痛不除，違遠竦息，陰臈。願今飡食無恙。即日此蒙恩。牙近至此便西，願早至。謹及啟疏。玉斧再拜。

玉斧言：尊欲得六甲符，似在句容牙處。斧都不以書來山中，願就牙器中料。謹啟。

玉斧言：承近三日會流盃，尊亦作詩，後信願寄還。謹啟。

鹽茗即至，願賜檳榔。斧常須食。謹啟。

四月十七日拜疏。玉斧言：漸熱，不審尊體動靜何如？願飲漸覺除。違遠燋竦，急假願行出。即日此蒙恩。謹及啟疏。玉斧再拜。

玉斧言：有檳榔，願賜。今暫倩徐沈出，至便反。謹啟。

四月十八日拜疏。玉斧言：昨徐沈啟願即至。漸熱，不審尊體康和？飲漸覺除，違遠戀竦。牙如常。捺時得出。斧粗蒙恩，謹及。馮令史啟疏。玉斧再拜。

四月二十一日拜疏。玉斧言：陰熱，不審尊體動靜何如？飲覺蒙恩。陳輝來，尊今日當至。斧近齋，唯尊來，餘人難相見。願道路安穩。小史在戶內，使不欲經遠，或淹。謹及陳輝啟疏。玉斧再拜。

玉斧言：揆、牙亦得暫還此。安穩。謹啟。

四月二十三日拜疏。玉斧言：奉敕，昨夜至，慰馳竦。熱，願尊體飡食無恙。未得侍見，戀慕。旦陳朕啟疏，願已至。謹及啟疏。玉斧再拜。

玉斧言：楊舍人弟病委頓，為懸耿，想行當佳。謹啟。

四月二十八日拜疏。玉斧言：昨奉敕，慰竦息。陰氶，願尊體無恙，飲覺除，違燋竦。謹及啟疏。玉斧再拜。

玉斧言：錢即與田主，此間都無，復密付二升。餘華新婦欲得少許，願分之，亦長在中。謹啟。

五月四日拜疏。玉斧言：節至，增感思。濕熱，不審尊體動靜何如？飲猶未除，違遠竦灼。服散，微得飲水，猶是得益。願彼大小無恙。尊五日當下，願必果。謹遣扶南啟疏。玉斧再拜。

玉斧言：陳鹿至，尊賜脯及蒸蔥，即至帝都，已還。束甚得□□□□〔失四字〕。謹啟。

玉斧言：承舍人下，恐過句容，未進此。湛家穀猶未熟。今遣朱生出參，願尊即令生反。得穀，願為都作米，此無可春者。若至，便當就合，恐藥草燥，得米下船，乃可採草。謹啟。

玉斧言：此間釜小，可正一斛，不與甑相宜。又上稻應得釜用，都有大釜容二斛已上者。願與諸藥俱致，無見可否？足借，斧當於縣下〔少一行十許字〕。謹啟。（卷十八，328—331頁）

【解】陶弘景在編次書信時說"右八條，掾在山，與答父書。於時長史在都及縣下也"，可見是許翽寫給其父許謐的書信。在信中，許翽問候父親病情，並兼及楊羲（楊舍人）家的情況，期待與父親相見，還談到自己修道及合丹藥所需物品。書信用語通俗，記錄了此時期不少口語詞或書信用語，如"尊""拜疏""啓疏""奉敕""陰膈""燋悚""戀悚""懸耿""感思""悚灼""康和""安穩""侍見""委頓""得益"等。上段中的"覺"尤可注意。先看段中的"飲"。"飲"指許謐、許翽所患的痰飲病，也作"淡飲"。如：

卷七"宜服五飲丸，去水注之氣，可急合。不但治疾而已，亦以住白而有氣色也。六月二十三日夜，南嶽夫人告"陶弘景注："長史素患淡飲，比來疾動，故有此告。五飲丸即是世中者耳。"卷十八"比更告，茶一簿"陶注："直注'茶一簿'，未正可解。當為寄與掾也。茶則是茗，掾患淡飲所須，兼亦以少寐也。"

"痰飲"指體內過量水液不得輸化、停留或滲注於某一部位而發生的疾病。一般認為"稠濁者為痰，清稀者為飲"。漢張仲景《金匱要略·痰飲欬嗽病脈證並治》："其人素盛今瘦，水走腸間，瀝瀝有聲，謂之痰飲。"

由於許翽已得到檳榔和鹽茗等治療該病的藥物，故致信其父問候病情，兼陳自己病情好轉。聯繫上下文"猶患飲痛不除""飲猶未除"句，信中的"飲漸覺除"、"飲覺除"、"飲覺蒙恩"都表病情減輕。

信中的"覺除"，與六朝同期文獻中的"覺損"相類。關於後者，郭在貽《〈世說新語〉詞語考釋》一文在分析《世說新語·言語》"恒恐兒輩覺損欣樂之趣"中的"覺損"時說："文中'覺損'應該連讀。覺者，減也，差也；損也有差減的意思，'覺損'是同義並列複合詞。"并說《全晉文》王導書"頗小覺損不"中的"覺損"也當作此解，中間不能斷開。方一新在《中古近代漢語詞彙學》中列舉佛經中的"除降覺增、覺損不"、"有苦痛疼，但增無損，覺增不覺損"、"疾苦但增，而不覺損"等用例，并認為："'覺'表示感覺，而不是差減。因為人所患疾病的減輕或加重，首先源自于患者個人的感覺。"方先生的論述，可以解釋上述書信中"飲漸覺除"、"飲覺除"等例，但卻仍難以理解前引書信中"飲覺蒙恩"中"覺"的意義。通觀上引信劄中的例句，筆者以為，"覺"有"減輕；減損"義當仍能成立。

三 許謐寫給其子許虎牙的書信

牙詣夫人，詭當用雙金環。汝無，吾當具交以謝恩也。

厚若有金貫，便以奉夫人。云以謝吏兵。華功曹至，意密語新婦令知，密之密之。若無，便可以二雙金環奉跪，勿吝勿吝。若欲得體上所寶玩者為好。

吾近日疏與汝，説二君應有詭。其夕即有誥云："吾二人吏兵，若無功詭，後小子不復為人使。"楊意旨中謂可用釵，小君即言"釵所以導達開通"，自可用也。新婦有金釵，即可用，可停貫也。先詣夫人，次詣二靈，汝疇量之。汝索鑣，如一日疏，新婦銀釵亦可用。良無，便當用鑣。吾停汝辭，須詭，當詭，辭繼其下也，不復別作。

得佳清閒，云敕汝修《内經》，是保命。汝不答漠漠，不當爾。然此非常意，皆發自冥妙，當作本末答，當奉行此意。口又無言，為不可也。

陶休以二百紙與汝，吾留百枚。

斧白"米已當向盡"，汝餉之。

遷告云：汝當小不佳，防之。（卷十八，323頁）

【解】陶弘景在編次書信後說"右此七條並長史與虎牙書"，"虎牙"是許謐的次子，許翽的次兄，信中"新婦"、"華新婦"

则指虎牙之妻①。"詭"及"奉詭"之"詭",均通"餽",乃道徒向神仙奉送的信物,該詞在同期道經中常用。信開頭説應當用金環奉送神靈,若没有,當代為准備;並告誡許氏家小,凡身之所有,在奉送神靈上切勿吝嗇。其後由於保命君(神仙)讓許翽修《内經》,但許翽没答覆,批評其態度不當。最後説其弟弟許翽(小名玉斧)修道服食所需飴米快用光了,讓許虎牙餽送一些,又説其母"遷"(即易遷,已仙化)冥告説,虎牙身體當小有不適,慎當預防。該段中"向""體上""漠漠""寶玩""疇量""不佳"等均為中古世俗通用語詞。

近些年來,以魏晉南北朝漢語為研究對象的中古漢語研究取得了長足進展,但與上古、近代漢語相比,仍然相對薄弱。個中緣由,缺乏足夠豐富的優質語料也是原因之一。道教在發展中積累了數量豐富的經籍,在反映歷史思想文化的同時,也記錄了漢語發展變化的某些事實。但在漢語史研究中,道經却往往因"作者不明、文言性强、缺乏整理"等成見而没得到應有的重視。近些年來,道經的整理不斷受到重視,而宗教學界道經文獻學的成果也足以幫助我們從今《道藏》中爬梳出一批時代總體可靠的經書,而就其用語傾向來講,由於貼近民間生活,不少道經用語俚俗,記錄了此時期不少世俗通用詞彙。就《真誥》全書來講,其中神仙間或神仙與修道者間酬唱應答的詩歌文言性較强,語音研究上的價值要更突出;而書中的陶弘景的著述(卷十九、二十以及前十八卷中的陶弘景注釋)、修道者的冥通記錄以及描述江東

---

① 《真誥》卷二十《真胄世譜》:"中男名聯,字元暉,少名虎牙,正生,敦厚信向。郡主簿功曹謝安為護軍,又引為功曹,除永康令衛尉丞、晉康太守,不之官,又為輔國司馬。安帝元興三年,於家去世,年六十八。則成帝咸康三年丁酉歲生也。妻晉陵華琦孫,名子容。"陶弘景説:"有云'寅獸白齒者',是虎牙也。亦直云寅獸者,亦云寅客,亦云許虎、許牙也。許主簿者,牙位也。華新婦者,牙妻也。似云名厚,即所謂許厚。華侯、華書吏者,牙婦弟也。"(353頁)

茅山地區地理風物的文字口語性都較強，詞彙方面的價值更高。本文所舉"三君"書信無疑是讀來令人興奮的材料，其中的用語，不少可與"二王"信劄中的語詞互相發明。無論就書信數量還是內容，它們都是中古漢語研究中難得的優質語料，可以幫助我們瞭解當時江東地區人們的真實用語面貌。

〔主要參考文獻〕

陶弘景．真誥．趙益點校．北京：中華書局，2006．

周作明．早期道經中的口語文獻和口語詞//漢語史研究集刊．第十五輯．成都：巴蜀書社，2012．

郭在貽．《世說新語》詞語考釋，字詞天地，1984（4）；又收入《郭在貽文集》第一卷，中華書局，2002．

方一新．中古近代漢語詞彙學．上編．北京：商務印書館，2010：759—761．

周作明．東晉南朝道典中的"跪"．懷化學院學報，2009（3）：128—130．

Collecting and Interpretation of the letters of "San Jun"（三君） in ＜Zhen Gao＞（真誥）

Zhou Zuoming

(Department of Chinese, Xinan Nationality University, Chengdu, 610041)

Abstract: Compared with the study of the remote or nearly ancient Language, The study of the middle ancient Language, although some progress has been achieved, but still falls behind in general. It requires us to utilize new linguistic datas hard. The preserved Taoist scriptures habitually bring the following illusions: lacking of oral expression, of lower value. The above prejudice hampers the carrying out of the linguistic study of Taoism scriptures. The letters between Yang Xi（楊羲）Xu MI（許謐）and Xu Hui（許翽）（"San Jun 三君" for short) of the ＜Zhen Gao＞（真誥）by Tao Hong-Jing（陶弘景）of Liang Dynasty, are superior linguistic data due to being highly colloquial, as the analogous letters of Wang Xi-zhi（王羲之）and Wang Xian-Zhi（王獻之）. The paper firstly Collects this materials from the book in order, then try to explain its content and oral words of it, aiming to show its values in the study of the Middle ancient Language.

Key words：＜Zhen Gao＞； "San Jun" （三君）；Letters；Words of spoken Language

（周作明，西南民族大學文學與新聞傳播學院，郵編 610041）

周密《浩然齋意鈔》箋疏三則

楊 觀 王 斌

内容摘要： 周密在其雜著《浩然齋意鈔》中羅列"鵨金"、"綽虐"、"劍虒"三個詞條，却未作訓釋，後之學者或未措意，或解釋不確，今試做考證，並對涉及到的相關問題略作説明。

關鍵詞： 鵨金 綽虐 略綽 劍虒 訓詁

南宋著名詞人周密，長於著述，所撰筆記雜録等多達十數種，内容駁雜，極具史料價值。周密對詞語訓詁亦頗感興趣，如《浩然齋意鈔》（收録於涵芬樓本《説郛》中）即有大量的詞語考證條目。然周氏亦偶有僅羅列特殊語詞現象而未加考釋者，今拈出其中三則，試作箋疏如次。

一 鵨 金

鵨金，《載見》："鞗革有鵨。"鵨，音鏘。《箋》曰："鵨，金飾貌。"疑今世所謂搶金者，以平聲為去聲呼耳。當考。（上海古籍出版社《説郛三種》本之涵芬樓本《説郛》第三六〇頁下）

---

* 基金項目：教育部人文社科西部項目"宋代都市筆記俗語研究"，編號：13XJA740004；綿陽師範學院2013年創新團隊建設項目，編號：07119816。

今按，《詩·周頌·載見》"鞗革有鶬"，鄭《箋》云："鶬，金飾貌。"陸德明《釋文》云："鶬，七羊反，本亦作鎗，同。"則鎗為鶬之本字。周密"疑今世所謂搶金者，以平聲為去聲呼耳"所言不差，搶金者，文獻習見：《西湖遊覽志餘》卷二〇："理宗時嘗制一舟，悉用香楠木，搶金為之。"《頖宮禮樂疏》卷四："《元史·樂志》：'排簫有牘，黑漆，搶金鸞鳳。'"則"搶金"之"搶"乃"鎗"之借字。另，《頖宮禮樂疏》卷四所記與文淵閣《四庫全書》本《元史》不同，《四庫全書》本《元史》為："簫二，編竹為之，每架十有六管，闊尺有六分，黑槍金鸞鳳為餙。"文淵閣《四庫全書》本周密《武林舊事》卷三："理宗時亦嘗制一舟，悉用香楠木，槍金為之，亦極華侈。"則搶金亦寫作槍金。而明王志堅《表異錄·錢幣》："《詩》：'鞗革有鶬。'注：'金飾貌。'今之金工有名戧金者，本此。"《明史·輿服志三》："（洪武）十四年改用金鵝帽，黑漆戧金，荔枝銅釘樣，每五釘攢就，四面稍起邊襴，輕青緊束之。"則"鎗金"也寫作"戧金"。明方以智《通雅》卷三三考證云：

> 以金銀絲戧器曰商，謂鑲嵌也。元美曰："趙希鵠云：'夏時器多相嵌，訛為商嵌。'"用修以為鑲嵌。智謂本商嵌，蓋古謂刻為商，商金、商銀，乃古之遺稱也。張懷瓘《書錄》言三代鈿金，今之所謂搶金、宣盒，即唐之戧金也，今作去聲。曹昭以為剠金。《兩鈔摘腴》曰："'鞗革有鶬。'《箋》云：'鶬，金飾貌。'戧金出此。"

方以智說"曹昭以為剠金"，見於曹昭《格古要論》卷下之"霍器"條。原文曰："出霍州。元朝剠金匠彭君寶效古定制，折腰樣者甚整齊，故曰彭窰。"曹昭所謂之"剠金"，實乃"挾金"之誤。剠，《類篇·刀部》："剠，楚兩切，皮傷也。"《集韻·養韻》："剠膾，皮傷也。"挾，《集韻·養韻》："搶挾，此兩切。突也。或從爽。文六。"則挾同搶，而剠不同於搶。

鄭權中先生《通借字萃編》"鶬、鎗、瑲"條云："《詩·周頌·載見》'鞗革（轡首）有鶬'，《釋文》：'鶬，本亦作鎗。'《說文》引作'瑲'。按《鄭箋》：'鶬，金飾貌。'則'鎗'為正字，餘皆借字。"① 今按，鄭先生所引《釋文》、《說文》俱不知何本，故其與通行本之異文問題（或為編輯校對失誤）暫且不表。但關於"鎗"作鑲嵌義到底有哪些通借字，該書却未收錄完備。綜上，"鎗金"之"鎗"為本字，"鶬、槍、戧、搶、搶"均為同音假借字。

二 綽虐

> 韓詩："綽虐顧我顏不歡"，坡詩："一語遭綽虐，失身墜蓬萊。"（同前《說郛》第三六一頁上）

今按，周密此條列出"綽虐"一詞，說明二者見於韓愈與蘇軾之詩，不僅指出了"綽虐"用法相同，聯繫原詩（文繁不引），也可見蘇詩在內容上與韓詩大有關聯。然而此"綽虐"一語，歷來注韓詩與蘇詩者，均未措意。錢仲聯先生《韓昌黎詩系年集釋》中云："綽虐一詞，各家多無說。二字為疊韻謎語，當為形容詞無疑，蓋是形容面部表情者。"此說語焉不詳，實為揣測之詞，不足為憑。清王棻《知新錄》卷二二則言："綽虐亦即指仙人也。"不知何據。徐復先生在《後讀書雜誌》中有一段文字，用音訓法對"綽虐"進行了考釋，現迻錄如下：

> 復按：綽虐一詞，各家多無說。二字疊韻，當為形況字無疑。今知當為碏碏二字之假音。《廣韻》入聲十八藥："碏，大唇户碏貌，昌約切。"與綽同音。又云："碏，大唇

---

① 鄭權中. 通借字萃編. 塗宗濤, 崔志遠, 王兆祥整理修訂. 天津：天津古籍出版社，1990：315－316.

貌，魚約切。"與虐同音。據《集韻》所載："碏，碏礴，大唇貌。逆約切。則魚約切之碏，當為碏字之誤文可知。大唇又稱緩唇。慧琳《一切經音義》引《通俗文》："緩唇謂之嵾礴。"嵾與屵同，亦即碏字也。詩言顏不歡，故知綽虐當為唇部之表情矣。①

徐先生據二字迭韻斷其為形況字甚為有理，然言其為"礴碏"二字之記音字且釋為"大唇貌"則與詩意不合。以詩文觀之，此處言韓愈對仙人發出詰難時，仙人"綽虐"且表現出難看的臉色（顏不歡也）。則"綽虐"為表情形容詞無疑。而《廣韻·藥韻》："碏，大唇屵碏貌，昌約切。"屵者，山高貌也。《廣韻·曷韻》"屵，高山狀"可證。唐蘇源明《元包經傳·太陽》："屵之褎。"李江注云："屵，音辥，高山狀。"同書《少陰》篇亦云："屵巅巅，山之高也。"可見屵碏乃形容唇高也，即今言之"厚嘴唇"或狀上唇不包齒之貌，乃生就之面相，非表情也。後人據"碏礴"而造出記音字"略綽"並與"口"構成"略綽口"一詞，《漢語大詞典》釋為大嘴巴。如《清平山堂話本·簡帖和尚》："那官人生得：濃眉毛，大眼睛，蹶鼻子，略綽口。"《水滸傳》第十五回："甌兜臉兩眉豎起，略綽口四面連拳。"故徐先生釋為"唇部表情"似未安。姑且以其為唇部表情，然唇部表情何以與"顏不歡"構成因果關係？由大唇貌到唇部表情再到"顏不歡"，推理頗顯牽強。今筆者不揣淺陋，臆解如下。

"綽虐"二字為記音字無疑，屬疊韻連綿詞。其原形當為"婥斫"之倒文，亦作"碏斫""䂪斫""䂳斫"。其中，綽與斫同音，《類篇·石部》："斫，職略切。《說文》擊也。又尺約切，碏斫，不解悟皃。"《宋本玉篇·素部》："䋐，尺約切，緩也。今作綽。"《廣韻·藥韻》："綽，昌約切。"《廣韻·陽韻》："昌，尺良

---

① 徐復. 後讀書雜誌. 上海古籍出版社，1996：224.

切。"據反切遞推原則,綽與斫反切同,故同音。在《集韻》中,二者亦屬同一小韻,音同。虐與婼、碏同音。《類篇》卷三五"婼,又逆約切"、卷一四"虐,逆約切"、卷二七"碏,逆約切"可證。在《集韻》中,三者屬同一小韻,音同。

"婼斫"釋為"不解悟貌",即"不理解、不明白、疑惑"之意。二者不可分用,乃典型連綿詞。《集韻·藥韻》:"斫,碏斫,不解悟皃。""婼,婼斫,不解悟皃。"《類篇·女部》:"婼,又逆約切。婼斫,不解悟皃。"釋"婼斫"為不解悟貌,古已有之。漢揚雄《方言》卷一〇釋"癡"云:"騃也,揚越之郊,凡人相侮以為無知,謂之眲。眲,耳目不相信也。或謂之斫。"郭璞注"眲"云:"諾革反。"注"斫"云:"卻斫,頑直之貌。"晉張湛注《列子·力命》"巧佞、愚直、婼斫、便辟四人相與游於世,胥如志也;窮年而不相語術,自以巧之微也"云:"婼斫,不解悟之貌。"爾後之《廣韻》《集韻》《類篇》《康熙字典》等均承襲之。

該詞文獻習見。明方以智《通雅》卷七"憋怤即憋憋"條云:"《列子》'憋憋婼斫'。憋音撇,怤音付。婼音略。按:《方言》'鉗,疲憋,惡也。相侮以為無知謂之眲。諾革反。或謂之斫。'郭璞注曰:'憋怤,急性也。斫,卻斫,頑直之貌。'則憋怤即憋憋,卻斫即婼斫之聲。"元耶律鑄《雙溪醉隱集》卷一:"孰謂先生偃蹇棲遲,凝神滯物,有失推移?亦是一癡。何其婼斫?"

綜上,"綽虐"亦即"虐綽",與"婼斫"同音同義,可釋為"不解悟貌",猶"疑惑、不理解、不明白、迷惑",並引申出不滿之義,此義在蘇軾的詩中頗合文意。韓詩原意,乃言其對仙人進行詰難時,仙人疑惑地看着他,一臉的不歡之色。作此解,則文從字順矣。至此,綽虐、虐綽之源頭與意義明矣,而《漢語大詞典》所收之"略綽"亦可溯其語源為"碏䂿"。

三　劍彘

史公奕《洛陽懷古》詩："玉光照夜新冢塚，劍彘沉沙古戰場。"（同前《說郛》第三六一頁下）

今按，周密抄錄《洛陽懷古》之詩，蓋不知"劍彘"所指也。然此處"史公奕《洛陽懷古》詩"之說，則與他本抵牾。《中州集》卷五"龐都運鑄"條目下所收十九首詩歌中，正有此《洛陽懷古》，元好問論龐鑄云："鑄字才卿，大興人。家世貴顯，明昌五年進士，風流文采為時輩所推，字畫亦有蘊藉。仕至京兆運使，自號默翁。"其詩為：

草樹蕭條故苑荒，山川慘澹客魂傷。玉光照夜新開塚，劍彘沈沙古戰場。金谷更誰誇富麗，銅駝無處問興亡。一尊且對春風飲，萬事從來谷與臧。

《中州集》在龐鑄之前，也收有史公奕詩一首，元好問說其"《洹水集》失於兵火"。則此處周密將《洛陽懷古》詩歸於史公奕名下，或乃誤記。然周密特將此聯記下，却未對"劍彘"作出考釋，可見周密曾留心於此，而文淵閣《四庫全書》本《中州集》作"劍氣"，當是不解原文而妄改。驗之他書，亦有用"劍彘"者：《宋元詩會》卷八三宋吳萊《樓彥珍北游京師予病不及往餞歲晚有懷幷寄彥昭浚常》有"美玉獻劍彘，精金鏤帋韀。"《御定韻府拾遺》卷一〇五"楪"韻之"臨安樣楪"條下有注："幸張府節畧進奉寶器玉古劍彘等十七件。"

然則"劍彘"為何物？我們認為，劍彘就是劍璏，彘乃璏之省形通借字。"璏"，音 wèi。《說文‧玉部》："璏，劍鼻玉也。"劍鞘旁的玉制附件。古人佩劍，以帶穿璏而系之腰間。《漢書‧王莽傳》："莽因曰：'誠見君面有瘢，美玉可以滅瘢，欲獻其璏耳。'即解其璏。"服虔曰："璏音衛。"蘇林曰："劍鼻也。"師古曰："璓字本作璑，從玉巫聲，後轉寫者訛也。璓，自雕璓字耳，音篆也。"蘇軾《洗玉池銘》："道逢玉人，解驂推食。劍璑戚珌，錯落其室。"故而龐鑄詩歌中之劍巫即劍璑，借指劍。前引吳萊詩中的"美玉獻劍巫"亦當作"美玉獻劍璑"。

　　周密在《浩然齋意鈔》中專門拈出龐鑄的詩歌，對"劍巫"一詞却未加説明，其《武林舊事》卷九之"高宗幸張府節次略"中提到的"玉古劍巫等十七件"（前《御定韻府拾遺》所引），在《四庫全書》本中則作"玉古劍璑等十七件"，以周密之博識，當知"劍璑"爲何物。則爲何對"劍巫"不置一詞？我們認爲，周密雖然知道劍璑，但之前或許並未見"劍巫"一説，故抄録於此。這種省掉義符的做法雖然在古籍傳抄中數見不鮮，但倉卒之際要從一個錯別字聯想到它的本字却並非易事。《四庫全書》本《武林舊事》作"劍璑"，當是經過了校改。

　　綜上，"劍巫"即"劍璑"，《中州集》所收龐鑄《洛陽懷古》詩中"劍巫"當進行校改。

〔主要參考文獻〕
（清）阮元校刻. 十三經注疏. 北京：中華書局，1980.
（明）田汝成. 西湖遊覽志餘. 上海：上海古籍出版社，1980.
（明）李之藻. 頖宮禮樂疏//文淵閣四庫全書. 臺北：商務印書館，1986.
（明）宋濂等. 元史//文淵閣四庫全書. 臺北：商務印書館，1986.
（宋）周密. 武林舊事//文淵閣四庫全書. 臺北：商務印書館，1986.
（明）王志堅. 表異録//叢書集成初編. 上海：商務印書館，1935.
（清）張廷玉等. 明史. 北京：中華書局，1974.
（明）方以智. 通雅. 北京：中國書店，1990.
（明）曹昭. 格古要論//文淵閣四庫全書. 臺北：商務印書館，1986.
（宋）司馬光. 類篇. 上海：上海古籍出版社，1988.
（宋）丁度等. 集韻. 上海：上海古籍出版社，1985.
錢仲聯. 韓昌黎詩係年集釋. 上海：上海古籍出版社，1994.

（清）王棠．知新錄∥四庫全書存目叢書．濟南：齊魯書社，1995．
（宋）陳彭年等．鉅宋廣韻．上海：上海古籍出版社，1983．
（唐）蘇元明．元包經傳∥文淵閣四庫全書．臺北：商務印書館，1986．
（明）洪楩輯．清平山堂話本．南京：江蘇古籍出版社，1990．
（明）施耐庵．水滸傳．北京：人民文學出版社，1985．
（宋）陳彭年等．宋本玉篇．北京：北京市中國書店，1983．
（清）錢繹．方言箋疏．上海：上海古籍出版社，1984．
（晉）張湛注．列子．上海：上海書店，1992．
（元）耶律鑄．雙溪醉隱集∥文淵閣四庫全書．臺北：商務印書館，1986．
（金）元好問編．中州集．北京：中華書局，1959．
（宋）陳焯．宋元詩會∥文淵閣四庫全書．臺北：商務印書館，1986．
（清）康熙御定韻府拾遺∥文淵閣四庫全書．臺北：商務印書館，1986．
（清）段玉裁．說文解字注．上海古籍出版社，1988．
（漢）班固．漢書．北京：中華書局，1962．
（宋）蘇軾．蘇軾文集．北京：中華書局，1986．

Paraphrase of Notes by Zhou Mi

Yang Guan, Wang Bing

(Chinese Dept. of Mianyang Normal University, 621000;
Chinese Dept. of Leshan Normal University, 614000)

Abstract: Zhou Mi listed three words-cangjin, chuonue and jianzhi, in his book Cultured Talks in Haoranzhai, but he did not give any explanations to the said three words. Scholars tried to paraphrase them, but they failed to get the correct explanation. We herewith paraphrase their meaning and other related issues.

Key words: Cangjin; Chuonue; Luechuo; Jianzhi; Notes

（楊觀，綿陽師範學院中文系，郵編621000；王斌，樂山師範學院中文系，郵編614000）

新蔡簡紀日簡"睘"聲字考[*]

俞紹宏

內容摘要：新蔡簡中有"䙴"、"還"、"睘"諸字，它們與天干字配合表示日期，研究者多讀為"亥"。有學者否定讀"亥"之說，也有學者讀為"巳"。通過考證，它們不是用作地支字。"還"應當如字讀，"䙴"、"睘"應當讀"還"。"癸䙴"應讀"癸還"，簡文中是指夏栾之月的第二個癸日，從該月第一個癸日開始，十天干一個輪回後又回還到癸日。簡文中的"乙還"、"丁還"等意義與之相類。這是出土先秦文獻中干支紀日法的又一變例。

關鍵詞：新蔡簡　癸䙴　乙還　丁睘

新蔡葛陵簡中有用於紀日的"䙴"、"睘"、"還"諸字（本文簡稱"'睘'聲字"），它們用在天干字後面，見表 1 所錄諸簡（本文所引葛陵簡釋文均參《新蔡葛陵楚墓》[①]一書所附葛陵簡釋文及學術界有關研究成果，一般用通行漢字。合文分寫，所補闕文加注"[ ]"，字跡不可辨認之字用"□"表示，簡殘斷處用"⊘"表示。本文徵引簡文均循此例）：

---

[*] 本文得到教育部社科基金規劃一般項目（12YJA740099）、國家社科基金規劃一般項目（12BYY082）資助。

[①] 河南省文物考古研究所. 新蔡葛陵楚墓. 大象出版社，2003.

表1

簡號	簡文
甲三：8、18	☐大城茲方之歲，夏㞢之月，癸嬛之日，趙齎以䏌䏌余為☐
甲三：32	獻馬之月，[乙]還之日，䣡喜以定☐
甲三：204	王徙於鄩郢之歲，夏柰之月，癸嬛之日，彭定以小龙䵼
甲三：342－2	獻馬之月，乙還之日，穌䎽以龙䵼為☐
乙四：63、147	[王復於]藍郢之歲，冬柰之月，丁嬛之日，鄭㛖以駁䵼為君
乙四：102	☐之月，丁嬛之日，郱鞔以鄧䈞為君卒歲之貞。〰。☐
乙四：105	☐☐之月，丁嬛之日，鄭悇以長䈞為君卒歲貞☐
零：294、482、乙四：129	☐[王]復於藍郢之歲，冬柰之月，丁嬛之日，黽尹[丹]☐
零：77、154	☐嬛之日，穌☐
零：170	☐[獻馬]之月，乙嬛之日，黃佗以詨☐☐為君☐
零：214	☐[齊客陳異致福於]王之歲，獻馬之月，乙嬛之日☐
零：257－乙四：46	☐之月，乙嬛之日☐
零：717	☐之月，丁嬛☐

一 "嬛"聲字既有的釋讀觀點

上表所錄簡文中的"嬛"聲字釋讀問題至今未能解決。其用在天干字後面，辭例格式為"天干字＋"嬛"聲諸字＋之日"，很顯然是在記載日期，而楚簡中記載日期常用的格式是"干、支字十之日",因此研究者考察相關的簡文,比勘簡文辭例,認爲"㠯"聲諸字均假爲地支用字,意義、用法相同。整理者讀爲"亥"。

簡文中"㠯"聲諸字用法相同,這一點無異議,是否讀"亥"則有不同意見。李學勤依據葛陵簡簡文所記曆日,推算"王徙於鄩郢之歲"的夏柰月絕不能有癸亥,以爲上表中"癸嬛"應另作解釋,或簡文原有誤記①。晏昌貴也認爲是抄手錯誤(筆者按:其説出自其《新蔡葛陵楚簡"上逾取棄"試解》一文,載《新出楚簡國際學術研討會會議論文集》。原文未見,此處轉自下引邴尚白文,第95頁)。業師黃先生審閲本文初稿後告知,他很早就懷疑讀"亥"之説,惟因工作繁忙無暇深究。

邴尚白以爲"㠯"、"巳"可輾轉相通,"㠯"聲諸字借爲地支字"巳"②。

武家璧以爲"癸嬛"讀爲"癸巳",指出古音"㠯"、"巳"聲紐和韻部相去甚遠,它們的通假與聲韻無關,完全靠意義近同而相通。他以"巳"爲蛇形立説,引《釋名》"巳,巳也,如出有所爲,畢巳復還而入也",來闡述"巳"與"嬛"、"㠯"、"還"諸字均有"復還"義,因而得出"嬛"、"㠯"、"還"諸字可讀"巳"的結論;指出"王徙於鄩郢之歲"簡文所記幾乎全爲祭祀,均在柔日,並表現出"巳日"優先的傾向,唯一的剛日"庚辰"發生的事情爲盟誓(筆者按,其將下表2所錄甲三221號釋"鹽"的"盥"誤釋爲"盟",此條簡文也爲祭禱記錄);夏柰之月是建巳之月,該月的"癸巳"日屬於巳月巳日,即所謂"重巳"日,是"還相爲本"的標誌日,故自三月上巳以來的所有巳日中,這個"重巳"日被特别冠以"癸嬛",大概是爲了顯示其

---

① 李學勤. 論葛陵楚簡的年代. 文物, 2004 (7).
② 邴尚白. 葛陵楚簡研究. 臺灣大學中國文學研究所博士學位論文, 2007.

"還相為本"的特殊含義①。

二 讀"亥"、"巳"説質疑

考察葛陵簡簡文，我們得到十幾條確鑿無疑的分別記錄王徙於鄩郢之歲享月、夏柰之月、八月三個連續月份有紀日的簡文（見表2）。

表 2

享月	己巳日	王徙於鄩郢之歲，享月，己巳之日，公子虩命諻生以衛筮☐（乙一16）
		王徙於鄩郢之歲，享月，己巳之日，諻生以塍筮為君貞：將逾取蒿，還☐（乙一26、2）
夏柰之月	乙巳日	王徙於鄩郢之歲，夏柰之月，乙巳之日，☐（甲三225、零332—2）
		王徙於鄩郢之歲，夏柰之月，乙巳之日，頤與良志以陵尹☐（乙一12）
		王徙於鄩郢歲，夏柰之月，乙巳之日，沤䈞以陵☐（乙一18）
	癸丑日	☐王徙於鄩郢之歲，夏柰之月，癸丑之☐（甲三299）
	乙卯日	☐[王徙於]鄩郢之歲，夏柰之月，乙卯之日，應嘉以衛矦之筴為坪夜君貞：既有疾，尚速瘥，毋有☐（甲三114、113）

---

① 武家璧. 葛陵楚簡歷日"癸孁"應為"癸巳"解. 中原文物，2009（2）.

續表1

八月	丁巳日	□王徙於鄴郢之歲，八月，丁巳之日，雁愴以大央為坪[夜君貞]□（甲一 3）
		王徙於鄴郢之歲，八月，丁巳之日，鹽壽君以吳夏□（甲二 6、30、15）
		□[王徙]於鄴郢之歲，八月，丁巳之日，應寅以小央為□（甲二 22、23、24）
		□[王徙]於鄴郢之歲，八月，丁巳之日，應寅□（甲三 178）
		王徙於鄴郢之歲，八月，丁巳之日，應寅以大央□（甲三 258）
	辛酉日	王徙於鄴郢之歲，八月，辛酉之日，東□（甲二 14、13）
		□於鄴郢之歲，八月辛酉之□（乙三 29）
	己巳日	王於鄴郢之歲，八月，己巳之日，鄭建以□□（甲三 223）
		王徙於鄴郢之歲，八月，己巳之日，鹽𦜆以駐靈為坪夜君貞：既心□（甲三 215）
	庚辰日	王徙於鄴郢之歲，八月，庚辰之日，所受鹽於□（甲三 221）

上表中"鹽"也見於戰國文字其他材料，趙平安曾釋為"鹽"①。根據上表干支曆日，可以排列出王徙於鄴郢之歲的享月己巳日到八月庚辰日之後的一串連續曆日（前引武家碧文列出了相關曆日表），它們是：

己巳　庚午　辛未　壬申　癸酉　甲戌　乙亥　丙子　丁丑　戊寅
己卯　庚辰　辛巳　壬午　癸未　甲申　乙酉　丙戌　丁亥　戊子
己丑　庚寅　辛卯　壬辰　癸巳　甲午　乙未　丙申　丁酉　戊戌
己亥　庚子　辛丑　壬寅　癸卯　甲辰　乙巳　丙午　丁未　戊申
己酉　庚戌　辛亥　壬子　癸丑　甲寅　乙卯　丙辰　丁巳　戊午
己未　庚申　辛酉　壬戌　癸亥　甲子　乙丑　丙寅　丁卯　戊辰

---

① 趙平安. 戰國文字中的鹽字及相關問題研究. 考古，2004（8）.

己巳 庚午 辛未 壬申 癸酉 甲戌 乙亥 丙子 丁丑 戊寅
己卯 **庚辰** 辛巳 壬午 癸未 甲申 乙酉 丙戌 丁亥 戊子
根據表2所錄相關簡文，上述曆日中，第一個己巳之日屬於享月，乙卯之日在夏柰之月，丁巳之日在八月，從享月己巳日到八月丁巳日，其間並沒有"癸亥"日，直到八月丁巳日之後的第六天才是癸亥日。可見王徙於鄩郢之歲的夏柰之月是不可能有癸亥之日的，李學勤等質疑"癸嬛"讀"癸亥"是有道理的。

後來，先秦史論壇網站發表《根據楚簡的楚曆探索（稿）》一文（2011年10月31日發於"文獻典籍研究欄"之"簡帛文獻研究"欄，署名吳博君，指出"王徙於鄩郢之歲"這一年八月從"己巳"日到"辛酉"日共53天，因此該年閏八月，並從閏月角度出發，認為"嬛"讀"亥"，"癸嬛"即"癸亥"（筆者按，根據他的理解，夏柰之月"乙卯"日之後的第八日"癸亥"日仍然處於夏柰之月，簡文中的八月"丁巳"日位於夏柰之月"乙卯"日之後第62日）。

我們以為，簡文中的與天干字相配的"睘"聲諸字讀"亥"、"巳"均存在問題。

首先，"癸嬛"為誤記的可能性微乎其微：誤記應當是一種偶然現象，而葛陵簡中與天干字相配以表示日期的"睘"聲諸字用例多達十幾條，可見這不是偶然的誤記。是否屬於傳抄之訛？我們知道，古書在傳抄過程中固然存在發生訛誤的情況，但一般是涉上下文而訛，或者是形、音上的近似而訛，簡文中的"睘"聲諸字顯然不具備這樣的條件；同時"睘"聲諸字用在卜筮祭禱簡中，是當時卜筮祭禱的即時記錄，不是一般的書籍文獻，並不存在傳抄問題。

其次，從閏月角度出發，讀"癸嬛"為"癸亥"可能也存在問題。論者所謂從"己巳"到"辛酉"日共53天，這是依據簡文中出現的"己巳"、"辛酉"這兩個紀日，認定"己巳"日在先，按照從"己巳→庚午……辛酉"這樣的順序來算的；由於新蔡簡殘損嚴重，我們無法根據簡文判斷八月"己巳"、"辛酉"兩日誰在前，因而實際上也完全有可能是"辛酉"日在先，按照"辛酉→壬戌……己巳"這樣的順序來推算（如同表二安排的順序），則僅有9天。同時，如果真是閏八月，簡文中也應當要用把前後兩個八月區分開來的文字，就像秦曆一樣，李忠林告知，秦曆是閏九月的，秦簡中在第二個九月前加"後"字以區別；葛陵簡的王徙於鄩郢之歲如果真是閏八月，也應當要有把兩個八月區別開來的文字，而簡文中找不到類似的文字。

　　第三，考察新蔡簡，其中地支字"巳"除了表二所錄十二例之外還有十幾例；地支字"亥"也有數例，如甲三119"乙亥"，甲三134、108"乙亥"，乙二42"☐亥之日"，乙四4"己亥之日"，乙四68"辛亥之☐"。從干支用字的穩定性、系統性角度來看，讀"眾"聲諸字為"亥"、"巳"也有問題。

　　不可否認，在古文字材料中，借音表意是一種普遍存在的現象。不過，古人用干支來紀日，與人們的生活息息相關，隨意假它字而為之不利於人們正確識讀，會嚴重影響人們的生產、生活，因此干支用字具有很強的系統性、穩固性。這一點可以通過考察有關文獻材料得到證明：無論是商周時期甲骨文還是金文，均存在大量干支紀日現象，其干支用字具有穩定性、體系化的特點，罕用體系外的文字。西周金文偶有在"甲"的初文（作"十"形）外面加上"囗"來表示天干"甲"之例，如弭弔簋"甲戌"之"甲"作"⊕"[①]，即便如此，它還是以"甲"字初文為基礎的，也就是說它仍然用了體系內的"十"作為基礎構字部件，很顯然是為了提示人們其與用作干支體系的"甲"字的關係，以便於人們正確識讀。

[①] 容庚著，張振林、馬國權補編. 金文編. 中華書局，1985.

1959年，安徽省淮南市蔡家崗趙家孤堆戰國墓出土的者旨於賜戈銘文有所謂"𢦏亥"，何琳儀老師讀"癸亥"①。或以為戰國文字盛行通假，干支字似不例外，包山簡"乙酉"或作"乙栖"是其例，並以此來佐證"𢦏亥"讀"癸亥"之說②。本文初稿曾對所謂"𢦏亥"做過探討。後來徐在國老師告知，學者將所謂"𢦏亥"之"亥"作為不識字處理，考證"𢦏□"為越國地名③，此說當可從。

古文字材料中的"酉"在很多情況下既可以用作地支字，又可以用作"酒"。關於包山楚簡"乙酉"或作"乙栖"問題，事實上，楚簡中基本上不用"酉"作為地支用字，正如李守奎所指出的，在楚簡中，"酉"讀"酒"，干支"酉"從木④。張新俊則指出，在戰國時期的楚簡文字中，一般用"栖"表示干支、地名或姓名，新蔡簡中地支字"酉"往往在右側加上兩撇；偶爾有用"酉"表示干支的例子（原文舉《楚系簡帛文字編》所收秦家嘴楚簡干支用字"酉"字為例）⑤。可見，在楚簡文字體系中，以"酉"為基礎，再加上"木"或兩撇畫來表示干支用字"酉"；個別用"酉"表示干支的用例要麼為文字偶爾誤書，要麼就是起用舊字形。不可否認，楚文字干支用字具有特殊性，如"甲"往往在"十"字形外面再加上"匚"或省去"匚"上一橫，"丙"往往下加"口"形，"丑"往往下加"又"，"辰"往往下加"日"，但是它們的基礎部件沒有變。可見，楚簡中的干支用字仍然具有自身的穩定性及系統性。

---

① 何琳儀. 皖出二兵跋//文物研究. 第3期. 黃山書社，1988.
② 曹錦炎. 鳥蟲書通考. 上海書畫出版社，1999.
③ 吳振武. 蔡家崗越王者旨於賜戈新釋（提要）//古文字研究. 第23輯. 中華書局、安徽大學出版社，2002.
④ 李守奎. 楚文字編. 華東師範大學出版社，2003.
⑤ 張新俊. 上博楚簡文字研究. 吉林大學博士學位論文，2005.

同時，據學者研究，"叕"聲諸字上古可以輾轉與"亥"、"巳"相通，那麼它們在簡文中究竟是讀"巳"還是"亥"呢？邴尚白根據相關曆日排除讀"亥"之說，而當時的人們要想正確釋讀它們，勢必要通過排查曆譜才可，否則就不可避免會造成識讀的誤會，這實在是匪夷所思的事情。

第四，武家璧所謂"完全靠意義近同而相通"，這種用字現象的確存在，學者們稱之為"異音同用"、"義同換讀"、"同義字互相替代"或"同義換讀"等①。其所論問題在於，首先，"蛇"字古象形字即"它"已見於甲、金文字，"巳"字也已見於甲、金文字材料，並不像蛇形。其次，其所引《釋名》有關"巳"的訓解文字有誤，查檢《釋名·釋天》"巳"字條下訓為"巳，已也。陽氣畢布已也，於易為巽。巽，散也"，未見武文所引的文字，倒是《釋名·釋水》"汜"字條下訓為"水決復入為汜。汜，已也。如出有所為，畢已而還入也"②，可能是他把《釋名》中對"汜"、"巳"的訓解混淆了，可見其所謂"叕"、"巳"意義近同而相通也就失去了前提依據。再次，武家璧以"重巳"立說讀"癸還"為"癸巳"，此說不能解決新蔡簡冬柰之月的"丁孃"、獻馬之月的"乙還"（可參表一）的釋讀問題，因為它們顯然與所謂"重巳"無涉。

綜上可知，簡文中"叕"聲諸字用為地支用字之說值得推敲。其釋讀當另尋它途。

---

① 裘錫圭. 文字學概要. 商務印書館，1988.
② 畢沅（清）. 釋名疏證//續修四庫全書. 第189冊. 上海古籍出版社，1994—2002.

三 "睘"聲諸字用法新説

武家碧認為簡文中"睘"聲諸字均有復返義,這種説法應當是可取的。我們以為"嬛"、"睘"諸字不僅義為"還",而且也當讀為"還"。簡文中寫成"還"者為本字用法,寫成"嬛"、"睘"者假借為"還"。

古人用干支紀日,常例是天干+地支,但是也有變例,如商代甲骨文中就有單獨用天干字或地支字表示日期的例子①。青銅器銘文中也有祇用一個天干字表示日期的例子,如鄭臧公之孫鼎銘"唯正六月吉日唯己",祇用一個天干字"己"紀日,而在缶銘中則為"己亥"(可參鄔可晶《談鄭臧公之孫鼎銘中的"虞"》一文,載復旦大學出土文獻與古文字研究中心網站 2010 年 4 月 29 日);洛叔壺銘文"擇厥吉日丁",也祇用一個天干字"丁"紀日②。葛陵簡用"天干字+還"紀日也當是一種變例。

十天干代表十天,十天一個輪回。所謂"癸還",意思是從王徙於鄩郢之歲夏栾之月的第一個癸日開始,經過十天一個輪回後又回還到癸日。根據簡文可以推出王徙於鄩郢之歲的夏栾之月有癸巳、癸卯、癸丑三個癸日,"癸還"應當是夏栾之月的癸卯之日,從癸巳之日起,十天之後,又回到癸日,所以稱之為"癸還",儘管是癸日的第二次出現,卻是這個月癸日的第一次復還。它不是表示癸丑日,因為癸丑日是該月癸日的第二次復還(即第三次出現),古漢語中事情、行為的第二次出現、發生往往要用"再"之類的字眼,因此第三次出現的癸日勢必要記成"癸再還"的格式,而這與干支紀日兩個字表示一天的格式不協調,因此楚

---

① 常玉芝. 殷商曆法研究. 吉林文史出版社, 1998.
② 黃錦前. 楚系銘文中的"孟庚"與"孟甲". 中原文物, 2012 (4).

簡中不見此種紀日方式。

同樣，"乙還"、"丁睘"分別是指一個月中的第二個乙、丁日（即處於一個月中旬位置的乙、丁日），它們分別從上旬位置的乙、丁日開始，經過十天輪回以後又回到乙、丁日。天干十"睘"聲諸字紀日，相關的曆日處於月份的中旬，紀日準確，不會導致識讀的誤會。黃錦前指出楚系青銅器銘文中的"孟庚"、"初庚"、"孟甲"是指某月的第一個庚日、甲日①。這是用表次序的字加上天干字紀日，也當為干支紀日法的變例，可與敝論互證。

四　一條旁證

我們關於"睘"聲諸字的考釋還有一條旁證。上海博物館藏戰國楚竹書第四冊《曹沫之陳》簡12～13有文如下："還年而問於曹沫曰：吾欲與齊戰，問陣奚如？"整理者李零認為"還年"似乎是又過了一年的意思，類似古書常說的"期年"②。

"期"有"周帀"、"復其時"、"期年"、"周年"等訓，可參《故訓匯纂》③。可見"期年"應當是指從一年的某月某日開始，日旋月轉，回到下一年的該月該日的完整一年。"還年"之"還"與"期年"之"期"意義相當，"還年"與"期年"義同。

《曹沫之陳》篇是講述魯莊公將鑄鐘，由此引出魯莊公與曹沫的對話，曹沫指出魯莊公治政的不當，魯莊公接受了曹沫意見，決心勵精圖治，"還年"問陣戰於曹沫。根據簡文內容，魯莊公應當是在其施行"新政"若干時間後考察了其"新政"成

---

① 黃錦前. 楚系銘文中的"孟庚"與"孟甲". 中原文物, 2012（4）.
② 馬承源. 上海博物館藏戰國楚竹書（四）. 上海古籍出版社, 2004.
③ 宗福邦、陳世鐃、蕭海波. 故訓匯纂. 商務印書館, 2003.

效,自我感覺良好,因此纔問陣於曹沫。而考察"新政"成效總得要經過一個施政週期,這個週期可以以月為單位,也可以以年為單位。如果是以月為單位,簡文中就應當會出現"×月"字樣。簡文沒有出現"月"字而出現了"年"字,"年"前加"還",應當指的是日月循環滿一年。

五 結 論

據上所論,我們以為葛陵簡中與天干字相配用以表示日期的"睘"聲諸字讀為地支字"亥"、"巳"均存在問題。"睘"聲諸字應當是表示處於一個月中旬位置上的"癸"、"乙"、"丁"日,它們相對於處於上旬的"癸"、"乙"、"丁"日而言,相當於一個月從上旬的"癸"、"乙"、"丁"日開始,十天干進行了的一個輪回(周帀),又回復到了中旬的"癸"、"乙"、"丁"日,因此寫成"癸䙅"、"乙還"、"丁睘"之類;"䙅"、"睘"讀"還",義為周帀,即周而復還。

後記:范毓周、黃德寬、徐在國諸師以及郝士宏先生曾審閱本文初稿,孟蓬生先生曾對本文予以積極評價,匿名審稿專家對本文提出了修改意見與建議。在此並致謝意。

〔主要參考文獻〕

河南省文物考古研究所. 新蔡葛陵楚墓. 鄭州:大象出版社,2003.
李學勤. 論葛陵楚簡的年代. 文物,2004(7).
邴尚白. 葛陵楚簡研究. 臺灣大學中國文學研究所博士學位論文,2007.
武家璧. 葛陵楚簡曆日"癸䙅"應為"癸巳"解. 中原文物,2009(2).
趙平安. 戰國文字中的鹽字及相關問題研究. 考古,2004(8).
容庚著,張振林、馬國權補編. 金文編. 北京:中華書局,1985.

何琳儀. 皖出二兵跋∥文物研究. 第3期. 合肥：黄山書社，1988.
曹錦炎. 鳥蟲書通考. 上海：上海書畫出版社，1999.
吳振武. 蔡家崗越王者旨於賜戈新釋（提要）∥古文字研究. 第23輯. 北京：中華書局／合肥：安徽大學出版社，2002.
李守奎. 楚文字編. 上海：華東師範大學出版社，2003.
張新俊. 上博楚簡文字研究. 吉林大學博士學位論文，2005.
裘錫圭. 文字學概要. 北京：商務印書館，1988.
（清）畢沅. 釋名疏證∥續修四庫全書. 第189册. 上海：上海古籍出版社，1994－2002.
常玉芝. 殷商曆法研究. 長春：吉林文史出版社，1998.
黄錦前. 楚系銘文中的"孟庚"與"孟甲". 中原文物，2012（4）.
馬承源. 上海博物館藏戰國楚竹書（四）. 上海：上海古籍出版社，2004.
宗福邦、陳世鐃、蕭海波. 故訓匯纂. 北京：商務印書館，2003.

Research of "睘" sound characters used to record date in Xin cai Bamboo Text

Yu Shaohong

(School Literature of Dalian University, Dalian, 116622)

Abstract：Xin cai Bamboo Text records the Chinese characters of "嬛"、"還"、"睘"（huan），A lot of researchers agreed it with Heavenly Stems（天干）expressed date of "hai"（亥）. Some people denied conclusion of "hai"（亥），they thought "癸嬛" is "癸巳". In fact，嬛"、"睘" ought to explain "還". Records of "癸嬛" in Xin cai Bamboo Text is "癸還"，it means the second month of "gui"（癸）in Xia Dynasty. From the first gui（癸）to next gui（癸）must spend The ten Celestial. Records of "乙還"、"丁還" aiso expressed this means.

Key words：Xin cai Bamboo Text；guihuan（癸嬛）；yihuan（乙還）；dinghuan（丁睘）

（俞紹宏，大連大學文學院，郵編116622）

金文句讀疑義釋例*

寇占民

內容摘要：殷周金文內容豐富，長篇較多，由於銘文本身沒有句讀標識，學界在一些金文句讀的理解上仁智互見，從而導致對同一篇金文的釋讀出現了較大的差異，這些分歧便成了研究和使用這些寶貴材料的障礙。今就二祀邲其卣、史密簋、師寰簋銘中具有分歧的句讀加以疏證。

關鍵詞：金文　句讀　分歧　疏證

　　句讀是古代啟蒙入門的第一步。《禮記·學記》曰："比年入學，中年考校。一年，視離經辨志。"鄭玄注云："離經，斷句絕也。"孔穎達疏："學者初入學二年，鄉遂大夫於年終之時考視其業，離經，謂離析經理，使章句斷絕也。"古人治學最基礎的內容之一就是"離經"之學，否則，便無法繼續研讀了。可以說，句讀既是閱讀古書的必由之徑，又是學習研究古籍的內容之一。早期的文獻典籍是沒有標點符號的，今天所見到的傳世古典文獻中的句讀都是整理者加上去的。根據現代考古的發現，在文字中間記上其他符號的做法，是在戰國竹書中開始的。初始，也祗是用墨塊在章節起始之處作標識罷了。迄今為止，我們所能見到的最早書面語就是先秦出土文獻中商周甲骨金文了，它們是沒有句

---

* 基金項目：2011年教育部人文社會科學研究規劃專案"殷周金文動詞辭彙研究"階段性成果之一，項目批准號：11YJA740041。

讀的。殷周金文內容豐富，長篇銘文較多，雖然經過前彥時賢的努力，大多出土的青銅器銘文都可以釋讀了。但是，就一些銘文句讀的理解上，學界見仁見智，差別較大，從而導致對同一篇銘文內容的解讀出現了很大的分歧，這些分歧便成了學習和使用這些寶貴材料的障礙。現就二祀𢦏其卣、史密簋和師袁簋銘中具有歧義的句讀加以梳理，以就教於方家。

一　二祀𢦏其卣

現藏故宮博物院的二祀𢦏其卣傳係抗戰時期出土，外底銘文7行，共計37字。出土近八十年來，對其銘文著錄與釋讀者多達十幾家，銘文大體可以讀通，但是對銘文中個別字詞的釋讀和句讀還存在著較大分歧，至今尚無統一。現將主要代表性的觀點列於下面，然後加以討論。

1. 丙辰，王令𢦏其兄（祝），䭼于夆，田渴賓貝五朋。（李學勤[1]）

2. 丙辰，王令𢦏其兄（祝）䭼于夆田渴，賓貝五朋。（裘錫圭[2]）

3. 丙辰，王令𢦏其兄（祝）䭼于夆田，渴賓貝五朋。（馬承源[3]）

4. 丙辰，王令𢦏其兄（祝）䭼于夆田渴，賓貝五朋。（張亞初[4]）

對上引銘文中個別文字的釋讀上存在著分歧，主要集中在對

---

[1] 李學勤：《青銅器與古代史》，第158—159頁，聯經出版事業股份有限公司2005年。
[2] 裘錫圭：《裘錫圭學術文集》，第156頁，復旦大學出版社2012年。
[3] 馬承源主編：《商周青銅器銘文選（三）》，第8頁，文物出版社1988年。
[4] 張亞初：《殷周金文集成引得》，第107頁，中華書局2001年。

"設"和"田"的解讀上。李學勤先生認為,"設"從"殷"聲,即讀為"殷",為"殷同"之禮;"夆"為地名;"田"讀為"甸";"渴"為甸的私名。裘錫圭先生隸定"設"為"䰙",沒有進行解釋,從其句讀來看,當釋為動詞賜予義;"田",裘先生認為是商代從事農墾的職官,與西周文獻中的田(甸)有一脈相承的關係,但性質並不完全相同;"渴"為田的私名;"夆田渴"就是夆地的田某。馬承源先生依原篆隸定為"設",認為是人名;釋"田"為田地;將"王令卯其兄(貺)設于夆田"譯成"王命卯其貺賜給設在夆的田"。

我們認為此段文字的難點關鍵在於對"設"的釋讀上,從銘文原篆上看對"設"的隸定和解釋學界至今難以統一。單從字形上來考察,還是缺少相關文字的支持,我們嘗試著從銘文語言的時代性上尋求路徑。西周早期青銅器保卣(集成 10.5415①)銘文:"王令保及殷東或(國)五侯,誕兄(貺)六品,蔑曆于保,賜賓。"保卣銘中"蔑曆"、"賜"的主語應是周王(成王),賓語是周王的使者保。保卣銘中的"賓"應指"東方五侯回贈的物品,被王賜于保"。古文字中名動相因,"回贈"為"賓",回贈的物品也可稱"賓"。如西周早期銅器𰻞卣(集成 10.5407)銘"王姜令作冊𰻞安夷伯,夷伯賓𰻞貝、布"中的"賓",應訓為"贈送"義。保卣銘文記載周初成王舉行殷同之禮,保參與了這次典禮,執掌貺賜之事,任務完成的很出色,周王賜以五侯賓贈之物。保卣與二祀卯其卣銘文的內容和形式相似,都為舉行"殷同之禮"。二祀卯其卣銘中的"設",應以李學勤先生的釋讀為優。卯其作為商王的貺賜執事,參與了在夆地舉行的隆重殷同大禮,得到商王賞賜者田渴的回贈。這反映了從商末貫穿西周初期

---

① 所引青銅器銘文均出自中國社會科學院考古研究所編《殷周金文集成》,下文引用衹標器名、著錄號和時代。

社會的一種賓贈禮制，也進一步證明了周初因襲殷禮的事實。

此段銘文的正確句讀應為：丙辰，王令䛵其兄（貺），歗（殷）于夆，田汧寶貝五朋。

二　史密簋

1986年陝西安康出土一件西周中期的青銅器，有銘文9行，共93字，其銘文内蘊十分豐富。已有多位學者相繼撰文考釋銘文，論述其銅器斷代的價值及西周史方面的重要意義，但對銘文中幾個關鍵字詞和幾處句讀的理解上存在著較大的分歧，至今尚無統一①。現將主要代表性的觀點列於下面，然後加以討論。

1. 唯十又二月，王命師俗、史密，曰："東征"。敆南尸（夷）盧虎會杞尸（夷）、舟尸（夷）、雚（觀）不斦（折），廣伐東國。……師俗率齊師、述（遂）人左，□伐長必；史密右，率族人，釐（萊）伯、僰、尼，周伐長必，獲百人。（吳鎮烽②）

2. 唯十又一月，王命師俗、史密曰東征，敆南夷。盧、虎會杞夷、舟夷雚不斦（墜），廣伐東國。……師俗率齊師、遂人右，□伐長必。史密左，率族人，釐（萊）伯、僰、尼周伐長必。獲百人。（張懋鎔③）

3. 唯十又二月，王命師俗、史密曰："東征。"會南夷盧、虎會杞夷、舟夷，雚，不悊，廣伐東國……師俗率齊師、遂人左［周］伐長必；史密右率族人、釐伯、僰、夷周

---

① 周寶宏：《近出西周金文集釋》，第105—176頁，天津古籍出版社2005年。
② 吳鎮烽：《史密簋銘文考釋》，《考古與文物》1989年第3期，第55—60頁。
③ 張懋鎔、趙榮、鄒東濤：《安康出土的史密簋及其意義》，《文物》1989年第7期，第64—71頁。

伐長必。獲百人。(李學勤①)

4. 唯十又一月,王命師俗、史密曰:"東征,敆南尸(夷)盧、虎、會(鄶)、杞尸(夷)、舟尸(夷)雚(觀)不(邳)𣂪,廣伐東國。"……師俗率齊師、述(遂)人[左,周]伐長必;史密右,率族人、釐(萊)伯、僰、㞢周伐長必。獲百人。(張永山②)

對上引銘文前半段"敆南夷盧、虎會杞夷、舟夷,雚,不𣂪,廣伐東國"中的一些文字的理解上存在著較大分歧,主要集中在對"敆"、"雚不𣂪"的釋讀上。"敆",吳鎮烽先生依《說文·支部》"敆,會合也",認為此字有會合、合夥、群夥之意;"盧虎"是南夷首領的名字,句子的主詞是南夷盧虎,"敆南夷盧虎"為主謂倒裝。張懋鎔先生認為此字從支、合,解作合而擊之、圍而合之;句子的主詞為師俗與史密。李學勤先生認為此字原篆從合、從辵,訓為值、逢。張永山先生從張懋鎔先生說。"雚",吳鎮烽先生認為即觀,國名,"不𣂪"即不屈;此句是說盧虎糾合杞夷、舟夷和觀國等不規規矩矩服事於周王朝而叛亂滋事。張懋鎔先生認為"雚"當是鸛的本字,像鸛排成的陣(一種作戰時的陣法);並將"雚不𣂪"聯讀,將"𣂪"解釋為"墜","雚不𣂪"意思是"鸛陣排列有序,行動自如,像鸛鳥飛翔上下,旋轉不落"。李學勤先生認為"雚"通"讙",意思是喧亂,讀"𣂪"為愻,訓為敬;此句是說適逢南夷中的盧、虎與杞、州兩國勾結,作亂不敬,侵擾了周朝的東土。張永山先生認為"雚"讀"觀"為妥,在文中為觀看、考察之意;讀"不"為邳,訓為

---

① 李學勤:《史密簋銘所記西周重要史實》,《中國社會科學院研究生院學報》1991年第2期,第5—9頁。

② 張永山:《史密簋與周史研究》,《盡心集——張政烺先生八十慶壽論文集》,第187—201頁,中國社會科學出版社1996年。

地名，釋"斤"為阺，訓為高地；此句是説南夷等在邘阺陳兵蠢動。

我們認為史密簋銘周王向師俗和史密下達了東征命令之後的文字是敘述此次戰爭的原因，這與西周禹鼎銘（集成 5.2833）、多友鼎銘（集成 5.2835）、不其簋蓋銘（集成 8.4329）等戰爭銘文一樣，先敘述戰爭的起因和周天子的征令；與其他銘文不同的是史密簋銘先敘周王命令，後交代戰爭起因。這樣銘文當以"東征"為句；"敌"字領起戰爭原因，當為副詞，從李學勤先生的觀點，訓為值、逢較為符合文意。"堇"，劉雨先生釋為"觀"，認爲是軍事術語"觀兵"①。此説可從。但劉先生認為"堇，不斤，廣伐東國"的主詞是周師聯軍，我們是不同意的，這與朱鳳瀚先生認爲柞伯鼎銘中"廣伐南國"的主詞是周公犯了同樣的錯誤②。黃天樹先生已指出朱文的錯誤③。"觀兵"是西周春秋時期常見的一種軍事行為，其實質是向對手炫耀武力，以達到震懾對方的目的；從另一個角度也可以説，"觀兵"是一種挑釁行為。傳世文獻中也有關於這方面記載。《左傳・宣公十二年》："觀兵以威諸侯。"《昭公五年》："楚子遂觀兵於阺箕之山。"杜預注："觀，示也。"楊伯峻《春秋左傳注》："觀兵，檢閲示威。"《史記・楚世家》："遂至洛，觀兵於周郊。"服虔曰："觀兵，陳兵示周也。"淮夷作為周朝的"帛晦之臣"，本職應該出其帛積，進其人。（見兮甲盤銘和師袁簋銘）史密簋銘文正是指出夷人不守臣道，公開聚兵，擾亂東國。"斤"，陳劍先生釋為"所"，讀為

---

① 劉雨：《近出殷周金文綜述》，《古文字研究》第二十四輯，第 152—160 頁，中華書局 2002 年。

② 朱鳳瀚：《柞伯鼎與周公南征》，《文物》2006 年第 5 期，第 67—73 頁。

③ 黃天樹：《柞伯鼎銘文補釋》，《中國文字》新三十二期，第 33—40 頁，藝文印書館 2006 年。

"質"①。此說可從。"不所"就是"不質",即"不本分"之意,這正與"蓳"相契合;"蓳"與"不所"並舉,從不同角度來反映諸夷人此舉行為的實質。"蓳,不所"其結果就導致了"廣伐東國"。如果說"蓳"是夷人的表像,那麼"廣伐東國"纔是他們的實質。銘文追述戰爭之因言簡意賅,這是西周戰爭銘文的一大特色,大概也是後世討逆檄文的濫觴②。

  對上引銘文後半段"師俗率齊師、述(遂)人左周,伐長必;史密又率族人、釐伯、𡙒、夷𡱂周,伐長必。獲百人。"中的一些文字的釋讀上也存在著較大分歧,主要集中在"𡱂"、"周伐"的解讀上。"𡱂",吳鎮烽、張懋鎔、張永山等先生認為與"𡙒"一樣,是一個封國或國族名;李學勤先生認為此字是妘姓夷國,在今山東即墨西;同時也認為此字也可能讀為"殿"。"周伐",吳鎮烽先生譯為"圍攻";張懋鎔先生譯為"頻繁進攻";李學勤先生譯為"圍伐";張永山先生譯為"合圍殲擊"。幾位學者對"𡱂"、"周伐"的理解大致相同。劉釗先生認為"𡱂"字應該釋為"屄",讀為"殿",是指後軍而言。句中的"周"字是指周朝軍隊,這與"𡙒"是指𡙒國軍隊一樣的。此句銘文的意思是說師俗率領齊師和遂人從左邊攻伐長必,史密率領族人和萊、𡙒兩國軍隊跟在周朝軍隊之後從右邊攻伐長必③。我們認為劉釗先生對"屄"的釋讀是正確的,李學勤先生雖也注意到了這個問題,但沒有確定這一說法。但是,劉釗先生把銘文中的"左周"之左與"史密右率領族人"之右,解釋為從左邊、從右邊,我們是不同意的。在這裏,左應訓為佐,為佐助之義,"左周"應與

———————
① 陳劍:《說"慎"》,《甲骨金文考釋論集》,第39—53頁,線裝書局2007年。
② 寇占民:《金文釋詞二則》,《中原文物》2008年第6期,第88—91頁。
③ 劉釗:《談史密簋銘文中"𡱂"字》,《考古》1995年第5期,第434—435頁。

後文"殿周"一樣,都應是佐助周朝軍隊而言的。大多學者將"周伐"聯讀,認為是圍攻之意,這是建立在將"周"訓為"匝"的基礎上所導致的,這樣連讀也是不對的。銘文中"又"不當釋為"右",應當按原篆讀,訓為"亦",表示兩種情況同時發生或存在①。傳世文獻中"又"也有此種用法,例如《史記·曆書》:"正不率天,又不由人。"《詩經·巷伯》毛傳:"魯人有男子獨處於室,鄰之釐婦又獨處於室。"中的"又",都屬於此類用法。史密簋銘文"師俗率齊師、遂人左(佐)周,伐長必"與"史密又率族人、釐(萊)伯、僰屖(殿)周,伐長必",正是敘述兩個主帥各自帶領一支聯軍相互配合攻打長必,最終取得了戰爭的勝利。

我們認為,此段銘文正確的句讀應為:唯十又二月,王命師俗、史密曰:"東征。"敔南夷盧、虎會杞夷、舟夷,讙,不忻(所),廣伐東國。……師俗率齊師、述(遂)人左(佐)周,伐長必;史密又率族人、釐(萊)伯、僰屖(殿)周,伐長必。獲百人。

三 師寰簋

現藏上海博物館的西周晚期銅器師寰簋,器銘10行,共計117字,近百年來,對其銘文著錄與釋讀者多達十幾家,銘文大體可以讀通,但是對銘文中個別字詞的釋讀和句讀還存在着較大分歧,至今尚無統一。現將主要代表性的觀點列於下面,然後加以討論。

1. 王若曰:師寰,越淮夷舊我帛晦臣,今敢博厥衆叚(暇),反厥工事,弗迹(跡)我東國。今余肇令汝率齊師杞

---

① 裴學海:《古書虛字集釋》,第162頁,中華書局1954年。

釐燓屍左右虎臣征淮夷。……休既有工（功），折首執訊無
諆，徒馭毆俘，士女牛羊，俘吉金。今余弗叚組。（于省
吾①）

2. 王若曰：師寰，越！淮夷舊我帛晦臣，今敢博厥衆
叚（暇），反厥工吏，弗速（跡）我東國。今余肇令汝率齊
師，杞、釐（萊）、燓、屍，左右虎臣征淮夷。……休既又
工（有功），折首執訊，無諆徒馭，毆孚士女牛羊，孚吉金。
今余弗叚（暇）組（祖）。（馬承源②）

3. 王若曰：師寰，越淮夷，舊我帛晦臣，今敢博厥衆
叚（暇），反厥工吏，弗速（跡）我東國，今余肇令汝，率
齊師杞、釐（萊）、燓，屍（殿）左右虎臣，征淮夷。……
休既又（有）工（功），折首執訊，無諆徒馭，毆（殿）俘
士女、牛羊，俘吉金。今余弗叚（遐）組（祖）。（張亞
初③）

4. 王若曰：師寰，越淮夷舊我帛晦臣，今敢博厥衆，
叚（假）反厥工吏，弗速（跡）我東國。今余肇令汝率齊
師，杞、鰲（萊）、燓、夷，左右虎臣，征淮夷。（李學
勤④）

對上引銘文前半段"王若曰：……征淮夷"中個別文字的釋
讀上存在著分歧，主要集中在對"叚"和"屍"的解讀上。
"叚"：于省吾、馬承源和張亞初等先生認為假借為暇，訓為暇
時、閒暇，聯上讀；"今敢博厥衆叚（暇）"的意思是現在竟敢迫
使衆人閒暇起來（或"不事勞作"）。李學勤先生認為此字假借為

---

① 于省吾：《雙劍誃吉金文選》，第196—197頁，中華書局1998年。
② 馬承源主編：《商周青銅器銘文選（三）》，第307頁，文物出版社1988年。
③ 張亞初：《殷周金文集成引得》，第86頁，中華書局2001年。
④ 李學勤：《青銅器與古代史》，第325頁，聯經出版事業股份有限公司2005
年。

"假",没作解釋,並聯下讀。

近些年來,對西周金文中的"叚"字的討論十分熱烈,到目前為止有沈培、陳英傑、孟蓬生、單育辰、郭永秉、董珊、陳絜、蔡偉等十幾位學者或撰寫文章,或在網上參與這場討論①。雖然仁智互見,但是,可以確定"叚"應為一個助動詞,相當於古漢語中的"能"或"敢",這為我們解讀師袁簋銘中的"叚"字提供了有力證據。我們認為,"叚"應訓為"敢",是助動詞,聯下讀,作"反"的修飾語。如果把銘文中"叚"讀為"暇",訓為閒暇,並認為是構成這場戰爭的主要原因的解釋,祇能說是一種主觀臆測。因為在西周戰爭銘文中,凡是構成一場戰爭的原因,或是侵擾,或是反叛。師袁簋銘文所敘真正的戰爭起因是南淮夷逼迫眾人反叛管理他們的朝廷官吏,不遵循周王朝在東土所實施的制度。在上引諸家觀點中,我們認為李學勤先生對此句的點讀是正確的。李先生雖然沒有對"叚(假)"進行解讀,但從把"叚"釋為"假"來看,大概訓為"敢"一類的意義。傳世文獻中,經常用瑕、遐、暇、假等字表示助動詞"敢"義。例如《詩經·邶風·泉水》"載脂載舝,還車言邁。遄臻于衛,不瑕有害"、《大雅·下武》"受天之祐,四方來賀;于萬斯年,不遐有佐"、《左傳·定公八年》"魯人聞余出,喜于徵死,何暇追余"和《列子·力命》"惟事之恤,行假念死乎"。另外,"叚"還出現在師袁簋銘的後半段"今余弗叚組(沮)"中,于省吾先生對此句沒做解釋。馬承源先生在釋文中,釋"叚"為"暇",在注釋中,釋"叚"為"遐",認為"弗叚"即經籍中"不遐";釋"組"為徂,並引《說文》訓為"往也";認為此句的意思是說"今余不再往征"。張亞初先生與馬先生對此句隸定相同,雖沒有

---

① 沈培:《再談西周金文"叚"表示情態的用法》,復旦大學出土文獻與古文字研究中心網, http://www.gwz.fudan.edu.cn, 2010年6月16日。

對字句作出解釋，大概是與馬先生的觀點相同。我們認為此句中的"叚"，也應訓為"敢"；"組"應讀為"沮"，訓為敗、壞；①此句的意思是説現在我不敢敗壞。沈培先生認為"弗叚沮"就是"不可能敗壞"或"不會敗壞"的意思。

對銘文中"屍"字的理解也存在較大的分歧。"屍"，于省吾、馬承源先生認為是國名或族名；李學勤先生釋為"夷"，認為是國名；張亞初先生釋為"殿"，沒有解説；劉剑先生認為師衰簋銘中"屍"與史密簋銘中"屇"為同一個字。我們認為，張亞初與劉剑先生對此字的隸定是正確的。"屍（殿）左右虎臣"就是做左右虎臣的後軍。關於"屍"的釋讀，參看前文史密簋銘文中"屇"的相關討論。

上引銘文後半段"休既又工，……今余弗叚組"，在句讀的理解上也存在著分歧，焦點在"無諆"上。于省吾先生釋"無諆"為"無記"，訓為"無算"，並將"折首執訊無諆"為一讀。馬承源與張亞初先生將"無諆徒馭"作為一讀；馬承源先生認為"諆"即"萁"，引《説文》訓為"忌也"；"無諆徒馭"意為無畏的步兵和車馭。在西周戰爭銘文中，將師叙述自己的戎功時，常常用折首執訊多少敵人，俘獲什麼物資等來表述，例如，與師衰簋同為西周晚期的多友鼎、不其簋蓋和虢季子白盤的銘文中都是如此。本銘中"無諆"應從于省吾先生的觀點，釋為"無記"。"記"與"諆"，上古同為見紐之部②，可訓為記識，"無記"就是無法記識，意即很多。在銘文中"無諆"是敘述"折首執訊"的，應當聯上讀。但是，我們不同意于省吾先生將"徒馭毆俘"

---

① 唐蘭：《略論西周微史家族窖藏銅器群的重要意義——陝西扶風新出牆盤銘文解釋》，《文物》1978年第3期，第19—24頁；裘錫圭：《史牆盤銘解釋》，《文物》1978年第3期，第25—32頁。

② 陳復華、何九盈：《古韻通曉》，第137頁，中國社會科學出版社1987年。

作一句讀，也不同意馬承源與張亞初先生對"無諆徒馭，毆（殿）俘士女牛羊，俘吉金"的點讀。如果這樣，銘文中"毆俘"的主詞就變成了"徒馭"，是他們俘獲了士女、牛羊和吉金等戰利品，這既不符合傳統的獻俘禮，更不符合西周戰爭銘文的文例。在西周戰爭銘文作器之因的文辭中，所敘折首執訊和俘獲的主詞都是同一個帶兵征戰的將領，因為他們獲得了較大的軍功，才得到了周天子的豐厚賞賜，繼而得以作器紀念。綜上，我們認為銘中"徒馭"應是指敵方的步兵和車馭，作"折首執訊"的賓詞，"折首執訊無諆徒馭"應為一句讀，上揭引文後半段的主詞只有一個，那就是周朝軍隊的主帥"師䘌"。

我們認為，此段銘文的正確句讀應為：王若曰：師䘌，越淮夷舊我帛晦臣，今敢博厥衆，叚反厥工吏，弗速（跡）我東國。今余肇令汝率齊師、杞、釐（萊）、僰、尸（夷）左右虎臣，征淮夷。……休既又（有）工（功），折首執訊無諆徒馭，毆俘士女、牛羊，俘吉金。今余弗叚組（沮）。

〔主要參考文獻〕

李學勤. 青銅器與古代史. 臺北：聯經出版事業股份有限公司，2005.
裘錫圭. 裘錫圭學術文集. 上海：復旦大學出版社，2012.
馬承源主編. 商周青銅器銘文選. 第三冊. 北京：文物出版社，1988.
張亞初. 殷周金文集成引得. 北京：中華書局，2001.
周寶宏. 近出西周金文集釋. 天津：天津古籍出版社，2005.
陳劍. 甲骨金文考釋論集. 北京：線裝書局，2007.
寇占民. 金文釋詞二則. 中原文物，2008（6）.

Specimens Doubtful Points of Punctuations in Bronze Inscriptions

Kou Zhanmin

(Humanites and Social Science College, Qiqihar University,
Qiqihar, 161006)

Abstract: Punctuation is the first hurdle to study the unearthed literatures and also one of research contexts to the unearthed literatures. Because of no punctuations in bronze inscriptions, scholar's opinions are divergent from each other on the punctuation of some bronze inscriptions and there are some different understandings about the meanings of those bronze inscriptions, which constitutes a barrier to study and use those rare literatures. In this paper, we make a textual research about the sentences, having divergence in punctuations, in Ersibiqi you (二祀㓹其卣) Shimi gui (史密簋) and Shiyuan ting (师衰鼎).

Key words: Bronze inscriptions; punctuations; divergence; textual research

（寇占民，齊齊哈爾大學文學與歷史文化學院，郵編 161006）

"方"字形義考辨

劉益明

內容摘要：漢字"方"在漢語中的使用頻率較高，且詞義的義項眾多，從字形分析看，"方"字應包含束連、併、旁側一類的含義。"方"與"旁"為古今字關係。《說文》將"方"講為"併船也，象兩舟總頭形"。論文認為許說能有效地將"方"字眾多的義項貫穿起來，故較為全面地梳理了漢字"方"的本義到引申義的發展脈絡，並對其源流關係進行了全面考察。

關鍵詞：方　本義　詞義源流

漢字"方"在漢語中的使用率較高，且詞義的義項眾多，《辭源》方₁列出其義項18條①，徐中舒主編的《漢語大字典》"方"fāng共列義項36條②，想要搞清楚各義項的關係，理清其詞義源流，對"方"字本義的探討就顯得尤為必要了。

《說文·方部》："ㄎ，併船也，象兩舟總頭形。"③ 此說漢代人沒有什麼異議，清代學者也基本贊同，但現、當代學者對此爭議頗大，至今沒有定論。田勝男在《"方"字本義研究述評》一文中對各方觀點進行了分類評析，發現"方"字的形體由"ㄎ"和"ㅏㅓ"構成，各家對"方"字的解說主要以"ㄎ"的象形義為

---

① 辭源（修訂本）. 商務印書館, 1988：0746.
② 徐中舒主編. 漢語大字典. 四川辭書出版社/湖北辭書出版社, 1985：2172—2174.
③ 許慎. 說文解字. 中華書局, 1963：176. 本文所引《說文》均為此版本

主,並按"ㄎ"像某形之物可分為六類:一、"ㄎ"為"刀"之象形,葉玉森、高鴻縉、朱芳圃、王元鹿持此觀點;二、"ㄎ"為"人"之象形,康殷、約齋持此觀點;三、"ㄎ"為"耒"之象形,徐中舒有此觀點,李孝定、于省吾、趙誠贊同這一觀點;四、"ㄎ"為"舟"之象形,董性茂持此觀點;作者還外加了第五條:以"ㄎ"為"丙"之變形,林義光持此觀點;第六條、從卜辭用語推測"方"義,商承祚、郭沫若等沿著這個思路去解讀。由此,各家得出了各自不同的結論——葉玉森認為"方殆像架上懸刀形……'方'為邊國之習俗";高鴻縉認為:"方字原義為'旁邊'之旁,寄刀畫其靠'ㅂ'形。由物形'ㅂ'生義。故'拖刀寄架旁'之形以寄'旁邊'之意。";朱芳圃認為"'方'當'枋',若柄之初文,從刀,一指握持之處,變形作ㅂ";王元鹿將"方"字的本義解為"以刀判物",並將"方"字意義歸為四類:判分義,正直義,對稱二物義,一半、一旁義;約齋認為"'方'像一人形加上'ㅂ',顯出那人是側面站在那兒……本義是'旁側'的'旁'";康殷認為"'ㄎ'極可能代表頸部有物束縛著的人";徐中舒認為"方"像耒形,"古者秉耒而耕,刺土曰推,起土曰方。古者耦耕故方有並意。又《儀禮》:柄皆作枋,耒為曲柄,故聲得轉為柄";董性茂認為:"旁"字是在"方"字之上附加了其他的構成成分"ㅂ",實為"ㅂ",就是盤子豎起的側視之形,即為"凡"。舟之形制與盤子形狀相似,古形體相似,可以混用。故"旁"字為舟下著一方之形,"方"是"旁"的簡體,"旁"是"方"的繁體;林義光認為"'方'即丙之變形。方丙同音,本與丙同字,";商承祚認為"卜辭或言'方帝'乃祭'四方之統名'"。郭沫若認為"東土、南土之土,蓋假為'社'。其曰西方、北方之方,蓋假為'祊',均為動詞。《詩‧甫田》所謂'以社以方'也";束世徵認為"大方"即"大邦", 是 "殷人自稱"①。

其實過去二十多年還有兩篇解釋 "方" 字的重要文章, 田文沒有提起。一篇是劉又辛、張博合著的《釋"方"》, 文章認為"從古代文獻看, '方'的本義為'併（並）'可毋庸置疑。"從"併"義可引申出"舫"、"枋"; "並（并、併）"、"騈"、"餅"、"胼"、"妍"; "紡"、"綁"等義。由"併"還可引申出"旁", 從旁（旁邊、依旁）可引申出"房"、"膀"、"肪"、"祊"等義。也可引申出"傍", 並由此引申出"彷"、"幫"、"摽"和"榜"、"輔"、"俌"、"扶"、"傅"、"賻"等義。"方"還可以音轉為"舥（又作航）"意思是方舟, "舥"又音轉為"艒"意思也是方舟②。另一篇為華學誠的《"方"字本義辨誤》, 文章從古文字、古文獻、和語源的角度證明《說文》對"方"字的解釋是正確的。並且認為"匚"為"方圓之方"的本字, 只不過"匚"字被"方"字假借的時代較早, 我們已無從尋找"匚"字表示"方圓之方"的意思的書證罷了③。

那麼"方"字的本義究竟是什麼？它的眾多義項又是怎麼發展來的？本文將對這個問題進行探討, 並就教于方家。

一　現當代學者對"方"字看法分歧之檢討

現當代學者對《說文》有關"方"字的訓釋提出了不同的意見。在此我們按田勝男在《"方"字本義研究述評》一文中按"ㄅ"像某形之物所分六類情況進行分析。

---

① 田勝男. "方"字本義研究述評. 昌吉學院學報, 2009（2）: 39-41.
② 劉又辛、張博. 釋"方". 語言研究, 1992（2）: 150-155.
③ 華學誠. "方"字本義辨誤. 九江師專學報, 1987（1、2）.

(一)"ㄉ"為"刀"之象形

葉玉森《說契》(《學衡》第十一期):"方殆像架上懸刀形,並不像兩舟總頭。造字之始當與 [字]、[字] 同例。殆謂邊裔之國習俗如是。故名之曰夷,或曰方而已。"葉氏又提到"方出殷人,稱國曰方,如土方、馬方、羊方、井方…等,均國名,本辭言告方出,即言某國出寇,乃告于列祖也。他辭有指明某方出者,如云'貞於大甲告苦方出'是。《殷墟書契前編集釋卷一》"① 其實葉玉森所言"方殆像架上懸刀(ㄉ)形"是有待商榷的。早期的賓組、自組甲骨文所見"方"字主要有以下幾類字形:[字](合19777)、[字](合20616)、[字](合20484)、[字](合6728),其他形體與之大同小異,或有方向上的變化。其中祇有[字]才像架上懸刀的形狀,其他幾種形體都與此無關。若將ㄉ、[字]視為兵器,將[字]視為藏兵器的架子,那麼,將[字]、[字]、[字]等形狀也講作刀或其他武器未免牽強,且卜辭中未見有相應的其他文獻證明這一觀點。另外,卜辭中多稱國為方是有其特殊原因的,中原地區與周邊方國的頻繁而複雜關係乃是商王朝必須面對的國之大事,在卜辭中多次出現是很正常的。我們可以拿與甲骨卜辭在時間上比較接近的《尚書》作比較,以孫星衍著《尚書今古文注疏》所據經文二十九卷為例,其中"方"字出現了四十處,明確為"方國"義的有十三處,其中有十二處集中在《多方》一篇,如"告爾四國多方,惟爾殷侯尹民"(p460)、"爾曷不忱裕之於爾多方"(p465)、"惟爾多方探天之威"(p468)……《梓材》有一處,"先王既勤用明德,懷為夾,庶邦享作,兄弟方來。"(p388) 其餘二十七處中有為"方位"義的,如《堯典》"申命和叔,宅朔方,曰幽都"(p21)(朔方即北方),又如《金縢》"為壇於南方,北面,

---

① 李圃主編. 古文字詁林. 上海教育出版社,2004:7-727.

周公立焉"（p324）；有與"旁"通用，作"大、廣、遍"義講的，如《堯典》"驩兜曰：都！共工方鳩僝功"（p24）（方鳩僝功即廣泛聚集民衆治水，已顯成效），又如《皋陶謨》"皋陶方祗厥敘，方施象刑"（p121）（意思是皋陶大力敬重那些順從的人，廣泛施用刑罰來警戒抗命不從的人）；有指"四方、天下"的，如《盤庚》上"紹複先王之大業，厎綏四方"（p224）（厎綏四方就是安定天下各方），還有《金縢》"乃命於帝庭，敷佑四方"（p327）、"四方之民罔不祗畏"（p327）等都屬於這個義項；有為"並、都"義的，如《微子》"小民方興，相為敵讎"（p257）①（方興就是一起起來造反）。由此可見——卜辭中多"稱國為方"，並不能說明"方"字的本義就在於此。

至于前文所述高鴻縉認為的"方字是以'拖刀寄架旁'之形以寄'旁邊'之意。朱芳圃認為的"方"若柄之初文，從刀，一指握持之處，變形作 ；王元鹿將"方"字的本義解為"以刀判物"等都直接忽略了甲骨文中的 （合 19777）、（合 20484）等字形，甚为遺憾。

（二）""為"人"之象形，康殷、約齋持此觀點

康殷以"方"字最完整的字形""為依據，認為""象人形側視，上有首，後省作""。人之頸部加""，依古文中的一般表現方法推測，""形皆有束縛等意，'' 極可能代表頸部有物束縛著的人。商王就用這類表示敵愾、侮辱、輕賤之意的名稱以稱呼其他部落的人②約齋認為：""像一個人形（）加上""，顯出那人是側面站在那兒，這跟"央"字（甲骨文

---

① 此處所引《尚書》12 處均見孫星衍著《尚書今古文注疏》．中華書局，1986．

② 康殷．文字源流淺說．榮寶齋，1979；140—141．

書作㝵）一比較就明白了①。康説和約説能通過對古文字字形的比較和歸納得出相對客觀的結果，值得肯定。但是其説解點到爲止，没有進行充分、深入的證明。

(三)"ㄅ"爲"耒"之象形

徐中舒的《耒耜考》是这一觀點的代表文章。文中説"'方'象耒之形，上短橫象柄首橫木，下長橫即所蹈履處，旁兩短劃即飾文，古者秉耒而耕，刺土曰推，起土曰方。"②劉又辛、張博在《釋"方"》一文中對這一觀點進行了評説，認爲"徐氏解釋字形，較諸家为长。衹是説古人'起土曰方'，則缺乏文獻依據。至於'古者耦耕，故方有並意'雖然從字形上看不出，却是合理的推想。"（p150）徐中舒的舉證運用了早期自組甲骨文的一類字形"ㄓ"，但其他的幾種情況却給忽略了，如：ㄓ（合 19777）、ㄓ（合 20483）、ㄓ（合 20616）。"耒"爲上古時代用來翻土的一種農具，最初是用木制的，取分叉的樹枝做成，後來以青銅爲之，也做成歧頭狀③。但是，像ㄓ（合 19777）、ㄓ（合 20483）這類形體顯然與此不符。

(四)"ㄅ"爲"舟"之象形

董性茂持此觀點，即前文所述："旁"字是在"方"字之上附加了其他的構成成分"ㄩ"，實爲"ㄩ"，就是盤子豎起的側視之形，即爲"凡"。舟之形制與盤子形狀相似，古形體相似，可以混用。故"旁"字爲舟下著一方之形，"方"是"旁"的簡體，"旁"是"方"的繁體。（p40）董説比較合理，不過筆者對此有不同看法。查劉釗《新甲骨文編》第五頁搜錄"旁"字十個

---

① 約齋. 字源. 上海書店影印，1987：26－27.
② 徐中舒. 耒耜考. 農業考古，1983：70.
③ 馬承源. 中國青銅器. 上海古籍出版社，2009：31.

字形，其中六個從⊢⊣，兩個從⊣，一個從⊓，一個從⊓①。考慮到劉釗對一個字頭下甲骨文存字不多的盡量採用全部收錄的辦法（見《新甲骨文編》凡例），這就很能說明問題，即甲骨文"旁"字的字形以從⊢⊣從Ψ為主，⊣應是在⊢⊣基礎上的繁化，至於⊣很可能為貞人刻寫之誤。故對"旁"字字形的分析應從⊢⊣和Ψ的組合入手。甲骨文中的⊢⊣形多作含束連之意，如"帝"字甲骨文 （合 2107）、 （合 14204）等字形中，⊢⊣表束木之索②。"帚"字甲骨文有 （合 2826）、 （合 28238）等字形，表示將收集到的植物捆紮起來，做成掃帚等清潔用具，⊢⊣在此也有束連意。《新甲骨文編》第 366 頁收有𩰬字，書作 （合 28171）。還收有𦊆字，書作 （花束 480）。其中表示繩索部分的形體都書作 ，中間的⊢⊣顯然也有束連之意。"旁"字是在Ψ的基礎上再加上一個⊢⊣，書作 （合 33198）、 （合 5776）等形態，這種情況與後來"溢"字是在"益"的基礎上加"氵"，"國"字是在"或"的基礎上加"囗"，"暮"字是在"莫"的基礎上加"日"在本質上是一致的，這是典型的古今字關係。當然也可繁化書作 （英 634）（在原字的基礎上加一橫來繁化在文字的演進中不乏其例，如甲骨文"每"字，既可書作 （合 27925），也可加一橫繁化書作 （屯 2254）。下文提到的"並"字也有類似情況。）。

（五）以"Ψ"為"丙"之變形

商承祚在《甲骨文字研究下編》提到："《説文》方，併船也，像兩舟總頭之形。許説與古文篆文不符。林義光曰'方為兩

---

① 劉釗．新甲骨文編．福建人民出版社，2009：484-485．
② 周清泉．釋"帝"．成都大學學報（社科版），2010（3）：89．

舟總頭，其形不顯。古作㔚（易尊彝丁），作㔚（番身敦），即丙之變形。方丙同音，本與丙同字，邊際也，變作㔚（馭方鼎）。'丙與方不類，非是……《說文》云：'㔚，溥也，从二，上，闕，方聲'。按'旁'金文作㔚（旁器）、㔚（旁彝），從凡方聲。'方'、'旁'古通用，當即方之或體。"商氏贊同林說"方為兩舟總頭，其形不顯。"① 但是說"丙"與"方"本同字，講作邊際，無文獻可證，故其說有待商榷，商氏也不贊同此說。

朱芳圃還有一種觀點："方當為枋，若柄之初文。從刀，一指握持之處，形變作𠃜，字之結構與刃從刀，指刀鑒相同。《鶡冠子·武靈王篇》：'手握兵刃之枋而希戰'，陸注'枋，柄也'。當為此字之本……《說文·木部》'柄，柯也。从木，丙聲'按柄與枋，音同字通。《儀禮士·冠禮》：'加柶面枋'，鄭注：'今文枋為柄'是其證也。從文字發展次第言之，方為初文，指事。枋、柄皆後起字，形聲。"（《殷周文字釋叢卷下》）。② 此說同樣忽略了㔚（合 19777）、㔚（合 20483）等字形。而且《說文·木部》"柄，柯也，从木，丙聲"後面還提到一個異體字"'柲'或從秉，"（p123）其實這個"柲"纔是"柄"的本字。考"秉"字賓組甲骨文字形有㔚（合 18157）㔚（合 519）等，均為以手持禾之形。《說文·又部》"秉，禾束也，从又持禾。"（p64）故"秉"字後來可引申出把持、手柄之意。丙的自組甲骨文字形有㔚（合 19777）、㔚（合 20463）等，賓組字形有㔚（合 8284）、㔚（合 17275）等，皆大同小異。都看不出秉持、把持、把子之意，更與"方"字無直接聯繫。《甲骨文字典》③ 收錄有一"柄"字：

---

① 李圃主編. 古文字詁林. 上海教育出版社, 2004：7—726.
② 李圃主編. 古文字詁林. 上海教育出版社, 2004：7—728.
③ 徐中舒主編. 甲骨文字典. 四川辭書出版社, 2003：649.

"☒"一期，乙·七三七七，並附卜辭和釋文"丁巳卜勿☒多☒於柄"。此條應出自董作賓《殷墟文字乙編》，被收入郭沫若主編的《甲骨文合集》第 00585 正。胡厚宣主編的《甲骨文合集釋文》00585 正將其釋為"丁巳卜勿☒多僕於柄"①。後來，曹錦炎《甲骨文校釋總集》第一卷將其釋為"丁巳卜勿☒多☒於☒"②。於☒上加重三點成為☒，細微之別，而是非立辨後。劉釗的《新甲骨文編》將"☒"釋為"蕭"，(p776) 可見前賢百密而難免一疏。同時《新甲骨文編》裡沒有再收入"柄"這個字頭。容庚的《金文編》也沒有錄入該字。徐中舒主編的《秦漢魏晉篆隸字形表》依《說文》將"☒"作為或體附於"柄"字內，但是其中所錄的最早的"☒"字（武威簡·特牲三三）已經接近於成熟時期的漢隸，武威漢簡為西漢晚期之物。要明顯遲於該書所錄的"☒"字（孫臏·一二七）③，按：《銀雀山漢墓竹簡·孫臏兵法殘簡》為早期隸書，寫於公元前 140 年～前 118 年（西漢文景時期至武帝初期）。可見，從已知材料來看，"☒"字的出現要早於"柄"字。

故我認為"秉"與"☒"為古今字關係，而"柄"其實是"☒"聲母互換的異體字（"丙"、"秉"上古都為幫紐陽部）。"☒"為本字，"柄"為後起異體字，只因"柄"書寫更為簡便，故後來的典籍多見"柄"而少見"☒"。這種情況，前輩學者陸宗達、王寧兩位先生早有明見④。所以，朱氏所說"方"為"柄"之初文，是不成立的。

商承祚、郭沫若、束世澂等學者從卜辭用語推測"方"義，

---

① 胡厚宣主編. 甲骨文合集釋文. 中國社會科學出版社，1999：44.
② 曹錦炎. 甲骨文校釋總集. 上海辭書出版社，2006：1—90.
③ 徐中舒主編. 秦漢魏晉篆隸字形表. 四川辭書出版社，1985：388.
④ 陸宗達，王寧. 訓詁方法論. 中國社會科學出版社，1983：105—106.

但由前文所述，甲骨卜辭中的"方"偏重用於方國名，所以要想從卜辭文本中探尋"方"字的本義非常困難。

劉又辛、華學誠堅定地支持許說，非常可貴。劉又辛、張博《釋"方"》一文從詞義引申的角度對"方"字進行了貫通似的挖掘，功力深厚，但是不完善，尤其對"方"字在後期大量的引申義，文章並未涉及。還有，文章將"並（并、併）"系字也納入"方"字的引申關係，值得商榷，雖說"方""並"二字音近義通，但是"並"為合併二人，"方"按《說文》為"併船"，意思畢竟不一樣。還有，文章將"方"字在"方形"、"方圓"、"方才"一路的意思都看作假借義，這一點有待商榷。

華學誠在《"方"字本義辨誤》一文中，認為許慎根據篆文字形對"方"所進行的分析，和甲骨文、金文的字形是相符的，"方"字的構造確實是一種形象逼真的寫意表像。衹是文章對"方"字字形的分析還欠深入。另外，文中關於"匚"為"方圓之方"的本字的論述很有見地，衹不過如他自己所說："匚"字被"方"字假借的時代較早，我們已無從尋找"匚"字表示"方圓之方"的意思的書證了。（見前文）因此，華說不可視為定論。

二　對"方"字的形、音、義分析

筆者認為"以形釋義"應對該漢字的大多數早期字形和相關形體進行通盤考慮，而不要局限於歷史上的某一個形體。甲骨文所見"方"字主要有以下幾類字形：𣂑（合 20616）、𣂑（合 20483）、𣂑（合 20484）、𣂑（合 6728），其他形體與之大同小異，或有方向上的變化。對上述字形做一個歸納：其中包含兩類結構部件。一類是 H 或 ━，另一類是 𣂑、𠂆、𠃌。

對於"H"，前文已有論述，為束連之形，"━"可視為"H"之省簡。甲骨文中有將"━"作為束連之意的用法，如

"並"字的甲骨文字形有󰀀（合6056）、󰀁（合32832），表束連兩人。許慎將"並"字解為從󰀂开聲（p169）似有不妥，查"並"字除所述甲骨文字形外，中山王鼎篆作󰀃、三體石經君奭篆作󰀄（見《秦漢魏晉篆隸字形表》570頁），中間的一橫繁化為兩橫，皆與許説不符。

至於另一類󰀅、󰀆、󰀇。劉釗《新甲骨文編》收"方"字四十一個形體，其中從"󰀇"的有九個，從"󰀆"的有五個，從"󰀅"的有二十七個，（p488－489）都不是個別現象。"丂"字的甲骨文書作󰀈（合19893）、󰀉（合28007），與"方"字甲骨文"󰀊"中心部分一致。《説文·丂部》"丂，不見也，象雍蔽之形。"（p184）林義光《文源》"丂……象人頭上有物蔽之之形。丂雙聲旁轉為萬，故隸或以万為萬字。"① 古文字中類似的情況還有"丂"字，甲骨文書作󰀋（合35240），小篆書作󰀌，《説文·丂部》"丂，氣欲舒出勹上，礙於一也"。（p184）上面那一橫在古漢字中被視為阻礙、遮蔽之物不是孤立的現象。所以甲骨文"󰀊"上短橫可理解為船頭所蔽之物。束連之後再以物蔽齊船頭，相連就更為緊密、齊平。特別是上古中國社會非常注重禮制、等級，《爾雅·釋水》云"天子造舟，諸侯維舟，大夫方舟，士特舟，庶人乘泭。"郝懿行《爾雅義疏》注："造舟：比船為橋；維舟：維連四船；方舟：併兩船；特舟：單船；乘泭：併木以渡。"② 段玉裁《説文解字注》也講"方舟為大夫之禮，《詩》所言不必大夫，則釋以泭可矣。"③ 簡單地將船併攏到一起，不在

---

① 林義光. 文源. 中西書局，2012：126.
② 郝懿行. 爾雅義疏//爾雅、廣雅、方言、釋名清疏四種合刊. 上海古籍出版社，1987：229.
③ 段玉裁. 説文解字注. 成都古籍書店，1981：428.（下文所引段注説文均見此版本）

船頭遮以飾物，任其參差不平，這恐怕也是違背禮制的。至於
丿、彡、可視為犭之省簡。这几个形体，確實不像舟船，但卻像人
側身之形，如前文所述約齋對"方"字形體的分析。另外古漢字
中人形"彡"簡化為")"或"〈"也有旁證，比如"背（北）"
字，甲骨文作（合 6625），在造字過程中有時可簡化為，
《韓非子·五蠹》："古者蒼頡之作書也，自環者謂之私，背私謂
之公。"①"公"字（甲骨文书作（合 36545））上面的"八"就
是"背（北）"字的省簡。甲骨文"比"字書作（合 6460），
但也有简化書作（合 10080）的。

　　兩船相並，每艘船祇能側於一邊，側身的船形（如⌒或
⌣，也可象舟（甲骨文書作）字那樣豎寫為）或））確實像
側身的人形，如彡，而且意義相關，然未見於卜辭，借其形以表
側身的船形也是很自然的。當然"屮"這類形體還可以視為簡易
的並船，即船頭沒有做平齊處理。據此，笔者认为將"方"字的
本義講為"併船"是合理的。退一步講，"方"字從字形上分析，
至少可以確定應包含有連集、併、旁側一類的含義。所以"方"、
"旁"在金文和《尚書》中常常通用（前文已有提及）也就很自
然了。聯繫前文對"旁"字甲骨文形體的分析，我們完全可以認
為"方"即是"旁"的本字，"方"與"旁"為古今字關係。戴
家祥主編的《金文大字典》認為"金文中'旁'、'方'無別，"
將"旁"歸入方部②，就持此觀點，這是很有見地的。

　　從聲音的角度看，"方"字上古音為幫紐、陽部，"併"字上
古音為幫紐、耕部，耕陽都為甲類陽聲韻，為雙聲旁轉關係。故
"方""併"二字聲為雙聲，韻可旁轉，音近義通。《説文解字·

---

① （清）王先慎．韓非子集解．鍾哲點校．中華書局，1998：450．
② 戴家祥主編．金文大字典．學林出版社，1995：2084．

方部》將其講為："㫃，併船也，象兩舟總頭形。"以"併"釋"方"是合理的，這是典型的源詞出現的聲訓式義界。又《說文・糸部》"總，聚束也。"（p272）"總船"就是將小船併攏，再以繩索等束牢。其原因很簡，獨木舟無法造大，行船不安全，為安全起見，可將獨木舟並排連接在一起，類似後來的雙體船。今浙江興化、東台等水鄉地區，農民在裝運稻把、麥把，或者稻草、蘆柴之類的東西時，還經常把兩條船用繩索並連在一起，以便多裝一些，行得穩當一些，並把這種行動（並船）叫做 [Paŋ55]①。其實許慎講得更具體一些，為"兩舟總頭形"，與甲骨文暗合，甲骨文中"方"字的⊢或—恰恰系於)、丁或)、丁之頭部。

從詞義的角度來說，《說文》與"方"相關的字有"俞"、"斻"、"泭"、"湊"等。宋永培在《〈說文〉漢字體系研究法》一書中對此有精彩的論述，並指出——"俞"是"刳木為舟"；"方"與"斻"意義特點都是"合併"，故《說文句讀》云：凡並皆曰方；"方"與"泭"包含的意義，都是指合併舟船渡河。"湊"為水上人所會也，必定是在"並船"上。而上述幾個字共同的意義特點是合、並、集②。而且，如前文所述——劉又辛、張博在《釋"方"》一文中認為"從古代文獻看，'方'的本義為'併（並）'可毋庸置疑。華學誠也從古文字、古文獻、和語源的角度證明《說文》對"方"字的解釋是正確的。這個問題就不再贅述了。

---

① 華學誠．"方"字本義辨誤．九江師專學報，1987（1、2）：33．
② 宋永培．《說文》漢字體系研究法．廣西教育出版社，1999：184．

三 "方"字詞義的源流及發展

從歷史文獻看,將"方"字講作併船、船是有據可查的。

《鐵雲藏龜》第237片"戊戌卜:方其凡。"可譯為:戊戌日占卜,船上必須掛帆嗎?前文所述《爾雅·釋水》云"天子造舟,諸侯維舟,大夫方舟,士特舟,庶人乘泭。"郝懿行《爾雅義疏》注:"造舟:比船為橋;維舟:維連四船;方舟:併兩船;特舟:單船;乘泭:併木以渡。"即是證明。《詩·周南·漢廣》:江之永矣,不可方思。《毛傳》:"方,泭也",陸德明《經典釋文》:"小舟曰泭。"① 段玉裁《說文解字注》"何以毛公釋方,不曰併船而曰泭也?曰:併船編木其用略同,故俱得名"方",方舟為大夫之禮,《詩》所言不必大夫,則釋以泭可矣。若許說字,則見下從舟省而上有竝頭之象,故知併船為本義。"(p428),馬瑞辰《毛詩傳箋通釋》講得更為具體:"方有四義,通作舫。一是併船,《爾雅》'大夫方舟',《說文》'方,併船也',《通俗文》'連舟曰舫'是也。一是併木,《爾雅》'舫,泭也',《說文》'泭,編木以渡也',孫炎云'方木置水中為泭筏'是也,《毛詩釋文》又引郭璞云'木曰簰,竹曰筏,小筏曰泭'與簰筏有異。今《爾雅》'舫,泭也',郭注云:'水中簰筏。'蓋簰、筏散文則通。一是船之通稱,《爾雅》'舫,舟也',《說文》'舫,船也',《明堂月令》曰'舫人,習水者',字通作榜,《月令》'命漁師伐蛟',鄭注'今《月令》漁師為榜人',司馬相如《子虛賦》'榜人歌'張注'榜,船也'是也。一是用船以渡,《說文》'瀳,以船渡也',《玉篇》'方舟謂之瀳'是也。蓋方本併船之名,因而

---

① 李學勤主編.十三經注疏(標點本)·毛詩正義.北京大學出版社,1999:53.

併竹木也謂之方，凡船及用船以渡，通謂之方。"①

最重要的是依照許説，將"方"講為"併船也，象兩舟總頭形。"能有效地將"方"字的古今意義有機地系聯起來。具體情況如下——

依《説文》，方為兩舟併船、總頭形。段玉裁注"併船者，並兩船為一……併船為本義。"（p428）《史記·酈生陸賈列傳》："蜀漢之粟，方船而下。"司馬貞索引："方船為並舟也。"② 由"併船"引申，"方"也指竹木編成的筏子。《詩經·周南·漢廣》："江之永矣，不可方思。"《毛傳》"方，泭也。"陸德明《經典釋文》又云："《方言》云'泭謂之籓，籓謂之筏。筏秦晉之通語也。'③《詩·邶風·穀風》：就其深矣，方之舟之。高亨注："方，以筏渡；舟，以船渡。"④ 段玉裁《説文解字注》"併船為本義，編木為引申義。"（p428）

由此引申，並車也可以用方，《淮南子·説山》："方車而蹠越，乘桴而入胡，欲無窮，不可得也。"⑤《史記·淮陰侯列傳》："今井陘之道，車不得方軌。"（p1554）方軌，即是兩車並行。《漢書·揚雄傳上》："敦萬騎于中營兮，方玉車之千乘。"顏師古注："方，並也。"⑥

併船的結果，船頭通常為平齊的方形，這一點前文已有説明。故"方"有齊等、方形、方正之意。《詩經·大雅·生民》：

---

① 馬瑞辰. 毛詩傳箋通釋. 中華書局，1989：62.
② （漢）司馬遷. 史記. 中華書局，1957：1617.（下文所引《史記》均見此版本）
③ 李學勤主編. 十三經注疏（標點本）·毛詩正義. 北京大學出版社，1999：54.
④ 高亨. 詩經今注. 上海古籍出版社，2009：33.
⑤ 許匡一譯注. 淮南子全譯. 貴州人民出版社，1993：971.
⑥ 王先謙. 漢書補注. 中華書局，1983：1490.

"實方實苞,實種實褎。"鄭玄《箋》:"方:齊等也。"① 《考工記·梓人》:"梓人為侯,廣與崇方。"鄭玄注:"方猶等也。"② 《考工記·輿人》:"圜者中規,方者中矩。"③ 《孫子·勢篇》: "木石之性,安則靜,危則動,方則止,圓則行。"張預注:"木石之性置之安則靜,置之危則動,方正則止,圓斜則行,自然之理也。"④

"方"進一步又指方形的邊,如《孫臏兵法·十陣》:"枋陳之法,必醇中厚方,居陳在後。"⑤《廣雅·釋詁四》:"方,表也。"王念孫疏證:"四方,猶言四表。"⑥ 進而可引申為邊境,《史紀·孝文本紀》:"朕既不明,不能遠德,是以使方外之國不能寧息。"(p373)《三國志·魏志·陳思王植傳》:"武將行師,方難克弭。"⑦ 其中"方"字皆為邊境之意。殷商時,稱周邊小國為方國,也應源於此。同時,方國又為上古殷王朝所防範的對象,故能產生後起區別字"防"。甲骨文"衛"字有很多字形都包含"方"這個結構,如 ※(合 7888)、※(合 9614)、※(合 33235)顯示當時防範的對象主要就是"方"。由此進一步還引申為違背、違拗、為難、使……尷尬、詛咒、不吉利等義,如馬王堆漢墓帛書《皇帝四經》:"疑則相傷,雜則相方。"(《漢語大字

---

① 李學勤主編. 十三經注疏(標點本)·毛詩正義. 北京大學出版社,1999:1069.

② 李學勤主編. 十三經注疏(標點本)·周禮正義. 北京大學出版社,1999:1140.

③ 李學勤主編. 十三經注疏(標點本)·周禮正義. 北京大學出版社,1999:1084.

④ 楊丙安. 十一家注孫子校理. 中華書局,1999:99.

⑤ 張震澤. 孫臏兵法校理. 中華書局,1984:129.

⑥ 王念孫. 廣雅疏證//爾雅、廣雅、方言、釋名清疏四種合刊. 上海古籍出版社,1987:451.

⑦ 盧弼. 三國志集解. 中華書局,1982:492.

典》2173頁）章太炎《原名》：“是施自方其命，豈不悖哉？”（漢語大字典2173頁）口語中的“把某某方在那裡”則有“為難、使……尷尬、下不了臺”等含義。四方、邊境等地詞義擴大後可指與中央相對的各州、縣、地區，即我們今天所指的中央與地方的“地方”。將有罪之人發配至偏遠之地，稱作“放”。《説文·放部》：“放：逐也。”（p84）這個“放”，其實也是“方”字的後起區別字。

由“併船、總頭”義還可以引申出前進的目標、方向，船頭所指自然是船行的方向。這一點從“前”字的甲骨文字形中可以得到證明，“前”字甲骨文書作，上“止”下“舟”，《説文·止部》“不行而進謂之前，從止在舟上。”宋永培在《〈説文〉漢字體系研究法》一書中指出“它（‘前’字）直接表述了洪水時代乘舟濟渡的情景……低地均被淹没，陸路蕩然無存，此時陸路不能‘行’而水路可以‘進’，憑藉舟船乃能前進。”①顯然在這裡“止”所指的方向就是“舟”前行的方向。由此還可以引申出“將”、“將要”等義，《詩經·秦風·小戎》：“方何為期，胡然我思之？”馬瑞辰通釋：“方之言將也。”②《史記·淮陰侯列傳》：“信方斬，歎曰：‘悔不用蒯通之言，為女子所執。’”（p1566）此方即將義。

由“方向”可引申出“方法”、“道理”、“方略”，即是為達到目的而採取的途徑、思路、原理。《周易·恒卦》：“君子以立不易方。”孔穎達疏：“方，猶道也。”③《左傳·昭公三十年》：“彼出則歸，彼歸則出，楚必道敝。亟肄以罷之，多方以誤之

---

① 宋永培．《説文》漢字體系研究法．廣西教育出版社，1999：165－166.

② 馬瑞辰．毛詩傳箋通釋．中華書局，1989：377.

③ 李學勤主編．十三經注疏（標點本）·周易正義．北京大學出版社，1999：144.

……必大克之。"① 范仲淹《代人奏乞王洙充南京講書狀》:"精治人之術,蘊致君之方。"② 其中的"方"字都當"方法"講。當然,沿著這個思路進一步還可以引申出藥方、配方等。

前文所述,"方"字應包含有束連、合併、旁側一類的含義,且《說文》也將其解釋為"像兩舟並船、總頭",自然可以引申出雙、偶、相對、相像等義,比如"方纔"一詞,就包含着一種時間上的相對性,是相對於現在而言的。又如後起區別字"仿"就就包含著雙、相像這樣的含義。由"相仿"這個意思,引申出"比擬、比較"等義,《禮記·檀弓上》:"服勤至死,方喪三年。"孔穎達疏:"方,謂比方也。有比方父喪禮以喪君。"③ 漢仲長統《昌言·論理亂》:"暴風疾霆,不足以方其怒;陽春時雨,不足以喻其澤。"(《漢語大字典》2172頁)其中"方"與"喻"互文,意思不言而喻。

"方"進一步還可引申出相鄰之意。其後的"旁"字代表著這個義項,房間的"房"也與這個意思有關,《說文·戶部》"房,室在旁也。"(p274)房,就是堂屋兩側的廂房。另外,船槳置於船旁,故可以稱其為榜。《楚辭·九章·涉江》:"乘舲船餘上沅兮,齊吳榜以擊汰。"王逸注:"吳榜,船棹也。"④ 兩船相併,面積自然擴大,故"旁"還有"大"義,《說文·上部》"旁,溥也",(p7)《說文·水部》"溥,大也",(p229)滂沱大雨的"滂"字,本義為大水湧流,《說文·水部》"滂,沛也"(p229)就是證明。

---

① 李學勤主編. 十三經注疏(標點本)·春秋左傳正義. 北京大學出版社, 1999: 1518.
② 范仲淹全集. 四川大學出版社, 2007: 429.
③ 李學勤主編. 十三經注疏(標點本)·禮記正義. 北京大學出版社, 1999: 170.
④ (宋)洪興祖. 楚辭補注. 中華書局, 1983: 129.

根據以上所述，在此將"方"字所記錄的本義和引申義整理如下：

第一條引申線索——

併船→泭（並木為筏）→方車（並車）→齊等、相當→方形→方形的邊→邊境→方國→防範→違背、違拗、妨礙→使……尷尬

　　由邊境→地方→放（放逐）

　　由方形→土石方、立方，還可指大地（天圜地方）
　　　　↓
　　正直、方正

第二條引申線索——

併船、兩舟總頭→方向（船前進的方向）→將要
　　　　　　　　　　　　↓
　　　　　　　方法、方略、藥方

第三條引申線索——

併船→合、並、集→相仿→比方
　　↓
　大 ← 旁（相鄰）→榜（船槳）
　　↓
　　傍

這三條線索，追本溯源，都可以將方字的本義明確地指向"併船"。當然此處沒有涉及到的可參見劉又辛、張博的《釋"方"》一文。

綜上所述，從字形分析的角度看，將"方"字的本義講為"併船"是合理的。從古代文獻看，"方"的本義為"併船"也是毋庸置疑的。從語源學的角度講，祗有將"方"字的本義講為"併船"才能把"方"字的衆多引申義有機地繫連起來。所以，在沒有確鑿證據的情況下，我們還是不要輕易地去否定許說。

〔主要參考文獻〕

徐中舒主編．漢語大字典．成都：四川辭書出版社/武漢：湖北辭書出版社，1985．

許慎．說文解字．北京：中華書局，1963．

田勝男．"方"字本義研究述評．昌吉學院學報．2009（2）．

劉又辛，張博．釋"方"．語言研究，1992（2）．

華學誠．"方"字本義辨誤．九江師專學報，1987（1、2）．

李圃主編．古文字詁林．上海：上海教育出版社，2004．

孫星衍著《尚書今古文注疏》．北京：中華書局，1986．

劉釗．新甲骨文編．福州：福建人民出版社，2009．

段玉裁．說文解字注．成都：成都古籍書店，1981．

宋永培．《說文》漢字體系研究法．南寧：廣西教育出版社，1999．

李學勤主編．十三經注疏（標點本）．北京：北京大學出版社，1999．

馬瑞辰．毛詩傳箋通釋．北京：中華書局，1989．

（漢）司馬遷．史記．北京：中華書局，1957．

The research about Fang's Character Pattern and Literal meaning

Liu Yiming

(College of Literature and Jourmalism, Chengdu University, Chengdu, 610106)

Abstract：The Character "Fang" is used frequently and have several meanings in Chinese. Analysed from the form of the Character, it could deduced that "Fang" have meanings such as merge, beside etc. The Relationship between "Fang" and "Pang" as ancient and modern words. "Shuowenjiezi"（說文解字）thought that "Fang" should be understood as two boats placed side by side, it is shaped like the heads of two boats. This article thought that XuShen's explanation makes the meanings of "Fang" sensible. The paper discussed the development of "Fang" 's meaning from original to metaphorical, and researched on the sources of its meanings thoroughly.

Key words：Fang; original meaning; sources of meanings

（劉益明，成都大學文學與新聞傳播學院，郵編610106）

"陰出陽收"考辨*

陳 寧

內容摘要："陰出陽收"是沈寵綏提出的概念。前人對此有三種不同的理解。我們從五個方面對"陰出陽收"的意義進行考證和辨析。結論是"陰出陽收"與全濁聲母有關，但反映的不是吳語中的"清音濁流"，而是讓說吳語的人在唱北曲時把全濁聲母念成相應的清聲母，聲調保持陽聲調，以模仿全濁聲母清化的北方官話。

關鍵詞：陰出陽收　清音濁流　度曲須知　曲韻

○ 引 言

"陰出陽收"是明末曲學家沈寵綏提出的一個概念。主要的論說有兩處，一為《絃索辨訛》中《西廂記·殿遇》末尾注：

> 方今唱家于平上去入四聲，亦既明曉。惟陰陽二音，尚未全解。至陰出陽收，如本套曲詞中賢、回、桃、庭、堂、房等字，愈難模擬。蓋賢字出口帶三分純陰之軒音，轉聲仍收七分純陽之言音，故軒不成軒，言不成言，恰肖其為賢字。回字出口帶三分純陰之灰音，轉聲仍收七分純陽之圍

---

* 本文是國家社會科學基金青年項目"曲韻書音系比較研究"（批准號：13CYY043）的階段性成果。筆者以电子郵件向北京大學王洪君教授請教，獲益良多。匿名審稿人也提出了寶貴意見。在此一併致謝！

音，故灰不成灰，圍不成圍，適成其回字。此等字旁，予一一記▲。今度曲名家，正從此處着精神，決不嫌煩碎。特曲理未深者，其純陰純陽，尚未細剖，若陰出陽收，愈難體會。故予又以撇噎二字提醒之。蓋以撇噎（噎字叶泰上聲）口氣模擬，庶自合法耳。

集中右旁鈐▲，但摘緊關字面。餘如動為徒弄切，向為奚降切等類，雖係陰出陽收，但聲歌家向未如法習唱，似覺口生，故一概姑闕不記。又愁字、鋤字等類，既係穿牙，則亦天然陰出，故字旁但記●，不記▲。又堂字、黃字等類，雖係開口，仍係陰出陽收，恐一字而右旁兩用記認，似涉冗雜，則單記▲，不復記■。覽者詳之。

二為《度曲須知・陰出陽收考》：

《中原》字面有雖列陽類，實陽中帶陰，如弦、回、黃、胡等字，皆陰出陽收，非如言、圍、王、吳等字之為純陽字面，而陽出陽收者也。蓋弦為奚堅切，回為胡歸切，上邊胡字，出口帶三分呼音，而轉聲仍收七分吳音，故呼不成呼，吳不成吳，適肖其為胡字。奚字出口帶三分希音，轉聲仍收七分移音，故希不成希，移不成移，亦適成其為奚字。夫切音之胡、奚、業與吳、移之純陽者異其出，則字音之弦、回，自與言、圍之純陽者殊其唱法矣。故反切之上邊一字，凡遇奚扶以及唐、徒、桃、長等類，總皆字頭則陰，腹尾則陽，而口氣撇噎者也。今除口生字眼，間有不錄外，餘並列左，用備稽覽焉。（按：630個例字從略）

儘管沈寵綏做了解釋和舉例，但受到漢字標音的局限，其中奧妙，後人還是不易參透。陰出陽收的真正含義，學界的認識至今仍有分歧，概言之有三說："陽平高唱"說、"清紐陽調"說、"清音濁流"說。

較早提出的是"陽平高唱"説。清咸豐間王德暉、徐沅澂《顧誤録·四聲紀略》："凡唱平聲，第一須辨陰陽，陰平必須平唱、直唱，若字端低出而轉聲唱高，便肖陽平字面矣。陽平由低而轉高，陰出陽收，字面方准；所謂平有提音者是也。"① 此言陽平當先低唱後高唱。項遠村認爲："陰聲字音階高，陽聲字音階低。但在實際度曲之中，爲增加歌聲的美妙起見，也有陽聲字而以陰聲出音的。此類唱法，其工尺譜如爲四字、上字、尺字，則以高於四字、上字、尺字之音出聲，迨一出聲，即一泄而下落至本音。"② 此言陽聲當先高唱後低唱。崑界泰斗俞振飛先生也有類似説法③，戲曲界有從此説者。楊振淇先生稱之爲"陽平高唱"④。然此説未見有詳細論證，且單言聲調高低，不及聲母清濁，與沈氏原意不侔。

近二十多年來對此問題做過深入研究的，大體可分爲兩派。一派我們稱之爲"清紐陽調"説（即"清聲母，陽聲調"）。楊振淇先生本從"陽平高唱"説，後棄舊説，轉而認爲："'陰出陽收'與'陽出陽收'的區別重點在出字之陰、陽，而出字之陰、陽，實質是聲母之清、濁。沈氏提出'陰出陽收'的目的，是讓人們唱念時用'清音'聲母'出字'，而勿以'濁音'聲母'出字'，以避免所謂'陽出'。……唱念陽平字'出字'時要象陰平字那樣，用清聲母，這就是'陰出'。而歸韻、收音仍按中原陽平字的韻母和聲調，這就是'陽收'。'陰出陽收'的關鍵在'陰

---

① 見《中國古典戲曲論著集成》（九），37頁，中國戲劇出版社1959年。《顧誤録》此語實大體襲用《度曲須知·四聲批窾》之文而略加發揮，沈氏原文此句中本無"陰出陽收"。
② 項遠村. 曲韻易通. 北京：中華書局，1963：21.
③ 上海崑劇團. 振飛曲譜. 上海：上海音樂出版社，2002：3-4.
④ 楊振淇. 京劇音韻知識. 北京：中國戲劇出版社，1991：230-236.

出'。"① 後來他又作了修正，不再限於陽平調："為了矯正吳人演唱崑劇吐字時帶有的全濁聲母，使人'聽之殊可噴飯'的問題，明沈寵綏在《絃索辨訛》和《度曲須知》兩書中提出'陰出陽收'説，耐心指導演唱者以中原清音聲母代替吳語全濁音。"② 蔡孟珍先生説："主要是因為這類字在吳方言中聲母皆非送氣，而在北方話或中州話，甚至今之普通話系統則讀送氣音，沈氏為強調曲唱不宜泥於鄉音，而應如中原雅音般讀作送氣（'奚'、'兮'等擦音字，則氣流宜較吳音强），故云'陰出'；然又不得唱成陰聲字，故又云'陽收'以存其濁聲之特質。至於'陽出陽收'字，吳方言不送氣，中原雅音亦不送氣，故毋須特意強調其口法。如上所述，碻知沈氏'陰出陽收'理論之提出，乃在正吳音之訛也。"③ 金升榮先生説："這是指吳人讀北字的一種情況。沈氏在這裏是想指導蘇吳藝人怎樣以北字北音讀中古濁母字。指出如'賢'、'回'等陽聲字要讀清化音，要讀和'軒'、'灰'同樣聲母的清音，但聲調不要變成陰調。陽平仍然還是陽平，不能讀成陰平。"④

另一派是"清音濁流"説。石汝傑先生説："（陰出陽收）也就是有些音節的讀音是先清後濁。這一現象也影響了聲母的分類，我們構擬這類聲母時，用兩個字母，第 2 個用 [ɦ] 表示。"⑤ 馮蒸先生根據趙元任先生《現代吳語的研究》對吳方言全濁聲母發音方法的描述，提出："現代吳語方言中全濁聲母讀

---

① 楊振淇. "陰出陽收"解. 戲曲藝術, 1990 (4).
② 楊振淇. 崑曲與中州韻. 戲曲藝術, 1996 (2).
③ 蔡孟珍. 沈寵綏曲學探微. 臺北：五南圖書出版有限公司, 1999：43—44.
④ 金升榮. 沈寵綏南曲崑腔字音觀. 香港：香港天馬圖書有限公司, 2003：211.
⑤ 石汝傑.《韻學驪珠》的音系. 語言研究, 1998, 增刊. 又見《明清吳語和現代方言研究》. 上海：上海辭書出版社, 2006：237.

成'清音濁流'的現象，就是沈氏所謂的'陰出陽收'。沈氏此處的'陰陽'，指的就是聲母的清濁。根據趙先生的描寫，這些全濁聲母（濁塞音、濁塞擦音、濁擦音）可以分成兩段，前一段即開頭是清的，後一段是濁的。沈氏所謂的'陰出陽收'，用一個更確切的稱法可以叫作'清出濁收'。吳語方言全濁聲母的這一現象，語言學界公認為是趙元任先生最早發現。這一現象當然不祇是出現在平聲，平上去入四聲都有。上引楊振淇先生釋'陰出陽收'的'陽收'為'陽平'是不妥當的。"① 何大安先生②、李小凡先生③的論證方式和基本觀點與馮蒸先生的大致相同，都是根據趙元任先生及其他學者對吳方言全濁聲母的語音描寫，認為"陰出陽收"便是"清音濁流"。他們之間的觀點有些不同之處，在此不作詳述了。

日本學者石海青④認為"陰出陽收是傳統名稱，意思是陽聲字的字頭送氣，和陰聲送氣字一樣，但是韻頭以下仍舊做陽調"，同於"清紐陽調説"；但緊接着説要"帶上喉中低音 [ɦ]"，又近於"清音濁流"説。此為折衷調和之説。神山志郎對石氏之説有詳細的闡釋⑤。

"清紐陽調"説乃令習北曲者宗北音，"清音濁流"説則以為使之效吳音，二者在語音的取向上是完全相反的。"清音濁流"説似乎是後來居上。但我們認為，楊、蔡、金三位的觀點纔是合

---

① 馮蒸. 論中國戲曲音韻學的學科體系——音韻學與戲曲學的整合研究. 首都師範大學學報，2000，(3)：65—74.

② 何大安. "陰出陽收"新考——附論《度曲須知》中所見的吳語聲調. 歷史語言研究所集刊：第79本，第3分，2008：497—515.

③ 李小凡. 吳語的"清音濁流"和南曲的"陰出陽收". 語文研究，2009，(3)：37—44.

④ （日）石海青、王芳. 崑曲中州韻教材. 臺北：里仁書局，2007：15.

⑤ （日）神山志郎、劉育民. 中國戲曲音韻考. 上海：學林出版社，2014：74—79.

乎沈氏本意的。"陰出陽收"不是"清音濁流",而是"清紐陽調"。因爲有一些重要證據還沒有列舉出來,有一些關鍵疑點還沒有充分考明,"清音濁流"說内在的矛盾亦未揭示,所以本文擬從以下五個方面證定其論。

一 "陰出陽收"不是爲了學習吳語"清音濁流"

要理解一個術語的内涵,首先要明白提出這個術語的目的。沈寵綏教人辨識"陰出陽收"並加以習唱。假如認爲"陰出陽收"就是"清音濁流",那麽就會得出"沈寵綏要人學習吳語的清音濁流,在演唱中吐字按照清音濁流的方式來"這樣的結論。實際並非如此,沈氏不但不提倡以吳音唱北曲,反而如尉遲治平先生所説:"沈寵綏在自己的著作中,經常指斥吳音。"①

沈寵綏共有兩部書傳世:《絃索辨訛》和《度曲須知》。兩部書有個共同的主張是"南曲不可雜北腔,北曲不可雜南字"。這是承襲魏良輔《曲律》中的名言。絃索指北曲,《絃索辨訛》一書是專講北曲清唱中的吐字口法的。《絃索辨訛》序:

> 以吳儂之方言,代中州之雅韻,字理乖張,音義逕庭,其爲周郎賞者誰耶?不揣固陋,取《中原韻》爲楷,凡絃索諸曲,詳加鳌考,細辨音切,字必求其正聲,聲必求其本義,庶不失勝國元音而止。……惟是生於吳,習于吳,不諳衆楚之咻,聊以是爲莊嶽假途則可矣。

《絃索辨訛》凡例一:

> "南曲不可雜北腔,北曲不可雜南字",誠良輔名語。顧北曲字音,必以周德清《中原韻》爲准,非如南字之別遵

---

① 尉遲治平. "北叶《中原》,南遵《洪武》"溯源——《中原音韻》和南曲曲韻研究之一. 語言研究, 1988,(1).

《洪武韻》也。是集一照周韻詳注音切于曲文之下。

《絃索辨訛》全篇不乏對北曲中出現吳音的批評。如凡例二：

> 又有穿牙縮舌字面，如追字、楚字、愁字，初學俱照土音唱；又有陰出陽收字面，如和字、回字、絃字，俱作吳、圍、言之純陽實唱，聽之殊可噴飯。

這裏的"土音""實唱"是指真正的吳方言音，是被糾正的對象。

《度曲須知》凡例三：

> 正訛，正吳中之訛也。如辰本陳音而讀神，墻本細音而讀絮，音實逕庭，業爲喚醒。

"正吳中之訛"不僅包括糾正誤讀，也包括糾正方音。沈寵綏雖是吳江人，久居蘇州，以吳語爲母語，但他並不因此就提倡以吳音入曲。從他的序和凡例看，沒有一點教人用吳音習唱的意思。反而是要以《中原韻》爲准，糾正曲中的吳語字音。《度曲須知·方音洗冤考》中說："愚竊謂音聲以中原爲准，實五方之所恪宗。今洛土吳中，明明地分隔正。"不過他所說的《中原韻》並非周德清的《中原音韻》原本，而是明代王文璧的《中州音韻》。尉遲治平先生認爲沈寵綏說的《中原》"是王文璧系統的《中原音韻》修訂本"。① 《中州音韻》在音系上與周德清《中原音韻》最大的不同是全濁聲母還系統地保留。這是受了吳方言的影響。但是《中州音韻》音系不等同於當時的吳方言音系。張竹梅先生認爲《中州音韻》所反映出來的是明代中葉吳方言音系。② 但《中州音韻》無入聲，十九個韻部，都與《中原音韻》相同，與當時的吳方言顯然是不同的。全濁聲母在平聲中保留最

---

① 尉遲治平．"北叶《中原》，南遵《洪武》"析義——《中原音韻》和南曲曲韻研究之二//《中原音韻》新論，北京：北京大學出版社，1991：207．

② 張竹梅．《中州音韻》研究．北京：中華書局，2007：294．

完整，在上、去聲中就混的多些，在"入作三聲"中與清聲母混得更多，這顯然也不是吳方言的情況。因此很難説《中州音韻》是某個純粹的吳方言音系，祇能説它是在北曲韻書的基礎上把本來已與清聲母小韻合並了的古全濁小韻又不同程度上離析出來了而已。沈寵綏以它為標準來糾正絃索字音，説明《中州音韻》在當時並不僅限於適應南曲的需要，其北音的成分還是主要的。陰出陽收，乃是以《中州音韻》為准，訂正北曲中作"純陽實唱"的吳音，而不是描寫和提倡吳語中的清音濁流。①

二 "撇嗐"證明"陰出陽收"不是吳語特徵

沈寵綏每次講"陰出陽收"，必要提到"撇嗐"。他説："蓋以撇嗐口氣模擬，庶自合法耳。"弄清"撇嗐"的意義是解開"陰出陽收"之謎的一大關鍵。楊振淇先生注意及此。他説："撇哈，吳語，猶'撇脱'，謂簡捷、乾淨俐落。哈音 tǎi，説話帶外地口音。沈氏以此啟發吳人模仿中州韻吐陽平字之字頭。"② 此注從"哈音 tǎi"往後近於的詁，不過"哈"非"嗐"之異體字。楊氏卻錯估了"撇嗐"的價值，竟將其與民國方階生之誤説相提並論，認為"與沈氏'以撇嗐二字提醒之"實為五十步與百步之別也。"沈氏諄諄提醒之意遂晦而不彰。金升榮先生説："所謂'撇嗐'一語是用指北字的特色的。如：況北曲口氣撇嗐……(《俗訛因革》)這裏的'口氣撇嗐'即指'北曲'(絃索)照北字念音的特色。"③ 從"北曲口氣撇嗐"一句話悟出"撇嗐"指"北

---

① 歷史上著名的大曲學家如徐渭、王驥德、李漁等亦皆反對以吳地方言、鄉音入曲，而主張用官音。詳參麥耘《論近代漢語 —m 韻尾消變的時限》一文。
② 楊振淇．"陰出陽收"解．戲曲藝術，1990 (4).
③ 金升榮．沈寵綏南曲崑腔字音觀．香港：香港天馬圖書有限公司，2003：206.

字特色"實為卓識。但別人或可以其他意思來理解沈氏這句話。對"撇噠"需作更加詳盡細緻的考察。

噠，音 tǎi，字又寫作"噫、奤、呔、台"。今本《玉篇》："噠，他亥切，噠噫，言不正。"《集韻》："噠，打亥切，言舛也。"明代王文璧《中州音韻》亦收"噠、噫"二字，釋同《玉篇》。"言"怎樣"不正"、"舛"呢？是否如《漢語大字典》"噫"字下釋"噠噫"為"語無倫次"呢？非也。明代朱權《瓊林雅韻》泰階部上聲："噫，北音也。"後來朱權於正統辛酉（1441年）所作《瓊林雅韻序》中又專門談到該詞："惟北方無鄉談，其音謂之台，台從上聲言也。"① 甯忌浮先生發現："朱權注文與陳鐸、王文璧不同，陳鐸等人的注文多摘錄《正韻》，朱權多獨出心裁。……《瓊林雅韻》的注釋文字不多，但很有個性。"② 正因為朱權不肯照抄前代字韻書上的含糊釋義，纔使我們得知"噫（台）"字在明代的確切含義是指北音。這給我們一個重要提示：《玉篇》所謂"言不正"者，南方人視北音為不正也。

後又引申指北方人。明代太倉人陸容《菽園雜記》卷十二："奤，音胎字上聲，南人罵北人為奤。"明代仁和人（今浙江杭州）郎瑛《七修類稿》卷二十七"奤子蠻子"："北人重厚，體壯實而大，謂有台輔之相，尊美之稱。北音呼台為奤，故曰奤子。典午之世（晉代）之言也。"《雲在山房叢書》（1928年楊壽枬編）所收民國顧恩瀚《竹素園叢談》："皖人以山西人為奆子（音胎上聲）。""奆"為"奤"之別體。趙元任先生《鍾祥方言記》"tʻai上聲"："奤，稱北方人叫奤子。"③ "奤"字右旁注方圈，以示非本字。"奤 tʻai 子，說南來的北省人。蠻子，說北來

---

① 該序見清初沈雄《古今詞話·詞品》卷上，清康熙二十八年澄暉堂刻本。
② 甯忌浮. 漢語韻書史（明代卷），上海：上海人民出版社，2009：408.
③ 趙元任. 鍾祥方言記. 北京：科學出版社，1956：38.

的南省人。侉子，説山東人。"① 説明"噷（畲）子"之稱至今仍保留在南方某些方言之中。

清末小説中也能見到與"畲"相關的詞語。《續濟公傳》（清光緒間坑余生撰，浙江古籍出版社 1988 年版）一五七回："你的哥哥倒也會想主意，就把這個住家房子，向山西放印子錢的那個楊畲子典了三十串錢。"一八八回："但那周家兄弟三個全是關北的口音。"一八九回："所好這些畲小夥（指周家三兄弟——筆者注），我們江南話他們聽不清。當下便説道：'老祖宗的明見，這些北畲叫做同在一處，不是一處，不是一處，又在一處罷了。'"一九四回："自從到了祝三公家裏的時候，他們這三個畲子（指周家三兄弟——筆者注），兩邊的語言又不清楚，直接同畜生一樣，跪在下面只是求饒，嘴裏滿嘴的胡話。"

綜上可知，"噠"或"噠噷"宋以前為"言不正"，若非宋人所增，則南朝梁顧野王（吳郡人）時便有此字，是南方人對北方口音的蔑稱，後又為對北方人之蔑稱。

"撇"字宋元以來有"假裝、扮演"之義。《漢語大詞典》收有"撇末"、"撇假"等詞，"撇末"為"裝扮角色，演戲"之義，"撇假"為"裝假"之義。"撇"亦有"不正、歪斜"之義。

"撇噠"之義類似於現今常用的"撇腔"一詞。"撇腔"義近於裝腔，"撇噠"即裝噠，均含有諷刺語音不正之義。南方人學説北方官話，被稱作是"撇噠"。明代馮惟敏套數《酬金白嶼》："【四門子】他敢是早年間出落在紅塵外，做了個散誕仙風月客。撇一會奸，賣一會乖，覷高官大爵怎介懷？撇一會津，賣一會呆，見不上學蠻撇畲。"（《全明散曲》第二卷 2037 頁）今江淮官話中尚有"撇侉"一詞，也是類似的意義②。

---

① 趙元任. 鍾祥方言記. 北京：科學出版社，1956：127.
② 許寶華、宫田一郎. 漢語方言大詞典. 北京：中華書局，1999：6802.

"口氣"一詞,《漢語大詞典》的解釋是"口音"。例如:《水滸傳》第一〇二回:"莊主問道:'列位都象東京口氣。'"《二十年目睹之怪現狀》第五十三回:"對着我連連作揖,嘴裏說話是紹興口氣。"

沈寵綏深怕別人不能體會"陰出陽收"的真義,不厭其煩地提醒要"以撇嗻口氣模擬"。其實就是要吳語區的人遇到"陰出陽收"的字時,模仿北方官話的口音來唱就對了。由此可見,"陰出陽收"不可能是吳語本有的特徵,祇能是來自北方官話的特徵,否則就不必"撇嗻"了。

三 清代曲學家沈乘麐對"陰出陽收"的闡釋

沈乘麐,江蘇太倉人,約生於康熙初年,卒於乾隆十一年(1746)之後。著有《曲韻驪珠》一書,精密嚴整,問世數百年以來成為崑曲界遵奉的經典。此書兼注南音和北音,合南北為一書,宗旨是既為南曲也為北曲服務。其聲調系統是平上去入,各分陰陽,共八個聲調。韻部系統分舒聲韻二十一部,入聲韻八部。韻部末尾常有雙行小字按語,闡述一些曲韻的思想觀點。這一做法與沈寵綏很相似,他可能研讀過沈寵綏的書。在"東同部"末尾的按語中,便談到了"陰出陽收":

> 韻中陽平、陽去聲只可用于南曲。若北曲中遇此等字,當必陰出而陽收之。蓋北方屬陰,故聲出多陰。其陽收者,陰極而陽生也。人能知此,則北音可矢口而似矣。《中原韻》必以仲叶衆,以用叶咏,則泥矣。其陰出陽收法,如仲作執橫切,用作郁橫切,始得北音之正也。餘俱仿此。

首先,沈乘麐認為韻中的陽平和陽去聲字(《曲韻驪珠》中的陽平、陽去,其實就是濁平、濁去)祇能用於南曲,在北曲中這類字必須用陰陽收法,亦即陰出陽收法祇適用于北曲。這一點是沈寵綏所没有明説的,但他在衹收北曲的《絃索辨訛》中講陰出陽收,並逐字注明,其實也表明了這是僅適用于北曲的。

其次,沈乘麐説明了陰出陽收是爲了模仿北音。"蓋北方屬陰,故聲出多陰。其陽收者,陰極而陽生也。"這種陰陽哲學的解釋,我們可以不管。但是"人能知此,則北音可矢口而似矣"一句非常重要,是説懂得了陰出陽收之法,張口就能發出較爲地道的北音。

最後,舉了"仲"和"用"這兩個例子。中古音"仲"爲澄母,"用"爲以母,都是濁聲母去聲字。"衆"爲章母,"咏"爲云母。《曲韻驪珠》中把"咏"歸爲清聲母,與影母的"雍"同音,"郁翁切"。沈乘麐認爲《中原韻》① 讓"仲"與"衆","用"與"咏"② 同音並不妥當,失之拘泥。正確的作法是給"仲"注"執横切","用"注"郁横切"("横"去聲)。《曲韻驪珠》東同部裏"仲"字是"直横切","用"字是"浴横切"。《曲韻驪珠》字面上是聲調分陰陽,實際上是聲母的清濁與聲調的陰陽並存。我們檢視了《曲韻驪珠》的全部反切,得出一個結論:《曲韻驪珠》中所有的陽聲調字,其反切上字都是濁聲母即陽聲調字,反切下字也都是濁聲母即陽聲調字。(參見拙著《明清曲韻書研究》,214—217頁)"仲,直横切"、"用,浴横切"正是如此。沈乘麐的意思,這樣就是陽出陽收,南曲中的字音應該這樣來注、來唱。看沈乘麐把"仲"的反切由"直横切"改爲"執横切","用"的反切由"浴横切"改爲"郁横切",可以知道他的理解"出"就是反切上字或反切上字所代表的聲母及介音,"收"就是反切下字或反切下字所代表的韻母和聲調。把反切上

---

① 這裏的《中原韻》可能是周德清的《中原音韻》,也可能是王文璧的《中州音韻》。

② 訥庵本《中原音韻》作詠。

字改為清聲母陰聲調字,反切下字仍保持濁聲母陽聲調字,這樣就是陰出陽收。其實質就是聲母清化,聲調保持陽聲。這與真正的陰聲調的字是有區別的,因為真正的陰聲調字是陰出陰收,即反切上下字都是陰聲調字。如《曲韻驪珠》裏與"仲"對應的陰去"衆"的反切是"執甕切",與"用"對應的陰去"咏"的反切是"郁甕切"。(參見表1)《中原音韻》及北方官話中,去聲是不分陰陽的,"仲"和"衆"、"用"和"咏"是完全同音的。《中州音韻》的去聲保留了很多清濁之別,但具體到這兩個例子上,也清濁相混了,是同音的。沈乘麐卻認為應當讀出個分別來纔能得北音之正,這個分別就是陰出陽收和陰出陰收的分別,也就是去聲聲調上要分出陰陽。這其實並非《中原韻》"泥矣",而是沈乘麐拘泥于自身母語吳語和某些南曲韻書的影響。

總之,清代康、乾時期的沈乘麐尚懂得陰出陽收,後來就逐漸失傳。到咸豐時王德暉、徐沅澂《顧誤錄》的說法便已不得其要領了。

表1 沈乘麐的例字反切對比

	仲_澄	衆_章	用_以	咏_云
陽出陽收(南曲音)	直_澄橫_匣切		浴_以橫_匣切	
陰出陽收(北曲音)	執_章橫_匣切		郁_影橫_匣切	
陰出陰收(南北曲同)		執_章甕_影切		郁_影甕_影切

四 "陰出陽收"字選自《中州音韻》

前面說過沈寵綏所說的《中原韻》也好,"周韻"也好,並非周德清《中原音韻》的原本,而是《中州音韻》。《絃索辨訛·凡例》說"是集一照周韻詳注音切于曲文之下",其實音切是來自《中州音韻》。《度曲須知》中也有很多音切,其來源主要有三個：一是采自《中州音韻》，《同聲異字考》、《異聲同字考》、《陰出陽收考》、《方音洗冤考》的音切，和《字厘南北》中北音音切皆是；二是采自《洪武正韻》，《入聲正訛考》的音切、《字厘南北》中南音音切皆是；三是沈寵綏自作的，祇有《翻切當看》、《字母堪刪》中的小部分反切是，如有名的三合切法："蕭，西鏖鳴切；皆，幾哀噫切"。三者之中采自《中州音韻》的音切最多。這提醒我們不能認為《絃索辨訛》、《度曲須知》中的音切都是沈寵綏自作的，不屬於他的那些音切的性質與沈氏本人的籍貫、所操方言等沒有直接的關係。《絃索辨訛》卷首有其子沈標的序說："乙酉歲（1645年），手著《中原正韻》一書，未竣，會避兵搶攘，齎憤永背。"據此沈寵綏晚年著作《中原正韻》未成即離世。他沒有編成自己的曲韻書，沒有作成自己的音切系統，所以祇能依傍《中州音韻》和《洪武正韻》。

《陰出陽收考》中共列630字，170個小韻。其中祇有19個字是《中州音韻》沒收的或雖收了但音韻地位與《陰出陽收考》不同。這170個小韻，《中州音韻》全都收了，不同的是，與之相應的共180個小韻（多出的10個是因為《陰出陽收考》將8入聲小韻和相應舒聲小韻合併了，4個入聲小韻合為2個，《中州音韻》是分開的）。最能說明問題的是，《陰出陽收考》小韻的反切用字大多數與《中州音韻》相同，很多小韻韻字排序也相同，個別小韻的收字和排序都相同。170個反切中有150個是用字相同的。剩餘20個多是反切上字或反切下字的調整，如"雄"，《中州音韻》"携容切"，《陰出陽收考》"奚容切"；"何"，《中州音韻》"杭歌切"，《陰出陽收考》"杭哥切"。或是將《中州音韻》的直音換成反切，如"后"，《中州音韻》"俟去聲"，《陰出陽收考》"杭搆切"。這種調整可能是沈寵綏為了求注音方式和用字的統一而作，並不影響字的音韻地位。小韻的收字和排序可見表2（篇幅所限未列出全部對比）。通過這五個小韻的對比，可以窺知沈寵綏在編"陰出陽收"的字表時確實是以《中州音韻》為底本，祇是將其中的生僻字剔去，有的字序有調整，有的連字序都未變。

表2　《中州音韻》與《陰出陽收考》反切、小韻對比

《中州音韻》	《陰出陽收考》
鞋諧骸鮭，奚皆切	鞋諧骸，奚皆切
霞遐瑕蝦，奚加切	霞遐瑕，奚加切
號皓浩昊灝鎬顥，杭告切	號皓浩昊，杭告切
潭談譚燂談薄曇痰罩，徒藍切	潭談譚曇，徒藍切
垂陲錘鎚椎槌，持追切	垂陲錘鎚椎槌，池追切

《絃索辨訛》中對《北西廂記》和其他若干部曲文中的陰出陽收字作了標注，在字右標▲，全書共有2008次之多。去除重複，得單字348字。其中317字在《陰出陽收考》的630字中已有，另有31字不在《陰出陽收考》字表之內。其中僅有5字《中州音韻》未收或收了但音韻地位與《陰出陽收考》不同。沈寵綏在此書中並不是逢陰出陽收就標，有些沒標出來，沈氏在《西廂記·殿遇》末尾注第二段中對原因作了說明。主要有兩種情況：

一是雖爲全濁聲母字，如"動、向"[①] 等，但聲歌家一般不作陰出陽收唱，故而從俗未標。別的例子都是陽平字，而這兩個例子卻是去聲字，值得探討。《陰出陽收考》中去聲字僅占約六分之一，《絃索辨訛》中標出的去聲字更少。"動、向"二字是相當一部分去聲字的代表，這些字理論上是陰出陽收，但實際上並不那樣唱。其原因可能有二：一是去聲字在北方官話裏沒有陰陽之分，唱北曲時可以不作區分；二是在《中州音韻》裏，按中古

---

① "動"中古為全濁上聲字，近代變為去聲。"向"中古為曉母字，在《中州音韻》中並入"巷，奚降切"小韻，因此沈寵綏以之為全濁聲母字。

音有清濁對立去聲小韻數應有296個，其中有半數小韻存在清濁合並或相混①的情況。（參見拙著《明清曲韻書研究》，94－100頁）《陰出陽收考》裏去聲字也不多。這說明在去聲中區分清濁或陰陽較在平聲中困難。

二是穿牙類濁聲母字。穿牙，即穿牙縮舌，沈氏說："穿牙縮舌，如愁字、楚字等類，須聲從牙出，舌尖微斂，不可實唱土音。"《經緯圖說》："彼之捲舌，即我穿牙。"《翻切當看》說"穿牙柤摘塞箏笙"，從這些例字來看大體相當於知二、莊組聲母。其中的全濁聲母是澄母和崇母。沈氏說："又愁字、鋤字等類，既係穿牙，則亦天然陰出，故字旁但記●，不記▲。"這句不太好理解，為何穿牙便是天然陰出？錢乃榮先生說："在吳語各地，知組聲母的二等韻和莊組聲母一起，一般都讀舌尖前音，並入精組。"②我們認為，知二、莊組讀舌尖前音［ʦ］組，便是沈氏所說的土音。沈氏認為應當唱作"聲從牙出，舌尖微斂"，象《中原音韻》系韻書那樣，讀為捲舌音［tʂ］組。這其實就是模仿北音。吳音中沒有穿牙音，要發穿牙音就得模仿北音，而北音中是沒有全濁聲母的，全濁都清化了，所以對於澄、崇母字，要發成穿牙音便一定是發成清聲母的。這就是"穿牙則亦天然陰出"的原因。

《陰出陽收考》和《絃索辨訛》沒有將《中州音韻》裏的所有全濁小韻字都收錄進來。《中州音韻》共有328個全濁小韻，沈氏二書祇收有其中的194個。《中州音韻》的音系中保留著中古全濁聲母系統，但是與中古音的全濁不完全一樣，其中已有明顯清化跡象。從聲調來看，在平聲中保存最完整，在去聲中就有很大比例的清濁小韻合並或韻字相混，在上聲中全濁小韻最少，

---

① 清濁合並指清濁小韻合並為一個小韻，如"向"字中古為曉母，與"巷"小韻合並，㬄降切。清濁相混指雖對立為兩個小韻但所收韻字互混，如"當利切，帝端禘締定蒂蠮諦端"，"唐利切，地第弟悌遞棣娣睇定"。

② 錢乃榮．當代吳語研究．上海：上海教育出版社，1992：7.

古入聲字中清化很明顯。這與現代吳語的情況也不相同。尉遲治平先生："王本既不能代表北音，也不能代表吳音，而是一種南化不徹底的韻書。"① 龍莊偉先生："《中州音韻》的舒聲韻保存全濁聲母，這個聲母系統屬吳音系統，'入派三聲'是保留的北音系統遺跡，二者不屬於同一個語音平面。"②《中州音韻》雖是南化的韻書，但其音系不是純粹的吳語。據以收字注音的《陰出陽收考》自然也不宜視作是純粹吳語的真實反映。現代吳語中的全濁聲母字，在《中州音韻》和《陰出陽收考》中未必是全濁。如"白"本為並母字，今吳語大多讀為全濁，而《中州音韻》中是"巴埋切"，以幫母之"巴"為切上字，説明不是全濁。正因為《中州音韻》中不是全濁，所以《陰出陽收考》中未收"白"，《絃索辨訛》中"白"字亦不標陰出陽收之記號▲③。《中州音韻》裏的全濁聲母字，衹是現實吳語中全部全濁聲母字的一部分，而沈氏二書中的"陰出陽收"字，又衹是《中州音韻》的一部分。假如以"陰出陽收"為"清音濁流"，就不好解釋為什麼很多全濁字沈氏不收，而這些字在現代吳語中是讀"清音濁流"的。

表 3　全濁小韻數統計表

	平聲	上聲	去聲	合計
《陰出陽收考》所收	144	1	35	180
《絃索辨訛》中與《陰出陽收考》不重複的小韻	6	0	8	14
合計	150	1	43	194
《中州音韻》	216	8	104	328

---

　①　尉遲治平. 北叶《中原》，南遵《洪武》"析義——《中原音韻》和南曲曲韻研究之二//《中原音韻》新論，北京：北京大學出版社，1991：205.
　②　龍莊偉.《中州音韻》的全濁聲母. 語言研究，1994，（1）.
　③　《絃索辨訛·北西廂記·殿遇》【勝葫蘆】："櫻桃紅綻，玉粳白露。""白"字注："巴埋切，叶拜平聲。"

五 "清音濁流"説的矛盾

"清音濁流"説乍看與"陰出陽收"若合符節，但若仔細推敲，其實不然。持這一基本觀點的學者之間，認識並不統一。同一學者的論述中也有前後不一致之處。

馮蒸先生説："沈氏此處的'陰陽'，指的就是聲母的清濁。根據趙先生的描寫，這些全濁聲母（濁塞音、濁塞擦音、濁擦音）可以分成兩段，前一段即開頭是清的，後一段是濁的。沈氏所謂的'陰出陽收'，用一個更確切的稱法可以叫作'清出濁收'。"① 從這段話來看，不管是"陰出陽收"也好，"清出濁收"也好，都衹是聲母的事情，與主要元音、韻尾、聲調等是無關的。但是後邊又説："而中古的全濁聲母字，在沈氏的吳方言中實是清聲母開頭，濁流在韻母上，這就是'陰出陽收'。""不過，此處的濁段除了指聲母輔音的濁音部分外還包括韻母部分，如沈氏所謂'總皆字頭則陰，腹尾則陽'。"② 這裏又説"濁段"還包括韻母部分了。也許是感覺到把"陰出陽收"衹算在聲母上與沈寵綏的原意實在不符，所以後面改成包括韻母了。前後論斷是不一致的。

何大安先生也是根據趙元任先生的早期論述，認為"一個清音濁流的濁聲母，發音過程其實可以分解成兩部分：成阻之初是清音，除阻之後是濁流。"他認為"《陰出陽收考》的'腹尾則陽'，指的是聲母的帶濁流的'陽收'部分，不是韻母。"③ 也就

---

① 馮蒸．論中國戲曲音韻學的學科體系——音韻學與中國戲曲學的整合研究．首都師範大學學報，2000（3）．
② 同上．
③ 何大安．"陰出陽收"新考——附論《度曲須知》中所見的吳語聲調．歷史語言研究所集刊：第 79 本，第 3 分，2008．

是說"陰出陽收"衹與聲母有關，與韻母無關。但是這並不符合沈寵綏的原意。對漢語音節的分析，沈寵綏首次提出了三分法，他在《度曲須知·收音問答》中說"凡敷演一字，各有字頭、字腹、字尾之音。"即將一個音節細分為"字頭、字腹、字尾"。耿振生先生說："他（沈寵綏）所說的字頭，包括聲母和介音，二者算一個單位；字腹和字尾從概念上說相當於韻腹和韻尾，可是書中並沒有把韻腹分辨清楚，講'字腹'的時候往往把韻腹、韻尾都包括在內。"① 通觀沈寵綏的著作，沒有把"腹、尾"這兩個術語用在聲母上的。"腹尾則陽"說的正是韻母而不是聲母。"出"就是"出口""出音"的簡稱，指音節起初的部分，相當於"字頭"。"收"是"收音"的簡稱，指的是音節後半部分，即韻腹和韻尾，不能算在聲母上。"轉聲"指從字頭向字腹、字尾的轉接，也不能算在聲母上。總之，"出口，轉聲，字頭，字腹，字尾，出音，收音"諸概念的內涵，沈寵綏的著作裏都是一以貫之，沒有歧解的。在別的曲學家如清代沈乘麐、周昂、劉禧延等人那裏，這些概念也是與沈寵綏一致的②。不可為了牽此以就彼，而別出解釋。

何大安先生針對楊振淇先生的觀點提出兩個問題③，其要點是：既然陰出陽收是"清聲母、陽聲調"，為何《陰出陽收考》裏的反切上字不直接用清聲母字，而用濁聲母字？為何反切下字不都直接用陽平調的字，而有用陰平調的字的？我們認為：1.《陰出陽收考》的反切出自《中州音韻》，《中州音韻》並無"陰

---

① 耿振生. 明清等韻學通論. 北京：語文出版社，1992：60.
② 如周昂《曲韻驪珠·序》："若切音，大率以收音字為主。如東同之翁，蕭豪之鏖（今按：當為爊），皆來之哀，居魚之迂之類。"所謂的收音字"翁爊哀迂"都是影母字，是所在韻部的主要反切下字，表示韻母和聲調。
③ 何大安. "陰出陽收"新考——附論《度曲須知》中所見的吳語聲調. 歷史語言研究所集刊：第79本，第3分，2008.

出陽收"的意圖。對於《中州音韻》這樣全面保留全濁聲母的音系來說，聲調上也有陰陽區別，但相對於聲母的清濁對立而言是次要的。這種音系的反切，往往會對反切上字的聲母清濁要求嚴格，一定要與被切字一致；而對反切下字的聲調陰陽要求不嚴，不一定與被切字一致。這其實不足為奇，《廣韻》反切便是如此。

2. 沈寵綏未及完成自己的《中原正韻》，他又很推崇《中州音韻》，因此大量採用《中州音韻》音切，很少改動。但他説："《中原》字面有雖列陽類，實陽中帶陰。"説明他也有自己的想法，認為《中州音韻》的反切是"純陽"，沒有反映"陽中帶陰"的實際。如果他自己作反切的話，有可能會作出修改。如《字母堪删》中列出 15 個韻部共 65 條反切，與《中州音韻》的反切多有不同，像是沈寵綏自作的。如"東，多翁切"，"桓，華寒切"，《中州音韻》是"東，多龍切"，"桓，華官切"。這 65 條反切的特點是被切字、反切上字、反切下字在聲母的清濁和聲調的陰陽上都保持一致，同韻部同聲調的字使用相同的反切下字。這與清代沈乘麐《曲韻驪珠》的反切特點相同。這説明沈寵綏自作反切，會將濁聲母字的反切下字換成陽聲調字，將清聲母字的反切下字換成陰聲調字。3. 65 條反切中被切字是全濁聲母字的，反切上字依然是全濁，未改用清聲母字。這也與後來沈乘麐在韻書中實際的作法相同。沈乘麐在東同部按語中説"仲，執橫切；用，郁橫切"纔是陰出陽收，但他在韻部中的實際注音卻是"仲，直橫切；用，浴橫切"。其中原因一是尊重《中州音韻》的傳統作法，二是要以此與純陰相區別，三是韻書的編纂"以南音为主，北音附注"（參見拙著《明清曲韻書研究》，230 頁）。反切上字雖然是全濁字，但不妨礙在唱北曲時依照陰出陽收之法改成清聲母。總之，他們的全濁字的反切上字未用清聲母字這一點並不能否定陰出陽收的陰出是"以清聲母出"。

李小凡先生不同意馮蒸先生根據趙元任先生早期論述而將吳

語全濁聲母分成前清後濁兩段的做法。他認為將全濁聲母分成前清後濁兩段的表述是舊的、不準確的說法。應當用趙先生後來修正了的論述。如《音位標音法的多能性》裏說："濁音 h 卻是另一種情況，不但元音的音質（或者元音的發音）從氣息一開始就出現，這氣息還一直延續到元音結束，形成一個同質的氣息元音。這裏既不是先後的問題也不是主次的問題。"由此李先生得出吳語的"清音濁流"的一個要點："'濁流'［ɦ］是為了系統簡明而設立的一個理論上的音位，實際上並不成音段，而是跟整個音節同始同終的。"① 這一點是經過語音實驗證明了的。對於吳語的"清音濁流"而言，也許這種表述更為恰當，更為科學。但是，我們回頭來看，既然吳語的"濁流"不分先後，與整個音節同始同終，那麼"清音濁流"與"陰出陽收"還有什麼相同之處呢？沈寵綏說："回字出口帶三分純陰之灰音，轉聲仍收七分純陽之圍音，故灰不成灰，圍不成圍，適成其回字。"還說："總皆字頭則陰，腹尾則陽。"說得很清楚，"陰"和"陽"在時間上顯然是有先後和長短之分的。因此，這恰好證明了"陰出陽收"不是"清音濁流"。

六　結　語

以上從五個方面論證了"陰出陽收"不是"清音濁流"。我們認為"清紐陽調"說纔是正確的。但是還有一些疑惑需要進一步解開。全濁上聲小韻，《中州音韻》祇有 8 個，《陰出陽收考》祇有 1 個："莞，胡管切"。因為中古的全濁上聲字大多都歸入去聲中去了。《陰出陽收考》去聲小韻 35 個，98 個字；《絃索辨

---

① 李小凡. 吳語的"清音濁流"和南曲的"陰出陽收". 語文研究, 2009, (3).

訑》中與《陰出陽收考》不重複的去聲小韻8個，11個字。二書共43個小韻，109個字，佔全部陰出陽收字的約六分之一。這部分字是不容忽視的。如果說平聲的"陰出陽收"，是因為平聲在《中原音韻》及多數北方話裏分為陰平、陽平，那麼上、去聲字的"陰出陽收"怎麼解釋？上聲和去聲在《中原音韻》及多數北方話中是不分陰陽的①。

　　沈寵綏對北音或者中原音的理解，很大程度上是依賴《中州音韻》，而不是實際的語言調查。再加上自身方言的影響，在去聲字上會受平聲分陰陽的影響而出現模仿過頭。《中州音韻》的去聲不分陰、陽，但是分清濁。這是《中州音韻》與《中原音韻》及北方官話的不同之處。清聲母小韻和濁聲母小韻在很大程度上是對立的。就吳語而言，清濁的對立之中也含有陰陽的對立。正如李小凡先生所說："吳語的清濁聲母與陰陽聲調密不可分，是同一事物的一體兩面。"② 沈寵綏之所以去聲也有陰出陽收，就是因為把這種清、濁對立理解為陰、陽對立了。一個明代的吳語區音韻學家，作這種理解和處理是不足為怪的。對於全濁去聲字而言，在模仿北音時，陽收也許沒有必要，但陰出是絕對必要的。

　　何九盈先生說："他（指沈寵綏——筆者注）的'陰出陽收考'就是研究《中州音韻》全濁聲母的實際讀音的。"③ 綜合各方面的論證，我們認為沈寵綏的"陰出陽收"是要求操吳方言的人在唱北曲時把全濁聲母念成相應的清聲母，聲調保持陽聲調，簡言之便是"清聲母、陽聲調"，以盡量符合他心目中的、《中州

---

① 上聲僅一字，其解釋同去聲。沈乘麐也祇提了陽平和陽去。
② 李小凡. 吳語的"清音濁流"和南曲的"陰出陽收". 語文研究，2009 (3).
③ 何九盈.《中州音韻》述評. 中國語文. 1988 (5).

音韻》裏的中原之音。這就是他的研究結果。清代沈乘麐對此的認識是對的。以此來看沈寵綏的舉例和論述，便渙然冰釋、怡然理順了。沈氏主要舉了匣母字為例來分析，如"回字出口帶三分純陰之灰音，轉聲仍收七分純陽之圍音，故灰不成灰，圍不成圍，適成其回字。"他把一個字的音長分成十分，"回"字前三分與陰平的"灰"字的前三分音相同，後七分則要轉而與陽平的"圍"字的後七分音相同，即"灰"字的清聲母加上"圍"字的韻母和聲調，拼出的就是正確的"回"字北音。其他的陰出陽收字也是一樣的。現代語音學認為："聲調的音高變化主要由聲帶振動所產生的基頻決定，是依附於元音和濁輔音的，因為祇有發元音和濁輔音時聲帶纔振動。"[1] 因此沈寵綏將清聲母繫於字音的前三分，陽聲調劃在字音的後七分是合理的。"言、圍、王、吳"等字在北音是零聲母，零聲母不佔音長，一出口便是韻母和陽聲調，所以是陽出陽收[2]。

〔主要參考文獻〕

項遠村. 曲韻易通. 北京：中華書局, 1963.
上海崑劇團. 振飛曲譜. 上海：上海音樂出版社, 2002.
楊振淇. 京劇音韻知識. 北京：中國戲劇出版社, 1991.
楊振淇. "陰出陽收"解. 戲曲藝術, 1990（4）.
楊振淇. 崑曲與中州韻. 戲曲藝術, 1996（2）.
蔡孟珍. 沈寵綏曲學探微. 臺北：五南圖書出版有限公司, 1999.
金升榮. 沈寵綏南曲崑腔字音觀. 香港：香港天馬圖書有限公

---

[1] 林燾，王理嘉. 語音學教程. 北京：北京大學出版社, 1992：140.
[2] 馮蒸《論中國戲曲音韻學的學科體系——音韻學與中國戲曲學的整合研究》說："以元音或半元音開頭的字，因為是零聲母，都是濁音開始，濁音結束，這就是'陽出陽收'。"何大安《"陰出陽收"新考——附論〈度曲須知〉中所見的吳語聲調》云："'言、圍、王、吳'是來自喻母和消失了鼻音的疑母字，沒有塞音、塞擦音的口部成阻過程，所以沒有'陰出'。"我們贊同馮、何二位先生的這一觀點。

司，2003．

石汝傑．《韻學驪珠》的音系．語言研究，1998．增刊．

馮蒸．論中國戲曲音韻學的學科體系——音韻學與中國戲曲學的整合研究．首都師範大學學報，2000（3）．

何大安．"陰出陽收"新考——附論《度曲須知》中所見的吳語聲調．歷史語言研究所集刊．第79本．第3分，2008．

李小凡．吳語的"清音濁流"和南曲的"陰出陽收"．語文研究，2009（3）．

（日）石海青，王芳．崑曲中州韻教材．臺北：里仁書局，2007．

（日）神山志郎、劉育民．中國戲曲音韻考．上海：學林出版社，2014．

尉遲治平．"北叶《中原》，南遵《洪武》"溯源——《中原音韻》和南曲曲韻研究之一．語言研究，1988（1）．

尉遲治平．"北叶《中原》，南遵《洪武》"析義——《中原音韻》和南曲曲韻研究之二//《中原音韻》新論，北京：北京大學出版社，1991．

張竹梅．《中州音韻》研究．北京：中華書局，2007．

麥耘．論近代漢語-m韻尾消變的時限．古漢語研究，1991（4）．

甯忌浮．漢語韻書史（明代卷）．上海：上海人民出版社，2009．

趙元任．鍾祥方言記．北京：科學出版社，1956．

許寶華、宮田一郎．漢語方言大詞典．北京：中華書局，1999．

陳寧．明清曲韻書研究．武漢：華中師範大學出版社，2013．

錢乃榮．當代吳語研究．上海：上海教育出版社，1992．

龍莊偉．《中州音韻》的全濁聲母．語言研究，1994（1）．

耿振生．明清等韻學通論．北京：語文出版社，1992．

何九盈．《中州音韻》述評．中國語文．1988（5）．

林燾，王理嘉．語音學教程．北京：北京大學出版社，1992．

A Research of "Yin-chu Yang-shou" (陰出陽收)

Chen Ning

(School of Chinese Language and Literature, Central China Normal University, Wuhan, 430079)

Abstract: Shen Chongsui made a concept called *Yin-chu Yang-shou*. There are three different interpretations on the concept since then. I researched true meaning of *Yin-chu Yang-shou* from five aspects. The concept is about voiced obstruent (stop, affricate and fricative) initials. But it does not mean unvoiced initial with voiced release, which is a phonetic characteristics of Wu dialect. It was used to teach people whose mother tongue was Wu dialect to imitate Mandarin dialect. When they performed North Qu opera, they should change voiced obstruent initials into voiceless initials, but keep tone with a voiced initial.

Key words: *Yin-chu Yang-shou*; unvoiced initial with voiced release; *Du-Qu Xu-zhi*; rhyming system of the Qu poetry

(陳寧,華中師範大學文學院,邮編 430079)

論《俗務要名林》音注所反映的濁音清化現象*

高天霞

内容摘要：敦煌寫本《俗務要名林》是流行于唐代西北地區的一種兼有蒙書功用的日用通俗詞小詞典，其音注反映了7世紀中後期西北方音的一些特點，是研究唐代西北方音的寶貴資料。就濁音清化問題而言，該材料所反映的濁音清化現象是基本符合漢語語音史濁音清化之規律的；另外，濁音清化之例在該材料中所佔比例很低，清濁混用亦無章法，這説明當時濁音清化才剛剛開始，尚未形成明顯的趨勢。

關鍵詞：《俗務要名林》 音注 濁音清化

《俗務要名林》（以下簡稱《要名林》）是發現於敦煌藏經洞的一種流行於7世紀唐代西北民間的漢文寫本文獻，它收錄日常俗務要用詞語，標音釋義并按義分類編排，是一部兼有蒙書功用的日用通俗詞小詞典。目前在敦煌遺書中共發現確知爲《要名林》的寫卷有4件，其編號分別是 P.2609、P.5001、P.5579 和 S.617。内容上，《要名林》匯集了當時日常生活所使用的最切要的一些詞語，并將這些詞語按其詞義所涉領域分類編排，之後

---

* 本文為河西學院青年基金項目"敦煌寫本《俗務要名林》音注研究"（QN2013－14）、甘肅省教育廳高等學校科研項目"顧炎武《音論》研究"（2013B－084）的成果之一。本文在寫作過程中承蒙雷漢卿先生悉心指導並提出寶貴的修改意見，特此致謝。

又對這些詞語的音、義進行了有選擇的注釋,有的僅注音,有的僅釋義,還有的音義皆注,總體而言注音者多於釋義者。

《要名林》所反映的社會生活"是唐代社會,尤其是敦煌地區的社會生活的寫真"①;"其反切注音不受傳統韻書的局限,故可藉由材料的分析而呈現出唐代西北方音聲、韻、調的特徵"②。因此,討論清楚《要名林》的音注問題,對於全面認識唐代西北方音的面貌以及深入研究漢語語音的歷時演變都是很有意義的。

在《要名林》音注研究方面,前人已經取得了不少成果,主要的有慶谷壽信《〈俗務要名林〉反切聲韻考》、洪藝芳《論〈俗務要名林〉所反映的唐代西北方音》、郭麗《再論〈俗務要名林〉的反切和直音》、李紅《敦煌本〈俗務要名林〉音注聲母再探討》。此外,周祖謨《唐五代的北方語音》一文也對《要名林》之音注現象有過概括的論述。諸家皆認爲《要名林》音注中有濁音清化之現象,這是符合實際的。但《要名林》濁音清化的程度如何?《要名林》之濁音清化呈現出了什麼特點?類似這樣的問題,仍有進一步探討的必要。

一 《俗務要名林》濁音清化之例證

據我們統計,在《要名林》現存的 41 部類之 1488 個條目中,共有音注 1545 例,其中直音 328 例,反切 1217 例,排除掉

---

① 姜亮夫《敦煌學概論》,雲南人民出版社,1999 年,第 55 頁。
② 洪藝芳《論〈俗務要名林〉所反映的唐代西北方音》,見《慶祝潘石禪先生九秩華誕敦煌學特刊》,文津出版社,1996 年,第 532 頁。

一些"問題音注"和"重複注音"①,我們共得到有效音注 1438 例。在這些有效音注中,清濁混用者有 20 例,約佔《要名林》有效音注總量的 1.39%。為了討論的方便,特將此 20 個清濁混用例分類羅列分析如下②。

1. 唇音

敷奉混用:秠:《要名林》撫于反,敷母;《廣韻》縛謀切,奉母;(次清/全濁)平

滂並混用:祋:《要名林》普末反,滂母;《廣韻》蒲撥切,並母;(次清/全濁)入

並幫混用:柏:《要名林》音白,並母;《廣韻》博陌切,幫母;(全濁/全清)入

並幫混用:把:《要名林》捕買反,並母;《廣韻》博下切,幫母;(全濁/全清)上

2. 舌音

定端混用:囤:《要名林》徒本反,定母;《廣韻》都困切,端母;(全濁/全清)去

透定混用:橝:《要名林》土含反,透母;《音韻》徒含切,

---

① 《要名林》中有一些明顯存在問題的音注,但由於種種原因,人們無法確知其本來的音注究竟是什麼,我們將這一類音注稱為"問題音注",包括以下幾種情況。一、注音字或被注字殘缺且無法補出者,如《身體部》"股,音▨"、"□,蒲礼反"、"脛,▨泠反"之類。二、音注雖然完整,但明顯有問題且無法確詁者,如《女服部》"莊,音庄"、《田農部》:"塲,上音素,下音布"、《雜畜部》"兒,音兒"之類。所謂"重複音注"指在《要名林》中字音、字義相同但重複出現的音注,如"筐"字《器物部》"音匡"、《養蠶及機杼部》"筬筐,音匡";"巾"字《男服部》和《女服部》皆"居銀反"等等。對於這樣的重複音注,本文僅記一次。

② 羅列時先出聲紐的混用類型,如"敷奉混用";次出例字,如"秠";次出該字在《要名林》中的注音及聲紐,如"《要名林》撫于反,敷母";次出該字在《廣韵》(或《集韻》)中的反切及聲紐,如"《廣韵》縛謀切,奉母";次以括注的形式給出該字在《要名林》和《廣韵》中的清濁情況,中間以"/"隔開,如"(次清/全濁)";最後標出該字的中古調類,如"平"。

定母；（次清/全濁）平

定透混用：洮：《要名林》杜勞反，定母；《廣韻》土刀切，透母；（全濁/次清）平

澄莊混用：䤂：《要名林》澤陷反，澄母；《廣韻》莊陷切，莊母；（全濁/全清）去

3. 齒音

從精混用：濽：《要名林》但旦反，從母；《廣韻》則旰切，精母；（全濁/全清）去

清從混用：鰌：《要名林》音秋，清母；《廣韻》自秋切，從母；（次清/全濁）平

書船混用：秫：《要名林》舒聿反，書母；《廣韻》食聿切，船母；（清擦/全濁）入

書船混用：贖：《要名林》傷欲反，書母；《廣韻》神蜀切，船母；（清擦/全濁）入

禪昌混用：啜：《要名林》常悅反，禪母；《廣韻》昌悅切，昌母；（濁擦/次清）入

4. 牙音

群見混用：揭：《要名林》渠謁反，群母；《廣韻》居竭切，見母；（全濁/全清）入

疑見混用：扞：《要名林》五干反，疑母；《廣韻》古案切，見母；（次濁/全清）去

溪群混用：萁：《要名林》口機反，溪母；《廣韻》渠之切，群母；（次清/全濁）平

溪匣混用：筧：《要名林》課諫反，溪母；《廣韻》侯襉切，匣母；（次清/濁擦）去

5. 喉音

曉匣混用：莖：《要名林》火耕反，曉母；《廣韻》戶耕反，匣母；（清擦/濁擦）平

匣曉混用：摦：《要名林》紅講反，匣母；《集韻》虎巷反，曉母；（濁擦/清擦）上

匣見混用：絳：《要名林》黃巷反，匣母；《廣韻》古巷切，見母；（濁擦/全清）去

濁音清化是漢語中古音向現代音發展的一大趨勢，其基本規律是："（一）如果這個濁聲母是一個破裂音或破裂摩擦音，那麼平聲字變為吐氣的清音，仄聲字變為不吐氣的清音。（二）如果這個濁聲母是一個單純的擦音，沒有吐氣與不吐氣的分別，一般是變為相應的清音。"① 也就是説在濁音清化時，平聲濁塞音、濁塞擦音變為送气的清音，即次清音；仄聲濁塞音、濁塞擦音變為不送气的清音，即全清音；濁擦音變為清擦音。就《要名林》20個清濁混用的例子看，合規律者13例，即"秄、柏、把、囮、檉、洮、瀅、蘸、鮨、揭、萁、莝、摦"諸字；不合規律者7例，即"秌、贖、啜、絳、杆、莧、發"諸字。不過這些不合規律者也大多有據可依。

《要名林》"秌"、"贖"為以書切船，"啜"為以禪切昌，這與《要名林》船禪混用有關。當船禪混用后讀作濁擦音禪母時，禪母一清化就變為了清擦音書母，於是就出現了書船混用例，這也正是羅常培所説的："這一系的方音也一定先是牀（引者注：即本文所謂船母）禪不分，然後再由禪變審（引者注：即本文所謂書母）的。"②《要名林》中屬於這一類的是"秌"、"贖"二例。當船禪混用後讀作全濁音船母時，船母仄聲一清化就變為了次清之昌母，於是便有了禪昌混用例，《要名林》之"啜"即屬此類。

---

① 王力《漢語史稿》（重排本），中華書局，2004年，第131頁。
② 羅常培《唐五代西北方音》，中央研究院歷史語言研究所刊，1933年，第22頁。

《要名林》"絳"字之以匣切見，是濁音清化現象與當時西北方音中牙音與喉音偶混現象共同作用的結果。"絳"字本為匣母，濁音清化后與曉母同聲，而在《要名林》音注中曉母和見母又可以混用（如"澗"字，《要名林·水部》注作"呼限反"，為曉母，《廣韻·諫韻》則作"古晏切"，屬見母）。於是《要名林》之"絳"字呈現出了見匣混用的現象。

排除掉"秋、贖、啜、絳"這4個可以從音理上加以解釋的例字後，《要名林》之20個清濁混用例中真正不合規律者就僅有3例，它們是"扞"、"莧"、"發"三字。與《廣韻》音相比，《要名林》中的"扞"字屬於疑見混用，"莧"字屬於溪群混用，"發"字屬於滂並混用。這種不合乎音變規律的清濁混用，可能是方音現象。

二　《俗务要名林》浊音清化之特點

在談到《要名林》濁音清化之特點時，洪藝芳說："就濁聲母與清聲母互切的情況而言，共有十六例①，濁聲母和全清聲母互

---

① 洪藝芳所統計的《要名林》清濁混用例共16例，與本文所統計的20例略有出入。具體如下：一、洪氏唇音類之清濁混用有"皱、蒸"二字而無"柏"字。按："皱、蒸"二字之切上字《要名林》作"皮"，《廣韻》作"並"，"皮""並"中古皆為並紐，故不存在清濁混用的問題。"柏"在《要名林》中的注音方式是直音，而洪氏之研究沒有將《要名林》之直音列入研究範圍，故無"柏"字。二、洪氏舌音類之清濁混用有"槌"字而無"醯"、"頓"二字。如舌音部分所論，《要名林》"槌"字屬於定澄混用，而非端定之清濁混用。《要名林》之"醯"字屬於舌音與齒音之間的清濁混用，声纽之距离較遠，故洪氏之文不載。"囧"字寫卷作"祂"，當時尚未考校出其本字，故洪文不載。三、洪氏齒音類之清濁混用有"勝"字而無"鯭"字。按：今遍檢《要名林》全文之詞目，並未見"勝"字，而僅於《田農部》見到一"睦"字，曰："睦，稻畦也，食陵反。"洪氏大概誤以"睦"作"勝"了。"鯭"字《要名林》以直音注音，故洪氏未收。四、洪氏牙音類之清濁混用有"鐝"字而無"揭、扞、萁"三字。按：《要名林》"鐝"當校作"劂"，"劂"《廣韻》"居月反"，與

切的有三例,和次清聲母互切的有十三例。若平仄分開,十六例中平聲佔七例,其中濁平與全清互切有一例,與次清互切有六例;仄聲佔九例,濁仄與全清互切有三例,與次清互切有七例。可以看出《俗務要名林》的反切,濁聲母無論是平聲或仄聲,與次清互切的數量都多於與全清互切的數量。"①

很顯然,在探討濁音清化與聲調的關係時,洪藝芳沒有將濁擦音與濁塞音、濁塞擦音區分開統計,竊以為這是不夠科學的,因為濁擦音不存在送氣與不送氣的區別,也就無所謂依據聲調的平仄通次清還是全清了。

據我們統計,在《要名林》的20例清濁混用例中,有濁塞音和濁塞擦音14例、濁擦音5例、次濁音1例。14例濁塞音和濁塞擦音中有平聲5例、仄聲9例;平聲5例全都與次清混切,仄聲9例中有6例與全清混切、1例與次清混切、2例與清擦混切。這一結果與濁音清化時對於濁塞音和濁塞擦音而言"平聲變次清、仄聲變全清"的規律基本吻合,而非洪藝芳所認為的"濁聲母無論是平聲或仄聲,與次清互切的數量都多於與全清互切的數量"。5例濁擦音中,有2例與相應的清擦音混用,這也是合乎規律的;其餘3例有的與不送氣清塞音混用(如"絳"字),有的與送氣清塞音或塞擦音混用(如"莧"、"啜"二字),但如

―――――――

《要名林》"鑯"字下之音注正合,不存在清濁混用的問題。洪氏未錄"揭、杆、萁、莧"四字,或因囿于俗字,或因搜羅未盡。五、洪氏喉音類之清濁混用有"蝦"字而無"絳"字,認為"蝦"當為"胡加切",而《要名林》作"呼加反"。按:《要名林》"蝦"字兩見,"虫部"曰:"蝦蟇,上戶加反,下莫加反";"魚鱉部"曰:"蝦,呼加反"。《廣韻》:"蝦,胡加切,蝦蟆。"洪氏以《廣韻》"蝦蟆"之音來對應《要名林·魚鱉部》之"蝦",似有不妥。《集韻》"蝦"有"虛加切"一讀,與"蝦"同音,與《要名林·魚鱉部》之"蝦,呼加反"正合。

① 洪藝芳《論〈俗務要名林〉所反映的唐代西北方音》,見《慶祝潘石禪先生九秩華誕敦煌學特刊》第532頁。

上所論,其中的"啜"、"綘"二例都可以從《要名林》的音注實際以及音理上作出解釋。

這樣看來,在《要名林》的20個濁音清化例中,合規律者有15例,佔75%,說明《要名林》音注所反映出的濁音清化現象是基本符合濁音清化的一般規律的。

三 《俗務要名林》濁音清化之程度

在論及《要名林》濁音清化的程度時,李紅認為《要名林》中"濁音清化明顯地表現了出來",並説:"這一語音發展面貌,在同期其他經典音注和韻書中都沒有這樣鮮明地表現出來。"[①]我們覺得這個説法過於樂觀。

李紅的結論基於她從《要名林》的直音和反切中找到的27條清濁混用例,而據我們一一核實,這27例中竟然有17例是"問題例證",它們是:篙、罷、坌、坌、驃、樟、稱、殷、槌、磴、汋、酢、畫、犍、鑷、鏡、蝦。[②]

其實,據我們考察,在《要名林》的完整音注中,真正屬於清濁混用的就是上文所揭舉的20條,僅佔《要名林》所有有效音注總數的1.39%;另外,這20個清濁混用例中以清聲母切全濁聲母的有9例,以全濁聲母切清聲母的有11例。這種低比例和無章法的清濁混用說明《要名林》雖有濁音清化的情況,但其程度很低,濁音清化的趨勢纔剛剛開始。

相比較而言,《要名林》濁音清化的程度與差不多和《要名

[①] 李紅《敦煌本〈俗務要名林〉音注聲母再探討》,《敦煌學輯刊》2011年第1期,第142頁。

[②] 參拙文〈敦煌本《俗務要名林》音注聲母再探討〉誤例辨析》,《漢語史研究集刊》(第十六輯),巴蜀書社,2013年,第422—438頁。

林》同時或稍後的張參《五經文字》、慧琳《一切經音義》的差不多。據石磊統計,《五經文字》中有清濁混用例15例,這15例"涉及中古的濁聲母'並、定、從、禪、群',其中有以全濁聲母切清聲母的,也有清聲母切全濁聲母的,這種尚無章法可言的現象,說明全濁聲母剛剛呈現出清化趨勢。"① 據金雪萊的研究,慧琳《一切經音義》中共有清濁混用例211條,佔該書所有反切總數的2.6%,"各聲母在慧琳音義中出現的總數都很多,相對來說,清濁混切的比例很低。"②

綜合以上信息,我們認為:第一,《要名林》中的確存在濁音清化的現象;第二,《要名林》音注所反映的濁音清化現象是基本符合漢語語音史之濁音清化的規律的;第三,《要名林》音注所反映的濁音清化現象說明當時濁音清化纔剛剛開始,尚未形成明顯的趨勢。

〔主要參考文獻〕

洪藝芳. 論《俗務要名林》所反映的唐代西北方音//慶祝潘石禪先生九秩華誕敦煌學特刊. 臺北:文津出版社,1996.

(日)慶谷壽信.《俗務要名林》反切聲韻考. 東京都立大學人文學報,第128號,1978.

郭麗. 再論《俗務要名林》的反切和直音//中國學研究. 第十三輯. 濟南:濟南出版社,2010.

李紅. 敦煌本《俗務要名林》音注聲母再探討. 敦煌學輯刊,2011(1).

周祖謨. 唐五代的北方語音//周祖謨語言學論文集. 北京:商務印書

---

① 石磊《〈五經文字〉音注反映的中唐語音現象》,《古籍整理研究學刊》2000年第4期,第27—30頁。

② 金雪萊《慧琳〈一切經音義〉語音研究》,浙江大學博士學位論文,2005年,第27頁。

館，2001.

王力. 漢語史稿. 重排本. 北京：中華書局，2004.

羅常培. 唐五代西北方音. 中央研究院歷史語言研究所，1933.

高天霞.《敦煌本〈俗務要名林〉音注聲母再探討》誤例辨析//漢語史研究集刊. 第十六輯. 成都：巴蜀書社，2013.

石磊.《五經文字》音注反映的中唐語音現象. 古籍整理研究學刊，2000（4）.

金雪萊. 慧琳《一切經音義》語音研究. 浙江大學博士學位論文，2005.

The Devoicing Phenomenon of Dunhuang Manuscripts *Suwu Yaoming Lin* (《俗务要名林》)

Gao Tianxia

(Department of Chinese, Hexi University, Zhangye, 734000)

Abstract: *Suwu Yaoming Lin* was a dictionary of the Tang Dynasty in China, and it about spread among the populace in the 7th century. Its' phonetic notation reflected the pronunciation face of the northwest voice in Tang Dynasty, and it was a precious material to study the northwest voice in Tang Dynasty. In the case of devoicing, the devoicing phenomenon of this manuscripts was roughly conformed to the law of devoicing. The cases of devoicing were very few in this manuscripts. This phenomenon shown that devoicing had just appeared and had not formed the significant trend.

Key words: *Suwu Yaoming Lin*; phonetic notation; devoicing

（高天霞，河西學院文學院，郵編734000）

20世紀以來魏晉南北朝方言研究的回顧與前瞻[*]

汪啟明　史維生　鄭　源

内容摘要：魏晉南北朝時期是漢語發展的質變期，出現兩次重要的語言入侵。但是長期以來的研究却把這一時期的漢語看成大一統格局，不考慮或者輕視方言的研究。文章對 20 世紀以來的研究成果進行了綜述，總結了特點和不足，提出了進一步深入研究魏晉南北朝方言的十項原則與方法。

關鍵詞：魏晉南北朝　方言　綜述

魏晉南北朝時期，國家分裂，政局動盪，玄學興起，佛教輸入，道教勃興，中國文化呈現出前所未有的特點。永嘉之亂，異族入主；中原漢族南渡，洛音遍於江東。人口大量遷徙，方言之間的接觸與融合十分頻繁，引起漢語和各方言面貌及相互關係的劇烈變動。

20世紀以來，漢語方言研究得到長足的發展。語言學名家如趙元任、羅常培、丁聲樹、白滌州、王力、林語堂、楊時逢、李方桂、董同龢、李榮等，無一不涉足方言，開一代研究之風（詹伯慧，1992；劉堅、王福堂，1998）。近三十多年來，衆多學者對方言理論（曹志耘，1987）、研究方法（李榮，1983）、方言史（何耿庸，1984）、斷代方言史（董達武，1992；華學誠，2003）、

---

[*] 基金項目：國家社科基金 2014 年項目 "魏晉南北朝方言研究"（14BYY112）。

個別方言（丁啟陣，1991；汪啟明，1998；劉曉南，1999；喬全生，2008；楊建忠，2011）等做了較深入的研究。這些研究成果如詹伯慧《二十年來漢語方言研究述評》（2000），《漢語方言研究三十年》（2009），許寶華《方言研究四十年》（1989），錢曾怡《世紀之交漢語方言學的回顧與展望》（1998），賀巍《漢語方言研究的現狀與展望》（1991），金有景、金欣欣《20世紀漢語方言研究述評》（2002），王福堂《二十世紀的漢語方言學》（1998），張成材《漢語方言研究的回顧和展望》（2008），李樹儼《面向二十一世紀的漢語方言研究》（1999），方一新、王雲路《中古漢語研究》（2000），汪國勝、蘇俊波《2005年的漢語方言研究》（2006），張曉《魏晉時期音韻學研究綜述》（2007），陳榮澤《近十年漢語方言研究的新發展》（2011）等，從各個不同的角度做了總結。除柳玉宏《六朝唐宋方言研究綜述》（2006）寥寥數語，多不及魏晉南北朝方言研究。尋檢《中國語言學論文索引》（甲編，1979；乙編，1983）以及臺灣中華書局1969年出版、丁介民所編的《方言考》則更可用"寥若晨星"形容。重雅言，輕方言；重現代漢語方言，輕歷史文獻方言；重方言調查，輕學理歸納；前八十年落寞，後三十年勃興，就是晚近以來方言研究的總特點，更是魏晉南北朝方言研究的特點。

一　通論性研究

1. 方言相關研究

二十世紀學者對這一時期方言的研究，首先要提到王國維。王國維在《書郭注〈方言〉後》（1919）中指出，"讀子雲書，可知漢時方言，讀景純注，並可知晉時方言"，即把郭璞注釋中的方言作為魏晉南北朝方言。二十世紀三十年代，朱芳圃著有《晉代方言考》，分甲、乙、丙三編，搜集了郭注《爾雅》《方言》的方言資料，並據以分為江東方言、荊楚方言、東齊方言、巴蜀方言、關西方言、河北方言六區，説"餘均不可考"①。開闢了魏晉南北朝方言研究的新領域，表明了他對魏晉南北朝方言研究的基本思路。

何耿鏞《漢語方言研究小史》（1984）是漢語方言學史通論性專著的開山之作。其中有"郭璞的《爾雅注》和《方言注》"、"魏晉南北朝的音韻研究和陸法言的《切韻》"、"顔之推論南北方音的異同"三個章節論及這一時期的方言研究。董達武《周秦兩漢魏晉南北朝方言共同語初探》（1992）通過方言語料的鑒別，對音、方言詞彙作歷史比較，考察其發展變化，並總結出這一時期共有十二種方言。華學誠《周秦漢晉方言研究史》（2003）是漢語方言學史領域的斷代研究專著，全書站在學術史的角度，從翔實的材料出發，指出東漢至魏晉是漢語方言學古典傳統基本形成階段；用"魏晉時期的方言研究"和"郭璞的方言研究和《方言注》"兩章總結了魏晉南北朝方言研究史的脈絡及其蕴涵的規律，並對當時文獻方言的資料進行了全面梳理，為後來學者提供了很好的借鑒。

汪啟明繼《先秦兩漢齊語研究》（1998）後，發表了十多篇歷史方言，主要是中上古蜀語研究的成果②。其中《漢語文獻方言學及研究》（2010）提出建立"文獻方言學"；《魏晉南北朝方言及研究》（2012）推究魏晉南北朝方言的成因，並對魏晉南北朝郭璞、陸法言、陸德明、顔之推、顧野王五大方言學家的重要成果做了分析和討論③。

---

① 朱芳圃《晉代方言考》，《東方雜誌》28卷3期，1931年，63頁。
② 汪啟明《古蜀語諸家論述纂要》，《楚雄師範學院學報》2012年2期，8頁注①②。
③ 汪啟明《魏晉南北朝方言及研究》，《南大語言學》第四編，商務印書館，2012年，111－133頁。

王啟濤《魏晉南北朝語言學史論考》(2001)將學術文化史與語言史相相結合,辟有"俗語言研究與佛學"、"魏晉南北朝玄學與方俗語研究"、"魏晉南北朝史學與方俗語"等節,為歷史方言的研究拓展了新的思路。李恕豪《論顏之推的方言研究》(1998)則是專人方言研究的代表作。

2. 方言地理學研究

趙振鐸先生指出:"自古以來,漢語的方言就分為南北兩大系。"魏晉南北朝時期中國的語言生活狀況,最為顯著的特點即是南北方言的差距加大。"北方人以洛陽音為主,而南方人則以建康音為主,這兩個地方的話語有資格作為共同語的基礎。自從五胡亂華以後,中原舊族南遷,仍多以北音為主,建康的話語逐漸成了洛陽話的一種變體。這就是當時南北方言總的趨勢。"①這種南北差異,周祖謨做過詳細的解釋②。

魯國堯先生《"顏之推謎題"及其半解》(2002)是魏晉南北朝方言研究的一篇重要專論。不單在他所討論的問題,更在於文章提出的研究方法。作者首次揭明並考證"顏之推謎題"的可靠性、確定性及內涵,運用"新二重證據法",以傳世文獻與現代活方言相互發明,從《切韻》出發"以窺四世紀前古吳方言及南朝通語之一斑"。作者指出:少數民族入主中原,漢語吸收了一部分少數民族語言的成份;一部分漢人南遷,將北方方言帶到南方。這兩次大規模的語言入侵,其結果是形成了南北兩個通語中心的局面③。劉曉南《中古以來的南北方言試說》(2003)遵循這一思路,成為這方面研究的力作。李恕豪《從郭璞注看晉代的

---

① 趙振鐸《魏晉南北朝的語言學簡述》,《楚雄師專學報》,2000年4期,10頁。
② 周祖謨《顏氏家訓音辭篇注補》,《問學集》(上),中華書局,1966年,413頁。
③ 魯國堯《"顏之推謎題"及其半解》、《客、贛、通泰方言源于南朝通語說》,《魯國堯語言學論文集》,江蘇教育出版社,2003年,128、147頁。丁邦新《從歷史層次論吳閩關係》,《中國語言學論文集》,中華書局,2008年,205頁。

方言區劃》（2000）對郭注中的方言詞語及其出現的頻次作了全面的統計，參考其他的材料，把晉代方言分為九區。張全真《郭璞〈方言注〉中的晉代方言》（1999）從郭注中把屬於晉代方言的內容剝離出來進行了分析。

3. 方言歷時發展研究

方言與雅言都處於不斷的變動狀態，學界對基於歷史發展的魏晉南北朝方言研究起源很早。二十世紀初，王國維《書郭注〈方言〉後》（1919）指出漢代方言到晉方言變化的幾種情況："景純注《方言》，全以晉時方言為本，晉時方言較子雲時固已有變遷，故注中往往廣子雲之説，其例有廣地有廣言。"廣地"有子雲時一方之言，至晉時為通語者"，還有"景純時見為通語者也，又漢時此方之語晉時或見於彼方"；至於廣語"今語雖與古語同而其義廣狹迥異，或與之相涉則亦著之"，"至義同而語異者，純亦隨時記於注中"。朱芳圃在《晉代方言考》（1931）中說："即漢時一方之言，至晉時或變為通語，且其所變者，皆邊地方言，而非中原方言是也。……漢代方言，或變為通語者，北燕、朝鮮、東齊、海岱、燕、代、關西，尤以三楚為多。中原方言，幾無一焉。此何故乎？蓋中經大亂，人民遷徙，互相融化之結果也。故方言之劇變，當在漢末喪亂、三國紛爭時代。"①

殷孟倫《〈方言〉與漢語方言研究的古典傳統》（1983），以專節討論郭璞在《方言》研究中的成就，並説明變化的模式：（1）漢為異語晉為通語；（2）漢為通語晉為異語；（3）漢為南而在晉為北；（4）漢為北而在晉為南；（5）漢為東而在晉為西；（6）漢為西而在晉為東。推究發展這種變化的原因："若世變人移，音訛字替，山川阻深，漸積成俗；或有以方言所記中州之語，在晉則與江東多同，遂謂在漢為中原的，在晉則變為江東，現在又變易為閩

---

① 朱芳圃《晉代方言考》，《東方雜誌》28卷3期，1931年，63頁。

廣，自此而廣，往而不反，推尋前代證據，理應如是。"

討論魏晉南北朝方言發展情況的論文還有沈榕秋《從郭璞注看晉代方言地理及其與漢代方言地理的關係》（1991），張全真《從〈方言〉郭注看晉代方言的地域變遷》（1998）；陸元兵《從郭璞〈方言注〉看魏晉時期共同語中吸收方言詞的情況》（2006）則討論了十六個楚方言詞進入當時共同語的詞條，並指出這與當時的文化特點尤其是道教和移民歷史有關。

二　分域方言研究

一些成果從漢代的方言地理學成就出發，進行分區的研究，這些研究主要涉及到語音和詞彙的研究。這是因為方言之間語法差別不大①。研究歷史方言，傳世文獻和出土文獻是最基本的語料，而這些文獻均經古代文人打磨，如果說，方言詞、方音成分在文獻中有所保留的話，語法成分則是最少的元素。

1. 吳語區研究

陳寅恪《東晉南朝之吳語》（1936）分析了"吳語"、"洛生詠"諸問題，指出："永嘉南渡之士族其北方原籍雖各有不同，然大抵操洛陽近傍之方言，似無疑義。故吳人之仿效北語亦當同是洛陽近傍之方言，如洛生詠即其一證也。"何大安《六朝吳語的層次》（1993）根據傳世文獻資料和前人論述，認為六朝吳語從來源上可分析出四種層次：非漢語層、江東庶民層、江東文讀層、北方士庶層。"東晉南朝吳語中的兩種語體，一為土著吳語，一為南渡北音，系統上並不相同。南渡北音，也就是北方士庶層的負載者，就共時的平面而言，這一層集中在士人階級。"丁邦

---

① 趙元任："漢語方言的差別主要在語音，其次在詞彙，語法結構的差別最小。"《趙元任語言學論文選》，葉蜚聲譯，中國社會科學出版社，1985年，61頁。

新《從歷史層次論吳閩關係》(2006)專辟"六朝吳語的層次問題",贊成何大安的意見。李新魁的《吳語的形成和發展》(1987)對吳語的歷史做了梳理。鮑明煒的《六朝金陵吳語辨》(1988)提出六朝都以今南京為首都,當時的南京話根據史書記載是吳語,文章通過考辨認為,六朝金陵吳語是吳方言。吳語的其他研究還有劉凱《魏晉南北朝吳語研究》(2012),文章系統而全面地描寫和分析了這一時期吳語的面貌和發展。

2. 其他方言區研究

吳語之外,學界主要進行了蜀語、晉語、楚語、齊魯方言的研究。汪啟明、趙靜《中上古蜀語研究三題》(2008),汪啟明《"蜀左言"新解》(2012)、《中上古蜀語與相鄰方言的接觸》(2013)等一系列文章,都涉及魏晉南北朝的蜀語研究。其他,研究晉語的,則有喬全生《論晉方言區的形成》(2004)、《晉方言區研究綜述》(2005)、《晉方言語音史研究》(2008),陳慶延《晉語的源與流》(1996),史維生《魏晉南北朝晉語研究》(2010);研究齊語的,有張金木《魏晉南北朝齊魯方言研究》(2009);研究楚語的,有周璐《魏晉南北朝楚語研究》(2010)。

3. 就某地方言進行的研究

如郭黎安《關於六朝建康的語言》(1995),盧海鳴《六朝時期南京方言的演變》(1991)、《六朝時期建康的語言狀況辨析》(1999)等。

三 方音研究

1. 韻譜整理與研究

從事漢魏六朝韻文材料歸納整理的著名學者有王力、于安瀾、周祖謨、何大安。于安瀾的《漢魏六朝韻譜》分《兩漢譜》《魏晉宋譜》《齊梁陳隋譜》,謂:"又慮及各家寬嚴之不同,是否有地區之關係？複歸納為'作家地域表'，以尋求之。"隱含着對方音的考量。王力《南北朝詩人用韻考》（1936）從明代張溥所輯的《漢魏百三名家集》中選錄南北朝和隋初的49家韻文作為語料，以個人為研究單位，把南北朝語音分為三期。他發現，儘管時代對於用韻的影響大於地域的影響，同時代一些詩人用韻的不同仍可歸結為方音的差異。周祖謨《魏晉南北朝韻部之演變》（1996）對文人用韻中反映的方音現象做了分析說明；書中根據注疏中的語音材料對晉代江東方音、南部方音、西部方音、中部方音從聲韻角度做了總結和分析。臺灣學者何大安《南北朝韻部演變研究》（1981）是丁邦新指導其完成的博士論文。該書集周祖謨、王力、丁邦新諸學者研究之大成，考慮了方音的因素，把南北朝韻部分為兩期三區，即劉宋和北魏前期為第一期，南北韻部一致，是一個大區域；第二期分為兩區，南北韻部有差異；北方的北魏後期、北齊是一個段落，南方的齊梁陳以及北方的北周、隋同屬於另一個大段落。

劉凱《魏晉南北朝吳語研究》（2012）從吳地文人用韻系聯詩文韻部系統。並將其與先秦兩漢詩文用韻、魏晉南北朝詩文用韻、初唐時期的詩文用韻等進行共時和歷時的比較研究，梳理這時期吳地作家詩文用韻的發展規律及特點。其突出特點如：魚虞模分用；魏晉宋時期，之咍合用；豪韻從魏晉宋時期獨立為一部；魏晉宋時期，虞尤侯合用；齊梁陳時期，江陽合用；刪山分立，並且未從寒、先兩部中分離出來；齊梁陳時期，欣韻歸入真部；齊梁陳時期，覺鐸合用等。張金木《魏晉南北朝齊魯方言研究》（2009）、史維生《魏晉南北朝晉語研究》（2010）、周璐《魏晉南北朝楚語研究》（2010）分別就齊地、晉地、楚地的文人用韻進行了全面的整理，將其中的合韻與《切韻》相較，歸納出齊、晉、楚方言音各自的特點，並指出了周祖謨《魏晉南北朝韻部之演變》漏收、誤收、取韻不一、韻腳誤判、合韻不當、重收等不足。

其他尚有丁邦新《魏晉音韻研究》(1975)，劉綸鑫《魏晉南北朝詩文韻集與研究》(2001)，胥淳《南北朝詩歌用韻研究》(2007)，張建坤《齊梁陳隋押韻材料的數理分析》(2008)，譚雅靜《晉代詩人用韻考》(2007)，張建坤《北魏墓誌銘用韻研究》(2007)，張建坤《北朝後期詩文用韻研究》(2008)等。

2.《切韻》為中心的研究

魏晉南北朝時期是韻書大量產生的時期，但不僅《切韻》以前的韻書"各有土風"，即使《切韻》和以他為代表的韻書都含有方音，這沒有疑問。因為無論是單一音系還是綜合音系，古今南北說、金陵說、洛陽說等等，都與方音密切相關。周祖謨先生說："《切韻》是根據劉臻、顏之推等八人論難的決定，並參考前代諸家音韻、古今字書編定而成的一部有正音意義的韻書。它的語音系統是就金陵、鄴下的雅言，參酌行用的讀書音而定的。既不專主南，亦不專主北，所以並不能認為就是一個地點的方音的記錄。""《切韻》音系的基礎應當是公元六世紀南北士人通用的雅言。"① 我們認為，金陵、鄴下雖為通語中心，但也祇是漢語雅言中的下位方言，使用的人口多一些而已。羅常培《〈切韻〉魚虞的音值及其所據方音考》(1931) 從陸法言《切韻》、顏之推《顏氏家訓·音辭》、陸德明《經典釋文》的論述得出："從晉到隋的方音顯然有'南''北'兩個大界限"，"魚、虞兩韻在南音有分別，在北音沒有分別"，並用晉以後詩文的押韻來證明這兩個韻和"六朝時候沿着太湖周圍的吳音有分別，在大多數的北音都沒有分別。"② 陳寅恪有《從史實論〈切韻〉》(1949)，論證陸

---

① 周祖謨《問學集》（上），中華書局，1966年，445、471頁。
② 羅常培《〈切韻〉魚虞的音值及其所據方音考》，《羅常培語言學論文集》，商務印書館，2004年，2、28頁。

法言《切韻》一書的語音系統是來自洛陽舊音：因東漢、曹魏、西晉三朝均以洛陽為政治文化中心，所以時人崇尚北音。北音也就是號稱九朝古都的洛陽舊日太學的音讀（也可稱雅音或正音）①。張琨《論中古音與〈切韻〉之關係》(1987)、《〈切韻〉的綜合性質》(1983)、《漢語音韻史中的方言差異》(1987) 都討論了《切韻》的方音問題。從二十世紀三十年代起，學者們於《切韻》做了大量的研究，相關的綜述、評述不少，此從略。

3. 專人、專書方音研究

專人、專書的韻文系聯、韻譜整理和押韻特點分析，本質上是針對雅言、方言混合音進行的研究。但是某一個地理區域的作者，具有同樣的押韻特點，而又與其他區域的作者有所區別，那麼這當然是方音的特點。因此，專人、專書的押韻研究，是全面整理方音譜系，進而求得雅言音系的基礎。

（1）專書研究

個人用韻與《切韻》相較，每每出韻，多是方音。這方面的研究成果如赤松佑子《〈真誥〉詩文押韻中所見的吳語現象》(1995) 通過對陶弘景《真誥》韻文押韻情況的討論與分析，總結其特徵，如：歌戈麻三韻同用，脂微二韻同用，之哈通押，虞韻與魚模區別，與尤韻頻繁通押，蕭宵通押，魚哈通押，有魚虞模三韻與歌韻通押，祭泰至未同用，侵韻獨用等等，並指出"該書中各種語音現象和以陸機、陸雲兄弟為代表的吳地詩人既然有很多相通之處，當是反映了吳方言的特點"，"《真誥》的韻文是反映魏晉時吳語面貌的資料，這說明了東晉南朝的韻文裹也有關於方言的資料"②。周祖庠的《從原本〈玉篇〉音看吳音、雅音》

---

① 陳寅恪《從史實論〈切韻〉》,《金明館叢稿初編》，三聯書店，2001 年，382—409 頁。

② （日）赤松佑子《〈真誥〉詩文押韻中所見的吳語現象》，香港中文大學《新亞學術集刊》，1995 年，343 頁。

(1998)整理了原本《玉篇》殘卷反切,得出《玉篇》音為西晉洛下雅音"南染吳越"後的變體,為梁代金陵雅音,其方言基礎為吳音。而當時"北雜夷虜"的洛下方言只能算是次雅言,並由此證明當時雅言的基礎方言應該是吳語。秋谷裕幸《早期吳語支脂之韻和魚韻的歷史層次》(2002)認為早期吳語中有一個層次仍能區分支脂之三韻(開口),等等。夏先忠《六朝上清經用韻研究》(2010),分《上清經》為25部,通過共時和歷時比較得出《上清經》用韻的特點,並指出其中的的吳方音成份,如:之咍通押、陽唐庚通押、江陽通押、虞尤通押等等。

音注研究如張永言《〈水經注〉中語音史料點滴》(1983),研究了當時漢語聲母的某些歷史發展情況。如據"其水屈而西南流,右合大富(pǐəu)水,俗謂之大泌(pi)水也。(卷三十一,溳水)"得出當時方言裏輕唇音聲母還沒有從重唇音分化出來的結論。又如據"水南有汾(bǐəun)陂,俗音糞(bǐəun)。(卷三十一,灈水)"指出當時的方言裏濁塞音聲母已有清化的跡象[①]。

(2)專人研究

除了對某一時期的韻部系統進行研究外,還有對個別文人的用韻情況進行研究的,這些專人韻文的押韻或音注研究,雖然不是為方言而做,但正因其為專人,如果與《切韻》音系相比較,表現出來的特殊性,自然應該是方音。韓國李義活《庾信詩之用韻研究》(2000),系統地考察了325首庾信詩用韻情況,參考《廣韻》,分析了韻部分合異同。庾詩用韻的分類與齊、梁、陳、北周相較,最顯著的特點是齊、梁、陳、北周時的二等韻如江刪佳等獨立成為一部,在庾詩裏合用;和劉宋時期韻部相比較,可以發現皆麻等一些二等韻已經分開獨立,這就說明在庾詩中二等韻有獨立的趨勢。《廣韻》中的二等重韻,如山刪佳皆之類固然

[①] 張永言《語文學論集》,語文出版社,1992年,第153頁。

分用，就是一等重韻，如東冬覃談等，也分立為二。

專人研究的專著還有如蔣希文《徐邈音切研究》（1999），范新幹《東晉劉昌宗音研究》（2002），簡啟賢《字林音注研究》（2003）；論文如陳亞川《〈方言〉郭璞注的反切上字》（1981），《〈方言〉郭璞注的反切下字》（1983），簡啟賢《郭璞音》（1990）、《李軌音注考》（1993）、《郭象音注考》（1994），石鋟《陶淵明韻文韻譜》（1993），王傳德《陶韻考——兼與王力先生所分魏晉南北朝韻部比較》（1997），歐陽戎元《鮑照用韻考》（2002），吳萍《東晉李軌音切研究》（2006），董育甯《阮籍詩用韻考》（2002），譚雅靜《晉代詩人用韻考》（2007），阮緒和《陶淵明詩文的用韻》（2010），劉冠才《從〈魏書〉看南北朝時期北方語音的一些特點》（2011），等等。

3. 分時代研究

分不同時代研究這一時期方音的，有周祖謨《魏晉宋時期詩文韻部的演變》（1982）和《齊梁陳隋時期詩文韻部研究》（1982）。周祖謨《魏晉南北朝韻部之演變》（1996）專門辟有"魏晉時期的方音"、"齊梁陳隋時期的方音"兩章，前者揭示了魏晉時期"豫州沛國、青州齊國"、"幽州、冀州"、"雍州"、"揚州吳郡"、"益州犍為"五區不同方音現象，簡述了語音特點；後者述齊梁陳隋時期，以合韻為方音，將"真侵"、"庚蒸"、"東登"、"江陽"四類繫之於地域及作者，同時也指出了各個時期存在的方音特點。

尉遲治平的《周隋長安方音初探》（1982）以北周時期闍那崛多、闍那邪舍、邪舍崛多、達摩笈多四人在長安所譯佛經，計42部，178卷作為對象，從梵漢對音研究方音；《周隋長安方音再探》（1984）接續前文，研究周、隋時期漢譯佛經的梵漢對音，系統而全面地描寫了周、隋時期的長安方音。

簡啟賢《晉代音注中的魚部》（2003）用《字林》、郭璞、徐邈的音注材料考察晉代魚部的情況，指出古侯部中的虞韻字已經和古魚部中的虞韻字合併，魚、虞、模三韻分割清楚，模韻並不更接近虞韻。中原方言衹是個別魚韻字讀同虞韻（或相反），齊魯方言和中原方言的魚韻和虞韻韻腹相同而韻頭不同；江東方言的魚韻和虞韻韻腹相異而且韻頭也可能不同。謝榮娥《晉代江東方言古魚部與古侯部的分合問題》（2006）結合郭璞注中的方音材料、徐邈音切中的注音材料以及晉代江東與長江以北詩文用韻的情況總結出晉代的江東方言中，古魚部與古侯部總體面貌還是呈分立狀態。他如馬漢麟有《漢晉南楚江東方音泥來二母互混考》（1947），劉冬冰《從梁詩用韻看其與〈廣韻〉音系的關係》（1983），尉遲治平《論隋唐長安音和洛陽音的聲母系統》（1985），劉綸鑫《中古通、江二攝字在魏晉南北朝的押韻分析》（1991），劉廣和《東晉譯經對音的晉語韻母系統》（1996），張建坤《梁代詩文陽聲韻入聲韻用韻數理分析》（2008）等都屬於分時代的研究。

四　方言詞研究

無論是二十世紀前還是整個二十世紀，魏晉南北朝方言詞的研究成果不多①。但是，歷史方言詞應該包括方言詞、俗語詞兩

---

① 董志翹《漢語史的分期與20世紀前的中古漢語詞彙研究》，《合肥師範學院學報》2011年1期，22—27頁；王雲路《百年中古漢語詞彙研究述略》，《浙江大學學報》2001年4期，55—60頁；王啟濤《近五十年來的中古漢語詞彙研究》，《四川師範大學學報》2003年1期，98—103頁；史光輝《20世紀80年代以來中古漢語辭彙研究的回顧與反思》，《福州師大學報》2004年3期，76—81頁；方一新《20世紀中古漢語辭彙研究》，商務印書館，2005年；李康澄《20世紀80年代以來漢語方言辭彙比較研究概述》，《湘潭師範學院學報》2006年5期，112—114頁；方一新、郭曉妮《近十年中古漢語詞彙研究的回顧與展望》，《古漢語研究》2010年3期，25—95頁；王冰《三十年來國內漢譯佛經詞彙研究述評》，《華夏文化論壇》2011年第6輯，169—174頁。

類，古人的"俗謂"、"某地之俗謂"、"某某之間俗稱"，應該就是通行於某地的方言詞；一些學者將方言詞與俗語詞分開，想必主要是基於現代漢語的考量。學界于魏晉南北朝文獻的詞語考釋，每每以口語作為研究的對象。其實，口語與書面語相對，方言與雅言（標準語）相對，非標準語的口語詞就是方言詞。這些方言詞記錄到歷代文獻，便是文獻方言詞。郭在貽《訓詁學》(1986)第九章專辟"漢魏六朝以來的方俗語詞研究"，並以之為"訓詁學的新領域"，其中"俗語詞研究的歷史和現狀"特別指明："這裏所說的俗語詞，包括方言詞和口頭語詞（方言詞有時也就是口頭語詞，二者不宜截然分開）。"① 是為的論。王雲路認為，"中古漢語主要研究方俗語詞"②；周俊勳《中古漢語詞彙研究綱要》(2009)綜合各家觀點，提出俗語詞"包括某個時代新產生的口語詞、方言詞以及產生於前代而仍在口語中使用卻被重新賦予了時代意義的詞"③的觀點，也說明二者不必劃然分開。

1. 專書研究

較早注意到魏晉南北朝方言詞的是民國時期的洪惠疇，他著有《明代以前之中國方言考略》(1936)，其中辟有"魏晉南北朝隋的方言"專節，收了幾十條詞語。20世紀晚期，學者往往專注於口語色彩較強的著作如《世說新語》《水經注》。涉及《水經注》方俗語詞的如蔣禮鴻《義府續貂》(1981)《敦煌變文字義通釋》(1997)，周一良《魏晉南北朝史劄記》(1985)，張永言《語文學論集》(1992)，王雲路、方一新《中古漢語語詞例釋》(1992)，董志翹、蔡鏡浩《中古虛詞語法例釋》(1994)，錢鍾書《管錐編》(1979)，王雲路《六朝詩歌語詞研究》(1999)，方向

---

① 郭在貽《訓詁學》，湖南人民出版社，1986年，158頁。
② 王雲路《中古漢語詞彙研究綜述》，《古漢語研究》，2003年2期，72頁。
③ 周俊勳《中古漢語詞彙研究綱要》，巴蜀書社，2009年，285頁。

東《〈水經注〉詞語舉隅》（2002）；涉及《世說新語》的如徐震堮《〈世說新語〉裏的晉宋口語釋義》（1957），吳金華《世說新語考釋》（1994），薛遴《由〈方言注〉、〈爾雅注〉看早期吳語》（2005），董志翹《世說新語疑難詞語考釋》（2007，2008）等等。

2. 專門領域研究

近三十年來，一些專題的詞語研究成果多涉及方言詞的研究。雖然多以俗語研究為名，其中應該有不少當時的方言詞。如江藍生《魏晉南北朝小說詞語匯釋》（1988），蔡鏡浩《魏晉南北朝詞語例釋》（1990），黃徵《魏晉南北朝俗語詞考釋》（1990），劉百順《魏晉南北朝史書詞語考釋》（1993），黃徵《魏晉南北朝俗語詞輯釋》（1994），郭在貽《六朝俗語詞雜識》（1995），方一新《東漢魏晉南北朝史書詞語箋釋》（1997），王雲路《六朝詩歌語詞研究》（1999），方一新《魏晉南北朝小說語詞校釋劄記》（2000），江傲霜《六朝筆記小說詞彙研究》（2008）等。近三十年魏晉南北朝詞彙研究的一大亮點是口語性很強的佛經詞語研究者不少，這當中理所當然地包括了方言詞，如朱慶之《佛典與中古漢語詞彙研究》（1992）就是這方面的代表性成果，魏晉南北朝佛典方俗語詞相關研究成果，本期詞彙研究綜述談得較多，此從略。

3. 比較研究

語分南北，肇始顏、陸。對這一時期方言詞進行比較研究最突出的現象是南北比較。重要論文有汪維輝《六世紀漢語詞彙的南北差異——以〈齊民要術〉與〈周氏冥通記〉為例》（2007），李麗《從〈魏書〉〈宋書〉授官語義場的比較看南北朝時期漢語的南北差異》（2007）、《南北朝時期漢語常用詞南北差異管窺》（2011），王東、羅明月《南北朝時期的南北方言詞》（2006），王東《南北朝時期南北詞語差異研究芻議》（2008），羅素珍、何亞南《南北朝時期語氣詞"耳"、"乎"的南北差異》（2009），蕭紅《六世紀漢語第一、第二人稱代詞的南北差異——以〈齊民要術〉

和〈周氏冥通記〉為例》(2010) 等。

4. 分方言區研究

還有一些成果，部分或全部收集了某一個範圍的方言詞進行分析。趙振鐸先生有《古蜀語詞彙論綱》(2009) 討論了一部分蜀方言詞；華學誠《從郭璞注看晉代方言詞彙》(2002) 對郭璞《穆天子傳注》《山海經注》《爾雅注》和《方言注》的 264 條晉代方言詞進行了地域分佈、構詞方式的具體分析；趙靜有《〈華陽國志〉中的蜀語詞考釋》(2009)、《〈華陽國志〉中的巴人語詞》(2008)。他如劉凱《魏晉南北朝吳語研究》(2012) 從吳語區各類文獻搜集到 261 個吳語詞，田膂《〈玉篇〉方言詞研究》(2011) 搜集了《玉篇》127 个方言詞，張金木《魏晉南北朝齊魯方言研究》(2009) 搜集了 104 個方言詞，李小婧《〈水經注〉方俗語詞研究》(2012) 搜集了 103 個方俗語詞，史維生《魏晉南北朝晉語研究》搜集了 11 個晉語詞，周璐《魏晉南北朝楚語研究》(2010) 搜集了 39 個楚語詞。這些成果對所搜集到的詞語分別做了詞彙學、語義學、方言地理學以及箋證等研究。如進行制訂方言詞判定標準、討論方言區劃、詞語通行區域範圍及其變化、總結特點及來源、分析詞義的演變發展、詞的結構、詞的釋義方式、系聯同源詞等多方面的分析，描寫了魏晉南北朝時期各區域方言詞及發展的大致面貌與特點。

五　研究魏晉南北朝方言的原則與方法

如上所述，學界對魏晉南北朝方言研究已經取得了一定的成果，為魏晉南北朝方言研究的後續展開奠定了良好的基礎。但也存在多方面的不足，主要表現在：缺乏音韻、詞彙的匯通研究；缺乏分方言區域的研究；缺乏歷時比較的研究；缺乏共時比較的研究；重視語音的研究疏於詞彙的研究；雖有成果涉及到當時方音、方言詞，但不是斷域韻譜，也不是分區域的研究，且存在不少錯誤。要之，成果數量不多，也還不成系統，更談不上深入的研究。即使是一些冠以魏晉南北朝語音研究、詞彙研究、語法研究、語言研究的成果，也多不及方言。

造成這種狀況的根本原因在於或重視不夠，或囿於研究的思維定勢，把這一時期的語言看成全國通行無阻的雅言家天下。這既不符合魏晉南北朝語言接觸頻繁的事實，也沒有考慮當時的方言學家如郭璞、顏之推、陸法言等人的相關論述。今後要進一步研究好魏晉南北朝的方言，可從以下這十個方面入手。

1. 充分認識魏晉南北朝方言研究的重要性，從"自發"的、偶及的研究走向"自覺"的研究。魏晉南北朝時期，政權更迭頻繁，少數民族入主中原，北民大量南遷，漢語方言分歧很大，從官方和民間兩個方面都第一次提出了正音的標準，這是中國語言學史上的一件大事。這既說明了當時的漢語絕不是大一統，也說明了魏晉南北朝方言研究的重要性。

2. 要牢固樹立文獻雅言與文獻方言並存、二者同等重要的觀念。"孔子傳《易》，不離方音"，遑論其餘。文獻語言雜糅了雅言和方言兩個不同的系統。把延續三千年以上、縱橫數萬里地域的文獻，看成是一個能在廣大地域通行的"成周國語"，這個系統雖然存在，但遠不是漢語這個系統的全部。

3. 要科學描寫魏晉南北朝漢語發展全貌。漢語雅言、方言之間相互影響、運動與發展，語音、詞彙、文字、語法之間的相互作用，是漢語演變的重要推力。魏晉南北朝時期是漢語發展的質變期，科學地認識質變的原因、內容、規律和特點，分區域描寫各方言，縱的方面，可以溝通古今；橫的方面，可以勾勒各方言的接觸、滲透，理清各方言間、方言與雅言間、漢語與少數民族語間、梵漢對音語料與中土文獻語料間相互影響的端緒，才能更全面、詳盡地瞭解這一時期漢語的概貌，為科學、合理地對漢語發展史進行分期奠定基礎。

4. 要以發展的觀點研究魏晉南北朝方言。時間與空間是魏晉南北朝方言研究的兩個維度。時間的歷史層次性和空間的延展性，是方言研究的切入點。前代的方言，可以在後代變為通語；前代的通語，可以在後代變為方言；這一地域的方言，可以變為另一個地域的方言。方言和雅言、方言和方言之間的關係可以用"同中有異、異中有同"來概括。

5. 要重視斷代、斷域、專書、專人的方言研究。魏晉南北朝時期，雅言與方言有分有合，時空交錯，非常複雜。要把廣大的地域和綿遠的時段內漢語方言及其發展情況研究清楚，只有分時、分地、分人、分專書進行研究，把他們當成構建魏晉南北朝漢語大廈的建築材料，然後綜合各時期、各地域的方言情況，科學地總結特徵，描寫方言、雅言各自的面貌，進行方言分區，才能建設科學而完備的漢語史。

6. 要注重語料鑒別與作者考據。方言研究，語料先行。要小學文獻與非小學文獻相結合。例如，韻書編寫主要目的是為詩人作詩押韻，其旨為嚴整一律。這樣與實際的方言口語音會有一定差異。因此，不以韻書廢其他文獻，也不以其他文獻廢韻書。更不能把韻書記載的語音就當成實際的口頭音；必須從文獻校勘出發，收集、整理魏晉南北朝文人的傳世文獻和出土文獻，仔細磨勘、摘錄詩、賦、散文中的韻文；不僅注意經史子集，還要留意釋、道二家文獻及域外（如日本）文獻；傳世文獻、出土文獻並重。許多史書上記載的作家籍貫只是郡望，研究前有必要考據作者生平仕履，著作年代學與文人占籍考相結合，掌握其語言習慣形成的地域和方言屬性，使研究建立在較為可靠的基礎上。

7. 不囿於已有的研究成果。如從韻文整理韻譜，對已有的周祖謨、于安瀾、王力、何大安等成果需要比較甄別，重新歸納分域韻譜。要特別注意合韻的情況。對方言詞進行類型學的考量,這包括地理分佈、構詞方式、意義變遷、標音情況、同源詞、用字情況、活動情況等等。

8. 注意方言與文化相結合的研究。語言的發展受社會原因、自然原因的雙重影響,魏晉南北朝時期方言與方言、方言與雅言,社會方言與地域方言,士、庶之分與南北之別交錯,需要認真考量。如太興三年,北民南遷。僑置郡縣多達東晉、劉宋時期247個郡,1193個縣的1/3,這是語言接觸的重要動因。如果不考慮社會因素,要理解"北雜夷虜""南染吳越"就很困難。

9. 注意比較的研究。進行魏晉南北朝方言研究,既要進行歷時的比較,也要重視共時的比較。前者如與先秦兩漢時期的方言比較,以見其發展;後者如與這一時期的其他方言比較,以求其匯通。

10. 注音進行全樣本研究。最好是搜集、參考魏晉南北朝全部音注,詩文押韻,域外譯音,對比已有的成果,結合韻譜,進行方音的綜合研究;全面而廣泛搜集這一時期的方言詞,除前人正文和注釋中明確指出的方言詞,要考證兩漢時期各地方言詞在魏晉南北朝的存亡消長情況,也要考訂本期方言詞在文獻中的使用情況。佛經語言研究已經取得很大的成就,但將佛經語言研究與方言研究相結合的成果還不多見;此外,域外譯作也當有不少的新材料,在研究中應該進行比較。

〔主要參考文獻〕

趙振鐸. 魏晉南北朝的語言學簡述. 楚雄師範專科學校學報,2000(4).

魯國堯. 魯國堯語言學論文集. 南京:江蘇教育出版社,2003.

王雲路,方一新. 中古漢語研究. 北京:商務印書館,2000.

董達武. 周秦兩漢魏晉南北朝方言共同語初探. 天津:天津古籍出版社,1992.

華學誠. 周秦漢晉方言研究史. 上海:復旦大學出版社,2003.

汪啟明. 漢語文獻方言學及研究//中國語言學. 第四輯. 北京：北京大學出版社，2010.

汪啟明. 魏晉南北朝方言及研究//南大語言學. 第四編. 北京：商務印書館，2012.

Review and Prospect of Wei, Jin, Southern and Northern Dynasties Dialect Study since 20th Century

Wang Qiming, Shi Weisheng, Zheng Yuan

(School of Arts and Communications, Southwest Jiaotong University, Chengdu, 611756)

Abstract: Wei, Jin, Southern and Northern Dynasties saw the qualitative change of Chinese language, with two important linguistic inputs, while studies on Chinese language have long been regarded as a unified pattern, leaving out or neglecting study on dialect. This paper sums up research achievements since the last century, summarizes characteristics and shortages, and puts forward ten principles and methods for further study on Wei, Jin, Southern and Northern Dynasties dialect.

Key words: Wei, Jin; Southern and Northern Dynasties; Dialect; Summary

（汪啟明、史維生、鄭源，西南交通大學藝術與傳播學院，郵編611756）

《漢語史研究集刊》稿約要求

一、本刊提倡扎實語料基礎，在拓寬傳世典籍語料研究領域的同時，重視出土文獻與活的語言資料，并汲取相關學科的研究成果；提倡微觀與宏觀相結合，在繼承傳統文獻的同時吸收現代語言學的理論和方法，探求語言現象產生的原因和演變規律。

二、來稿請用繁體字書寫。全文一般不超過 12000 字，包括 100 字左右的内容提要、3—5 個關鍵詞。特別提示：請在文末附上文章題目、内容提要以及關鍵詞的英文翻譯。來稿半年後未得到本刊答復，作者可自行處理。因人力限制，來稿恕不退還。

三、本刊採用匿名審稿，來稿請寫上論文題目、作者姓名、工作單位、通訊地址以及學術簡歷。正文另起一頁，不署名。

四、參考文獻衹列出本文直接引用者，並據内容採用以下順序：

1. 論文集類：作者、文章標題、文集名稱、編者、出版社、文集出版年份；
2. 期刊類：作者、文章標題、期刊名稱、期數、頁碼；
3. 專著類：作者、書名、出版社、出版年份。

五、爲便於閱讀，正文中的注釋使用腳注形式。這種注釋應該是對正文内容的附加解釋或補充說明，因此參考文獻或者引用文獻的出處最好不以腳注形式出現。

六、來稿請寄：四川大學中文系《漢語史研究集刊》編輯部，郵政編碼 610064，並發電子郵件至 hanyus98@163.com。

圖書在版編目（CIP）數據

漢語史研究集刊. 第 19 輯/四川大學中國俗文化研究所，四川大學漢語史研究所編. —成都：巴蜀書社，2015.6
　ISBN 978−7−5531−0548−2

　Ⅰ.①漢…　Ⅱ.①四…　②四…　Ⅲ.①漢語史—研究—叢刊　Ⅳ.①H1−09

中國版本圖書館 CIP 數據核字（2015）第 128814 號

策劃組稿：楊宗義
責任編輯：譚曉紅　楊宗義
封面設計：楊　丁

漢語史研究集刊(第十九輯)

四川大學中國俗文化研究所
四川大學漢語史研究所　編

巴蜀書社出版發行　　　（成都市槐樹街 2 號　郵政編碼 610031）
總編室電話 （028）86259397　發行科電話 （028）86259422 86259423
網址　www.bsbook.com
成都翔川印務有限責任公司印刷

成品尺寸　203mm×140mm　　　印張 14　　字數 360 千
2015 年 6 月第 1 版　　　　　　2015 年 6 月第 1 次印刷

ISBN 978−7−5531−0548−2　　　　　　定價：45.00 圓
本書如有印裝質量問題請與工廠調換